谨以此书献给新教育
实验20年来辛勤耕耘的
师生和关心支持新教育实验
的朋友们！

朱永新

· 教育家成长丛书 ·

朱永新
与新教育实验

ZHUYONGXIN YU XINJIAOYU SHIYAN

中国教育报刊社·人民教育家研究院 组编

朱永新 著

北京师范大学出版集团
BEIJING NORMAL UNIVERSITY PUBLISHING GROUP
北京师范大学出版社

图书在版编目（CIP）数据

朱永新与新教育实验／朱永新著；中国教育报刊社人民教育家
研究院组编． —北京：北京师范大学出版社，2021.4
　（教育家成长丛书）
　ISBN 978-7-303-26859-7

Ⅰ.①朱…　Ⅱ.①朱…②中…　Ⅲ.①朱永新－教育思想－研究
Ⅳ.①G40-092.7

中国版本图书馆 CIP 数据核字（2021）第 048663 号

营　销　中　心　电　话　　010-58802135　010-58802786
北师大出版社教师教育分社微信公众号　　京师教师教育

出版发行：北京师范大学出版社　www.bnup.com
　　　　　北京市西城区新街口外大街 12-3 号
　　　　　邮政编码：100088
印　　刷：北京溢漾印刷有限公司
经　　销：全国新华书店
开　　本：787 mm×1092 mm　1/16
印　　张：29.25
字　　数：459 千字
版　　次：2021 年 4 月第 1 版
印　　次：2021 年 4 月第 1 次印刷
定　　价：89.00 元

策划编辑：伊师孟　　　　　责任编辑：何　琳　伊师孟
美术编辑：焦　丽　　　　　装帧设计：焦　丽
责任校对：段立超　　　　　责任印制：马　洁

教育家成长丛书

编委会名单

总　顾　问：柳　斌　顾明远

顾　　　问：叶　澜　田慧生　林崇德　陈玉琨

编委会主任：杨春茂

编　　　委：（按姓氏笔画为序）

于　漪　王瑜琨　方展画　田慧生

成尚荣　任　勇　刘可钦　齐林泉

孙双金　李吉林　杨九俊　杨春茂

吴正宪　汪瑞林　张志勇　张新洲

陈雨亭　郑国民　施久铭　徐启建

唐江澎　陶继新　龚春燕　程红兵

赖配根　鲍东明　窦桂梅　魏书生

主　　　编：张新洲

副　主　编：赖配根　王瑜琨　汪瑞林

总　序

　　教育是国家发展的基石，教师是基石的奠基者。古人云："国将兴，必贵师而重傅。"兴国必先强教，强教必先重师。党中央、国务院高度重视教师队伍建设。2013 年教师节，习近平总书记在给全国广大教师的慰问信中指出："百年大计，教育为本。教师是立教之本、兴教之源，承担着让每个孩子健康成长、办好人民满意教育的重任。"2014 年，在第 30 个教师节前夕，习总书记到北京师范大学视察并发表重要讲话，指出："一个人遇到好老师是人生的幸运，一个学校拥有好老师是学校的光荣，一个民族源源不断涌现出一批又一批好老师则是民族的希望。"《国家中长期教育改革和发展规划纲要（2010—2020 年)》也明确提出，"有好的教师，才有好的教育"，要"努力造就一支师德高尚、业务精湛、结构合理、充满活力的高素质专业化教师队伍"。"倡导教育家办学"，要创造有利条件，鼓励教师和校长在实践中大胆探索，创新教育思想、教育模式和教育方法，形成教学特色和办学风格，造就一批教育家。"两个一百年"奋斗目标的实现、中华民族伟大复兴中国梦的实现，归根结底要靠人才、靠教育，而支撑起教育光荣梦想的，是千百万的教师。

　　时代呼唤好老师。有一流的教师，才有一流的教育；有一流的教育，才有一流的国家。出名师、育英才、成伟业，是时代赋予我们教育战线的神圣使命。"所谓大学者，非谓有大楼之谓也，有大师之谓也。"好学校、好教育的最重要标准，就是要有好老师。一所学校、一个地区，乃至一个国家，如果教师有理想、有爱心、有学识、有高超的教育艺术，那么即使硬件设施有些简陋，家长、学生也会心向往之。教师是中国梦的奠基者。教师的重要使命，就是为每个孩子播种梦想、点燃梦想，并帮助他们实现梦想。每一间平凡的教室，每一节朴实的课，都不仅是知识的传递，而且是人类文明精神的接续、人生梦想的起航。正是有亿万个孩子梦想的放飞、绽放，中国梦才更加光彩夺目。如果说中国梦最坚实的土壤是学校，那么教师就是最伟大的"筑梦师"，他们用默默无闻、孜孜不倦的智慧劳动，让每一颗年轻的心灵都与中国梦激情相拥。

倡导教育家办学，造就一批好老师，首先要尊重、珍惜我们的本土智慧、本土创造。教育家不是凭空产生的，而是扎根于自己的民族文化土壤，同时吸收人类文明成果，从而创造出独特而生动的教育实践、教育智慧和教育文明。五千年源远流长的中华文明，不但形成了有我们民族特色的教育理论体系，而且涌现出了千千万万优秀的教育家，有被推崇为"大成至圣先师""万世师表"的孔子，有"匹夫而为百世师，一言而为天下法"的韩愈，有"捧着一颗心来，不带半根草去"的人民教育家陶行知，等等。改革开放 40 年来，随着教育改革的不断深入，教育战线涌现出了一大批杰出教师。他们痴情于教育事业，坚守理想信念和教育良知，在三尺讲台上默默耕耘、刻苦钻研，同时以敢为天下先的精神大胆创新，不断进取、不断超越，形成了各具特色的教育思想和教学风格。正是他们的成功探索和实践，创造了具有中国风格的教育经验，丰富了具有中国特色的教育理论宝库。原由教育部师范教育司组织编写，现由中国教育报刊社人民教育家研究院组织编写的"教育家成长丛书"，就是要向这些宝贵的本土创造性的教育经验致敬。

当前，教育领域综合改革正在深入推进，考试招生制度改革的大幕已经拉开，立德树人、培育和践行社会主义核心价值观成为大中小学教育的头等任务。可以预见，中国教育将发生深刻的变革，将从"中国制造"向"中国创造"转变。"没有革命的理论，就没有革命的运动。"没有适合中国土壤、具有中国智慧的教育理论，就不可能为未来的中国教育改革提供有效的指导。我们的教育要向"中国创造"飞跃，必然要首先创造属于我们自己的教育理论，而不是"言必称希腊"或者老是贩卖欧美的教育理论。170多年前，美国思想家、诗人爱默生发表了著名演说《美国学者》，号召美国知识界："我们依赖旁人的日子，我们师从他国的长期学徒期时代即将结束。在我们周围，有成百上千万的青年正在走向生活，他们不能老是依赖外国学识的残余来获得营养。"由此，美国迈入精神立国阶段。

如今，我们也面临与爱默生同样的情形。随着我国GDP已从世界第二向第一迈进，我们的经济崛起已成为事实，但在道德文明、文化精神等方面，我们还需奋起直追。没有文明的崛起，经济崛起就难以持续。当务之急，是我们需要化解内心深处的文化自卑情结，摆脱对他国文明的精神依附，自觉养成强烈的"中国意识"，独立的中国文化品格，并由此去环视世界，去改造本土实践，去创造属于我们自己的精神养料——这在教育界显得尤为紧迫。"教育家成长丛书"，旨在把我们本土教育实践中蕴含的中国智慧提炼出来，从而形成具有时代意义的中国特色的教育话语体系，再以此去观照、引领、改造中国的教育实践，为伟大的教育改革提供经验、理论支持，也为未来的教育家提供丰富、可资借鉴的精神养料。

让我们为中国教育的伟大未来一起努力吧！

2018年3月9日

前　言

　　见证着中国基础教育半个世纪的春华秋实，代表着中国基础教育教学成果的最高成就——"首届基础教育国家级教学成果奖"，闪耀着李吉林、窦桂梅、吴正宪、张思明、洪宗礼、唐江澎、邱学华、于永正、孙双金、薄俊生、龚春燕等一大批优秀教师的名字。而上述这些教师杰出代表恰恰都是《人民教育》"名师人生"栏目中最受读者喜爱的名师，都是"教育家成长丛书"的作者。

　　"教育家成长丛书"（以下简称"丛书"），是在第 20 个教师节前夕，为了研究、总结、宣传和推广我国众多优秀中小学教师的先进教育思想和鲜活的宝贵的教育教学经验，培养造就一大批德才兼备的优秀教师和杰出的教育家，促进教师队伍整体素质的提高，根据教育部党组安排，由师范教育司组织编写的一套凝聚着一大批教育家成长智慧的大型教育丛书。

　　"丛书"自 2006 年问世以来，不但得到国务院和教育部领导同志的高度重视，而且先后印刷多次尚不能满足广大读者的需求。这其中的奥秘何在？

　　当你翻开"丛书"，每一部著作都讲述着一位教育家成长的故事。这些著作主要从"成长历程""思想概述""课堂实录"和"社会反响"等方面全景式反映其教育思想、教育智慧、专业精神和专业人格的形成过程与教学实践过程。这是教育家成长的基本素质所在。

　　当你沿着教育家成长的足迹走近他们的时候，你会融入这些带有"草根色彩",扎根中华教育实践大地,充满田野芳香的真实感人的教育故事中。

当你从"丛书"中,从这些当年和自己一样的普通教师,成长为今天受人尊敬的教育家的成长过程中受到启迪,当你触摸着自己的心,把学生的成长和祖国的未来紧紧连在一起的时候,你会真切地感受到教育家离我们并不遥远。

当你用整个身心蘸着自己的生活积累去品味"丛书"中的每一部著作的"成长历程"时,在一位位名师不断学习、不断超越自我、不断超越学科教学的求索足迹中,你会读懂"教育是事业,其意义在于奉献"的丰富内涵。

当你研读"丛书"中的每一部著作的"思想概述",和每一位名师展开心灵对话的时候,都会深深地感受到,一名教师对教育独立的理解与执着的追求有多么重要。从一名普通的教师成长为受人尊敬的教育家的过程中,你会读懂"教育是科学,其价值在于求真"的深刻含义。透过"丛书",你会看到一代代教师用爱与智慧塑造民族未来的教育理想。

随着我们从"知识核心时代"走向"核心素养时代",教师教育教学活动的视野已拓展到人的生存与发展的方方面面。教师要结合自己的教学实践去感悟"教育理念是指导教育行为的思想观念和精神追求",应该把爱化为自己的教育行为,让爱充盈课堂,触摸到一个个灵动的生命,让爱产生智慧,让爱与智慧在学生心中留下岁月抹不去的美好回忆,让教育者和受教育者都感受到教育的幸福。这是"丛书"给我们的启示,也是每位教师应有的胸怀和视野。

时代呼唤教育家。为了进一步把我们本土教育实践中蕴含的中国智慧提炼出来,从而形成具有时代意义的中国特色的教育话语体系,以此去观照、引领、创新中国的教育实践并在更大范围加以推广,"丛书"将由中国教育报刊社人民教育家研究院继续组织编写,希望能够在更广大教师的心田中播种教育家成长的智慧,从而出更多的名师,育更多的英才,成就中华民族复兴的伟业。这是时代赋予广大教育工作者的神圣使命。如果广大教师能在每位教育家成长、探索教育智慧的过程中受到启迪,形成自己的教育智慧,则实现了我们编辑这套"丛书"的初衷。

"教育家成长丛书"
编 委 会
2018 年 3 月

目 录

CONTENTS

朱永新与新教育实验

[成长的历程]

[理论与实践]

参与的感悟

学界的评价

媒体的报道

附　录

成长的历程

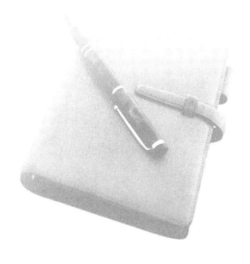

2018 年 3 月，人民教育出版社出版了我的一本演讲录。我最崇敬的教育家之一 陶西平 先生为这本书撰写了序言。他在序言中说："教育家既要勇于对规律进行把握，又要勇于对规律进行探索。永新先生正是有着这种教育家的担当。这种担当，就是高度的责任感，就是面对矛盾敢于迎难而上。这种担当，体现着胸怀、勇气和格调。"

2018 年 7 月，人民文学出版社出版了报告文学作家傅东缨先生历时 4 年撰写的《极目新教育》一书。刘道玉先生在这本书的序言中写道："朱永新倡导的新教育实验，是目前中国规模最大、参与人数最多、效果最为显著的一次民间教育科研实验。新教育实验富有成效之处，在于极大程度上解决了教育职业倦怠、理论实践脱节、应试教育与素质教育矛盾等问题，形成了完美教室、卓越课程、理想课堂等一系列扎扎实实的成果。朱永新因此也成了自陶行知以后知行统一的著名的教育家。"

我知道，这不仅仅是老一辈学者对我的褒奖，更是他们对我的期待。回顾自己从懵懵懂懂地对学问的自发热爱，到怀揣教育梦想把学问作为改革教育、改造社会、贡献祖国的自觉追求，我用近 40 年的时间实现了从学问的教育学到行动的教育学的转变，心中充满了无限感慨。

一、少年梦想：黄海之滨的求学之路

我的家乡是江苏省大丰县（今为盐城市大丰区）一个叫作南阳的小镇。

爷爷是一个小杂货店的职员，奶奶是家庭妇女。据说爷爷兄弟三人是从镇江的朱氏宗祠搬迁到大丰来的。这里靠海边很近，走三四千米就可以看到大海。爷爷也许是为了大海而来的。但是直到考上大学，我也没有去看过大海。儿时，大海就像一个美丽的梦，离我的生活很远。

爷爷兄弟三人肯定是抱着发财的梦想到大丰来的。我曾看过他们仨共同烧制的瓷盘，底下印着"三德堂"的堂号。爷爷叫朱德贵，属于德字辈的。我懂事的时候，也是社会主

周岁照

义改造差不多完成的时候，爷爷已经没有什么财产，几间小房子是爷爷和伯伯住着，我家没有房子，父亲在乡村的学校教书，我们兄妹三人就借住在母亲工作的单位——南阳镇政府的招待所里。

这样一举两得。我们不用出房钱就可以住房子，政府也不用增加人员，因为我们兄妹都是招待所的"工作人员"，可以全天候义务劳动。

全家照

母亲既是招待所所长，又是招待员，还是会计、出纳、清洁工。我们三兄妹是她的特别助理。因为时常接触南来北往的人，我们兄妹三人差不多是听百家音、吃百家食、看百家书长大。因为母亲对人热情而真诚，我们经常能够品尝到不同风味的各地美食，读到旅客随身携带的各种书籍。见多识广成为我们的一大优势，而快速阅读也成为我的拿手好戏，因为客人可能第二天就要出发，我必须连夜读完从他们那里借来的书。

小时候的我们一直寄居在母亲的单位里，全家的梦想就是能建一幢属于自己的房子，所以母亲就找了许多零工让我们兄妹三人做。有好几年，我们的业余生活就在缝麻袋、压芦帘中度过。

缝制的麻袋是给县城的棉麻公司收购棉花用的。我们把一块块麻片缝成一个个麻袋，缝一个才5分钱。压芦帘，是为造房子屋顶铺的材料用的，我们把一根根芦苇用绳子串联起来，压一卷才几毛钱。不光我们兄妹三人做，同学、朋友也经常来帮忙，我的回报就是为大家讲故事，讲那些南来北往的旅客给我讲述的或者借我看的书中的故事。

如此燕子衔泥般忙碌了大概十年，在我读中学的时候，母亲终于攒够了建房子的大部分费用，而我们的业余生活也开始变成在做搬运砖头等与建房子直接相关的事情中度过，直至全家搬进新居。

写下这些往事，似乎有点悲壮的意味。但事实上，童年的金色阳光会给一切苦厄与艰辛蒙上一层灿烂的光影。当年幼小的我并没有为经济的拮据、辛勤的劳作感到愤懑，且随着渐晓人事，我开始体察到母亲的乐观、柔韧与顽强，并越来越感佩这位平凡的中国女性的伟大。

何况，尽管我的业余时间多是帮母亲干活，我仍然有不少时间跟小伙伴玩耍。比如在瓜果成熟之季，我经常跟小伙伴溜进田里偷瓜，爬到树上偷果；比如在"文化大革命"中，白天，大人们贴出大字报，声势浩大、一本正经地声讨，到晚上，我们一群孩子就跑到镇上撕下大字报，当作废品去卖。最难忘的，是父亲带着光屁股的我到河里游泳，我由此练就了一身好水性。

父亲一开始在一所乡村学校教书，我们只有周末才能够见到他。幼时的我们对他的印象还是模糊的。建房子这些事情他当然也没有操多少心，他的心思差不多都用在学校和学生们身上。

父亲是师范出身，那个时代的师范生，基本素质都很好。我曾看过他拉手风琴的照片，那是一名洋溢着青春气息的年轻人。遗憾的是，他没有把音乐的才能遗传给我，也没能让音乐始终伴随他自己的人生。

"文化大革命"期间，父亲在一所乡村小学当校长。星期天，他带我到他的学校去，我因看到校园里贴满了批判他的"大字报"而惊恐万分，他却不动声色。他那如山般的静默与沉稳，让我也在不知不觉中镇定下来。

晚上，校园里就剩下我们父子俩，这时我听到了父亲的歌声。他虽然不再操琴，但开心时仍会情不自禁地唱歌。半夜里，我还听到了"猫叫"，我呼唤父亲，他却开心地笑了起来，说是他在吓唬房间里的老鼠。我从此也学会了这一招，还曾经用猫叫来"吓唬"我的儿子。

父亲在家的时候话不多，因而常害得我们兄妹久久地揣摩他的心思。在母亲打我们的时候，我们还天真地跑到父亲那里告状，他也耐心地、煞有介事地"倾听"。现在我们自己做父母了，才知道他们其实是"穿一条裤子"的。

父亲的敬业精神给我们留下了深刻的印象。无论做小学教师、小学校长，还是后来当镇里的文教助理、县聋哑学校的校长，他都兢兢业业，全身心地投入。他曾自豪地对我说："我要么不

少年习武

做，要做就做最好的。"一位小镇上的普通教师，能被评为"全国模范教师"，这份荣誉或许就是对他多年工作的最好褒奖。

大概从小学一年级开始，父亲每天早晨5点半就会准时把我从床上拖起来，让我做一件我很讨厌的事：习字。无论是酷热难熬的夏日，还是滴水成冰的冬天，我都要千篇一律地临摹柳公权帖。其实，我也是"小和尚念经——有口无心"，自然没有练好字。尽管如今我的字还过得去，也有人说我的字有"风骨"，但我终究没能成为书法家。

不过，歪打正着，有心练字字未练好，我却养成了一个好习惯：早晨睁眼即起，每天至少比一般人多工作两小时。当人们还在梦中酣睡时，我已经挑灯早读了；当人们起床洗漱时，我已经工作两个多小时了。

我小时候还经常埋怨父亲，甚至在心里把他比作《半夜鸡叫》里的"周扒皮"。现在看来，这是父亲给我人生最大的财富。如果每天比别人多工作两小时，一年就多了730小时，50年就多了36 500小时，也就是多了整整1 520天，差不多延长了4年多的生命！而且这是每一分钟都有效的生命！我后来的许多论著，都是在早晨四五点钟时完成的。

2006年2月18日，父亲永远地离开了我们。但是，当我每天早晨5点左右起床，在写字台前伏案工作的时候，我的脑海里经常会浮现出他的身影。

父亲到苏州大学看望我们全家时抱着孙子合影

　　进入初中以后，最幸运的事就是遇见了一批燃起我幻想与激情的老师。他们大部分都是外地人，都是"文化大革命"前的师范学院的科班大学生，估计也都是看过苏联影片《乡村女教师》成长起来的师范生。他们渊博的学识、敬业的精神、和蔼的态度给我留下了深刻的印象。

　　教我们语文的徐鸣凤老师（文中提到的教师姓名，大多凭印象，可能有误），经常在我的习作本上写下大段批语，给予我过誉的鼓励。正是她，让我饱览了她家中的藏书，使我闯入真正的文学世界。

　　初二时，一位姓刘的政治老师代语文课，据说他是省里大干部的秘书，学问渊博。我在作文中用了"集思广益"这个当时并没有真正理解的成语，刘老师却又是画圈，又是打惊叹号，又是在班上读我的作文。

　　这两位教师激起了我对文学的兴趣，我想成为一名作家的愿望越来越强烈。记得我写过一篇小说《车轮滚滚》，还不知天高地厚地投给了《新华日报》，结果被无情地退了回来。

　　后来，高中时一位很有诗人气质的语文老师杨德成先生，帮我分析作品的问题与缺陷，给我讲授写作的艺术与技巧，使我真正懂得了自己的肤浅。

　　还有一位姓孙的数学老师（他也是我们学校的教导主任），总能把枯燥乏味的数学课上得出神入化，勾起我们对数学王国的神往。记得初二上学期结束后，我利用暑假把初二下学期的课本自学了一遍，并做完了全部的习题，还捞到了"解题大王"的美称。高考时的好几道数学题竟然是我那时费尽脑汁攻下的难关，如此之巧，我自己也真觉得是神助我也！孙老师是教数学的，但他的粉笔字刚劲有力，我们好几位同学暗中模仿，偷偷练字。

中学时代的小说手稿《车轮滚滚》

说起练字，还有一个小故事。当时我们的校长叫张炎，据说是一位功力不俗的书法家。有一次他到我们班上来，我恰巧在抄写一张决心书之类的东西，他夸奖我的毛笔字有点像柳体，并告诉我只要天天练，必有大成。

印象颇深的还有物理课，教学内容之一是"三机一泵"，讲课的大概是一位宁波籍的林老师，他那地方口音很浓的授课我只记得一句："电流通过导体，导体就要发热。"我们几个调皮的同学经常模仿他，以至于现在还能惟妙惟肖地将其重现。这位林老师讲课很棒，动手能力很强，一部手扶拖拉机拆了又装，装了又拆，简直像在摆弄玩具。我也痴迷了一阵，至今我还记得，当我开着手扶拖拉机在马路上驰骋时，他的得意劲儿。

我们读初中时还没使用"哥们儿"这个词，但几个要好的同学聚在一起玩耍、学习、议论同学或老师是常有的事。我们一起偷吃过瓜、梨，一起瞒着大人脱光衣服到河里游泳，一起商量如何教训和孤立我们认为"不够朋友"的同学，一起做一些可笑甚至有些可恶的荒唐事。

在这些经历中，我们开始懂得了友谊。记得有一次，学校开运动会，结束时已是暮色沉沉，我回家心切，想抄近路攀绳索过河，没想到爬到中间时绳索断裂，掉进了冰冷的河水中，一位姓周的同学（后得知叫"周信生"）毫不犹豫地跳下河，救起了手足无措的我。

现在回想起来，初中阶段的确是人生的关键时期。这是一个充满着幻想的时期，是一个洋溢着激情的时期，是一个兴趣广泛的时期，也是一个蕴含着危险与矛盾的时期。如何充实这一时期的生活，如何正确处理同学之间的友谊，如何使幻想与激情得到合理的引导与升华，是这一时期的初中生面临的重要课题。我衷心感谢初中时期遇到的老师与同学，他们不仅点燃了我的幻想与激情，而且倾力教导、热心相助，成为我燃烧中的第一根柴火。

2019年2月初，我回老家过春节，专门邀请当时的几位"哥们儿"，包括从河里救我的周信生同学，一起去看望我们的老师，回忆当年的学校生活，仍然充满着甜蜜与幸福。

1972年，我在大丰县南阳中学由初中部升入高中部。虽然是同一个校园，同学也大多是童年的伙伴，但毕竟我们是校园中的"大哥哥""大姐姐"了，没有那种进入其他中学的怯生生之感，相反，是渐渐以"园主"的身份开始了高中岁月。

　　高中是一个做梦的阶段，差不多每个学生都在构筑着自己的明天，准备着自己的未来。有人跃跃欲试，想当未来的科学家；有人积极努力，誓做著名的书画家……而每个语文稍好的学生，几乎都做着"作家梦"。

　　那时的我，虽然对平仄没有研究，对韵律也知之甚少，却热衷于读读写写，并认为自己颇具诗人气质。记得有一个假期，我竟然用毛笔小楷抄写了一本普希金的长诗。班上有一位郭姓同学，是从上海在大丰的一块"飞地"大中农场转过来的"城里人"，因为喜欢诗而成了我的好友，我们常在一起你唱我和，学校的广播和黑板报时而会有我们的作品"发表"。得知自己的文字变成了广播里的声音或黑板报上的粉笔字，我们心里还是很骄傲的。

　　慢慢地，我们不再满足于学校内部的"知名度"，开始偶尔地往校外投稿。那时投稿不需要贴邮票，只要在信封上注明是"稿件"便可以照样送达编辑部了。虽然100％的杳无音信，但我们仍然乐此不疲。

　　到了高二，我又鬼使神差地迷上了写小说，于是"疯狂"地找来各种小说，《三国演义》《青春之歌》《林海雪原》等都是那个时期读完的。大部分书都是没有封面、封底，不知作者、书名的残本，但我照样读得津津有味。

　　因为地处农村，找不到更多的书看，我就开始自己"创作"。记得当时写过一篇《车轮滚滚》的"小说"，描写我们这群学"三机一泵"的学生如何学开农用手扶拖拉机的故事，还加了一些"阶级斗争"的"味精"，并开始用"过江"的笔名投稿。不记得当时究竟为此熬过多少不眠之夜，但那种创作的激情和完成作品的愉悦，现在回忆起来仍然让我兴奋不已。

　　其实，"诗人梦""作家梦"是许多高中生共同的梦想，尽管大部分人不能"圆梦"，但毕竟体验过创作、享受过成功，还为高中生活留下了浓墨重彩的一笔。或许，我现在的教育研究风格以及论著的撰写方式，与当时不自觉的写作训练是很有关系的。而现在追寻教育理想的激情，也是那个时代激情的某种延续。

　　同学间的友情，则是高中生活的又一个"主旋律"。当时没什么课业负担，高中生活差不多就是学生之间交往的过程。课堂内外，志趣相投的同学往往"纠集"在一起，视友谊为至尊，大有两肋插刀之气势。记得有一次，我们近十个朋友在一个同学家的大床上侃至深夜，第二天，我们早晨醒来时才发现我们上演了"叠罗汉"的床上"杂技"。

还记得有一次，为了参加第二天在县城举行的一次活动，我们几位同学从小镇步行一个通宵，身体羸弱的同学走不动了，其他同学就把他背起来，艰难地挪向前去……第二天，我们竟然还都精神抖擞地参加了那次活动。

同学间的矛盾与冲突也是"友谊"的重要补充。记得我们几位"铁杆哥们儿"对一位班长看不惯，认为他专门打小报告，是"心术不正"的"小人"。这位班长有一些跛足，我们便经常捉弄他，模仿他的走姿，在他讲话时故意咳嗽，甚至专门碰头研究对付他的办法。当时我们还自以为是"疾恶如仇"，现在看来真是"可爱的愚昧"。直到今天，我们几位碰到一起时仍会回忆那些往事，也会挂念这位被我们"修理"过的班长。听说他去参军了，上了军校，现在是一家报社的记者。我真想捎上我的歉意，对他真诚地说一声"对不起"。

高中时代，对教师的感情开始渐渐变得理智，仅仅对学生喜爱、对教学有热情的教师已不能满足我们的成长需要，对教师才能的"评价"才是我们重要的"使命"。记得有一位教政治的老师，据说是因为生活作风问题从省城"贬到"我们这所镇上学校的，但他才华横溢，分析问题鞭辟入里，我们便把他尊为"哲学家"；有一位教物理的老师不仅说一口浓重的方言，而且有时还结巴，但他娴熟的业务和认真的教学仍然使我们对他格外敬重；有一位教语文的老师，虽然在大多数同学眼里有些"清高"甚至"傲慢"，但我们还是为他在课堂上的"讲演"而沉醉……

我的高中时代里，这些教师大部分来自天南海北，且都是科班出身，遗憾的是，许多年后，这些优秀教师差不多全部离开了我们的校园，被"提拔"到县城的教师进修学校当上了培养教师的"先生"。现在想来，高中是我们的世界观、人生观形成的最关键的时期，这些名师对我们的影响是巨大的。

更遗憾的是，我的母校南阳中学，在许多年以后被整体搬迁到了海边的大丰港区。虽然新学校的校名还是我写的，我却找不到那种亲切的感觉。2018年，我专门回老家的小学和中学，看看曾经在这里度过我的童年和少年的校园，触景生情，许多往事竟然一一浮现了出来。

1975年高中毕业后，在家闲得无聊，我便开始了丰富多彩的"待业"生活。我先是闲在家里，给全家人做饭。为了改善伙食，我每天上午去家门口不远的大河钓鱼，家人几乎天天有鱼吃，我也练就了一手不错的厨艺。

　　后来觉得这样太婆婆妈妈，我就自己去找活干。我先后做了一年苦工，从搬运工、翻砂工到泥水匠小工，吃了很多苦，挨了很多骂，到后来已经有点麻木了。

　　1976年，经人介绍，我到大丰县棉麻公司上班。经过几个月的培训，我到老家南阳镇供销社当起了棉花检验员。这是一个技术活，手里又有一点小的权力，收购棉花时，我们俨然是土皇帝，等级、品质，就凭我们一句话。但是，天然的良心让我觉得，农民种田不容易，因此我特别认真，也经常手下留情，结果经常为了农民的利益与县城轧花厂的技术员争吵……农闲时，我会到供销社的商店当营业员。在商品紧缺的时代，营业员的工作也非常风光。

在供销社工作时的工作照

　　后来，供销社领导发现我的文章写得不错，就让我为单位写文章，给领导做秘书。

　　1977年年初，县棉麻公司发现了我的写作"才能"，调我到县城当通讯员，在县城的一个小招待所里给了我一个房间。

　　这时，恢复高考的消息传来了。先是中学的老师找我，动员我参加高考，后是父母亲让我辅导妹妹参加高考，我自己倒是不太在乎。稀里糊涂地，直到通过了县城组织的初考，我才觉得自己有可能要离开家乡。

　　高中时，我有一段时间热衷写诗歌、写小说，用"过江""过海"的笔名投稿。尽管文章没有发表，但是，年轻人渴望离开脚下这片土地的梦想，通过这些笔名已经显而易见。

　　岁月流逝，许多激情与梦想也随之消逝，但此时随着初考的胜利又卷土重来。顺利通过初考后，我才开始真正意义上的复习：请朋友找资料，晚上到县城的中学听复习课，更多的时间则猫在那个小招待所里读书。

　　统一考试在县城的中学进行。我住在姨妈家里，当天早晨，姨妈要我吃两个鸡蛋一个粽子，这意味着考试要拿 100 分，也意味着能够考"中"。而我还记得在开考前等待的时候，看到从大城市下放的青年有的拿着香肠在津津有味地啃，我竟然不知道那是什么东西。

到现在，我也不知道自己考了多少分，只知道感觉不错：数学题有几道是被猜中的，作文题想象的空间非常大，政治更是超常发挥。当时的物理老师让我一定要考理科，他认为我的自然科学水平考他的母校江苏师范学院（现更名为"苏州大学"）没问题。而且，他说，万一再来一次"文化大革命"，理科比文科要保险。我虽然也经历过"文化大革命"，但那时根本不理解老师话语中的含义，加上喜欢写作，最终还是固执地填报了南京大学中文系和江苏师范学院政史系。

拿到录取通知书的那一刻，我虽然开心，但并不激动，因为阴错阳差，我竟然读的不是我钟情的文学，而是政治教育专业。我的父母也不激动，他们看见我的录取通知书来了，就更关心同时参加高考的妹妹有没有考取。最后我们兄妹二人双双考取，而且都是师范院校。

1978 年 2 月，当我一个人背着一个自己油漆的小木箱，揣着姨妈送的 50 元钱和几件衣服，登上去往苏州的长途汽车向江苏师范学院进发时，我仍然没有意识到，这次考试对于我意味着什么。

那时，江阴还没有长江大桥，车至江阴时要靠轮渡过江。在轮渡上，看着滚滚长江，想起自己高中时"过江""过海"的笔名，我第一次真正有了"宏大"的理想：过江以后，我还要过海！

又过了十二年，我才实现了那时的冲动，漂洋过海，访学东瀛——

是那一次考试，彻底改变了一个苏北农村男孩的命运。

二、激情燃烧：在天堂读书的日子

1978 年年初，我从苏北的一个小镇来到了苏州，来到了这个当时叫作江苏师范学院的学校。从此，我的生活、我的命运就与这个城市、这所大学紧紧地联系在一起。

刚进学校的时候，我读的是政史系，一个大班有 100 多人。不久，政史系又分为政治教育与历史教育两个系，但是，班上的同学已经感情深笃，不想再分离。同学中许多是"老三届"的，不仅社会经验丰富，而且知识基础扎实，外语能力卓越，我经常暗自感佩。而我们的老师，大部分也是满腹经纶，才华横溢，循循善诱。两代被耽误的师生，一起用心地在教室耕耘，演绎出了许多感人的故事。

听同学们谈笑风生，说古论今，我内心深处经常有强烈的自卑感。于是，我开始拼命恶补，先是每天清晨在学校的操场长跑10圈左右，再回到宿舍冲个冷水澡，然后神清气爽地去教室自习。后来我竟然参加了学校的长跑队，尽管成绩平平，但是，耐心与坚韧从此伴随着我的人生。

中学基本上没有学过外语的我，有一段时间疯狂地学习英语，把薄冰的英语语法书、张道真的教材翻了又翻，读了又读。嫌枯燥，我于是找

大学时代

来原版书以翻译的方式进行英语学习。记得我当时翻译了一本《东方故事集》，还兴致勃勃地投稿到出版社。尽管译稿没有出版，但是我从此不再惧怕外语学习，后来到日本学日语，也是如法炮制。

在江苏师范学院学习期间与同学讨论问题

我的同桌刘晓东是一个高干子弟，他喜欢读书，经常逃课泡图书馆。他告诉我，读书不仅比听课效率高，而且收获大。我不敢逃课，但是经常读他借来的书，从福泽谕吉的《文明论概论》到威廉·夏伊勒的《第三帝国的兴亡》，从《林肯传》到《光荣与梦想》。后来我自己去图书馆借书，几乎两三天换一批书，与图书馆的老师们处熟后，还会经常多借几本回去。那是我一生中最充实也最幸福的时光，我不敢说自己那个时候真正读懂了

多少，但是我的阅读习惯和兴趣从此养成。

书读多了就有写作的冲动。记得当时许多同学对作业怨声载道，我却并不介意。我把每次的作业都作为挑战，力图写成有一定水准的文章。记得有一次，我拿着一篇关于群众创造历史还是英雄与群众共同创造历史的文章，请教吴建国教授。他是我们非常崇敬的老师，是从苏联留学回国的哲学博士，在《中国社会科学》等刊物发表过论文，讲课时逻辑严谨且见解深刻。到了他家里，他对文章的结构、内容、文字进行了全面点评，还鼓励了我一番。我拿回文章一看，竟然没有片言只语的批注，对老师的功力佩服得五体投地。从此，我知道了什么是真正的学问，怎样去做学问。

那个时候，有一段集体为文学疯狂的日子。卢新华的伤痕小说点燃了许多大学生的文学梦想，不仅中文系的同学热情高涨，而且其他文科专业的学生也如痴如醉。著名作家范小青与我们同在钟楼前的老文科楼学习，那个时候我还不认识她，只听说中文系有个才女写小说了。文科楼下经常有他们的作品展示，我们班级的荀德麟也经常与中文系的学生唱和。我也开始大量读文学作品，读中外诗词，并悄悄写了不少诗歌，当然，大部分是不能够登大雅之堂的。但是，从此，我喜欢读诗，喜欢诗意与激情的生活。

就这样，日子一天天过去，人生一点点充盈。慢慢地，我一个懵懵懂懂的农村孩子，开始向往新的生活，思考未来的天空。

这个时候，学校急需补充教育心理学老师，决定在大三学生中选拔 5 人送上海师范大学教育心理学研修班打造，一下子几百名同学报名。我幸运地过关斩将，成为其中一员。同时，我也开始从江苏师范学院的学生，成为一名"准教师"。

三、追随燕师：走上学术研究之路

1980 年 9 月，我有幸来到上海师范大学的教育心理学研修班学习。这是"文化大革命"以后心理学科首次在该校重新开课，学校派出了最强阵容的师资队伍，其中对我影响最大的是恩师燕国材先生。燕先生博学多才，他倡导的"标新立异，自圆其说"的治学方法，激起了我们的创造冲动；他反对"言必称希腊，言必称西方"

的心理学教学与研究，主张系统整理中国古代心理思想的遗产，并身体力行，出版了《先秦心理思想研究》等一批专著，引发了我研究中国心理学史的激情。可以说，我是在燕先生的谆谆教诲与潜移默化的影响下，走上中国心理学史的研究道路的。

1981 年，在上海师范大学与燕国材老师合影留念

从 1982 年起，我先后参加了全国统编教材《中国心理学史》《中国大百科全书·心理学》的编写工作，受到了比较系统的中国心理学史研究方法的训练。而《心理学人物辞典》和《心理学著作辞典》的正式出版，则可以视为是我单独开展中国心理学史研究的标志。

《心理学人物辞典》和《心理学著作辞典》分别于 1986 年和 1989 年由天津人民出版社正式出版。这是由我与张人骏教授共同主编的工具书。《心理学人物辞典》介绍了 336 名中外心理学家的生平和学说，其中在国内首次介绍了 137 名中国学者的生平与心理学思想。《心理学著作辞典》介绍了 423 本中外心理学著作，其中在国内首次介绍了 95 部（篇）中国古代的心理学文献。这两本工具书是国内第一部系统介绍中国心理学人物和著作的工具书。

此外，我还发表了《张载的学习心理思想》《王廷相心理思想研究》《刘智〈天方性理〉对大脑研究的贡献》《颜元心理学思想初探》《二程关于"知"的心理思想》《挖掘中国古代心理学思想的宝藏》《王夫之心理思想研究》《陆九渊心理思想研究》《王夫之的学习心理思想研究》《十年来中国心理学史研究的进展与反思》等四十余篇论文，大多在国内有影响的《心理学报》《心理科学通讯》《心理学探新》《教育研究》等刊物上发表，其中在美国《大脑与认知》（Brain and Cognition，Ⅶ，1989）杂志上发表的《中国古代学者对于大脑研究的贡献》（Historical Contributions of Scholars to the Study of the Human Brain）一文，把世界上关于大脑功能定位的学说提前了近一百年，为我国心理学界争得了荣誉，引起了国际心理学界的广泛关注，二十多个国家的三十多位学者来函祝贺，并索要论文。

这一系列的研究使我初步完成了"探矿"的工作，形成了对中国心理学史的框架性把握，也初步掌握了中国心理学史的研究方法。这一时期，我还参加了《中国心理学史》（人民教育出版社 1985 年版）的编写工作，《中国心理学史资料选编》（四卷本，人民教育出版社 1988—1990 年版）的编写工作，前者作为主要作者和统稿人，后者作为副主编和主要作者。在我的心理学研究生涯中，我感到最幸福的是和许多前辈学者一起参加了中国心理学史学资料的建设，为这门学科的形成与发展奉献了一份自己的力量。

20 世纪 90 年代初，我曾经对中国心理学史学科创建及发展问题撰写过一篇长文，具体分析了中国有无心理学思想、中国心理学史的范畴、中西心理学史的比较研究、古代中国不仅心理学思想与近现代心理学的继承以及中国古代心理学史学科体系的建立等问题，进一步把握了中国心理学史的特点，增强了"内外并重"的心理学史研究意识，拓宽了中国心理学史的研究领域以及加强了中国心理学史的研究分工与协调等具体问题。这篇论文试图从方法论的角度对中国心理学史这门学科进行思考，引起了心理学史界的广泛关注。

从 20 世纪 80 年代后期开始，我一直在思考一个问题：如何进一步开拓中国心理学史的研究领域？如何在中国心理学史研究中具有自己的特色？为此，我和导师、同人、学生们开展了一系列的探索，在中国教育心理学思想史、中国犯罪心理学思想史和中国管理心理学思想史三个领域爬罗剔抉、系统研究，发表和出版了一批具有一定影响力的论文和著作。

（一）关于中国教育心理学思想史的研究

中国是一个具有数千年教育传统的国家，也是世界上创办学校最早的国家之一。中国的古代教育不仅是辉煌灿烂的古代文化的有机组成部分，也是古代文化赖以生存与发展的基础和条件。中国古代不仅具有非常丰富的教育思想，而且也蕴藏着有非常丰富的教育心理学思想，它是中国古代教育思想的精华。但长期以来，我国的教育心理学不是言必称西方，就是言必称苏联，对我国自己的相关思想却很少问津。这显然与我们这样一个有着悠久历史和灿烂文化的文明古国不相称。为了改变这种现状，我们用现代教育心理学的眼光，对我国古代教育心理思想遗产进行分析整理，以充实我国教育心理学思想史。

1991年，我与我的导师燕国材教授合著出版了《现代视野内的中国教育心理观》一书，全书共六章（另有绪论和附录）：绪论部分主要分析了中国古代教育心理思想的发展简史、基本特点、主要成就和贡献；第一章分析中国古代教育心理思想的基本理论；第二章至第六章依次论述中国古代的学习心理思想、德育心理思想、差异心理思想、教师心理思想和心理测验思想。

20世纪20年代以来，在西方教育心理学的直接影响下，我国的教育心理学也获得了发展。为了使读者了解我国教育心理思想史的全貌，我们撰写了我国第一部系统研究中国教育心理学史的著作，并将《中国近代教育心理学的形成与发展》作为"附录"以飨读者。在这本书中，我主要负责第一章、第三章、第五章和附录的撰写任务。

（二）关于中国犯罪心理学思想史的研究

刑罚与教化是中国古代社会的双刃剑。在研究中国古代教育心理学史的过程中，我查阅了大量和刑罚与犯罪心理学思想相关的资料，并对中国古代学者关于犯罪的原因论、预防论、惩罚论等思想产生了浓厚的兴趣。

1993年，我与苏州大学法学院院长艾永明先生合著出版了《刑罚与教化——中国犯罪心理学思想史论》，高觉敷先生为该书作序，称该书为"创新性的著作"，并指出：该书历述我国自古至今的犯罪心理学思想的演变，但关于这种思想史并没有专著可供参考，必须博览群书，深挖细掘，然后才有所得，其工作的艰苦可想而知。高觉敷先生对我们的研究给予了高度的评价。

《刑罚与教化——中国犯罪心理学思想史论》是国内第一部研究古代犯罪心理思想的著作，该书分三编：第一编以先秦学派观点为重点，分别研究了殷周时期儒家、道家、法家和墨家的犯罪心理思想；第二编聚焦秦汉至隋唐的犯罪心理思想；第三编以宋、元、明、清的人物思想为重点，系统整理了汉初黄老学派、《淮南子》、贾谊、董仲舒、王充、诸葛亮、玄学家、傅玄、刘颂、张斐、韩愈、白居易、柳宗元、理学家、王安石、《折狱龟鉴》、张养浩、王夫之、曾国藩和沈家本等人物、著作或学派的犯罪心理学思想。该书被《法制心理学辞典》等作为条目收录介绍。

（三）关于中国管理心理学思想史的研究

21世纪的管理面临着三大挑战，即世界经济发展中心可能移向亚太地区；知识经济和网络经济的发展，使世界经济活动进入一个全新的阶段；可持续性发展观念对现代创新管理提出了新要求。面对如此迅速而巨大的变化，东方土壤必将孕育出一种融合了传统和现代、东方和西方、科学和人文的新的管理思想和管理文化，因而发展出具有中国特色的管理科学。

任何有效的管理科学的出现和发展总是以深厚的民族文化为底蕴的，缺少对本民族文化遗产中管理思想的深入挖掘和研究，不仅仅是世界管理科学文化的缺憾，也必将不利于我国现代管理科学的迅速发展和成熟。因此我觉得应该把中国特色的管理心理学或者说本土化的管理心理学作为一项研究重点，这不仅是应用心理学自身发展的需要，也是时代之必然，而要实现这个目标，没有以对中国古代管理心理学史的研究为基础显然是不行的。

1997年，我有幸申请到国家自然科学基金资助项目——中国古代管理心理思想研究（自然科学基金项目编号为79770057），于是我和我的课题组成员从1997年到1999年期间投入了大量的时间和精力对中国古代管理心理思想进行了比较系统的梳理和研究，在整体把握和系统描绘传统管理智慧主要内容方面做了初步的探索。1999年，苏州大学出版社出版了《中华管理智慧：中国古代管理心理思想研究》一书，并有十多篇论文先后在《心理学报》《心理科学》等国内权威性刊物上发表。我们课题组从管理心理学的角度概括出中华管理智慧的五大特色——"以人为本、以德为先、以和为贵、中庸之道、无为而治"，并以先秦为起点对古代管理心理思想进行了比较全面的梳理，着重研究了先秦儒家、道家、兵家、法家、墨家的管理心理思想，还对董仲舒、王符、刘劭等人的管理心理学思想进行了探索，对建立中国特色管理学和管理文化的应用理论体系具有一定的推动作用，并能够指导现代企业家进行本土化的经营和管理活动。对于中华管理智慧的五大特征的揭示，以及对中国古代目标管理、人力管理、环境管理、时间管理、信息管理等内容的具体阐释，是我们课题组对中华管理思想史和中国心理学史的一个新贡献。我的博士后导师、复旦大学首席教授苏东水先生在为《中华管理智慧：中国古代管理心理思想研究》一书作序时说："阅读此书，能够从中领略五千年管理文化的苍劲与淳朴，体验古老文明活力的悠久与蓬勃，感悟古代先贤管理智慧的深邃与高远，这对现代企业管理者和管理理论研究者都具有重要意义。"我们的大部分论文都曾在国内外会议上与大家做交流，在1997年第三届世界管理学大会（上海交大）、1999年第三届华人心理学家学术研讨会（北京）、1999年世界华商管理大会（上海复旦）、2001年第九届全国心理学大会、2002年第四届全球华人心理学家学术研讨会（中国台北）和2002年东方管理论坛学术年会等会议上都受到好评。

后来，我又申请到的两个国家自然科学基金资助项目，它们也都与中国古代管理心理学思想有关，一个是"中国古代管理心理学思想的现代价值研究"，另外一个是"诚信在现代企业管理中的价值研究"。前者的主要成果是一百余万字的研究报告——《管理心智——中国古代管理心理思想及其现代价值》，该报告用文献研究和实证研究的方法，对中国古代管理心理学思想的五个重要特质及其在现代企业的应用进行了系统的研究，后来由经济管理出版社正式出版。后者的成果除一系列论文外，主要是由高等教育出版社出版的《诚信启示录》一书。在书中，我们通过对一系列案例的解剖，分析了中国传统的诚信价值如何丢失与创建的问题。

我是通过对中国古代心理学思想的研究走上学术道路的。无论是研究激情还是研究方法，包括对中国文化典籍的兴趣都是由此开始的。我虽然由于工作的变动，从1997年开始逐渐远离心理学史的领域，但是对于它的关注并没有停止，并且希望退休以后，能够有机会"重操旧业"，再过一把研究心理学的"瘾"。

四、朋友砥砺：拼命写作的岁月

在从事中国心理学史研究的同时，作为调剂和修炼，我一直在心理学科普方面努力耕耘。这与袁振国先生有非常密切的关系。

振国比我小一岁，应该是我的老弟了。他瘦长的个子与我肥胖的身材形成了鲜明的对比。大学三年级的时候，我们分别从苏州和扬州来到了上海师范大学。许多朋友说我们是天生的一对，不仅可以合作写文章，而且可以一起说相声。

在上海师范大学学习期间与袁振国合影

振国最初给大家的印象是扬州才子。到底是中文系出身，他那优美的文笔让我们羡慕不已。入学不久，他的一篇关于灵感研究的论文就在上海师范大学的学报上发表了。我不太同意其中的一些观点，于是，有了我们频繁的讨论和"争吵"，有了我的商榷文章。而我们的友谊，也就在这讨论和"争吵"中萌芽与成长。

那时，我们可以说是无所畏惧，豪气满怀。记得有一次，我曾经不知天高地厚地对振国说，总有一天，我们要让自己的著作像弗洛伊德的著作一样，走进每个人的书架！于是，我们疯狂地读书，疯狂地写作。我们以两个人的名义在《中国青年报》和《南京日报》等报刊开设专栏，在《心理学探新》《苏州大学学报》等刊物联合发表论文，合著的第一本书

《心理世界窥探》也由江苏科学技术出版社正式出版。这是我们合作的第一本书，当时我们还都是二十多岁的年轻人。为了能够赶上振国这位中文系的才子，我也只好在遣词造句上下功夫，精雕细琢，用心打磨。一系列"小文章"的撰写，在很大程度上提高了我的写作能力。很多朋友说喜欢我的文字，这在很大程度上要归功于这个时期的训练。

当各自回到自己的大学工作后，我们的合作也仍然在继续。我一方面继续写与心理学相关的科普文章，一方面在马克思主义心理学、政治心理学等领域拓荒。我们一起撰写了一批有一定影响力的论文和著作——《政治心理学》《交往的艺术》《男女差异心理学》等，大部分还是国内的首创之作。

后来，振国考取华东师范大学研究生，我们的研究方向有了比较大的差异，虽然很少再一起写作，但对彼此的关注和帮助却从来没有停止。记得撰写《中华教育思想研究：从远古到1990年中国教育科学的成就与贡献》一书时，我因缺少当代思想的详细资料而苦恼，振国得知后马上给我送来了他搜集的材料以及他自己没有发表的文章，为我的研究提供了巨大的帮助。而我到日本做访问研究以后，也与他合

作做中日教育的比较研究，不久他也去了日本访学。

振国的学术敏感性与他的灵气一样，经常让我敬佩不已。当我标榜自己是一个学术的旅行者的时候，当我虽然有稳定的研究方向但还没有终身的追求时，振国已经把教育政策作为他的主要研究领域。振国就是振国。他坚持认为，只有当学术研究对现实问题产生影响，对国家决策产生影响时，学术的价值才能充分展现。振国找到了这样的道路，他每一年都召开教育政策的分析研究会议。为了学习，也为了捧场，每一次我都去参加，这也慢慢地培养了我对教育政策的浓厚兴趣。尤其是在担任江苏省政协委员、全国政协常委和苏州市副市长以后，我的研究方向和兴趣也逐步向宏观教育政策和区域教育改革转移，任职期间的我与他的联系也从来没有中断。

后来，振国到教育部工作，先是在师范教育司担任副司长，后来到思想政治司担任副司长，再后来担任了主管全国教育科学研究的中央教育科学研究所所长。作为政府的官员，他仍然没有离开学术。他和他的团队为国家教育决策做了大量工作，尤其是《国家中长期教育改革和发展规划纲要（2010—2020 年)》的制定，他几乎全身心投入，经常通宵达旦，很少回家。

再后来，他回到华东师范大学教育学部担任学部主任，我们又一起合作发起成立了"中国教育三十人论坛"，举办了关于教育公平、人工智能与教育、脑科学研究与教育等学术研讨会。

虽然现在的我们很少像过去一样合作研究新的课题，合作撰写文章，但是一直彼此关注、彼此砥砺。他一直支持新教育实验的研究与推广，认为这是一个可以影响中国教育实践的探索；我也一直关注着他的研究，参加了他主编的国家统编教育学教材的编写工作。到民进中央工作以后，我也努力推动中国教育政策研究院与中央教科所的合作，推动"中国教育三十人论坛"与华东师范大学的合作，希望我们能够携手为中国教育再做一些事情。

五、急用先学：让工作更加理性

1993 年，我成为全国综合性大学最年轻的教务处处长。在此之前，我是苏州大学教育科学部的主任，也是最年轻的系主任之一。彼时的大学面临着与苏州医学院和丝绸工学院的合并问题，教学管理的担子压在我肩上，沉甸甸的。

于是，我想到了学习。求学当找名师，弄斧要到班门。有专家告诉我，最近距离的管理学名家应该是同济大学经济与管理学院的教授沈荣芳先生。沈老师曾经担任过同济大学经济与管理学院院长，中国人类工效学会首任理事长，国务院学位委员会管理科学评议组成员，中国系统工程学会、中国运筹学会、中国基建优化研究会、上海系统工程学会、上海土木工程学会、上海固定资产投资研究会等理事或副理事长。

沈老师也是在我国工科院校的管理专业最早开设运筹学、数理统计课程的教师，写过《现代管理科学基础知识》《应用数理统计学》《管理数学》《运筹学高级教程》《现代管理方法》等多部著作与教材，是国内著名的管理工程和系统工程专家，在城市发展与系统管理的研究方面作出了重大贡献。

看他的简历，我觉得与自己的专业背景有联系，所以就大胆地联系并请教了。

第一次见面，我就提出把"高校教学管理系统"作为我博士学位的主要方向，沈老师给予了充分肯定。他主张学以致用。他说，博士生的研究不是为了写一篇论文，而应该是为了解决一个问题。他的一席话，让我如释重负。因为大部分博士生导师，是希望学生能够为自己的研究"打工"的，我自己在成为博士生导师以后，也往往要求学生以新教育实验为主要研究方向。

在读博期间，我多次往来于上海与苏州之间。因为学校事务繁多，我有时候不能够去上海，沈老师就乘火车到苏州"送教上门"。尤其是在博士论文的攻坚阶段，我为用数理模型解决系统问题一筹莫展，沈老师就每周一次来到苏州大学，与我面对面讨论我的研究。他不让我用汽车接，而让我给他找一辆自行车。当我推着自行车和老师在大学校园里边走边谈的时候，我早已忘记他是一位年过花甲的长者。在他和吴启迪教授的指导下，我顺利完成了博士论文，并提前半年

以博士论文为基础而出版的著作

被授予了博士学位。

一年以后，以博士论文为基础的《高等学校教学管理系统研究》一书由江苏教育出版社正式出版。这本书比较全面地将系统管理理论和分析方法用于高校教学管理研究，提出了高校教学管理系统的理论体系，在理性的视野下重新梳理了高校教学管理系统的流程等重要问题。这本书注重历史与比较研究的方法，回顾了高校教学管理的历史演变过程，在比较分析的基础上提出了各种模式的特点与优劣，研究了各国的教学目标、教学内容和教学管理机构等，为构建社会主义市场经济体制下的中国高校教学管理系统提供了多维参照系。

被授予博士学位

同时，这本书运用系统工程的原理和方法，坚持定性研究与定量研究相结合，静态分析与动态平衡相结合，局部合理与整体优化相结合的原则，对高校教学管理系统进行了详细分析，构建了包括目标子系统、制约条件子系统、动作与优化子系统、成果输出子系统和评估子系统在内的完整体系，并用层次分析法对系统建立了评估模型。在教学管理动作系统的优化，尤其是教学环节的优化和专业教学计划的优化方面，进行了比较深入的研究。

这本书还将系统分析的理论与方法用于剖析我国高校教学管理面临的若干重要现实问题，对教育管理中的许多重点与难点问题，如教学目标（专业教育与素质教育的两难选择）、教学组织（学院制与学分制的积极探索）、教学效率（教学资源的优化配置）、教学内容（陈旧的课程内容体系与现代培养目标的内在冲突）以及教学评价（多元化评价体系的构建与完善）等进行了有一定理论深度的分析。

这本书以苏州大学为案例，提出了旨在全面培养学生素质与能力的激励性主副修制、必读书目制度等具有一定创造性的教学改革措施，提出了面向21世纪教学管理改革的基本思路，对于高校教学管理实践具有一定的指导作用。时任分管高等教育的教育部副部长周远清教授，亲自为本书作序，给予了较好评价。

博士论文完成以后不久，我决定乘胜追击，继续做博士后研究，再拜一个名师。于是，我有缘遇到了苏东水教授。

认识苏老师，是因为先知道了他的《管理心理学》。

有一次，我看上海的报纸，发现了上海哲学社会科学的一个重要奖项被苏东水先生的《管理心理学》获得。我研究心理学多年，怎么没有听说过苏先生？这是哪里杀出来的一匹研究心理学的"黑马"？后来我才知道，他就是鼎鼎大名的复旦大学首席教授、著名经济学家苏东水先生。一个经济学家怎么会写管理心理学的著作？他的书究竟与我们心理学家的管理心理学有什么不同？我决定走进苏老师的世界。

在苏州担任副市长期间接待德国前总理科尔

真正走进去，我才发现苏老师是一座非常丰富的宝藏。苏老师的研究领域非常广阔，从宏观的国民经济管理学，到微观的管理心理学；从西方的经济学理论，到东方的管理学思想。同时，他还是一个热心的社会活动家，不仅为地方政府做经济发展的顾问，而且还创办了东亚管理学院等教育培训机构。他的学生也是来自五湖四海，各行各业，从政府高官到企业名家，从学界精英到社会名流，还有优秀的大学毕业生、研究生，几乎所有的人都以成为苏东水老师的学生而自豪，每年的东方管理学术研讨会，几乎成了苏门弟子的大聚会。以至于台湾的璩美凤也希望报考苏东水老师的门下，弄得新闻界沸沸扬扬。现在，如果到网上查一下苏东水老师的索引，几乎随时可以看到这样的消息。

成为苏老师的学生，应该感谢颜世富博士。颜世富与我有一个共同的恩师——上海师范大学的燕国材先生。我们都曾经追随燕先生研究中国古代心理学史，我比世富早许多年，自然是他的学兄。后来他到复旦大学工作并且考取了苏东水老师的博士生，他的博士论文就是从心理学的角度研究东方管理问题。当时，我已经从同济大学获得管理学的博士学位，世富兄多次鼓励我到苏先生门下读博士后。他告诉我，且不说苏老师的学问之高，就是他的学生也都非常优秀。就这样，我有幸成为苏老师弟子中的一员。

苏老师是一个具有大智慧的学者。他对于学问的把握，往往是宏观的、整体的。国民经济问题，东方管理问题，一般的学者是不敢问津的，但是他做得有声有色。管理心理学这样相对微观的问题，他也是用宏观的方法去研究，所以从文化、人性的角度，使他的分析比心理学家的管理心理学就高了一个层次。

苏老师对学生非常关心。凡是能够帮忙的事情，他一定会尽力。1999年，我主持的国家自然科学基金项目的成果《中华管理智慧：中国古代管理心理思想研究》即将出版，邀请苏老师为书写一篇序言。在那个炎热的夏天，苏老师及时寄来了亲笔签名的长序，并对我们进一步的研究充满着期待与信心。

本来，我可以把这本《中华管理智慧：中国古代管理心理思想研究》作为博士后的研究成果，这样就非常轻松，与苏先生研究的方向也非常吻合。但是，就在这个时候，我担任了苏州市副市长的职务。苏老师建议我结合自己的工作重新写博士后的报告。因此，我选择了《中国开发区组织管理体制与地方政府机构改革》这一课题，并且在苏老师等其他复旦大学教授指导下，顺利完成了论文的写作。记得苏老师对我说，行政管理干部的研究不仅要有学术意义，更应该对自己的工作具有指导意义。这对于我今后研究教育问题也起了非常关键的作用。我现在之所以能够走出象牙塔，能够与火热的教育生活紧密地融合在一起，与第一线的老师们紧密地团结在一起，与苏老师当时的教诲是有着密切的关系的。

师恩如山。我的人生中有许多让我刻骨铭心的老师，虽然每一位老师都有不同的研究领域，不同的处世风格，但是他们对待学生的热情是相同的，对待人生的态度是一致的。从他们的身上，我能够感受到崇高、慈爱与责任。从他们的身上，我学会了怎么去做老师，怎么去影响学生。

六、幸福完整：发起新教育实验

如果有人问我，这一生最真的自豪的学术成就是什么？毫无悬念，我会选择新教育实验。如果有人让我只选择一项可以一辈子做的事情，我当然也会毫不犹豫地选择新教育实验。新教育实验的缘起可以追溯到 1999 年。

1997 年年底到政府工作以后，为了更好地指导工作，提高自己的效率，我开始大量地阅读管理学著作。1999 年，我正好读到《管理大师德鲁克》这本书，书中讲到德鲁克开车带着自己的父亲阿道夫去看望熊彼特。熊彼特当时已经在弥留之际，他对德鲁克父子说了一段让我铭记一辈子的话："我现在已经到了这样的年龄了，知道仅仅靠自己的书和理论而流芳百世是不够的。除非你能够改变人们的生活，否则就没有什么重大的意义。"熊彼特在讲完这段话以后的第 8 天就离开了这个世界。德鲁克说，他永远也不会忘记那次谈话，那次谈话给了他衡量自己成就的尺度。

应该说，熊彼特的这段话同样给了我很大的心灵震撼，也成为了我衡量自己学术成就的尺度。从此，我把自己的学术研究称为"行走的教育学"。

当然我多年从事心理学与教育学的研究，也出版了很多的著作，但是，坦率地说，我并没有真正走进教育生活，更谈不上影响和改变教师的生活。所以，我决定真正地去走近教师，走进我们的教育。

但是，从一个理论研究者要过渡到一个行动实践者，并不是件很容易的事情，其中要找到一个中介，不仅是理念上的转变，更重要的是一种情感上的转变。我用了很多心思去琢磨，去思考。正在这时，常州一所叫湖塘桥中心小学的学校，邀请我去指导。到这所学校的时候，我把多年来对学校的认识、思考和理解与那里的教师进行了沟通，得到了很大的认同。我还在这个学校带了一个徒弟叫庄惠芬。

刚去湖塘桥中心小学的时候，这所学校还是两排破旧的平房，教师也是以农村的青年教师为主体，庄惠芬那时还是一个毕业时间不长的黄毛丫头，奚亚英校长也是从农村体育老师刚刚到学校担任校长不久。但是，她们的激情与梦想感动了我，

　　我把自己的教育理想对她们和盘托出，奚校长马上表示在自己的学校开始全面行动。

　　经过几年的努力，湖塘桥中心小学发生了翻天覆地的变化，教师的精神面貌也有了极大的改善。他们的努力感动了政府，政府为学校重新建设了现代化的校园。

走进湖塘桥中心小学

　　2019 年 8 月，我到常州市武进清英外国语学校参加"种子花开"的新教育叙事会。奚亚英、庄惠芬、吴群英、任韧、朱燕芬、林骏科等教师都讲述了他们与新教育实验的故事。奚亚英校长骄傲地告诉我，20 年来，这所学校先后培养出 54 名正（副）校长，5 名特级教师，两名特级校长，两名高级校长，5 名教育集团的总校长。当年的黄毛丫头，现在也已经成为江苏省数学特级教师，奚亚英校长也成为在全国有一定影响力的校长，人民教育出版社还专门出版了她的著作《一所好学校是怎样炼成的：常州市湖塘桥中心小学品牌建设之道》。

　　2000 年，我将自己在湖塘桥中心小学的思考和在各地的讲演整理成一本书，叫《我的教育理想》。这本书阐述了我的理想，如我心目中好的学校是什么样，好的教师应该是什么样，好的校长应该是什么样，好的父母应该是什么样，等等。这本书出版后，受到了教育界的广泛好评。很多教师跟我讲，这本书点燃了他们心中沉睡已久的教育理想和教育激情。但是，也有教师看了这本书以后很困惑，说："朱老师您讲得很好，我们看了以后很振奋也很激动，但是现实的教育生活不容乐观，我们只要一回到学校，沸腾的热血就冷却了，在应试教育的环境下，我们戴着镣铐在跳舞。"我想，既然大家认为这些理念是对的，这些理想是值得追求的，为什么在现实生活中又那么困惑，无法把理想变成现实呢？

　　我一直认为，在任何状况下，在任何制度下，教育都是有空间的，都是可以探索的，只不过我们没有找到真正的空间在什么地方，没有找到怎么样的行动是有效的。教育的智慧，就在于能否在制度中寻找生存与发展的空间。所以我在继续思考，这些好的理想和理念到底怎样去变成行动。

2002 年，我找到了两个很好的契机。

第一个契机，是 2002 年 6 月 18 日"教育在线"网站的开通。这个网站的建立也有一段佳话。一开始，我的博士生李镇西和苏州的一批年轻教师鼓励我上网。当时，我是一个反对上网的人，所以我经常批评李镇西，认为他应该花时间好好读点书，不要花那么多时间去上网。但是他对我说，在现代社会，一个好的教师或一个好的学者如果不懂得利用网络传播自己的理念，如果不懂得利用网络学习先进的思想，就不是一个现代型的教师。后来，我被感动了，就办了一个网站，叫"教育在线"网站（www.eduol.cn）。"教育在线"网站一开通，就受到一线教师的热烈追捧，短短一个月，注册会员就达到 5 000 人，远远出乎我们的意料。后来发展到 35 万教师会员，其中 3 万多教师拥有自己的教育博客，一批拥有激情和理想的教师在网站快速成长。网站也被誉为"中国教师的精神家园"和"中国教师最大的培训学院"。

与李镇西讨论"教育在线"网站的工作

2002 年 6 月，我在网上写了一篇文章《朱永新成功保险公司开业启事》，我说教师如果想要成功，可以来我这里投保，保约只有一条，即每天上网写自己的教育故事。十年以后，如果他们不成功，可以拿着 3 600 篇文章来找我赔偿，以一赔百。可喜的是，一大批教师开始投保，很多教师在短短不到一年的时间内快速成长起来。

例如，江苏省盐城市一名村小数学教师张向阳，在近一年的时间内，几乎每天都在网上记录自己的生活，结果这一年他发表了八十多篇文章。沉甸甸的收获让我看到：事实上，有一条可以走近我们的教师的非常重要的管道。所以，我经常说，我不是中国教育界最有学问的人，但是我是与教师们走得最近的人，近到可以听到他们的呼吸声。每天早上，当我打开"教育在线"网站的时候，很多短消息就会跳出来；当我打开邮箱，很多教师的信就会发过来。我知道教师们在想什么，知道他们的感受，知道他们生活的困境，知道他们的喜怒哀乐。我找到了这样一条走近教师生活的管道。

但这还是不够的，网络是一个虚拟的世界，尽管它在很大程度上是真实的。当时我一直在想，如果要把教育理念变成行动，就必须要有学校来全面实施。我把自己的教育理想中最关键也是现实教育中最缺少的内容概括为"五大行动"，准备寻找合适的学校来进行实验。湖塘桥中心小学毕竟在常州，距离我工作的单位较远，所以我还是决定选择苏州的学校。当时我没有选最好的学校，因为如果新教育实验放到最好的学校，即使收效良好，它也不能说明问题，好的学校可能本身基础就很好，再去做锦上添花的工作，不能证明新教育理念；我也没有选最差的学校，因为最差的学校也面临很大的风险，教师没有激情，校长没有做事的动力。于是我决定找一所新办的学校开始新教育实验，让学校与新教育实验一起成长。

2002年9月，我在苏州的昆山市找到了一所学校，即玉峰实验学校。玉峰实验学校是2001年创办的一所公办民营的九年一贯制学校，距离苏州市区不远，又实行小学初中一体化，非常合适做实验。所以，2002年9月，我们走进了昆山的玉峰实验学校，开始我们的新教育之旅。

为了推动实验，我在玉峰实验学校召开教师座谈会和父母座谈会，在全校的大会上进行动员，通过讲述我们的理想以争取大家的理解、支持和参与。当时我在玉峰实验学校说的时候，昆山市教研室的副主任储昌楼老师在现场进行直播，把我说的东西同时发到"教育在线"网上。许多校长看到后说："嘿，朱老师，您为什么只在玉峰做不在我们学校做，您这几件事情特简单啊，不就是读读书吗，不就是在网上写自己的故事吗，不就是聆听窗外的声音吗？这些事我们都可以做啊。"我说："好啊，那就大家一起做吧。"就这样，好几十所学校开始加入到新教育团队中，尽管那时还是松散式的联络。

2003 年 7 月，第一批新教育实验学校授牌

2003 年 7 月，我们在玉峰实验学校召开了全国新教育实验的第一次研讨会。这次会议，来了将近 500 人。当时有一篇报道说这是一次"中国教育的丐帮会议"。所谓"丐帮会议"，是指这是一场民间的，以农村的困难学校为主的，有一批有激情、有理想的教师参加的会议。这是一场教育追梦人的汇聚，这一次的会议振奋了我们的精神。

2004 年，我们在张家港和常州召开了"新教育实验的推广研究暨第二次全国新教育研讨会"。经过前一段时间的努力，我们申报的课题得到教育部教育科学研究重点课题的批准。所以，我们决定在张家港高级中学和湖塘桥中心小学召开课题开题会。来自海内外的专家给予新教育实验以高度评价。当时，中国教育学会副会长、知名的教育家陶西平先生说："新教育实验会像一条鲇鱼，把中国教育这缸水搅起来！"

2004 年暑期，在江苏省扬州市宝应县，由翔宇教育集团主办，我们召开了新教育实验第三届研讨会。从此以后，在每一年的暑假召开新教育实验的大会，成为我们的惯例。

2005 年 7 月，在四川省成都市，我们召开了新教育实验第四届研讨会。这次会议的主题是"新德育"。

2005 年 11 月，在吉林第一实验学校，我们召开了新教育实验第五届研讨会。本来我们是准备每年开一届，这一次是应吉林一小强烈要求而临时增加的。这次会议是讨论新教育实验的最关键的问题"教师专业发展"。

2006 年 7 月，在清华大学附属小学、中关村第一小学和六一中学，我们召开了新教育实验的第六届研讨会，媒体把这次研讨会称为"新教育实验的进京赶考"。这次会议得到了社会各界的广泛关注，教育部领导、中国教育学会领导等都给予了很高的评价。在这次会议上，我们正式提出了"过一种幸福完整的教育生活"的愿景。这一年，新教育研究中心正式成立，新教育的专业团队开始组建。

2007 年 7 月，由山西运城新教育集团承办，我们在运城新港学校召开了新教育实验的第七届研讨会，会议的主题是"共读、共写、共同生活"。同年 11 月，中央电视台《新闻调查》栏目以"心灵的教育"为题，专门介绍了新教育实验。

2008 年 7 月，全国近千名新教育人聚集浙江省温州市苍南县，在苍南县第一实验小学召开了新教育实验第八届研讨会，并就新教育的理想课堂进行研究，提出了"知识、生活和生命的深刻共鸣"的观点。

2009 年 7 月，全国新教育实验第九届研讨会在江苏省海门市举行，主题是"书写教师的生命传奇"，并对教师的"职业认同与专业发展"进行了系统研究，提出了新教育实验的"三专模式"，即专业阅读、专业写作、专业交往。来自全国 23 个新教育实验区，700 多所实验学校的 1 300 多名代表齐聚江海门户，共话教师发展。江苏省教育厅原厅长沈健先生和美国马萨诸塞州立大学教育管理学院院长严文蕃先生出席会议。本届年会吸引了国内多家媒体的目光，《人民日报》《光明日报》《新华日报》《中国青年报》《中国教育报》等十多家省级以上媒体派出 20 多名记者参与报道大会盛况。

2010 年 7 月，新教育实验以"文化，为学校立魂"为主题，在河北石家庄桥西区举行了第十届研讨会。9 月，新阅读研究所在北京成立，并先后推出了"中国小学生基础阅读书目""中国幼儿基础阅读书目""中国初中生基础阅读书目""中国高中生基础阅读书目"以及"中国企业家基础阅读书目"等成果，成为有影响力的书目研制机构（新阅读研究所成立第二年即荣获全国阅读推广机构大奖）。12 月，江苏昌明教育基金会（后更名为"新教育基金会"）成立，标志着新教育有了自己的公益推广机构。

2011 年 7 月，首届新教育国际高峰论坛在湖塘桥中心小学教育集团举行，美、日等国专家与新教育人就教育田野研究等进行对话与交流。新教育实验的国际交流

2010 年 7 月，新教育实验第十届年会在河北石家庄桥西区召开

全面启动。9 月，以"活出中国文化的根本精神"为主题的新教育实验第十一届研讨会在内蒙古自治区鄂尔多斯东胜区举行。11 月，新教育亲子共读研究中心在北京成立，后更名为"新父母研究所"，从事家校共育的阅读活动以及家庭教育问题的研究与推广工作，随后又陆续在全国 40 多个城市建立了"萤火虫工作站"，为数万名教师、父母组织开展公益活动 5 000 多场，长期跟踪并服务于全国各地 900 余位种子教师的成长。

2012 年 7 月，以"缔造完美教室"为主题的新教育实验第十二届研讨会在山东省临淄市举行。10 月，以"教育与文化重建"为主题的第二届新教育国际高峰论坛在浙江省宁波市效实中学举行。此次论坛把新教育的基本行动项目由最初的"六大行动"扩展为"十大行动"，增加了推进每月一事、缔造完美教室、研发卓越课程和家校合作共育"四大行动"。

2013 年 3 月，新教育教师成长学院（海门市新教育培训中心）正式被南通市政府批准成立，迅速发展成为目前全国新教育理念培训和项目推广的重要基地，平均每年培训近两万人次。7 月，以"研发卓越课程"为主题的新教育实验第十三届研讨会在浙江省杭州市萧山区举行，会议提出了新教育实验的课程体系框架，即在新生命教育的基础上，建构新道德教育、新艺术教育、新智识（新人文、新科学）教育和个性特色的课程。至此，新教育实验的理论框架、行动项目体系完成了初步架构，新教育实验影响进一步扩大。2013 年 11 月，第三届新教育国际高峰论坛在成都举行，来自世界各地的著名教育家和与会代表围绕主题"阅读的力量"进行了深度探寻和对话。

　　2014 年 4 月，新教育实验区工作会议在甘肃省庆阳市举行，与会代表见证了新教育实验给西部教育带来的变化。7 月，以"艺术教育成人之美"为主题的新教育实验第十四届研讨会在江苏省苏州市举行，新教育实验在经历了 14 年的发展后回到发源地。11 月，以"构筑理想课堂"为主题的第四届新教育国际高峰论坛在山东省日照市举行，来自国内外的教育专家、学者、教师共同探讨构筑理想课堂的路径和策略。

新教育实验"缔造完美教室"叙事研讨会

　　2015 年 1 月，新教育实验缔造完美教室叙事研讨会在北京师范大学举行，陶西平、石中英、刘铁芳等知名教授以及教育部基础教育司原司长王定华等参加了会议，并对新教育榜样教师的完美教室给予了高度评价。5 月，新教育实验区工作会议在新疆维吾尔自治区伊犁哈萨克自治州奎屯市召开，少数民族地区的新教育实验成为区域教育的一大亮点，与会人员见证了新教育在祖国边陲的精彩绽放。7 月，以"拓展生命的长宽高"为主题的新教育实验第十五届研讨会在四川省成都市金堂县举行，来自全国的 2 000 多名代表见证了新生命教育在灾区重建中的独特价值。11 月，以"研发卓越课程"为主题的新教育国际论坛在河南省郑州市管城区举行，会议展示了新教育人在课程研发方面的理论探索与实践。

2016 年 4 月，新教育实验区工作会议在湖北省随州市随县召开。随县 2011 年加入新教育，仅仅 5 年时间便实现了区域教育的跨越发展，创造了乡村教育品质提升的奇迹。随州市共有 73 所初中学校，随县占 25 所，其中 23 所进入全市综合考评前 30 名，14 所进入前 20 名，7 所进入前 10 名。7 月，以"习惯养成第二天性"为主题的第十六届新教育研讨会在"中国龙城·舜帝故里"——诸城召开，全国近 2 000 位教育同人共话"核心素养·每月一事"。诸城市 2012 年整体加入新教育实验，把新教育作为区域教育改革发展的重要抓手，实验学校从 2012 年的 26 所，增加到现在的 409 所，引领所有学科老师的专业成长，倡导家庭、社会各界深度参与新教育实验。11 月，我们在浙江省温州市翔宇中学举行了新教育国际高峰论坛，与来自美国、新加坡、芬兰等国家及地区的学者交流了新教育人对未来教育的思考。

2017 年 4 月，以"新北川新生命新教育"为主题的全国新教育实验区工作会议在北川举行。来自全国 20 余个省、自治区的新教育实验区 700 余名代表相聚在北川，共同分享新教育区域推进实践成果，交流新教育经验，共谋新教育发展。与会代表还分别到擂鼓八一中学、擂鼓小学、安昌小学、安昌幼儿园、北川中学、西苑中学和永昌小学 7 所学校观摩新教育实验成果展示，给与会代表带来了强烈的视觉冲击和心灵震撼。新教育对北川教育重建和教育品质提升起到了重要的作用，北川新教育团队的奉献精神、智慧才能以及北川新教育人生命在场的实践创造都给与会者留下了深刻印象。7 月，全国新教育实验第十七届研讨会在江苏省南京市栖霞区举行。美国教育专家严文蕃率领的 15 人团队，以及来自全国各地的 2 500 多位新教育同人参加了活动。此次研讨会的主题是"相聚行知栖霞　共话家校合作"，栖霞区教育局局长徐观林作了《四通八达的新教育，创生一个四通八达的新栖霞》的主题报告。来自全国各地的 10 位榜样教师从不同的角度、不同的层面分享了各自在家校共育行动中的故事。10 位榜样教师生动呈现了实验区（校）在家校合作共育行动中所作出的积极探索，给与会者带来了诸多思考。参会代表在南京师范大学附属实验学校、金陵中学仙林分校中学部、摄山星城小学、栖霞区实验小学、迈皋桥幼儿园等 12 所学校观摩学习。至本届年会，全国共有县区实验区 124 个、实验学校 3 514 所，有 370 多万师生参与。11 月，我们在江苏省海门市举办了以"播下科学的种子"为主题的 2017 新教育国际高峰论坛。来自国内外 1 000 多名教育专家、学者、教师参与了此次盛会。会议提出了新教育科学教育的目标、方法和途径，强调新教育科学教育的行动方式是"做中学、读中悟、写中思"，并发布了《海门宣言》。

2018年4月，以"新时代　新教育　新征程"为主题的2018年全国新教育实验区工作会议在江苏省南通市如东县召开。来自全国各实验区近500位代表不远千里相聚在如东，共同探讨新教育实验区推进策略，分享如东实验区加入新教育近十年来的累累硕果。与会人员听取了来自如东县掘港小学、如东县实验幼儿园、如东县掘港镇童店初中、如东县实验小学、如东县宾山小学的老师与家长的故事分享，并前往河口镇景安初中、洋口古坳初中、洋口港开发区港城幼儿园、如东县宾山小学、如东县级机关幼儿园和如东县马塘小学6所新教育实验学校进行观摩。来自浙江东阳、甘肃兰州、河南洛宁、河北邢台、沈阳法库实验区的负责人也在本次会议中与大家分享了新教育工作经验。7月，以"科学照亮求真创新之路"为题的全国新教育实验第十八届研讨会在四川省成都市武侯区举行。通过新教育叙事、专家点评、论坛交流、实验校现场考察等形式，会议进一步展示了全国新教育实验在科学教育的实践成果。来自全国49个实验区、1 000余所实验学校共计1 600余名代表参加了本次会议。会议公布了评选出的新教育2018年智慧校长、榜样教师、完美教室、卓越课程各10名，提名奖各20名，年度人物1名，提名奖2名。

2018年7月14日、15日，全国新教育实验第十八届研讨会在四川省成都市武侯区召开，1 300余名代表参会。武侯区教育局局长陈兵以《新教育：我们的光荣与梦想》为题作报告，武侯区的榜样教师进行了生命叙事。会议颁发了2018新教育年度人物、年度智慧校长、榜样教师、完美教室和卓越课程五个奖项，全国共有41个教师、班级和课程获年度奖，82个教师、班级和课程获提名奖。我在会议上作了题为《科学之光照亮求真创新之路》的主题报告。2018年9月28日、29日，"2018领读者大会暨CBBY阅读年会"在北京外国语大学国际大厦举行。会议主题为"文学化的儿童文学课堂"。来自全国各地的校长教师代表700余人参会。

2018年11月17日、18日，以"人文教育"为主题的2018年新教育国际高峰论坛在福建省厦门市同安区第一中学举行，800余人参会。太平洋建设集团创始人严介和、美国社会研究会执行官特里·谢里、我国台湾德简书院创办人王镇华和山东大学儒学高等研究院教授姚中秋、"新教育"中国文化课程研究项目组负责人黄明雨、新西兰奥克兰理工大学研究助理约翰·法特氏·伯内特先生、新教育研究院副院长李庆明和美国波士顿麻州大学教育领导学系主任严文蕃等先后作主题演讲。会议以"人文之火温暖幸福完整生活"为主旨发表了《厦门宣言》。

　　2019年4月20日、21日，2019年全国新教育实验区工作会议在江苏省新沂市举行，来自全国105个新教育实验区的代表以及部分知名教育专家，近800人参会。会议听取了新沂市教育局局长王学伦的实验区新教育行动叙事和部分老师的生命叙事，分享了5个实验区的新教育实验工作经验，研究了新教育实验中如何处理好内容与形式、全面与重点、传播与深耕、底线与榜样、理论与实践的关系等问题。

全国新教育实验第十九届研讨会在江苏姜堰举行

　　2019年7月13日、14日，全国新教育实验第十九届研讨会在江苏省泰州市姜堰区举行，2 000余名代表参会。姜堰实验区以"唱一首'乐学'的歌"为主题作区域新教育行动叙事，表彰了2019年度智慧校长、榜样教师、完美教室、卓越课程和2019全国新教育实验年度人物。我在闭幕式上作了题为《人文之火温暖幸福家园》的主题报告。

　　2019年7月18日—21日，为期四天的首届新少年国际艺术教育节在江苏省苏州高新区文体中心举行。据悉，本次活动自公布展演项目以来就备受关注，吸引了全国各地的数万名中小学生报名。

　　新少年国际艺术教育节是新教育研究院联手苏州高新文旅集团打造的大型公益活动。为期四天的艺术节大咖云集，日本著名绘本家宫西达也、小林丰，以及"花婆婆"方素珍、国际木偶联合会研究委员会主席卡里安·阿瑟尔斯（Cariad Astles），当代国际知名偶戏艺术家巴塔尔·丽塔（Bartal Rita）、中国布袋戏非遗传承人杨辉、青年作曲家田艺苗等嘉宾都悉数亮相，带着各自专业领域的先锋思想和艺术态度，与家长和孩子们亲密互动，为艺术节注入了鲜活的魅力。

　　截止到 2019 年 7 月，全国新教育实验现有地市级实验区 11 个、县级实验区 152 个、实验学校 5 215 所，共有 560 多万师生参与新教育实验。

　　新教育实验还得到了国际学术界的广泛关注。2008 年，日本学习院大学东方文化研究所出版的《沸腾的中国教育改革》系统介绍了新教育实验；2009 年，韩国政府"21 世纪智慧韩国工程"（Brain Korea）项目组邀请我赴全北大学作"过一种幸福完整的教育生活"的主题讲演，随后 10 卷本的《朱永新教育文集》被译成韩文在韩国发行。2014 年，新教育实验入围卡塔尔基金会评选的"世界教育创新奖（WISE）"15 强。2012 年麦格劳希尔教育集团购买了《中国新教育》等 16 部著作的全球版权，到 2015 年年底已经全部出版。2016 年，美国休斯敦教育局叶仁敏博士领衔的研究团队通过大数据的分析研究，发现新教育组学生在学校归属感和对阅读综合能力的发展上远高于普通学校学生，差异非常显著。研究者指出："对于一个全国范围如此众多学生参与的大型教育实验，新教育实验给予学生更美满的校园感受和体验，对阅读有更佳的爱好、能力与习惯，足以令人对实验的效能和魅力加以肯定和称赞。"2016 年 4 月，我应邀在哈佛大学中国教育论坛和麻省理工学院的中美教育论坛上作了介绍中国新教育实验的主旨讲演。2020 年 5 月，由于新教育实验在阅读推广方面的卓越贡献，我和另一名荷兰作家荣获国际儿童阅读联盟评选的首届 IBBY 爱阅人物奖。

　　为了更好地推动新教育事业的发展，我们先后成立了新教育研究院、新教育研究会（原江苏省教育学会新教育专业委员会）、新教育基金会（原昌明教育基金会）、新阅读研究所、新家庭教育研究院、新生命教育研究所、新科学教育研究所、新艺术教育研究院、新公民教育研究所等机构创办了新教育的报纸和刊物，一大批理想主义者投身到新教育的事业中。

　　应该说，整个新教育事业仍然在蓬蓬勃勃的发展中。新教育实验的理论不断地成熟，新教育实验的实践也不断地得到全国许多重要媒体的关注，比如说中央电视台、中国教育电视台、《人民日报》《中国教育报》《南风窗》《21世纪经济报道》《北京青年报》等都对新教育给予了前所未有的关注。有人说新教育不仅是一个教育现象，而且也是中国的一个新闻现象。

许多一线的教师们在遇见新教育以后更是激情澎湃，成为新教育忠实的追随者。河南中站区造店回民学校赵莉莉老师写下了这样的感想："去年听过新教育报告后，我也想成为一只新教育毛虫！这时，我的天空亮了。我为新教育写下了这样几句诗：也许/我已睡得太久/仿佛只为等你迈过我的梦槛/牵我到明亮的那方。一个在安逸、迷茫、颓废中高高兴兴消沉的生命在新教育的牵引下，开始了一个新我的熔炼。"

苍南县第一实验小学林慧君老师说："伴着新教育花开的芬芳一路走来，走着走着，我欣喜地发现那个目光短浅、安于现状，常做蠢事、错事的自己不见了，那个时常患得患失的自己也消失了，剩下的只是一颗澄澈透亮的心、一种乐观坚定的信念。"

四川师范大学附属小学一位年轻的教师在听了一场新教育实验的报告后写下了这样一段感人的文字："我本来以为我的生活就这样了，在小学里能怎么样呢？可是听了常丽华老师的讲座，看到了她和孩子们那样幸福、快乐的生活，我对自己说：'这就是我想要的生活！'"

焦作市马村区工人村小学教师王丽娜在表述自己参与新教育实验以后的感觉时说，以前在教育工作中取得成绩的时候，她只是感到开心而已，有时还会感到疲惫，却从没有发自心底的幸福感，直到她遇上了新教育。

安徽省五河县实验二小校长王羽多次观摩新教育的活动，后来她自己也全身心地投入到了新教育的事业中来。她深有体会地说，"这一路，这些曾经的陌生人，这些可爱可敬的教育精灵，他们的思想，他们的激情，深深地感染着我及同伴。教育是美丽的，教师的生活应该是幸福的。有人说这是传说。但可爱的新教育毛虫们，用他们真实的经历告诉我，这不是传说。"

原玉峰实验学校的吴樱花老师，在参加新教育实验以后，用她的教育随笔改变了一个孩子的命运，出版了记录这段经历的著作《孩子，我看着你长大》，成为《人民教育》杂志的封面人物。她告诉记者："我走进了'教育在线'，走进了'新教育

实验'，在键盘上敲打着自己的教育生命。点点滴滴的思考，日日夜夜地奋笔，'我的文档'里随笔一篇篇地多起来，'教育在线'里帖子一个个地增加起来。看着自己的教学实践和思想一次次地被凝固成文字，我从中找到了感觉，一种越写越提高的感觉，一种实现了自我价值的感觉，一种成功的感觉……教育随笔使我相信，我的未来不是梦。"

河南焦作是 2008 年才成为新教育实验区的后起之秀。一大批优秀的"毛虫"在实验中成长起来，还产生了焦作小学唯一一位"功勋教师"，受到了政府的表彰。一位网名叫作"大杨树"的老师写道："接触新教育，走进新教育，我们就过上了一种全新的幸福完整的教育生活。从晨诵，到午读，再到暮省，没有了往日的埋怨，没有了今日的唠叨，没有了以后的忧虑，只有对现在教育生活的把握。一切繁杂，我们都让它归于平静；一切匆忙，我们都让它归于安宁。静静地做着一份让自己沉醉的教育工作，是我们现在最大的幸福。"

另外一名焦东路小学的杨彀老师说："我一直在思索，我耗尽我这仅有一次生命大部分时间、精力、感情的职业，我能不能对它漠然？如果我不能在教育中创造出生命的价值，我的生命就没有意义。那么，如何做一些有意义的事情呢？新教育团队有一句话：'只要行动，就有收获。'是的，做与不做，怎会一样？也许，我不够优秀，做不到最好，但我努力去做，总是能有所获，也许我行动慢，也许我能力不够强，不如别人做得好，但我想，我只要做，就会有进步，就会有提高。"

一些参与新教育实验的父母也高度认同新教育。苍南县第一实验小学二（4）班杨晨同学的家长说："两年来，作为家长的我对'新教育实验'是逐渐从迷茫到清晰，从被动配合学校到主动参与。我开始庆幸自己的孩子能在这样的书香学校学习，能在这样宽松的班级里成长。孩子沐浴着新教育实验的光芒，一天天地进步，一天天地长大。而在这种进步和收获中的不仅仅是孩子，还有我们家长。如何更好地当一个合格的家长？我也跟随着新教育实验走过了一个学习和被改变的历程。有时感觉新教育实验的书香不仅仅是渗入到了学生的每一个细胞，而是通过每一个学生又影响和改变着每一位家长。从学生到家长读书的兴趣就像星星之火在不知不觉中被老师点燃了。"

在新教育实验许多"毛虫"老师的班级里，每一个孩子过生日的时候，班里都会举行一次特殊的仪式，老师和全班同学一起为这位过生日的孩子送上生日诗。在一遍一遍的吟诵中，孩子内心最柔软的地方被触动，教育的力量也开始显现。曾有河南焦作的一位家长在孩子生日当天给老师发来这样的短信："从来没有看见过浩浩这么高兴。他说全班同学都为他过生日，全班同学都是他的兄弟姐妹。相信在这样的集体中，我儿子孤僻的毛病很快就会改变。感谢新教育实验！"

河南焦作焦东路小学六（2）班学生董振辕在作文中记录了自己在亲子共读、共写中成长的心路历程："短短一年多的时间，我和妈妈共读了《夏洛的网》《人鸦》《特别的女生萨哈拉》《德国一群老鼠的童话》等几十本书。在和妈妈共同阅读这些书的过程中，我变得更加快乐，渴望读更多更好的童书、名人传记、科普书等。我和妈妈之间也增进了交流，妈妈在教育我的时候不再像以前那样总是呵斥、打骂，而是有了更多的耐心。"

一项实验，一个行动，能够改变那么多教师的行走方式，改变那么多学生的生存状态，改变那么多学校的发展模式，这是作为一个学者的最大幸福和快乐。

七、推动变革：发起两个民间教育组织

除了发起新教育实验，在我的学术生涯中值得一提的是，我还参与发起了中国的两个重要的民间教育组织——21世纪教育发展研究院（以下简称"研究院"）和"中国教育三十人论坛"。

研究院是以教育公共政策和教育创新研究为主的民办非营利性组织，致力于以独立的立场开展教育研究与政策倡导，聚集教育界内外的民间智慧，推动中国的教育改革与发展，追求好的教育、理想的教育。

1997年年底，我担任苏州市副市长以后，一直希望能够搭建一个平台，吸引国内外的教育名家为苏州教育集智聚力，为中国教育建言谋策。

在一次交流中，朋友提到了当时非常活跃的杨东平教授。于是，我邀请东平先生到苏州见面。我们在苏州大学附近的一个酒店里一见如故，很快就达成了成立一个民间的教育学术组织，凝聚教育界的力量，进行宏观和微观层面的教育政策研究的共识。

我虽然由于政府身份不方便担任职务，但是力所能及地推动了研究院的成立，并邀请时任北京理工大学教授的杨东平先生担任研究院的院长。最初，研究院没有办公场所，大家就在我的研究室里办公，研究院的秘书长由我的博士研究生王胜担

与杨东平教授共同发起成立21世纪教育发展研究院

任，《人民政协报》教育在线周刊的贺春兰主编和几位有理想的民办教育家则成为最初的研究院理事。

因为研究院成立于21世纪之初，我们的梦想也是培养21世纪新人，所以研究院的名字顺理成章地就是"21世纪教育发展研究院"。一开始的几个活动，有的也是用"21世纪"来命名的。

活动之一是"21世纪教育沙龙"。这是由福特基金会资助的开放性的民间学术交流平台，由《人民政协报》教育在线周刊主办。《人民政协报》教育在线周刊，也是用我们新教育实验主办的一个教育网站的名称命名的。这个沙龙定期研讨重大教育政策和教育热点问题，强调政府、学界、企业界、媒体、议政机构之间的无边界交流，以活跃教育理论研究、促进教育决策的科学化和民主化为宗旨。

活动之二是"21世纪教育论坛"。这是一年一度的大型教育论坛，由研究院联合苏州市人民政府和上海中锐教育集团主办。2001年举办的首届论坛的主题是"国际化、数字化与基础教育"，第二届论坛的主题是"多元化、法制化与民办教育"，第三届论坛的主题是"新课程与考试制度改革"。论坛从内容到形式都有很多创新，场面非常火爆，被誉为"中国教育财富论坛"。

活动之三是《中国教育蓝皮书》的撰写。这是由研究院组织撰写的中国教育改革与发展年度报告。报告以社会视角和民间立场审视和评论教育发展，重视理论性、实证性和数据等资料的权威性，以比较鲜活、丰富的民间形式记录正在发生的教育变革。报告一开始由我联系在高等教育出版社出版，我与杨东平院长轮流担任主编，2008 年左右改由社会科学文献出版社出版，并由荷兰 BRILL 公司购买版权出版了英文版。

活动之四是编辑出版"21 世纪精品教材译丛"。这是一套自中华人民共和国成立以来从海外引进的规模最大、门类最全的教育学科教材，被国内媒体称为"又一次重要的拿来主义"。这套教材由我担任总主编，由江苏教育出版社以"海外教育科学精品教材译丛"名义陆续出版。

活动之五是"西部阳光行动"的开展。这是由研究院农村教育发展研究中心组织的，由西北师范大学毕业生尚立富倡导发起的，组织在校大学生到西部农村支教和从事乡村建设的支教活动。让大学生成为西部农村教育扶贫的重要"纽带"，参与农村实践，是这个活动的宗旨。后来在这个活动的基础上，"西部阳光公益基金会"成立，我一直担任基金会的理事，为基金会的发展尽绵薄之力。

2008 年，研究院举办了首届"地方教育制度创新奖"，以其独立、公正的评价推动了地方教育的创新，开创了第三方评价政府教育绩效的先河，并于 2014 年起拓展出"LIFE 教育创新"大型系列活动。

与此同时，研究院还组织专家就教育改革与发展的重大问题开展了多项专题研究，如高考改革、取缔奥数、北京小升初乱象研究、新课改十年、农村撤点并校研究、恢复发展农村小规模学校、在家上学研究、高等教育信息公开等，为《国家中长期教育改革和发展规划纲要（2010—2020 年）》的制定建言献策。这与高峰论坛、学术研讨会、讲座、教育沙龙、出版等活动一起推动教育传播和推广，为我国教育政策的改善发挥了积极的作用。

通过近 20 年的努力，研究院已具备专业性、独立性、公正性、前瞻性等特点，并成为一个重要的民间教育智库。在上海社科院智库研究中心发布的《中国智库报告——影响力排名与政策建议》中，研究院连续在 2014 年、2015 年两年中位列中国顶级智库民间智库系统影响力第 2 名，2016 年在教育类智库专业影响力中排名第 3，2017 年入选中国社会科学院核心智库名单。

另外一个重要的机构就是"中国教育三十人论坛"。

2011 年，一个偶然的机会，《财经》杂志的主笔马国川先生对我进行了一次专访，并以《中国教育，从原点再出发》为题发表在当年 11 月的《读书》杂志上。

在此基础上，我和马国川先生就教育问题进行了多次深度交流与讨论，谈话内容由三联书店以《重启教育改革——中国教育改革十八讲》为题正式出版。在多次交流过程中，他介绍了"中国经济 50 人论坛""中国金融 40 人论坛"等智库的运营模式，这引起了我极大的兴趣。

相对于经济学、金融学等"显学"，我们的教育学影响力，尤其是影响公众和决策的能力非常薄弱。我和马国川商量，能否建立一个类似"中国经济 50 人论坛"和"中国金融四十人论坛"一样的关注中国教育改革与发展的跨学科学术组织？这个组织将聚焦于中国教育改革的重点、热点、难点问题，努力架设起学术研究与公共政策之间的桥梁，为深化教育改革和教育事业的健康发展建言献策，同时通过聚智启思，向公众传播先进的教育理念与方法，架起学者与公众之间的桥梁。我们很快就把这个想法付诸行动，分头邀请了教育家顾明远、陶西平，经济学家钱颖一，哲学家周国平等一批各学科的著名学者参与这个组织，并就相关议题达成了共识。

首届"中国教育三十人论坛"主要成员合影

2014 年 12 月 14 日，"中国教育三十人论坛"在北京正式成立，并举行了以"教育改革与'十三五'发展"为主题的首届论坛研讨会。此后几年，我们分别举办了以"创新时代，教育怎么办？""现代教育治理体系建设""教育创造美好生活""重构教育评价体系""科学技术与教育发展"为主题的论坛，先后邀请了著名未来学家约翰·奈斯比特夫妇、诺贝尔经济学奖得主詹姆斯·莫里斯等国内外学者在论坛作主题讲演。每年的论坛之后，"中国教育三十人论坛"都将相关专家的观点整理成建议书，报送国务院分管领导和有关教育行政部门。

从 2015 年开始，"中国教育三十人论坛"联合华东师范大学国家教育宏观政策研究院等单位，在华东师范大学举办春季论坛，分别就"'十三五'期间大力促进教育公平""人工智能与教育""脑科学与教育"等问题举办了高峰论坛。

从 2018 年开始，"中国教育三十人论坛"与深圳前海合作，每年秋季在前海举办"世界教育前沿峰会"。首届和第二届峰会分别以"学习的革命：学习科学引领教育未来"和"AI 与学习科学"为题，吸引了数十位来自世界各地的学习科学专家和千余名参会者。

2016 年 12 月，在"中国教育三十人论坛"上作讲演

从 2019 年开始，"中国教育三十人论坛"还在杭州与海亮教育集团合作举办民办教育论坛，在海南博鳌举办博鳌教育论坛，在北京与中国儿童中心合作举办中国儿童论坛。每个不同的论坛都由论坛学术委员会根据国内外教育形势和发展趋势确定主题，邀请与会专家和学者发表专题演讲，并围绕主题展开自由讨论和交流。

除了大型论坛外，"中国教育三十人论坛"还不定期组织"教育大讲坛"，邀请论坛成员就自己的研究成果举行公开讲座；围绕论坛成员出版的著作组织"新书分享会"；与媒体合作，组织"教育大家谈：跨界名家对话"，邀请经济学家、社会学家、历史学家、政治学家、艺术家等各学科著名人士与论坛成员进行对话，就共同关心的教育问题展开讨论。

　　根据教育改革与发展的需要，"中国教育三十人论坛"还组织专家进行深度研究，撰写调查研究报告，向社会发布研究成果。在 2018 年的论坛上，"中国教育三十人论坛"发布了《大学排名的风险》和《中国中小学课业负担调查报告》等成果，产生了良好的社会反响。

　　目前，21 世纪教育发展研究院与"中国教育三十人论坛"，都已经成为中国最具影响力和代表性的民间教育智库。作为论坛的发起人、组织者之一，也作为论坛的学术委员会成员，我几乎参加了论坛的所有活动，并且在论坛上作了多次学术讲演。在荣誉背后，我感受到了沉甸甸的社会责任。

"中国教育三十人论坛"成果之一

八、参政议政：用学问报效国家

　　我的学术研究，不仅与我的本职工作紧密联系，也与我的社会兼职息息相关。

　　1988 年 4 月，我成为中国民主促进会（以下简称"民进"）的会员。认识民进，是从认识我身边的民进人开始的。

　　1982 年 7 月，我从上海师范大学教育心理学研究班进修结束，回到母校苏州大学教育心理学研究室工作。当时的研究室与教务处都在老东吴大学的一幢小洋楼里。报到的时候，我遇到了研究室的主任邱光教授。他是一位不苟言笑的长者，也是当时教育理论界颇有影响力的学者。我由于在上海师范大学读书期间师从燕国材教授从事心理学史的研究，对于心理学有浓厚的兴趣，报到以后我就找邱主任，想被分配到心理学教研组。没有想到的是，他一口回绝了我的要求，说在我们回来以前，学校就已经决定了大家的去处。而且，他已指定我作为他的助教，从事教育学的教学工作。

　　于是，我每天跟着邱先生去听课，帮助他批改学生作业。同时，在他的指导下，我写下了人生中的第一份教案，进行了第一次在大学课堂的试讲。也是这个时候，我才知道，他同时是民进苏州大学支部的领导，也是民进苏州市委的领导。作为邱先生的助教，我经常得到他耳提面命的指导，感受到他作为一个长者的慈祥和作为一个老师的关爱。同时，我也感受到他作为一个领导的威严和作为一个学者的深刻。每一次，我请他指点我关于教育问题的思考的时候，他总是那么热情、那么开心。但是，每一次，我向他表示自己想教心理学的时候，他又似乎换了一个人，毫不含糊地给予拒绝。甚至，连我参加全国心理学教材编写会议的费用，他也不给报销。有一段时间，我非常沮丧，甚至觉得邱先生是与自己过不去。整整 4 年多的时间，我一方面从事心理学的研究，一方面从事教育学的教学，在两门科学中间快乐而痛苦地穿梭而行。

1987 年，我破格晋升为当时江苏省最年轻的副教授，并且接替邱先生成为教育心理学研究室的主任。这个时候，我才开始明白邱先生的一番苦心：他认定我是一块研究教育的好料子，希望我专心致志地从事教育学的教学与研究，能够接好班。1988 年，我在他的影响之下加入了民进，而他自然成为我的介绍人之一。现在想来，如果没有当时邱先生的坚持，没有我教育学、心理学两条战线作战的经历与修炼，可能也很难有现在在教育学领域小小的成绩。

苏州大学民进支部活动

我的另一位介绍人是苏州大学图书馆的蔡竣年研究员。蔡老师是 1950 年从美国回来的心理学专业人才，业务非常精通。当时，著名心理学家高觉敷先生准备把《中国心理学史》的翻译介绍到海外，蔡先生是最重要的骨干。我先是在苏州大学以外的学术会议上认识她的。回到学校，她就邀请我去她家，参观她的书房，看她的心理学原版书籍。当时我写了一篇《中国古代学者对于大脑研究的贡献》的论文，想翻译成英文向国外投稿。她非常支持，亲自帮助我校改文章，并且多次与我讨论如何修改。这篇文章后来发表在美国著名的学术刊物《大脑与认知》上。蔡老师快人快语，性格豪爽，关心他人胜过关心自己，这给我留下了深刻的影响。她是第一位动员我加入民进的人，我也当场就答应了下来。

在填写申请报告的时候，我才开始接触民进的历史，才开始把马叙伦、王绍鳌、林汉达、周建人、赵朴初、叶圣陶、雷洁琼、谢冰心、傅雷、许嘉璐等许多崇敬已久的名人与民进联系起来。其中，叶圣陶、谢冰心、许嘉璐等民进的领导人，让我更加深刻地认识了民进，更加热情地走进了民进。

2011 年"两会"期间，在中央电视台参加"我建议"节目

作为民进的会员，1993 年，我同时担任了苏州市第九届和江苏省第七届政协委员。1998 年开始，我还当了 10 年的十二届、十三届的苏州市人大代表。在担任江苏省政协委员的时候，我就开始关注教育问题，写了许多关于教育的提案。记得1993 年，我曾经写过一组关于"科教兴省"的提案，其中有一个叫《关于将"科技兴省"口号改为"科教兴省"的建议》的提案得到了江苏省委的重视且很快被采纳，"科教兴省"成为江苏的重要战略。

2003 年，我有幸成为第十届全国政协常委。3 月，我来到首都北京，参加全国政协的十届一次大会，开始了每年一次的"春天的约会"，也开始了我在全国的

《春天的约会》

平台上进行的参政议政。我知道，政协委员是荣誉，更是责任。作为一个民主党派的成员，如何在政协的平台上发挥作用，积极地履行参政议政、民主监督的职能？如何把政协委员的职责与本职工作有机地结合起来？如何把参政议政与自己的学术研究统一起来？这是我从2003年担任全国政协常委以后一直在思考与探索的问题。

2007年年底，我担任了民进中央副主席。2008年3月，我从全国政协常委转任全国人大常委会委员。位置变了，但参政议政的使命不仅没有变，而且更加艰巨了。2013年3月，我又回到全国政协，担任常委、副秘书长职务。这些年来，我先后提交了近200个提案与建议，成为每年两会的"明星"。我提出的许多建议，如关于免费义务教育的建议，关于建立国家阅读节的建议，关于改进免费师范生政策的建议，关于加强文化立法的建议，关于善待代课教师的建议等，都引起了媒体、社会和有关部门的高度重视，其中一些被正式采纳后转变为国家的政策。作为一个学者，结合自己的专业参政议政，我有着非常特别的优势。在这方面，我有三点体会。

第一，利用互联网参政议政是非常有益的尝试。每年"两会"期间，我差不多都走进人民网的强国论坛等网络媒体，跟各位关心政府工作、热心政治参与的网友进行面对面的交流。同时，我们在自己的"教育在线"网站上正式开始征集"两会"的建议，主题贴叫"请为中国教育鼓与呼"，访问量很大，大家提出了非常好的建议。很多提案都是通过网络征集的，有一些提案甚至直接来自网友的建议。所以，我认为网络是参政议政的推进器，是中国政治文明的推进器。

第二，发挥自己的专业优势对于参政议政具有非常重要的作用。每年的"两会"，我带来的提案基本都是关于教育问题的，因为我在政府任职时就是分管教育的，到民进中央以后，我发现70%的会员来自教育界，民进是名副其实的"教育党"。同时，我学术研究的方向又是教育。这三个方向的工作通过教育得到了整合。

学术研究既为政府工作服务，又为参政议政服务，一石三鸟，既保证了提案的质量与水平，也为政府工作提供了思路，如关于免费义务教育的提案、教科书循环使用的提案等，都是在这样的背景下产生的。

第三，密切联系群众，倾听民间的声音，是做好参政议政的关键。这些年来，我走过许多地方，无论到哪里，我都带着一双发现问题的眼睛；工作中碰到的问题，我都要放到全国的范围去思考。一封代课教师的来信，会让我开始关注全国的代课教师问题；一个网友的留言，会让我开始关注乙肝携带者的权益；课堂里与学生讨论的话题，可能会成为提案的重要内容；工作中遇到的难题，也可能会转化为政协和人大发言的主题。

2013 年 3 月，在全国"两会"上发言

2013 年 3 月 8 日，在人民大会堂全国政协大会发言

过去，许多人可能认为人大和政协没有发挥实质性效用。其实，我自己的经验表明，政协与人大在我们国家的政治生活中还是具有非常重要的作用的。多年来，我个人的许多提案与建议，就有一些先后被采纳，逐步变成了国家的政策，并在现实中落地。如关于免费义务教育的问题，2004 年我就提出了《在西部地区和其他贫困地区实行免费义务教育制度的建议案》，2005 年财政部、教育部已经宣布，从 2005 年春季学期开始，对 592 个国家贫困县的约 1 600 万名农村义务教育阶段家庭贫困的中小学生，全面免费提供教科书，免收杂费，同时，逐步对寄宿生补助生活费。2005 年，我又提出在全国农村实施免费义务教育的建议，这也很快得到了采纳。从今年秋季开始，全国的城乡就要全面实施免费义务教育了。

再如 2004 年，我提出了《关于在全国范围停止"名校办民校"的政策建议》。当时教育行政部门公开鼓励"名校办民校，名校不择校，择校到民校"，这导致了大量民办学校的萎缩甚至倒闭关门。我的建议尽管当时没有被采纳，但是随着时间的推移，终于被大家认识到它的价值。在新修改的义务教育法中，国家已经明确叫停了名校办民校。2007 年，中国共产党的机关刊物《求是》专门约我就这个问题撰写了文章。

再如教科书循环使用的问题，2007 年"两会"期间，我提出了加大推进教科书循环使用力度的建议，并且在苏州市进行了小规模的尝试。后来，教育部决定从2008 年春季开始，在农村中小学建立部分科目的免费教科书的循环使用制度，山东、山西、江苏等地已经着手开展此项工作。江苏省教育厅规定，向全省城乡义务教育阶段学生免费提供教科书，严禁向义务教育阶段学生再收取教科书费用的行为。

《左传》有言："太上有立德，其次有立功，其次有立言，虽久不废，此之谓不朽。"北宋大儒张横渠也谈过古代知识分子的最高理想："为天地立心，为生民立命，为往圣继绝学，为万世开太平。"有人曾经解释说，立德，谓创制垂法，博施济众；立功，谓拯厄除难，功济于时；立言，谓言得其要，理足可传。对照这个标准，我们充其量是立一点小言罢了。

2018 年，是我考取大学 40 周年，也是我出生 60 周年。生日那天，我写了一首打油诗："人叹白发染双鬓，却喜平和耳顺年。人生百年刚过午，明月照我耕梦田。"回顾自己求学与做学问的历程，颇为欣慰的是，自己基本没有虚度光阴，虽然离自己理想的境界仍然有很长的路要走，但是我一直在路上。

因为我深知：行走，是人生最好的姿态，更是一个学者最好的姿态。

九、阅读人生：影响我的几本关键书籍

我的童年和少年基本是处于图书稀缺的时代。乡村文化站书架上孤零零的几十本书（大部分是《毛泽东选集》等政治读物）早已满足不了我的胃口。于是，我向住在招待所的过往客人借书读。当时我母亲在镇上的招待所工作，她一个人既是所长，又是服务员和清洁工，我们全家都是母亲的帮手和"志愿者"。我那时的读书资源大部分与旅客的书有关，因为客人经常是匆匆过客，所以我的阅读也是限时限刻，这也养成了我快速读书、不求甚解的习惯。

　　真正系统地读书是在大学期间。由于最初读的是江苏师范学院，我为了准备成为一名优秀的中学老师，基本读完了学校图书馆收藏的教育学、心理学书籍。而我朋友刘晓东推荐的人文、历史类书籍，也成为我主要的精神食粮。这里主要介绍几本对我的生活和生命产生重要影响的书籍。

（一）《产生奇迹的行动哲学——一个日本青年改革者的自述》
——点燃我生命的理想与激情

　　影响我的第一本书，应该是在 1986 年年底到 1987 年年底（我是 1982 年大学毕业的）由上海人民出版社出版的一套青年译丛中的一本，这是推荐给年轻人看的书。这本书的书名叫《产生奇迹的行动哲学——一个日本青年改革者的自述》。我还很清楚地记得这本书的封面是红黄色的，中间是一个大大的金色的拳头，这反映了年轻人奋发向上的力量。

　　我买这本书花了 9 毛 7 分，一块钱都不到。这本书一直藏在我在苏州大学的工作室里。曾经一个朋友还专门帮我从网上淘到了这本书送给我，因为他听我讲起过这本书对我的影响。这本书是讲的日本的一个医学改革家德田虎雄的故事。德田虎雄出生在日本的一个农村家庭，这个农村孩子的梦想就是做一个医生，做一个好医生，做一个能够改变日本农村医疗状态的医生。但是，他成绩不好，在全校 500 多个人中排 400 多名，这怎么做医生呢，又怎么改变人们的命运呢？但他知道，要想做一个好医生，就必须考一个比较好的医学院，当时日本好的医学院是日本早稻田大学的医学院，最后他考了三年才考取。

　　书中有一个细节我记得很清楚：他每天早晨都照镜子，他就想象着镜子里的他不是今天的他，而是成为医生的他，是成为一个早稻田大学

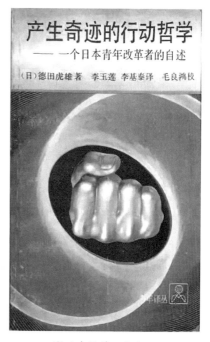

影响我的第一本书

医学院的学生的他，是成为一个医学改革家的他，以此不断地用未来、用理想激励自己。那时的我也很年轻，大学毕业不久，工作时间也不长，正是需要追寻理想的青春年华。当时这本书给了我很大的启示，就是理想是人生最重要的一盏明灯，人是被理想牵引着走的，如果没有理想，人一定是走不远的。此外，书中讲的很多故事也对我有很大的启示，比如一个人的理想越多，那他得到的帮助也会越多，就像一个人背着很沉重的行囊在爬坡，旁边的人都会看不下去，都会帮他一把。所以，理想对一个人的一生非常重要。

这本书很薄，是一本很小很小的小册子，也不是什么了不起的名著，就是一本很普通的书。也许其他人读了可能不会像我这么激动和兴奋，但这本书的确对我产生了一生的影响。后来我能够做一点事情，能够有这样一点抱负，能够把新教育实验作为我一生的追求，很可能都与这本书对我的影响有关。

2016年，在国家图书馆给孩子们讲童书

（二）《管理大师德鲁克》
——帮助我用行动的精神走进教育生活

第二本对我影响比较大的书是《管理大师德鲁克》。

1997年年底，我从苏州大学调到苏州市人民政府担任副市长。担任副市长以后，我就开始更多地涉猎一些管理学著作。其实在苏州大学做教务处处长期间，因为从事管理岗位，我就已经开始有计划地读一点管理学的书。到了市政府工作以后，我就结合工作更有针对性地去读一点管理学的书。当时我读到了一本书，是美国的一个学者杰克·贝蒂写的，叫《管理大师德鲁克》。这本书大概在 1999 年 5 月由上海交通大学出版社出版，我于 1999 年年底就读到了这本书。

这本书里面有一个故事让我印象深刻，故事说的是德鲁克和他的父亲于 1950 年元旦去看望老师熊彼特。熊彼特和德鲁克，都是管理学上的大师级人物。德鲁克去看望熊彼特的时候，熊彼特就对他讲了一句话："我现在已经到了这样的年龄了，知道仅仅靠自己的书和理论而流芳百世是不够的。除非你能够改变人们的生活，否则就没有什么重大的意义。"这不仅是一个管理大师，一个著名学者的忠告，更是一位老师对自己最得意的门生的嘱咐。8 天以后，熊彼特就去世了。这也成为熊彼特在临终前给自己学生的一个遗训。

影响我的第二本书

这段文字，在书上就是两行多，一般人看可能不会太在意，因为他也不是讲管理。但是对我来说，这差不多是在我心里投了一颗原子弹。为什么？因为这彻底颠覆了我关于学术梦想的理解。在此之前，我跟很多大学教授一样，对学问的理解还是停留在思想、观点层面，期待的不过是申请项目、发表著作。评聘职称或获奖。在美国大学里有句话叫 "Publish or Die"，即你要么出版，要么死亡。作为教授，你没有成果，就站不住脚。的确，我自己就是这么一路成长过来的，我能够在 29 岁那年破格成为江苏省最年轻的副教授，不就是靠我那厚厚的一堆著作吗？但是，看到这句话以后，我突然反问自己，我究竟是为什么要从事学术研究呢？自己写的那么多东西是干什么用呢？我写给谁看呢？当时，我的研究领域主要是心理学思想史、教育学思想史，这种偏历史的专著看得人就更少了。到了政府任职以后，我的确开始意识到，过去的研究路径好像有点问题，但是如果没有熊彼特给德鲁克讲的这句话让我醍醐灌顶，我可能不会如此快速地意识到应该怎么做学问。

作为学者，个人的研究成果是很难影响整个社会的。后来，德鲁克把老师的这句话作为衡量他自己一生成就的基本标准，也就是他不再把发表作品和写作本身作为自己的人生目标。德鲁克老师的话也是直接地导致我发起新教育实验的一个重要的精神来源，甚至可以说这句话使我下决心走进教室，走进教师生活。我们写那么多东西没人看不就等于没写吗？所以到 2000 年的时候，我终于写了一本有人看的书，叫——《我的教育理想》。

《我的教育理想》可以说就是在德鲁克这本书的感召下写出来的。读完德鲁克的故事以后，我有一个很大的冲动，就是我要写一本能真正让教师看得懂且能走进教师生活的书。应该说，我的初衷实现了。这本书一出版，就很快成为畅销书。很多教师看了以后很激动，他们纷纷来信告诉我，自己本来已经对教育很失望，是这本书点燃了他们的教育理想。我到湖南省浏阳市出差，浏阳市的一名教育行政人员跟我说："朱老师，您这本书写得太好了，我们很多老师看了之后都热血沸腾的。"他说他给所有教师都发了一本，全县 6 000 名教师每人手持一本《我的教育理想》。我拿来一看，盗版书。教育理论书被盗版，我还是第一次知道。也是因为这本书，才有了后来的新教育实验。

后来我们把《我的教育理想》这本书的出版作为新教育实验诞生的标志。为什么？因为这本书的出版得到了一些教师的欢迎。但是也有很多人跟我说："朱老师，不看您这本书也罢，看了更痛苦。为什么更痛苦？因为您书中描写的教育理想，那个美好的乌托邦，看了让人心花怒放。但是回到学校，我的心又冷了，不是更痛苦了么？"还有教师说："朱老师，您书里都是说说的，完全做不到。在中国，'庆父不死，鲁难未已'，考试不改，教育难兴。有本事您弄个学校给我看看?!"这句话给我一个很大的激励。我本来没想到马上去办个学校做样板，但就是这样的一句话让我下定决心：找学校，把我的这些教育理想进行实验，所以才有了在湖塘桥中心小学和昆山玉峰实验学校的新教育实验。如果说，《产生奇迹的行动哲学——一个日本青年改革者的自述》给了我一个理想的力量，那么，《管理大师德鲁克》则给了我一个行动的力量。我觉得，这本书让我意识到，行动是改变社会、改造生活的最有力的武器。这本书在管理学和教育学领域虽然不是最有影响力的名著，但是的确在我生命中产生了至关重要的影响，至少它直接导致了新教育实验的诞生。

（三）《如何改变世界：社会企业家与新思想的威力》
——激励我有勇气努力去改变教育生活

第三本书是《如何改变世界：社会企业家与新思想的威力》。我在 2006 年 8 月底 9 月初读到的这本书。这本书是一个叫戴维·伯恩斯坦的作家写的书，书中提出了一个很重要的概念：社会企业家。过去我们只知道企业家，企业家当然是以资本运作和追求利润为主要目标。但社会企业家不是这样的，社会企业家是被理想驱动、有创造力的群体，他们试图改变现状，拒绝放弃，最终要重新创造一个更美好的世界。我知道这本书，是因为读到章敬平先生在《经济观察报》发表的长篇报道《零元企业家和他的董事长》。文章发表的第二天，一个上海企业家就在我的博客里面留言，说给我们 200 万来支持我们做新教育事业。

我很快找到这本书认真研读。这本书里出现的人物，大多是平凡得不能再平凡的人。他们是普通的教师、普通的医生、普通的律师、普通的记者，有些甚至是全职在家的普通的母亲。在美国，一个叫 J. B. 施莱姆的男人帮助了数以千计的来自低收入家庭的中学生进入大学；在南非，一个叫维洛尼卡·霍萨的女人发展出一种以家庭为基础的艾滋病病人护理模式，改变了政府的卫生医疗政策；在巴西，因为法维奥·罗萨的努力，数以十万计的边远农村居民用上了电，并使巴西无数大草原的环境得到保护；在印度，杰鲁·

影响我的第三本书

比利莫利亚创建了儿童热线，为千万流浪儿童提供 24 小时救援；还有美国人詹姆斯·格兰特领导和"行销"了一场全球儿童免疫运动，挽救了 2 500 万个生命；更有美国人彼尔·德雷顿，创建了一个志愿者基地"阿育王"，资助和支持这些社会企业家以及千余个像他们那样的人，将他们的思想威力撒播到了世界各地。这些社会企业家做的往往是政府和企业相对忽视或者相对失败的领域，他们往往没有权力，没有金钱，但是他们靠自己的理想、热情和坚韧，凭着他们的决心和创造精神，最后感动了那些拥有权力和金钱的人，从而创造出非凡的成就。

读完这本书，我写了一万余字的评论文章，推荐给全体新教育人，对新教育核心团队的建设提出了几点意见。

"制度化倾听"是作者提出的革新型组织的最重要品质之一。戴维·伯恩斯坦说，对于倾听应该有"强烈的自觉"。"一旦你开始倾听人们的话，机会就是无限的。"真正的智慧在民间，在周围的人们，"每一个电话都是重要的"。说得多好啊！我们认真对待每一个来自实验学校的电话了吗？我们认真倾听每一位参与实验的教师的意见了吗？我们可以有一万条理由解释没有这样做的原因，但是我们没有一条理由可以不这样去做。

"关注例外"是作者提出的革新型组织的最重要品质之二。戴维·伯恩斯坦说，从革新的立场来看，许多成功的案例，许多洞悉精髓的观点，"看起来都是来自例外的或意想不到的信息，特别是一些意外的成功"。其实，另外的东西，往往是人们熟视无睹的东西，是许多人不去想、不敢做的东西。新教育实验不也是如此吗？在书香离我们远去的时候，我们提出"营造书香校园"，让读书成为教师与学生最日常的生活方式。这些看似"例外"的东西，恰恰是教育中最根本的东西。因此，我们受到了最热烈的欢迎，取得了初步的成效。所以，不要轻易否定任何意见，要永远尊重和关注例外，这应该成为新教育人的共识，应该成为新教育人的团队的文化。

"为实实在在的人设计实在的解决方法"，是作者提出的革新型组织的最重要品质之三。戴维·伯恩斯坦说，社会企业家的特点之一，就是对于人类行为持非常"现实的态度"，他们花费许多时间来思考，如何让别人真正接受他们的意见，"如何能使客户真正去使用他们的产品"。其实，这又是对于新教育人非常有启迪的意见。新教育的"十大行动"，从理念上讲应该是没有问题的，因为它是几千年来最伟大的教育智慧的结晶和成功的教育实践的总结。但是，仅仅有这些是不够的，我们应该为实验学校"设计实在的解决方法"。

"专注于人类的品质"，是作者提出的革新型组织的最重要品质之四。戴维·伯恩斯坦说，那些依赖于高质量的人际互动而取得成功的组织，在招聘、雇佣和管理工作人员的时候，通常会密切关注一些"软性品质"。也就是说，他们关心的不是文凭、技术，而是诸如同情、灵活的思想方法和"强大的内核"（道德品质）。他举了发生在巴西的一个真实的故事：在一所专门招收低收入的姑娘的芭蕾舞学校，许多教师都辞职了。创办人多拉·安德雷德说："我们需要那些真心相信变化是完全可能的人。那些留下来的人之所以留下来，是因为那是他们天性中本来就有的东西。"是的，新教育主张让师生与人类的崇高精神对话，如果没有这样一群有着对于教育的崇高目标的理解的人，没有这样的信仰与执着，也是很难真正实现我们的梦想的。

这本书还提出了"成功的社会企业家的六种品质"，我把它们看成是我们新教育人的行动指南。一是"乐于自我纠正"。任何组织和个人都不可能不犯错误，不可能不经历许多反复，"否则，一个组织不太可能达到具有重大影响力的地步"。因此，这就需要我们有自我纠正的能力与机制。新教育实验也是如此。在坚持自己的追求的同时，我们应该善于纠正各种可能的错误。二是"乐于分享荣誉"。对于社会企业家来说，乐于分享荣誉是通向胜利的"关键路径"。这个道理非常简单，与他们分享荣誉的人越多，就会有更多的人愿意帮助他们。三是"乐于突破自我"。变革、创新、发展，都需要一种"能与过去分离的能力"。这对于新教育实验尤其重要。不断地自我突破与自我超越，应该成为新教育人的自觉意识。四是"乐于超越边界"。面对许多复杂性的问题，社会企业家需要整体性的思维。他们会超越组织、学科、纪律的边界，把不同的人集合起来创造全新的方法。在新教育实验中，这种超越边界的方式也非常重要。五是"乐于默默无闻地工作"。正是这种坚持和默默无闻，才是这个世界上的变革的一个重要的动力。默默无闻是一种心态，更是一种坚韧的精神品质。我也真诚地希望，对于新教育人来说，有一天，"任何想找到他们的人，都不得不抛弃聚光灯下的显赫"。六是"强大的道德推动力"。"强大的道德推动力"同样应该是属于新教育实验的，只有这个力量才是永恒的力量。法维奥·罗萨说得好："我是我的梦想、思想与理想的奴隶"。

这本书是用讲故事的方法来写的，书中呈现了一些著名企业家的故事。我对照着书中的这些故事，分析了新教育的现状与问题，并就新教育体制与之做了一些对比，然后得出了一个结论：其实，我们所做的这一切，也都在改变着这个世界。

很多教师提出一个很重要的疑问：教育的制度不改，我们能改变学校教育吗？甚至有人认为，我们都戴着镣铐，根本动弹不了。对此，我提出，我们虽然都戴着镣铐，但仍然可以跳出精彩的"镣铐舞"，并且，我们最终会挣脱掉这个镣铐。作为一名教师，关起教室之门，你就是"国王"。作为一名校长，关起学校的门，你就是国王。所以在同样的制度下，为什么有些人做得风生水起？在同样的条件下，为什么有的人可以做得很卓越？所以抱怨是无济于事的，唯一可以做的就是行动，就是改变。读了这本书以后，我意识到，我们新教育实验的方向是对的，改变了一位教师，就是改变了一间教室，就是改变了一群孩子。"行动就有收获，坚持才有奇迹"。

（四）《从优秀到卓越》
——启示我们追求卓越的新教育

影响我的第四本书

第四本书是《从优秀到卓越》。我用了一个多月的时间，断断续续读完了它的完全版与社会机构版。

《从优秀到卓越》这本书也很出名，它的作者是一位著名的管理学家，叫柯林斯。柯林斯曾经写过一本很有影响力的书——《基业长青》。他的书的特点就是应用大数据研究企业发展规律。《从优秀到卓越》是柯林斯和他的研究团队，在针对"那些业绩平平的公司，如何才能实现从优秀到卓越的跨越？"的问题，进行了长达5年的规模巨大的研究后所写就的成果。他们阅读了近6 000篇文章，记录了2 000多页的访问内容，创建了3.84亿字节的电脑数据，对1965年以来《财富》杂志历年500强排名中的1 400多家公司进行了深入研究。研究结果令人震惊：只有 11 家公司实现了从优秀业绩到卓越业绩的跨越，这 11 家公司包括雅培、吉列、金百利-克拉克、富国银行、菲利普·莫里斯等公司，它们在 15 年的时间里，公司的平均累积股票收益是大盘股指的 6.9 倍（而像 GE 这样举世闻名的大公司也只有 2.8 倍），也就是说，如果你在 1965 年向这些公司中的一家共同基金投资 1 美元，到 2000 年，这只股票的收益将增长 471 倍，而市场上一般的股票基金只增长 56 倍。

这些实现跨越的公司为什么会比那些公司中的巨星，如英特尔、可口可乐等企业表现得还要优异？柯林斯将这 11 家公司与那些实现跨越但并不能持久的公司和未能实现跨越的公司进行了对照研究，分析了实现这一跨越的内在机制，提出了"卓越组织长盛不衰的规律"。他认为，就像工程学的实践在不断演化、改变，而物理学原理却相对不变一样，卓越企业也有它永恒的物理学。这个物理学，其实就是训练有素的人、思想和行为，具体来说，就是第 5 级经理人、先人后事、直面残酷的现实、刺猬理念、训练有素的文化和技术加速器。

那么，卓越的教育、卓越的学校有没有自己"永恒的物理学"呢？我想，我们从事教育研究的人，如果也能够用这样的功夫对优秀的学校进行深入而细致的研究，也许也会有独到的发现。我对于公司本身的业绩并不感兴趣，在阅读的过程中，我一直在思考的是它对于我们新教育共同体的启示，最关心的是新教育如何从优秀到卓越。如何从优秀到卓越，同样是新教育遇到的最大问题。因为到 2009 年的时候，新教育已经很优秀了，已经在中国的那么多实验里面脱颖而出了。在这个时候，我读这本书，就好像一盆凉水浇透了全身。柯林斯让我清晰地意识到，优秀是卓越的最大敌人。如果我们没有自我突破的本领，如果我们不能够不断寻找最优秀的人才，如果我们不自我颠覆，如果我们不能创造卓越的小气候，新教育是走不远的。所以，我也给新教育的同人们写了一篇我的读书笔记。这篇读书笔记大约有 15 000 千字，题目就叫《新教育：如何从优秀到卓越？》。

阅读改变人生，阅读也不断改变着新教育实验。无论是在大学求学期间，还是离开了学校走上工作岗位以后，读书已经成为我的生活方式。每天早晨，我会通过微博的"童书过眼录"为大家推荐一本自己读过的儿童书籍，通过"新父母晨诵"介绍我阅读陶行知、叶圣陶、苏霍姆林斯基、蒙台梭利、杜威等教育家著作的心得。虽然上述 4 本书给我的影响相对更大，但或许所有读过的书，都在悄

然地甚至于深刻地改变了我的生活，改变了我们的人生，也改变了我们的新教育实验。

十、时代造就：我与改革开放 40 年

我是 77 届大学生，是"文化大革命"以后恢复高考的第一届大学生。我们是乘着中国改革开放的东风走进大学校园的。我们的人生也由此随着改革开放的大潮起伏变迁。

恢复高考不仅拉开了中国教育改革的大幕，而且也是中国改革开放的第一个重要的标志性事件。1977 年年底，全国有 570 万人走进考场，最终录取 27.3 万。1978 年夏天，610 万考生报考，录取人数为 40.2 万。恢复高考制度意味着正常的教育秩序得到了恢复，这不仅为广大的青年人打开了走向成功的大门，而且也同时恢复了知识和教育的尊严，全社会出现了尊重知识、重视教育的风气。在很长一段时间里，大家被压抑已久的学习热情和教育热情都蓬勃地迸发了出来，中国教育事业迎来了发展的春天。

恢复高考制度也为改革开放提供了巨大支持。一大批有志青年通过高考被吸纳进入体制内，后来许多人成为改革开放的重要推动力量和领导改革开放的中坚力量。如果没有改革开放以来的中国教育持续地为中国社会的发展提供重要的人力资源与智力支撑，中国奇迹的创造是不可能发生的。

恢复高考之初，报考大学是没有学历门槛的，对年龄的要求也不严格，任何人都可以以同等学历参加高考。许多只有初中甚至小学文凭的人，也因此有机会参与高考。这其中的一部分人最后顺利进入大学甚至有机会攻读研究生。这种"英雄不问出身"的人才选拔办法，对社会发展起了重要的作用。反观现在，我们的人才选拔制度反而谨慎了些，对年龄、学历等都有严格的条件。我认为应该给所有人平等的机会，取消公务员的学历限制。我们无论是在大学招生、公务员制度，还是其他人才制度方面，都应该采取更灵活、更开放的制度。我们一定要消除这种歧视，给予更多人更多的平等机会；给所有人平等的机会，就能够让大家的人生有更多的出彩的机会，大家也不会一次性地"押宝"在高考上。这对于全面实施素质教育具有

非常重要的作用。

1978 年，我们刚入学的时候，同学之间的年龄差别比较大。但是，恰恰是这种混龄学习，给我们的成长带来很多益处，大同学和小同学在学习过程中可以互相帮助，取长补短。大同学的社会阅历和经验在一定程度上比教师都丰富，他们可以帮助解决教师很多解决不了的问题。现在，我们的大学辅导员自己还是孩子，怎么教育学生？在一个班级内或学习群体里如果有一位稍年长且社会经历丰富的人，整个小环境内的教育活力和能量会更强。同时，同学里各种各样的人都有，也可以随时相互请教。小同学精力旺盛，学习能力强，也促使大同学不能懈怠。现在的大学教育制度，因为大一新生基本上都是应届生，来了以后基本都是同龄人在一起学习，混龄学习已经成为历史。其实，国外大学也不像我们这样清一色的都是二十来岁的年轻人。我们应该鼓励社会人员进入高等院校学习，让混龄学习成为大学教育的常态，使其发挥对高等教育的独特作用。以上这两项改革开放的"成果"在未来仍然应该继续得到巩固。

恢复高考之初的大学校园学习氛围非常浓郁。那时候，大学图书馆是我们的天堂。许多同学真的是像饥饿的人扑到面包上一样，疯狂地阅读。图书馆里经常没有空位，我们经常需要下午把书包放在那儿占座位、抢座位。我们拼命地借书、读书，每星期都借满一书包书去读。《西方哲学史》《文明论概略》《第三帝国的兴亡》《中国历代诗歌选》《悲惨世界》《茶花女》《民主主义与教育》等一本本著作成为

与大学同学在一起

我大学时代最好的精神食粮。我的中小学时代是一个不鼓励读书也没有书可读的时代，1978 年是我读书的一个重要转折点。从此，书籍成为我生活与生命的重要组成部分。

改革开放初期，高等教育百废待兴，高校教师青黄不接。因此，我所在的江苏师范学院、扬州师范学院（现更名为"扬州大学"）和上海师范大学决定联合开设一

1981年，在上海师范大学求学

个培养教育学与心理学教师的师资班，从在校生中选拔优秀学生到上海师范大学学习。还在大学三年级读书的我，拿着厚厚几本教育心理学的读书笔记交给学校的有关领导，以表明我对于教育心理学学科的热爱。正是由于大学阶段那一段疯狂阅读的经历，让我有幸在大学三年级就被选为留校教师前往上海学习。

在上海两年的学习紧张而忙碌。我们差不多学习了四年制大学本科的心理学和教育学两个专业的主要课程。而教授这些课程的教师，也是集中了华东师范大学和上海师范大学两所学校的最优秀的教授，如陈科美、李伯黍、燕国材、陈桂生、吴福元等。许多课程的训练，我至今仍然难以忘怀。1982年7月，我回到母校苏州大学担任教育学教师，开始了自己的大学教师生涯。同年9月，中国共产党第十二次全国代表大会在北京举行。邓小平在开幕词中第一次提出了"建设有中国特色的社会主义"这一崭新的命题，第一次把教育列为经济发展的战略重点之一，进一步明确了中国教育改革与发展的方向。

20世纪80年代末到90年代初，正是国家倡导干部队伍专业化、年轻化的时候，在学术领域也体现了这样的用人导向。1987年，由于教学科研成果比较突出，我在29岁时被破格从助教晋升为副教授，成为当时江苏省最年轻的副教授。不久，我又担任了苏州大学教育科学部的主任，成为全校最年轻的中层干部。1990年，由于翻译了两本日本学者的著作，我又有机会赶上了那个时代的出国大潮，受邀去日本上智大学做了整整一年的访问学者。在日本期间，我比较全面系统地考察了日本的教育，组织编写了一套"当代日本教育丛书"，用他山之石攻中国教育之玉。

从日本回国以后，苏州大学成立了教育改革的领导小组，安排我参与调研和起

1991年，在日本访问小学时与孩子们合影

草方案。1993年，我被任命为苏州大学教务处处长，成为当时全国综合性大学中最年轻的教务处处长。在我担任教务处处长期间，高校合并的浪潮开始兴起，我受命参与了苏州丝绸工学院、苏州医学院等并入苏州大学的工作，实现了教学系统的无缝对接。同时，我在苏州大学进行了一系列教学改革举措，先后实施了苏州大学学分制、激励性主辅修制度、大学生必读书目制度、文科强化班与理科实验班、教学督导员制度等改革，使学校的整体办学水平有了明显提高，学校教务处也被教育部评为"全国优秀教务处"。在此期间，我完成了自己的博士论文《高等学校教学管理系统研究》。论文以苏州大学为案例，系统研究了大学教学管理系统的优化问题。学以致用，一直是我自己做学问的基本原则。

1997年年底，我被任命为苏州市人民政府副市长，分管文化、教育、科技、新闻出版广播电视、体育、卫生、计划生育、创建国家卫生城市等工作。为了适应地方政府的工作，我一方面"恶补"相关领域的知识，一方面依靠专家的"外脑"，成立了各个领域的专家顾问委员会，为苏州制定了区域卫生发展规划、苏州人口发展规划、苏州教育发展规划等。在我担任苏州市副市长期间，我们在全国率先推出了义务教育免费制度，城乡教育一体化的"村小现代化工程""信息化工程""名师名校长培养工程"等。市委市政府还在市中心最好的地段兴建了图书馆，又聘请贝聿铭先生设计了苏州博物馆新馆等。从 1997 年担任副市长至 2007 年到北京工作的这 10 年，是中国改革开放力度最大和速度最快的十年，也是苏州经济社会发展质量最好、速度最快的黄金十年。

2000 年，为了更好地厘清区域教育发展的方向，推进苏州的教育改革，我出版了《我的教育理想》一书，拉开了新教育实验的序幕。2002 年，第一所新教育实验在苏州昆山玉峰实验学校正式起航。新教育实验是一个以教师成长为起点，以营造书香校园等十大行动为途径，以帮助教师和学生过一种幸福完整的教育生活为目的的教育实验。这个实验，由于把握了教育改革的关键点，以及以操作性强的行动项目为切入点，

《科学发展观与中国教育改革》

受到了一线教师的热烈欢迎。2018 年，新教育实验入选第二届国家基础教育优秀教学成果一等奖。新教育实验也产生了一定的国际影响。因前文已有展现，此处便不再赘述。

2003 年 3 月，我当选为全国政协委员。同年 10 月，中共十六届三中全会提出了以人为本，全面、协调、可持续的科学发展观。科学发展观的提出，对于矫正教育领域长期存在的效率优先、突出重点，追求分数、忽视人的发展等问题具有重要的理论和现实意义。我组织团队对科学发展观与中国教育发展问题进行了比较深入系统的研究，撰写了《科学发展观与中国教育改革》一书。同时，我在政协领域的参政议政也紧紧围绕教育公平、免费义务教育、农村教育发展等展开。

2007 年年底，我当选为中国民主促进会中央委员会副主席，调到北京从事专职的党务工作。民进是一个以文化、教育、新闻出版为主要界别的参政党，70％的会员来自教育界。所以，对于我来说，在教育领域从事研究与在民主党派机关从事党务工作互为补充，起到了相得益彰的作用。无论是调查研究、参政议政，想的、做的、写的、说的，大多都与教育问题相关。

2008 年，我从全国政协常委转任全国人大常委会委员，并担任教科文卫体委

主要内容

➤ 中国教育改革开放40年取得的主要成就

➤ 中国教育改革发展的主要经验

➤ 新时代中国教育面临的新挑战

➤ 新时代中国教育需要深化改革开放

在纪念改革开放 40 年学术研讨会上讲演

员会委员。这一年，我把自己参政议政的成果整理成为《我在政协这五年——一个民主党派成员见证的中国民主政治进程》一书，由人民出版社出版。5 年以后，我又把自己在全国人大的履职经历整理成为《我在人大这五年》一书，由新华出版社出版。

2012 年 11 月，党的十八大胜利召开，习近平总书记在报告中提出要努力办好人民满意的教育，坚持教育优先发展，建设人才强国和人力资源强国，实现教育现代化，为新时期中国教育改革与发展指明了根本方向。2013 年 3 月，新一届人大、政府、政协成立。我有幸成为十二届全国政协的常委和副秘书长。

在 2018 年的"两会"上，总书记指出，中国共产党领导的多党合作和政治协商制度作为我国一项基本政治制度，是中国共产党、中国人民和各民主党派、无党派人士的伟大政治创造，是从中国土壤中生长出来的新型政党制度。我个人理解，总书记是从三个角度来论述什么是新型政党制度。第一个是从"利益代表"的角度。我们的新型政党制度是马克思主义政党理论同中国实际相结合的产物，能够真实、广泛、持久代表和实现最广大人民根本利益、全国各族各界根本利益，有效避免了旧式政党制度代表少数人、少数利益集团弊端。第二个是从制度功能的角度。我们的新型政党制度，把各个政党和无党派人士紧密团结起来、为着共同目标而奋斗，有效避免了一党缺乏监督或者多党轮流坐庄、恶性竞争的弊端。第三个是实际效果的角度。我们的新型政党制度通过制度化、程序化、规范化的安排集中各种意见和建议、推动决策科学化民主化，有效避免了旧式政党制度囿于党派利益、阶级利益、区域和集团利益决策施政导致社会撕裂的弊端。

"见证十年"丛书

2018 年年初，我把自己对中国共产党领导的多党合作与政治协商的理解和实践，把自己从 2008 年到 2017 年十年的参政议政工作的体会和经验整理成十卷本的系列丛书"见证十年"。我在这套书的序言中说："十年，在一个人的生命历程中，是一段漫长的岁月。这样一段时光，如果遭遇了一个伟大民族的复兴，将会给个体的这段时光，镀上璀璨的光芒。十年，在一个国家的历史长河中，只是一个短短的瞬间。这样一段时光，如果缔造着一个伟大民族的崛起，这段时光将具有非同凡响的力量。"这十年，对我个人来说，是 40 年改革开放中一段难忘的经历，所以我把这套书的副标题定为"一个民主党派成员见证的中国民主政治进程"。

有人曾经问我："改革开放 40 年来，您自己个人最引以为豪的事情是什么？"我的回答是"我一直在踩着改革开放的鼓声和节奏前行，这 40 年来一以贯之的事情，就是为阅读鼓与呼。"因为，这件事把我的专业与职业，把教育理想与党派工作，把学术研究与参政议政有机统一在了一起。1995 年，我在担任苏州大学教务处处长期间建立大学生阅读书目的同时，就组织力量研制了"新世纪教育文库"的小学生、中学生、大学生及教师用书四大书目。2003 年，我刚刚当选为全国政协委员，就提出了建立国家阅读节的提案，此后连续多年呼吁成立国家阅读节、建立国家阅读基金等，成立国家阅读推广委员会，加强社区图书馆建设，把农家书屋建在村小，给实体书店免税，国家领导人带头做阅读的模范，打击盗版、繁荣网络文学、规范中小学图书馆图书采购招标等关于阅读的提案与建议。2010 年，我创建的新阅读研究所在北京成立，先后研制推出了幼儿、小学、初中、高中、大学生、教师、父母、企业家、公务员等基础阅读书目。2012 年，《中国新闻出版报》评选了 4 个推动阅读的年度机构和年度人物，新阅读研究所和我本人都榜上有名。这一年，我还荣幸地受聘成为国家"全民阅读形象代言人"。

2012 年，受聘担任国家"全民阅读形象代言人"

时光从不辜负任何真诚的努力。40 年来，我们的国家发生了翻天覆地的变化，我们的教育生态和阅读生活也发生了巨大的变化。我欣慰地看到，阅读的理念已经被更多的人接受，全民阅读的氛围越来越浓厚，阅读率连续下降的趋势得到了遏制。2012 年，党的十八大报告提出"开展全民阅读活动"，2014 年以来"倡导全民阅读"连续 7 年被写入政府工作报告。据不完全统计，目前全国已有 700 多个城市开展全民阅读活动，400 多个城市建立了区域的阅读节、阅读月。江苏、湖北、深圳等省市先后出台了地方全民阅读法规。截至 2016 年年末，全国共有公共图书馆 3 172 个，已建成农家书屋 60 余万家，这让更多的人享受到了公共阅读服务。

根据中国新闻出版研究院发布的第十五次全国国民阅读调查报告，2017 年我国 0～17 周岁未成年人的人均图书阅读量为 8.81 本，比 2016 年的 8.34 本增加了 0.47 本。成年国民的听书率为 22.8％，较 2016 年的平均水平（17.0％）提高了 5.8 个百分点。数字化阅读的发展，提升了国民综合阅读率和数字化阅读方式接触率，整体阅读人群持续增加。阅读，在改变着我们每个人的精神世界的同时，也在悄然改变着我们的社会，塑造着共和国的未来。

理论与实践

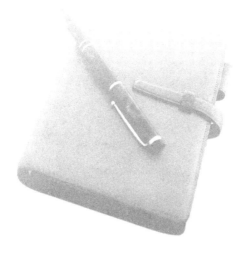

一、过一种幸福完整的教育生活

——新教育实验的发展历程与理论构架

从 20 世纪 80 年代以来，中国教育改革一直在如火如荼地进行着。无论是以官方为代表的新课程改革，还是以民间为代表的新基础教育实验等，都在不同程度地影响和改变着我们的教育。特别是进入 21 世纪以后，无论是以杜郎口中学和北京十一学校为代表的课程变革，还是民间的蒙台梭利、华德福等学校的探索，抑或是在家学习的"教育自救"式学校的兴起，可谓百舸争流、百花齐放。

在这众多的改革探索中，新教育实验走出了一条独特的道路，也形成了一道独特的风景。

（一）新教育实验的缘起

新教育实验的酝酿可以追溯到 20 世纪 80 年代末。

从 1986 年开始，我用近 5 年的业余时间投入《中华教育思想研究——从远古到 1990 年中国教育科学的成就与贡献》一书的写作之中，而且阅读了大量中外教育思想家的著作，不仅系统研读了西方新教育运动代表人物的著作，而且还对从远古到当代的中国教育思想发展进行了梳理。与那些美好的教育理想相遇，激发了创造美好教育的冲动，我在完成了这部近 80 万字的著作时，冥冥之中已经形成了一种新的使命感。

1988 年，我应约为广西人民出版社撰写一部名为《困境与超越——当代中国教育述评》的书稿。在写作期间，我收集了大量中国教育的资料，既为改革开放以来中国教育取得的成绩而鼓舞，也为越来越严重的教育经费短缺、应试教育等问题而焦心。理想与现实的反差，驱使我要为改变中国教育做点什么。

1990 年，我应邀去日本上智大学访学一年。我虽然在德语文化圈的研究所工作，但是几乎所有的时间都在考察日本教育。回国以后，我主编了一套十余卷的"当代日本教育丛书"，系统介绍了日本学前教育、基础教育、高等教育、职业教育等领域的教育发展情况，研究了明治维新以来特别是战后日本教育改革与发展的情况。对近邻的研究，也让我对中国教育改革增添了若干深层次的思考。

1993 年，我出任苏州大学教务处处长，成为全国综合性大学最年轻的教务处处长。在任职期间，我先后在苏州大学推出了大学生必读书目制度、激励性主辅修制度、学分制、文科强化班与理科实验班等，为书香校园建设积累了初步经验。

1997 年年底，我从苏州大学教务处处长转任为苏州市人民政府副市长，分管教育文化等工作。有感于全社会对应试教育的不满和批评、教育改革严重滞后于经济改革的现状，也出于对区域教育变革的期待，我开始系统思考理想教育的模样，先后在苏州市推出了改造相对薄弱学校计划、名师名校长培养工程、农村村小现代化工程、教育信息化工程等，并且在全国率先普及九年制义务教育。这些举措在相当程度上改变了区域教育的品质，改变了教师的精神面貌，也激发了我进一步推进教育改革与实验的愿望。

1999 年，我开始阅读一些管理学的著作，其中一本就是《管理大师德鲁克》。这本书让我下决心决定改变话语方式，改变行走方式，真正地去走近教师，走进教育生活，从一个学者过渡到一个行动者。

为了在其中找到一个中介，让我不仅仅从理念上、情感上实现转变，更重要的是在方式方法上发生改变，我用了很多心思去琢磨、思考。正好在这一年的夏天，江苏教育报刊总社在苏州举行了一次创新教育笔会，邀请我为与会的代表讲述我心中理想的教师。这一次讲演，让我找到了自己的教育话语方式，找到了走向教师与教育生活的路径。讲演结束以后，我应邀去湖塘桥中心小学授课带徒，系统地把自己关于教育的理想与年轻教师们分享。

2000 年，我把在湖塘桥中心小学等关于教育理想的讲演结集出版，名为《我的教育理想》，书中比较系统地提出了理想教育的一系列目标。这本书点燃了很多教师对于教育的激情。但也有人认为这样的理想是天方夜谭，觉得应试教育的体制让校长、老师们戴着镣铐，根本无法实现理想。但我认为，教育的智慧就在于从现实的教育空间中寻找最大的发展可能性。在同样的制度环境下，尽管多数学校是波澜不惊，可也确实有不少学校做得风生水起，更有一些老师做得有声有色，其根本的原因还在于自己。所以，创办一所学校，为中国教育探索一条新路的想法也就水到渠成了。

2002年9月，第一所新教育实验学校——昆山市玉峰实验学校正式挂牌，新教育实验扬帆起航。

昆山市玉峰实验学校

（二）新教育实验的发展历程

2000年11月，《我的教育理想》正式出版。我们把它作为新教育实验诞生的标志，不仅是因为这本书直接"催生"了新教育实验，还因为新教育实验最初的一些理念与思想，源自书中对于教育问题的思考和对于教育理想的探寻。

最初，我们曾经考虑把实验定名为"理想教育实验"，但是考虑到这个提法容易引起歧义，会被认为是关于理想问题的教育实验，最后选择放弃。经过反复讨论和酝酿，我们最后决定将其命名为"新教育实验"。这既是一种"学术认祖"，也是一种理论自觉。1889年英国教育家赛西尔·雪迪（Cecil Reddie）建立的阿博茨霍尔姆学校（Abbotsholme School），引发了欧洲教育历史上的"新学校（教育）运动"，也成为影响整个世界，特别是美国进步主义思潮的一个起点，并且对中国20世纪二三十年代教育改革产生了重要影响。我们耳熟能详的许多伟大学校，如尼尔的夏山学校、小林宗作的巴学园、杜威的芝加哥实验学校等，以及近百年来教育史上许多著名教育家，从罗素到佩西·能，从蒙台梭利、皮亚杰，到怀特海、杜威，再到陶行知、陈鹤琴等，也都深受新教育思潮的影响。

　　21世纪初叶的中国的新教育实验，可以视为"世界语境"中的新教育在当代中国的一声"回响"。因为，我们与历史上的"新教育"之间有一些共同的特性：都旨在对现实的教育进行反思、批判和重构，都主张尊重儿童的个性与自由，都建立了一批实验学校，都试图对当下的教育和社会进行创新和改良，都是民间草根的自发行动等。在这个意义上，我们是历史上"新教育"的一段新的"链接"和"延续"。为了区别于历史上的"新教育"，我们不妨称之为"新教育实验"。

　　我们把新教育实验的发展过程分为三个主要的阶段。

　　一是实验初创期（1999年9月至2002年9月）。这个时期的特点是用理想和激情点燃，用理念和思想引领。

　　在湖塘桥中心小学的讲学带徒，教育理想系列目标和基本理念的提出，标志着新教育实验的萌发。《我的教育理想》出版，意味着新教育实验理念的初步形成。

　　2002年6月，"教育在线"网站创办，新教育实验建立了自己的网络平台。初创时期的新教育实验，以其理念点燃了许多校长和教师的教育激情。

　　二是实验深化期（2002年9月至2013年7月）。这个时期的特点是用课程和项目推动，用培训和现场拓展。

　　2002年9月，第一所新教育实验学校——玉峰实验学校的挂牌和《新教育之梦》的出版，成为新教育实验全面启动的标志。

　　在玉峰实验学校，新教育实验最早提出了"五大理念"（与人类的崇高精神对话，教给学生一生有用的东西，无限相信师生的潜力，重视精神状态、倡导成功体验，强调个性发展、注重特色教育）和"五大行动"（营造书香校园、师生共写随笔、聆听窗外声音、培养卓越口才、建设数码社区）。由于"教育在线"网站的传播，一批学校与玉峰实验学校同步开展了实验。同时，根据"五大行动"，新教育实验在苏州成立了五大项目组以推动实验的研究。

　　2003年7月，新教育实验首届研讨会在玉峰实验学校召开，第一批新教育实验学校命名挂牌。2004年4月，全国教育科学"十五"规划重点课题"新教育理论的实践及推广研究"课题开题会在江苏省张家港高级中学和常州市武进区湖塘桥中心小学举行。我们把这场开题会同时作为新教育实验第二届研讨会。同年7月，新教育实验第三届研讨会在江苏省宝应县翔宇教育集团举行；5月和9月，江苏省姜堰市教育局和河北石家庄桥西区政府分别率先建立县域新教育实验区，开始以行政推

动的方式推进区域实验。

2003 年 11 月，新教育实验研究中心在玉峰实验学校正式成立。2004 年 6 月，新教育研究中心与总课题组编写的《与理想同行——"新教育实验"指导手册》确认了在新教育实验的"五大行动"中增加"构筑理想课堂"，"五大行动"拓展为"六大行动"，《新教育文库》也随后陆续出版。同年 7 月，新教育实验第四届研讨会在四川省成都市盐道街外国语学校举行。这次会议的主题是"新德育"，会上发布了《新公民读本》，"新公民"和"新生命教育"开始进入新教育实验的视野。同年 12 月，"北国之春——全国新教育实验与教师专业化成长研讨会"在吉林市第一实验小学召开。这场会议上正式提出了新教育实验的"三专模式"雏形，我们同时把这场会议作为新教育实验第五届研讨会。

2006 年，一批来自中小学一线的优秀年轻教师正式加入新教育研究中心，专职从事相关的研究、推广工作。专职团队的人员全力投入新教育的课程研发、培训和推广中，为新教育实验注入了新的活力。同年 7 月，新教育实验第六届研讨会在清华大学礼堂正式举行，北京六一中学、清华附小、中关村一小作为承办方为会议提供了精彩现场。会议正式提出了新教育的核心价值追求"过一种幸福完整的教育生活"。

在短短几年时间，新教育实验的规模不断扩大，先后有 14 个实验区、500 多所实验学校、6 万多名教师、逾 100 万名学生参与实验，实验区、校遍及江苏、浙江、北京、湖北、湖南、陕西、吉林、广东、山西、安徽、河北、河南等 20 多个省份。

2006 年 11 月，在浙江省嘉兴市秀洲区召开了新教育实验第一次实验区工作会议，总结区域推动新教育实验的经验与策略。

2007 年 7 月，新教育实验以"共读、共写、共生活"为主题，在山西省运城市举行了第七届研讨会，"晨诵、午读、暮省——新教育儿童生活方式""毛虫与蝴蝶——新教育儿童阶梯阅读"等项目正式亮相，一批优秀的新教育教师在会上分享的教育叙事深深地感动了与会人员。鉴于实验规模的迅速与拓展，除了需要专业上的研究与推广，还需要各项事务中的管理与协调，为了更好地服务于实验者，会后我们成立了新教育研究院——新教育实验的重要管理机构。

2007 年 11 月，新教育的又一个学术研究机构——江苏省教育学会新教育实验研究专业委员会（即新教育研究会）在海门正式成立，我在成立仪式上提出了理想主义、田野意识、合作精神和公益情怀的"新教育精神"。

　　2008年7月，新教育实验第八届研讨会在浙江省温州市苍南县举行，总结构建理想课堂的经验，提出了理想课堂的三重境界主张，以及"知识、生活与生命深刻共鸣"的观点。同年12月，"新教育实验与素质教育行动策略的研究"课题被列为全国教育科学"十一五"规划重点课题，新教育实验自觉地开始了为素质教育探路的旅程。

2009年，在韩国全北大学介绍新教育实验

　　2009年7月，新教育实验以"书写教师的生命传奇"为主题，在江苏省海门市举行了第九届研讨会，用生命叙事理论和"三专"理论把职业认同和专业发展作为教师成长的双翼。

　　2010年7月，新教育实验以"文化，为学校立魂"为主题，在河北省石家庄市桥西区举行了第十届研讨会。

　　2011年7月和9月，首届新教育国际高峰论坛和以"活出中国文化的根本精神"为主题的新教育实验第十一届研讨会分别在江苏省常州市和内蒙古自治区鄂尔多斯市举行。

　　2012年7月和10月，新教育实验第十二届研讨会和第二届新教育国际高峰论坛分别在山东省临淄市和浙江省宁波效实中学举行。

　　三是实验完善期（2013年7月至今）。这个时期的特点是系统研发新教育课程，丰富完善理论构架。

　　2013年7月，以"研发卓越课程"为主题的新教育实验第十三届研讨会在浙江省杭州市萧山区举行，提出了新教育实验的课程体系框架。同年11月，第三届新教育国际高峰论坛在四川省成都市举行。

　　2014年4月，新教育实验区工作会议在甘肃省庆阳市举行。7月，新教育实验第十四届研讨会在苏州市举行。11月，第四届新教育国际高峰论坛在山东省日照市举行。

2015年1月，新教育实验缔造完美教室叙事研讨会在北京师范大学举行。5月，新教育实验区工作会议在新疆维吾尔自治区伊犁哈萨克自治州奎屯市举行。7月，新教育实验第十五届研讨会在四川省成都市金堂县举行。11月，新教育国际论坛在河南省郑州市管城区举行。

2015年7月，新教育实验第十五届研讨会在四川成都金堂县召开

2016年4月，新教育实验区工作会议在湖北省随州市随县召开。7月，第十六届新教育研讨会在山东省诸城市召开。11月，新教育国际高峰论坛在浙江省温州市举办。

2017年4月，全国新教育实验区年度工作会议在北川举行。7月，全国新教育实验第十七届研讨会在江苏省南京市栖霞区举行。全国共有实验区124个、实验学校3 514所，有370多万师生参与。11月，我们在江苏省海门市举办了以"播下科学的种子"为主题的新教育国际高峰论坛。来自国内外的教育专家、学者、教师等共计1 000多人共赴盛会。会议提出了新教育科学教育的目标、方法和途径，强调新教育科学教育的行动方式是"做中学、读中悟、写中思"，并发布了《海门宣言》。

2018年4月，全国新教育实验区工作会议在江苏省南通市如东县召开。7月，全国新教育实验第十八届研讨会在四川省成都市武侯区举行。

（三）新教育实验的核心理念：过一种幸福完整的教育生活

新教育是什么？在许多新教育人看来，新教育首先是一个变革的梦想，一种成长的激情。是的，新教育实验的确要求它的参与者对教育和生命怀有一种宗教般的虔诚、激情、期盼与信任。它用不断唤醒的方式，滚雪球般地推动着实验的进展。通过用激情点燃激情、用梦想推动梦想的方式，新教育在各地寻找着拥有共同理想追求的人，然后通过授予卓有成效的课程，让这些有梦想、有激情的人获得可见的教育教学成就，成为新教育实验的榜样。而实验管理者则不断地言说榜样，让榜样们言说自己的故事，就这样，新教育实验唤起了越来越多从教者的激情。所以，旗帜鲜明地重申教育乌托邦、理想主义，强调激情与梦想，强调职业认同，这是新教育实验最鲜明的一个特点，舍此，便无新教育实验。

河南省洛阳市高新区孙旗屯小学

也有媒体曾经用"心灵的教育"来概括他们对于新教育的理解。他们认为，相对以分数为主要导向的应试教育，新教育注重与人类的崇高精神对话，强调一个人的精神发育史就是他的阅读史，并且通过"晨诵、午读、暮省"的儿童生活方式，让学生拥有一颗博爱而敏感的心灵，重塑他们精神世界的蓝图。

但是，如何在学理的层面界定新教育呢？

我们给新教育实验这样一个规范的"定义"：新教育实验是一个以教师成长为起

点，以营造书香校园等"十大行动"为途径，以帮助教师和学生过一种幸福完整的教育生活为目的的教育实验。幸福完整的教育生活，就是新教育的核心价值。

我们认为，教育当然应该面向未来，但是教育同时更应该面对当下。教育本身就是生活，教育就是生活的方式，是行动的方式。教育在作为促进美好生活的一种手段的同时，它本身就应该是一种享受，应该让所有与教育发生关系的人过一种幸福完整的生活。

我们认为，教育生活本身就应该是幸福的。新教育实验强调过一种幸福完整的教育生活，这不仅仅有对教育终极意义的思考和追求，还有对当下某些教育问题的担忧和不满。我们遗憾地看到，一些教育已使孩子失去了童年，失去了凝望世界的明眸，失去了追求理想的激情和冲动，失去了尝试成功的勇气和感恩的情怀。如果我们的孩子和教师们没有幸福和快乐可言，这样的教育还有必要、有意义吗？

我们认为，教育生活还应该是完整的。我们之所以在"幸福"后面加上"完整"两个字，是因为我们知道，如果仅仅强调幸福，很容易让大家过分重视情感的体验，甚至会误认为感官的享受很重要。尤其在当下的教育中，我们的教育更多是单向度的，是畸形的，是片面的，是唯分数的教育，这其中最大的问题是缺乏做人的教育，缺乏德行的教育。其实，教育的使命在于塑造美好的人性，进而建设美好的社会。人的生命本身应该是完整的，是自然生命、社会生命和精神生命的统一体。所以，拓展生命的长宽高，本身就是教育的完整性的体现。人的完整性的最高境界就是让人成为他（她）自己——一个完整的自己，这也是教育的最高境界。当然，这也是我们新教育人追求的最高境界。所以，新教育主张要让学校成为汇聚伟大事物的中心，让学生在这里遇见美好、发现美好、成为美好。

（四）新教育实验的哲学、心理学和伦理学基础

与教育的本体论、价值论和方法论相对应，新教育实验具有自己的哲学、伦理学和心理学基础。新教育实验的哲学基础是发展论、行动论，这也可以说是新教育实验的发展哲学、行动哲学；新教育实验的心理学基础是状态论、潜力论和个性论，这也可以说是新教育实验的基本路径；新教育实验的伦理学基础是崇高论、和谐论，这也可以说是新教育实验追求的境界。

1. 新教育实验的哲学基础

新教育实验的哲学基础就是发展论和行动论。"为了一切的人，为了人的一切"，最初被作为新教育实验的核心理念来阐述。我们不仅要关注学生，而且要关注教师、关注校长、关注父母、关注一切和教育相关的人。我们不仅要关注分数，更要关注人格、关注心灵、关注生命成长。

我们主张以人的个体生命为本位，根据个人发展的需要确定教育的目标并实施教育。我们希望从知识的人本化和学习的人本化出发，引导教育圈中的每一个人发展个性、舒展自我，在教育中将人提高到"人"的高度，最终把人"还原"为"人"，达到人的"自我实现"。

所以，"为了一切的人"，这里的"人"是一个个"具体的人"，表达的是一种"全民教育（education for all）"的理念。"为了人的一切"，这里表达的也是一种"全人教育"的理念，教育旨在"成人"，旨在培养全面发展、和谐发展的人，而非"一只受过良好训练的狗"。

新教育实验强调行动，我们的价值取向就是"只要行动，就有收获""只有坚持，才有奇迹"。我们很多美好的教育理论，常常是理论与实践两张皮，而新教育实验的行动，其主旨不是创造多少深刻的教育理论，而是改变我们的教育行为，是一种追求教育行为改变的努力。新教育实验与过去许许多多的实验有诸多的不同，"行动性"是其中很重要的一条。我们不能说过去的实验不强调行动，但是它们往往使教师们难以行动，而新教育实验的行动，是群众性的、可操作的，是人人可以乐而为之的。

就教师教育行为的改变而言，新教育实验主要是通过倡导教师撰写教育日记、教育叙事、教学案例、教育案例、教育随笔等实现的。反思是教师专业发展的自我觉醒，反思是教师专业发展的主观追求。新教育实验以其独有的与以往的教育研究迥然不同的魅力进入中小学，其人文性、情感性让人激情涌动，其行动性、实践性让人舍弃浮华与虚假的可行性，给教育实践和教师实践带来巨大的冲击与推动。教师们在新教育理想的鼓舞下，唤醒了沉睡的激情，内心涌起努力奋进的冲动；在新教育行动的召唤下，一线教师很快投入其中，并收获着教育的快乐与幸福。

行动论的关键在于"坚持"。新教育实验的过程也是一个大浪淘沙的过程。所以，我们在强调行动的同时，也特别强调坚持的意义。真正能够做出成效的，真正能够创造奇迹的，应该是那些坚持不懈的人。

2. 新教育实验的心理学基础

新教育实验的心理学基础是状态论、潜力论和个性论。在行动的过程中，新教育特别重视精神状态，倡导成功体验。我们认为，只有拥有良好精神状态的人，才会"不待扬鞭自奋蹄"，才会自强不息，才会坚持不懈。新教育实验主张要努力让学生在教育中获得成功的体验，而后在成功的体验中确立新的目标，求得更大的进步。学校教育要培养学生能够不断地感受成功、体验成功，从而能够不断地相信自我，不断地挑战自我。学生的"成功"，不能再停留在"一考定终身"这个层面上，要倡导以"成人"为基础的"新成功主义"思想，让学生从成功中得到激励。

唤醒潜能、激发力量、促进教师和学生走向成功，这是新教育实验的一个重要观点。我们相信，孩子和教师身上的潜力怎么去评估都不会过分。只有自信，才能使教师和学生的潜能充分开发，才华才能得到充分展示，从而获得"高峰体验"。教师非常重要的任务之一，就是启动学生的心理自信系统，让学生在自信中不断地追求成功、设计成功、撞击成功。而教师自己的自信，也是他们创造力和教育智慧的源泉。

所以，新教育实验主张，要无限地相信教师和学生的潜力，为他们的成长和发展搭建舞台、创造空间。可以相信，我们给教师和学生多大的舞台，他们就可以演绎多大的精彩；我们给教师和学生多大的空间，他们就可以创造多大的辉煌。

新教育实验崇尚的是个性，崇尚的是特色。我们希望每个学校都办出特色，每一位老师和学生都拥有自己的个性和特长，让每一个人成为他自己。我们一直认为，特色就是卓越，最好的就是最有特色的。

个性发展是指个人在禀赋、气质、兴趣、情感、思维等方面的潜在资质得到发现，心灵自由和精神世界的独特性得到尊重，思考的批判性、思维的独特性和思想的创造性得到鼓励。一句话，个性发展是指个体在心理方面存在的个别差异性得到正视和发展。

特色就是卓越。特色是在学生和教师个性张扬下发展起来的，特色是在学校、社会共同呵护下发展起来的，特色是在发展过程中逐步壮大起来的。有了特色，我们的孩子就是一个大写的人。你考试考得好，我跳舞跳得好，他写字写得好，谁也不比谁差。这样，我们的人格才不会分裂，我们的精神才不会萎缩。

3. 新教育实验的伦理学基础

新教育实验的伦理学基础是崇高论、和谐论。教育目的可以分为两种，即"可能的目的"和"必要的目的"。所谓"可能的目的"，是指与儿童未来所从事的职业有关的目的，也就是"学生将来作为成年人本身所要确立的目的"。所谓"必要的目的"，是指教育所要达到的最高和最基本的目的，这就是教育的道德或者伦理目的。赫尔巴特指出："道德普遍地被认为是人类的最高目的，因此也是教育的最高目的。""教育的唯一工作与全部工作可以总结在这一概念之中——道德。"

如果用这样的标准来看，我们的教育是有问题的。长期以来，我们的教育方向还不明确，我们不知道教育是什么，不知道教育要干什么，不知道什么是好的教育！这样一个看来简单其实决定着教育全局的根本性问题，也就是教育的伦理目的，却被我们忽略了。

新教育实验认为，教育是一项培养人的事业，是一项通过培养人，与人类的崇高精神对话，让人类不断走向崇高、生活得更加美好的事业。教育最重要的任务，就是让教师和学生与人类的崇高精神对话，就是塑造美好的人性，培养美好的人格，使学生拥有美好的人生。因此，判断教育的好坏，应该从这样的"原点"出发；推进教育的改革，也应该从这样的"原点"开始。

新教育实验主张，教育应该为学生的终身负责，为学生在 21 世纪的生存和发展负责，帮助学生成为一个和谐发展的人、一个个性张扬的人、一个具有自我学习和发展能力的人。

新教育实验认为，人的一生有许多比考试成绩更重要的东西，其中最关键的是关乎一个人一生幸福的习惯、技能和生活方式。如新教育提出"培养卓越口才"，是因为我们认为口才是一个人一生最重要的能力之一，无论从事什么职业，都需要与人沟通和交往，所以，良好的口才是非常重要的本领。现在我们的教育把传授基本知识和基本技能放在培养这些重要的能力之上，学校里满堂灌的教学方式根本没有给学生讲话的机会，学生如何获得这些最重要的东西呢？

同样，新教育实验强调阅读，强调写作和反思，主张利用网络学习，这些都是人的一生中最重要的习惯和生活方式。一个具有阅读、写作习惯的人，其实就具备了终身学习的能力，掌握了自主发展的武器。

（五）新教育实验的精神追求

2017 年，在新教育研究会成立的时候，我曾系统地论述过新教育的精神追求问题。究竟是什么鼓舞着新教育实验这样一个民间组织，为其所提倡、所信奉、所追求的幸福完整的教育生活，不顾一切地"擦星星"？是什么支撑着新教育人，仰望星空，向着山的那边踽踽而行？

我认为，这就是一种精神，一种血一样流淌于新教育共同体的理想主义精神，具体来说，新教育的精神主要体现在以下四个方面。

1. 执着坚守的理想主义

新教育实验是一个追寻理想的教育实验。新教育人是一群为了理想而活着的纯粹的人，是为了推动人类不断地走向崇高从而也让自己不断走向崇高的人。他们知道这个世界需要一群"擦星星"的人，他们愿意把自己的青春和智慧奉献给这个世界。所以，新教育人执着、坚韧，无论碰到什么样的困难、什么样的挫折、什么样的打击，他们仍然会坚定地往前走，从不在乎个体的力量有多么渺小。他们相信，再渺小的一份付出，也会悄悄地影响世界，增益理想的善。

我曾编写过一本小书，里面选了章太炎先生的一篇文章《"我"有多大》。章太炎先生特立独行，有人称他为"疯子"，他不但不生气，反而很开心。他认为，但凡有创造性的人，往往有点"神经病"；否则，遇到艰难困苦，断不能百折不回。为了这个缘故，他承认自己有"神经病"，也希望各位同志都有一两分"神经病"。

醉心于新教育，也有人称我为"疯子"，说我们新教育实验是一群傻子跟着一个疯子。我像章太炎先生一样乐于承认自己有"神经病"，我也希望新教育人乐于承认自己是个"傻子"。我觉得，只有执着的人、坚守的人、拥有理想主义的人，才能成为这样的"神经病"、这样的"疯子"、这样的"傻子"。

没有执着坚守的理想主义，是不能将新教育坚持到底的。执着是一颗神奇的种子，坚守是一株顽强的野百合，理想主义是一片丰沛的土壤。当执着、坚守的精神与理想主义拼合在一起，我们就可以看到妙不可言的教育的春天。

2. 深入现场的田野意识

当下中国有三种人：官人、学人、农人。新教育如果只有官人和学人，永远不能成功，新教育需要农人，需要把两条腿深深扎到泥巴里的人，需要每天深入课堂与孩子们进行心与心交流的人。

在历史的星空下，那些熠熠生辉的伟大的教育家们几乎都是行动家。我读过一本关于梁漱溟先生的一篇传记，叫《飞扬与落寞：梁漱溟的孤独思考》。读后有感而发，在读后感中，我说，我根本不是学问家，而是行动家。在教育史上能够留名的教育家，大部分都是行动家，或者说，他们都是学问家加行动家。

所以，我一直欣慰新教育人与生俱来的田野意识。我们的团队喜欢深入现场，热爱田野作业的工作方式。我们要小心翼翼地珍藏、大张旗鼓地发扬深入现场的田野意识。关起门来写文章，高谈阔论做研究，最后是做不出多大名堂的。

曾经看到一篇文章说，印度的很多知名教授都不满足于仅仅出来做讲座、各地讲学的学术生活，而是实实在在地走进"田野"。这篇文章提到了甘地，说当年的甘地或许就是一副苦力的样子，为了心中的理想，布衣赤脚地奔波于"田间山野"。

新教育人是需要走进这样的田野的，新教育是一定要走进课堂的。我们评选论文也好，举办活动也好，都一定会强调真正来自"田野"的东西。我们提倡师生共写随笔，其初衷不是去培养作家，而是培养认真生活、热爱生活的人。大家只有做得精彩，才能写得精彩。我期待每位新教育的参与者都能沉下心来，在现场、在课堂、在孩子的悲欢中，倾听自己的内心，思考每天的教育生活，培养自己的田野意识。

3. 共同生活的合作态度

如果说执着代表我们的理想，田野代表我们的行动，合作就代表新教育的一种新型的人际交往态度。

在新教育共同体中，所有的人都是平等的，"老师"成为新教育人在任何场合下共同的称呼。只有平等了，我们才不会盛气凌人，才不会俯视这个群体中的其他人，才能平等地交流，真诚地"吵架"。

我们是一个只问真理的团队，不屈从于任何一种庸俗的关系。新教育实验是求真的事业，平等是求真的前提。我经常说，现在的这个时代不是一个人做事业的时代。任何一个人，他再能干，也是走不远的。我们要将共同体的概念融化为团队意识，牢记心头。须知，我们这个团队是基于一个共同的愿景走到一起的，虽然我们生活在天涯海角，甚至素昧平生，然而因仰赖于共同的理想和追求，我们在另一重意义上又是"共同生活"在一起的。

　　这就是我们的团队，有组织结构，但没有行政压力；有激烈辩论，但没有党同伐异；有坚持己见，但没有挖墙拆台。只有在这样平等的、求真的、合作的团队里，我们才能够成长。

江苏省海门市新教育研究会成立

4. 悲天悯人的公益情怀

　　我介绍过《如何改变世界：社会企业家与新思想的威力》这本书，书中的主人公不是普通的教师就是普通的律师，或是普通的医生。这群最普通的人都有一种公益精神和公益情怀。

　　新教育从一开始就具有悲天悯人的公益情怀。这是我们非常宝贵的基因，也是我们非常宝贵的财富，我们不仅要保值，还要增值。

　　我曾经去过台湾，见证过台湾"慈济"人的公益情怀。这是一个非常了不起的组织，它的宣言是这样说的："我们的理想是以慈悲喜舍之心，起救苦救难之行，予乐拔苦，缔造清新洁净的慈济世界；我们的方法是以理事圆融之智慧，力邀天下善士，同耕一方福田；勤植万蕊心莲，同造爱的社会。"与我们不同，它是一个宗教组织，但我觉得它的这种公益精神是值得我们学习的。我们需要走向边远的乡村，那是最需要帮助的地方，只有那里发生了好的变化，才能说中国的教育在向好的方向转变。

　　总之，以执着的理想、合作的态度，扎根于田野，做一番公益事业，成就我们的人生，成就我们的教育，成就我们的民族，是我们的使命，也是新教育精神的本质内涵。

（六）新教育实验的"十大行动"

新教育实验一开始就自觉地把"行动"二字写在了自己的旗帜上。因为我们知道，今天的中国缺少的不是批评家，也不是理论家，而是真正的行动家。2002年，新教育实验最初从玉峰实验学校起航的时候，提出了"五大行动"，分别是营造书香校园、师生共写随笔、聆听窗外声音、培养卓越口才、建设数码社区。后来我们增加了构筑理想课堂，并且提出了"6+1"的家校合作共建。2013年，我们正式提出了新教育的"十大行动"。

1. 营造书香校园

"营造书香校园"，是指通过创造浓郁的阅读氛围，整合丰富的阅读资源，开展多彩的读书活动，让阅读成为师生日常的生活方式，进而推动书香社会的形成。

之所以要"营造书香校园"，是因为书籍是我们了解历史和认识世界的一个窗口。人类的智慧和文明，只有书籍可以保存。书籍是经验教训的结晶，是人类宝贵的精神财富，是采掘不尽的富矿，是走向未来的基石。读书是人类重要的学习方式，精神的提升和传承必须强化阅读。一个养成了读书习惯的人，是一个自由而幸福的人。我们坚信，没有书香的校园，不是真正意义上的学校；没有书香的校园，只是一个教育训练的场所。我们希望，营造书香校园是新教育实验为学校打下精神底色的一项最重要的活动。

2. 师生共写随笔

"师生共写随笔"，是指通过教育日记、教育故事和教育案例分析等形式，记录和反思师生日常的教育和学习生活，促进教师的专业发展和学生的自主成长。

之所以要"师生共写随笔"，是因为教育随笔（日记）是教育者进行思考和创作的一种重要形式，是"批判反思型教师"成长的必由之路。如果说阅读是站在大师的肩膀上前行的话，那么写作其实是站在自己的肩膀上攀升。无论是教师还是学生，为了写得精彩，就必须做得精彩、活得精彩。慢慢养成习惯，阅读、思考、写作便成为教师和学生的日常生活方式，他们也将终身受益。

3. 聆听窗外声音

"聆听窗外声音"，是指通过开展学校报告会、参加社区活动等形式，充分利用社区教育资源，引导学生热爱生活、关注社会，形成多元价值观。

之所以要"聆听窗外声音"，是因为现在很多学校实行关门教育。如果教师缺乏人生阅历，就难以点燃孩子的人生激情，难以成为孩子心中的榜样。"聆听窗外声音"可以引导师生关心社会，形成多元的价值观；开展"与大师对话"，与大师面对面交流的大型思想碰撞交流会是可以培养他们创造的激情和欲望的。这样，师生才能够看到一个真实的世界，听到真实的声音，寻找到人生和社会发展的本真价值和意义。

4. 培养卓越口才

"培养卓越口才"，是指通过讲故事、演讲、辩论等形式，让孩子愿说、敢说、会说，从而形成终身受益的自信心、沟通能力和表达能力。

之所以要"培养卓越口才"，是因为口才对于教师与学生的发展非常重要。愿意讲话、敢于讲话、敢于表达思想、能清晰地表达思想，是强烈的自信心的表现。自信心对于一个学生来说，是安身立命之本。没有自信心，就难以有真正的竞争力。表面上看来是"说"，其实"说"的背后是思想，为了说得精彩就必须研究得精彩。而人际间的沟通能力和表达能力的培养，恰恰是我们的教育所缺乏的。

5. 构筑理想课堂

"构筑理想课堂"，是指通过创设平等、民主、和谐的课堂气氛，通过在人类文化知识和学生生活体验之间形成有机的联系，创设高效的、追求个性的课堂，进而实现知识、生活和生命的深刻共鸣。

之所以要"构筑理想课堂"，是因为课堂是学校最重要的教育形式，是学校最重要的舞台，是师生展现生命的最重要的一个场所。学校的教学任务主要是通过课堂教学来完成的，课堂生活的质量直接关系着学生生活的质量和学校教育的成败。没有课堂，在一定意义上说就没有教育。所以，我们决定把"构筑理想课堂"作为新教育的重要行动。

6. 建设数码社区

"建设数码社区"，是指通过加强学校内外网络资源的整合，建设学习型的网络社区，让师生利用网络来进行学习和交流，在实践中培养师生的信息意识和信息应用能力。

之所以要"建设数码社区"，是因为信息技术革命是新教育的"助产婆"，是新教育得以实现的桥梁和通道。以新教育实验学校为基地，以"教育在线"为网络平台，加强各类数字化学习资源的整合和应用，建设家庭、学校、社区一体化的"数码社区"，可以让新教育共同体进行网络学习、交流，在实际应用和操作的过程中提高收集、加工和应用各类信息的能力，从而形成全民学习、终身学习的学习型社会，促进人的全面发展。

7. 推进每月一事

"推进每月一事"，是指根据学生的身心发展特点，以及学校与社会生活的节律，每月开展一个主题活动，通过主题阅读、主题实践、成果展示与评价等方式，实施不同的主题内容，着力培养学生良好的行为习惯和公民意识，教给学生一生有用的东西。

之所以要"推进每月一事"，是因为新教育实验主张教给学生一生有用的东西。什么是学生一生有用的东西？无疑就是伴随着他们的良好习惯，包括读书的习惯、思考的习惯、遵守规则的习惯、做事情有计划的习惯、锻炼身体的习惯、感恩的习惯等。根据心理学习惯养成的规律，新教育通过每月重点培养一个好习惯的方式，在整个中小学阶段进行螺旋式训练，以帮助学生养成一生受益的习惯。

8. 缔造完美教室

"缔造完美教室"，是指在新教育生命叙事和道德人格发展理论的指导下，利用儿童课程的丰富营养进行"晨诵、午读、暮省"，并将理想课堂的三重境界作为所有学科的追求目标，师生共同编织生活和建构知识，形成有个性特质的教室文化，书写出一间教室的成长故事。

之所以要提出"缔造完美教室"，是因为教室在师生生命中具有特别重要的意义。同样是一间教室，是平庸、冷漠，甚至充斥着暴力、专制、欺骗，还是完美、温馨，对于每个孩子生命成长的意义是完全不同的。他们生命中最重要的一段时光在这个叫"教室"的地方度过，他们的成就与挫败、悲哀与喜悦都源自这个叫"教室"的地方。"守住自己的教室"，就是要擦亮每个日子，呵护每个孩子，让每一个生命在教室里开出一朵花来。

9. 研发卓越课程

"研发卓越课程"就是要在执行国家课程、地方课程和校本课程的基础上，鼓励教师对教材进行二次开发和新的整合创造，通过课程的创新使课堂成为汇聚美好事物的中心，引领学生认知体验、合作探究，建立知识与世界的内在联系，将所有与伟大知识的相遇转化为其自身的智慧，从而使师生的生命更加丰盈。

之所以提出"研发卓越课程"，是因为课程对于师生成长具有特别的价值。课程的丰富性决定了生命的丰富性，课程的卓越性决定了生命的卓越性。师生共同经历的课程，不应是一堆知识的罗列，而应让知识具有生命的温度和生活的厚度。在学习课程的过程中，教师要让学生学会热爱生活、热爱生命，成为具有德行、审美、情感、智慧和能力的人。

10. 家校合作共育

"家校合作共育"，是指通过家校联动的机制，成立父母委员会，开展亲子共读等丰富多彩的活动，让父母更多地参与学校生活，引领父母与孩子共同成长，使家庭教育与学校教育协同互补、互相促进，最终实现家庭、学校教育的协调发展。

之所以提出"家校合作共育"，是因为家庭在人的发展中具有不可替代的重要作用。家校合作不仅对于提高学校教育质量具有重要作用，而且是建立现代学校制度的需要。

新教育的"十大行动"，虽然不是新教育的全部内涵，但是，由于这些行动是中国教育相对缺少的，所以就显得很迫切和重要。这"十大行动"不是一个严格的理论体系，而是按照行动的逻辑展开的。

（七）新教育实验的愿景

以理想主义和田野行动为主要特质的新教育实验，在高举理想主义的大旗，唤醒教师的生命激情和教育梦想的同时，特别强调田野意识与行动精神，通过营造书香校园、师生共写随笔、聆听窗外声音、培养卓越口才、构筑理想课堂、建设数码社区、研发卓越课程、缔造完美教室、推进每月一事、家校合作共育等行动，以及"晨诵、午读、暮省"的生活方式，听读绘说、生命叙事剧等创新课程，职业认同加专业写作、专业阅读和专业交往"三专"模式的教师成长模式等，努力改变学生的生存状态，改变教师的行走方式，改变学校的发展模式，改变教育的科研范式，并取得了一些成绩。

在新教育实验初期，我们曾经用这样四句话表达我们的追求：成为学生享受成长快乐的理想乐园，成为教师实现自身成长的理想舞台，成为学校提升教育品质的理想平台，成为新教育共同体的"精神家园"和"理想村落"。这是"新教育实验"的"四重境界"，也是一种诗意化的表达。我们后来把这四个目标"浓缩"为两大"愿景"：努力成为中国素质教育的一面旗帜，全力打造植根于本土的新教育学派。这两个愿景是我们新教育人的共同梦想。

第一个愿景：努力成为中国素质教育的一面旗帜。素质教育讲了很多年，但实际上却依然是"轰轰烈烈讲素质教育，扎扎实实做应试教育"。究其原因，我认为素质教育缺的不是理论，而是扎扎实实的行动。尽管对"素质教育是什么"有不同的论述和标准，而且现在又推出了"核心素养"的理念，但我们认为这只是提法不同，有三个标准应该是大家公认的。第一个标准是，素质教育是面向全体学生的教育，这与我们新教育实验"为了一切的人"的理念是完全一致的。第二个标准是，素质教育是全面发展的教育，这与我们倡导的"为了人的一切"的理念，与我们的发展论、崇高论都是紧密联系的。第三个标准是，素质教育是可持续发展的教育，这与新教育实验强调的"教给学生一生有用的东西"的理念也是紧密相连的。从本质上来说，新教育实验就是素质教育的一种尝试、一种探索。

更重要的是，新教育实验以切实推进扎扎实实的实际行动为素质教育打下了最重要的基础。人最基本的素质是人的精神成长，而一个人的精神发育史就是他的阅读史。所以，素质教育应当从阅读开始，阅读应该成为素质教育的基础工程。中国要从人口大国走向人力资源大国，从人力资源大国走向人力资源强国，如果没有阅读，是不可能实现的。如果离开了阅读，就谈不上素质教育。过去素质教育为什么走了弯路？因为人们理解的素质教育往往就是简单的吹拉弹唱，误将其理解为片面的特长教育，所以走了偏路、弯路。今后的核心素养教育，也应该注意不能再重蹈覆辙。由于新教育实验的内涵与素质教育的主旨高度契合，新教育实验理所应当成为有影响力的素质教育的一面旗帜。

第二个愿景：全力打造根植于本土的新教育学派。我们知道，目前的中国教育对世界教育的贡献是远远不够的，在世界教育史上我们能看到的中国人大概只有孔子、陶行知等少数教育家。现在我们的教育基本上是言必称西方，我们讲建构主义，讲认知理论，讲人本主义，讲多元智能，我们讲杜威、布鲁纳、巴班斯基、苏霍姆林斯基，但是我们很少讲中国自己的东西。中华民族如果不给世界教育以惊喜，不为世界教育贡献自己的理论，那将是我们民族的巨大遗憾。我们新教育人希望，在扎根本土行动的同时也能够探索自己的理论，形成自己的风格，形成自己的品牌，为整个世界教育贡献自己的智慧。

尽管道路漫长，但我们坚信，新教育实验的愿景不是不可企及的目标。从学派产生的几个条件来看，应该是可以做到的。一是实验基地的问题，我们目前虽然没有杜威的芝加哥实验学校、苏霍姆林斯基的帕甫雷什学校，但是我们拥有 3 500 多所实验学校，目前正在制订新教育实验学校标准，准备建设一批示范校。二是理论代表人物问题，新教育研究院的专家们正在健康地成长着，实验学校的优秀教师正在健康地发展着，在他们中间，未来一定会产生能够写在中国教育史上的人物。三是代表性理论著作的问题，有了第二条作为前提，这个目标也是完全可以达到的。我觉得，与其抱怨教育的这也不是那也不是，与其不断地批评应试教育让我们戴着镣铐跳舞，我们为什么不可以跳出精彩的镣铐舞呢？我们为什么不利用每一个人的能量，行使每一个人的权利，在每一堂课上，在和孩子交流的每一分钟，用心去发现，用心去行动，探索中国教育的未来？

这两个愿景，如果落实在未来学生的身上，我们可以这样表述：经过新教育共同体的不懈努力，在不远的未来，新教育实验学校将培养出一群又一群长大的孩子，从他们身上能清晰地看到：政治是有理想的，财富是有汗水的，科学是有人性的，享乐是有道德的——这，就是我们新教育人孜孜以求的共同朝向。这是一个宏大的目标，也是一个远大的愿景，需要我们继续努力。我们一直在路上。

二、书写教师的生命传奇

——新教育实验与教师成长

新教育实验认为：站在教室讲台前的那个人，决定着教育的基本品质。所有与教育教学相关的课堂、课程等活动，都有一个共同的指向——教师。没有教师的发展，学生的成长就会成为无本之木；没有教师的研发，课程就会成为无源之水；没有教师的实践，理想课堂就会成为水中之月。所以，教师是教育过程中最重要、最关键、最基础的力量。为此，新教育实验把促进教师的成长作为逻辑起点，作为整个教育的关键所在。

2009 年 5 月，为柳州市近 4 000 名教师做讲座

新教育实验把教师成长分为职业认同与专业发展两个方面。其中，职业认同是教师成长的内在动力机制，专业发展是教师成长的技术支持系统，两者相辅相成。

职业认同更多的是与人的理想、激情、追求及对教师这个职业的认识和理解有关系；专业发展更多的是与知识、智力、技能有非常密切的关系。教师的职业认同和专业发展是教师成长之两翼：专业发展是职业认同的基础，没有好的专业发展，也就很难真正实现职业认同；同时，职业认同是专业发展的动力，没有好的职业认同，没有理想与激情，教师也很难实现专业发展，二者互为补充。如果说专业发展是形而下的技艺之事，那么职业认同便是形而上的信仰之道。实践表明，教师只有具备高度的专业发展和职业认同，对教育充满浓厚的热爱与饱含生命的激情，才能够成为优秀的教师，才能够拥有好的教育品质。

（一）教师的职业认同

如海德格尔所言，以什么为职业，在根本上意义上，就是以什么为生命意义之寄托。新教育的职业认同，是指生命个体基于对于职业价值的发现和体认而产生的心理归属感，这是帮助教师去践行教育思想的理念支撑，也是教师走向卓越的重要路径。

新教育实验的职业认同是以生命叙事理论为基础的。生命叙事是指生命个体运用自己独特的叙事方式，书写自己在教育生活中的生命在场、自我成长、意义呈现，并对其进行爬梳观照和省察言说的过程。不管一个人是否自觉意识到，人的一生都可以视为一个书写中的故事。这个不断删减、修改的剧本，在生命的最终一刻才全书定格，静止为一本真正意义上的"书"。而在此前，只要一息尚存，生命的全部意义，包括生命的最后刹那，都可以因为故事中这唯一主角的抉择而完全改写。

新教育认为，每位教师的生命都是一个故事，他既是故事的主人翁，又是故事的作者。教育就是让每个人都可以省察地书写自己的生命故事；从事教师职业就是把教育作为自己故事的主旨，并用生命最大段的篇幅来展开与书写。作为教师，能否把自己的生命写成一部伟大的传奇，取决于他是否真正用心地书写自己的生命故事。

基于生命叙事的职业认同主要体现在三个方面。

第一，关于生命原型。既然每个人的一生都是一种生命的叙事，那么这种叙事一定有它特定的生命原型，我们也把它称为"自我镜像"或者"人生榜样"。无论是自觉的还是无意识的，我们都会为自己的生命叙事选择一个"生命原型"，即"我以什么作为生命榜样？我应该像谁一样活着？"因为，以什么样的人为榜样，我们就会成为什么样的人；与什么样的人为伍，我们也会成为什么样的人。榜样的力量是无穷的。所以，我们鼓励新教育的教师要像孔子那样做老师，像雷夫那样做老师，像李镇西、李吉林那样做老师。

第二，关于生命遭遇。从教育人类学的角度来看，生命中的各种遭遇、矛盾与挑战，往往是生命成长的重要契机。平庸的生活往往难以成就非凡的人生，因为在生活中，挑战与机遇并存，矛盾与成长同在。个体只有经历各种遭遇与困难，才能够创造真正的传奇。所以，优秀的教师总是能够不回避矛盾和困难，在困难时依然对生活充满信心。正如罗曼·罗兰所说："我看透了这个世界，但我仍然爱它。"这正是教师应该具有的智慧与勇气。一位真正的教师，应该让学生，也让自己，在跨越重重困难以及怀疑之后，仍然能够建立起对于世界、对于人类、对于自我、对于存在的根本信任乃至于信念。这种信任、信念乃至于信仰，是成为一名教师的基石。

第三，关于语言密码。"语言是存在的家园"。伟大的传奇总是用三种语言写就的：一是人类的语言，二是承载民族文化的文化共同体语言，三是其所处地域的乡土语言。新教育实验认为，科学思想、民主思想、人类的优秀文化成果，无疑都是我们这个时代的主要教育内容；人类最伟大的思想和价值，应该成为我们的重要语言。但是，所有的语言都需要一种民族语言的转译与承载。这是我们真正的"原语言"。所以，教师应该成为中华文化自觉的传承者，把课程之根深植在中国文化的沃土之中。另外，教师还必须充分利用区域的教育资源，让自己的课堂和学校文化具有鲜明的地方特色与个性特征。这样，作为教师生命叙事的语言，就会显得丰富而厚重。

（二）教师的专业发展

新教育实验的教师专业发展是以"三专"理论作为基础的，我们也把它称为教师成长的"吉祥三宝"，即专业阅读，站在大师的肩膀上前行；专业写作，站在自己的肩膀上攀升；专业交往，站在团队的肩膀上飞翔。专业阅读是一种静思吸纳，专业写作是一种梳理表达，专业交往是一种境域背景。

第一，关于专业阅读。阅读是新教育人最关心的问题。教师的专业阅读，是教师成长的重中之重。新教育认为：没有教师的阅读，就没有教师的真正意义上的成长与发展。教师的教育智慧从哪里来？人类那些最伟大的教育智慧、最伟大的教育思想往往都在那些最伟大的著作之中。

教师专业阅读的根本任务，就是构造一个合宜的大脑。这需要教师在教育教学生活中，学习心理学的经典思想、教育哲学的基本观点、人类最好的教育经验，以及他所教学科的知识精华和他所教学科的成功案例。专业阅读的关键是必须回到对根本书籍的研读中来。强调对根本书籍的阅读，其实就是强调恢复原初思想的能力，恢复教师重新面对根本问题，并从根本问题出发思考当下问题的能力。因此，通过阅读教育经典，与过去的教育家对话，是教师成长的基本条件，也是教师教育思想形成与发展的基础，这也会让教师更加善于思考，远离浮躁而沉淀教育的智慧，从而让我们的教育更加美丽。

第二，关于专业写作。如果阅读是学习、吸纳的话，那么，写作就是一种思考、一种加工。教师仅仅站在大师的肩膀上还不够，还要学会教育反思，站在自己的肩膀上攀升。新教育的教师专业写作可以分为五种类型：教育感悟、教育叙事、教学案例、教育案例、师生随笔。它具有以下五个特点：一是强调理解与反思，反对表现主义；二是强调与实践相关联；三是强调客观呈现，反对追求修辞；四是主张师生共写随笔，即师生通过日记、书信、便条等手段，相互编织有意义的生活；五是

注重案例研究。

总体来看，新教育的专业写作，它不以外在的名利为终极目标，不为写作而写作，而是使写作恢复本来面目，服务于日常教育教学实践，成为自我反思的基本手段，促进师生幸福完整的生活。

第三，关于专业交往。新教育认为：在专业阅读、专业写作的基础上，借助专业交往，形成专业发展共同体，提升教师的专业化水平，是教师成长的必由之路。因为，一个人可能走得更快，但一群人才能走得更远。

新教育的教师专业交往有两个重要特征：一是采取"底线＋榜样"的形式，底线是要求教师有底线，底线是所有人都能够做到的也是必须做到的。但底线如果没有榜样是远远不够的，榜样是需要共同体来培养的。因而，新教育的共同体既建立在自觉自愿的基础上，又拥有一个良好共同体宽松氛围的土壤。二是共同体成员必须形成共同的愿景。对于共同体而言，共同愿景就是理想和信仰，就是战斗力、向心力和凝聚力。建立在共同愿景基础上的共同体，具有一般组织所不具备的特质。教师通过阅读、写作，通过与团队的对话，其精神状态会发生很大的变化，而这种变化就是最好的故事、最好的榜样、最好的说明。

总之，如果教师能够在职业认同与专业发展方面同时下功夫、做文章，一方面保持生命的激情，积极面对生命的各种遭遇与挑战，另一方面能够加强专业阅读与专业写作，积极参与到优秀的教师共同体中去，就一定能够书写生命的传奇。

三、以阅读为翼

——新教育实验的阅读理论与实践

阅读，是新教育最基础、最关键的行动。

未来教育中，当下教师教、学生学的教学活动，将会演变为教师成为学生成长伙伴，学生学习活动成为主旋律。在通往未来的这条路上，阅读将成为最重要的工具，对教育成效起到决定性作用。

（一）新教育在阅读理论上的探索

新教育曾经在阅读方面提出五个重要的理论观点。

我们认为，一个人的精神发育史就是他的阅读史。如果把精神成长与躯体成长做个比较的话，躯体的成长更多是受遗传和基因的影响，个体的精神成长却不完全依靠基因和遗传，而与后天的阅读息息相关。人类的历史有很多的精神丰碑，要达到或者超越那些精神高峰，阅读和思考是唯一的途径。只有通过阅读，通过与孔子、孟子等先贤达人的对话，和文艺复兴时期的大师们交流，才能达到他们那个时代的思想境界。没有阅读就不可能有个体心灵的成长，不可能有个体精神的完整发育。人类精神的阶梯就这样随着重复阅读不断延伸。

我们认为，一个民族的精神境界取决于这个民族的阅读水平。长久以来，我们一直都仅将阅读看作个体的行为。这样的认识是片面的。一个国家、一个民族的共同阅读决定了其精神力量，而精神力量对于一个国家软实力与核心竞争力的培育，起着关键作用。国际阅读协会在一份报告中曾经指出，阅读能力的高低直接影响到一个国家和民族的未来。阅读对我们不断强化文化认同，凝聚国家民心，振奋民族精神，提高公民素质，淳化社会风气，建构核心价值等都具有不可替代的作用。为了我们这个民族的精神力量的养成，为了我们未来的终极前途，我们应该从国家战略的高度来认识阅读。

我们认为，一所没有阅读的学校永远不可能有真正的教育。学校教育尤其是义务教育阶段的教育，通过最有效率的课堂教育方式，将人类的知识高度集约化、效率化和组织化，在有效的时间内教给我们的孩子丰富的知识，这作用就相当于母乳。但教科书不是真正意义上的原生态的思想。如果一个孩子终生都吃母乳，我相信他肯定是一个发育不良的孩子。一个人如果离开了自主阅读，离开了对于人类经典的阅读，就不可能走得很远，他的精神发育肯定也不健全。学校教育最关键的一点是，是让学生养成阅读的习惯、兴趣和能力。如果一所学校将这个问题解决了，主要的教育任务应该说就算完成了。学校教育不仅要像提供母乳一样给孩子们提供最初的滋养，而且最重要的是要通过提倡自主阅读让孩子们学会自由飞翔。

我们认为，一个书香充盈的城市才能成为美丽的精神家园。日出而作，日落而息，这是古代田园牧歌式的生活场景。在城市的霓虹下，一个真正的家园，应该是

2009 年，新教育研制的儿童阅读书包

一幅怎样的图景？从外观上，它可以千姿百态；从内在而言，它却必然有着强大的精神力量，才能唤起人们的归属感。这种精神力量，只能从人而来。一座城市的真正的美，还在于这座城市里的人的品位和气质。而人的品位和气质，是通过阅读而来的。最优秀的城市就应该拥有最善于阅读的市民。一个城市最美丽的风景应该是阅读的风景，一个文明的城市应该是学习型的城市，在于有着自我超越的市民、催人上进的组织、简单宁静的生活和自觉创新的文化。其核心要素是学习型市民，市民的素质决定城市的竞争力。有书香的城市，有阅读氛围的城市，才是令人向往的美丽城市，才是都市人真正的心灵家园。

我们认为，共读共写共同生活才能拥有共同语言、共同价值和共同愿景。在今天，无论是学校还是社会，都亟须重建共同的话语、共同的语言和共同的价值。我们需要以真诚的共同行动来创造共同的未来。我们首先需要拥有共同的历史、共同的英雄、共同的文化符号、共同的心灵密码。这就是说，我们亟须通过共读，通过对话和相互用文字交流（共写），来实现真正的共同生活。新教育实验认为，共读共写共同生活，是过一种幸福完整的教育生活的必由之路。这意味着这样一种文化上的努力，即恢复书香传统以及书写传统，在现代生活背景下，通过对传统文明以及人类文明的反思继承，逐渐形成新的价值观，将班级、学校、家庭、社区、国家重新凝聚起来,冲破个人主义屏障,打破人与人之间相互隔离的状态,恢复生活的整体性与人与人之间的联系,从而不断地创造新的更加美好的未来。

阅读,它源自于书籍却不限于书籍,我们通过不同种类的阅读,乃至阅读不同的生活,不同的人生,进而改变我们自己,改变我们的社会,改变我们的世界。阅读对一个人、一个学校、一个城市、一个民族的意义,是我们怎样去强调也许都不会过分的。

1. 对人类,阅读是一种生命本体的互相映照

新教育认为:阅读,对个体的精神成长至关重要。没有阅读就不可能有个体心灵的成长,不可能有个体精神的完整发育。每一个人的生命都是一粒神奇的种子,童年蕴藏着不为人知的秘密,而阅读能够唤醒这种潜藏着的美好与神奇。

精神发育最重要的通道就是阅读。因为人类最伟大的智慧、最伟大的思想没有办法从父母那里拷贝和遗传,因为它们深藏在那些最伟大的经典书籍之中。阅读对于生命唤醒的独特价值在于:书籍在生命独自面对另外一种精神与情感的情境时,架设起了灵魂交流的场域,使阅读本身和人精神的汇通变得可能,从而充盈了个体生命的精神生活世界,赋予了个体生命更多的意义,让人不断实践高尚的人生价值。这种读者与作者之间、读者与读者之间的互相映照反复出现,也就意味着自我教育的不断实施。

2. 对教育,阅读是一种最为基础的教学手段

雨果曾这样说,"书籍是改造灵魂的工具。人类所需要的,是富有启发性的养料。而阅读,则正是这种养料。由此,学校的重要性便显示出来了……书籍的朝代开始了,学校为它准备条件。"苏霍姆林斯基也曾经讲过,一个学校可以什么都没有,只要有了为教师和学生精神成长而提供的图书,那就是教育。从中我们可以看到,两位大家对学校教育与阅读寄予了多么大的期待。

的确,学校教育在这两百年里发生了翻天覆地的变化,读书似乎已经成为学校的代名词,学校已然成为"书籍的朝代"的主要殿堂。因此,在学校中,书籍是最不可缺少的材料和财富。在新教育看来,阅读是一种最为基础的教学手段,是贯穿于整个教育教学过程的基本要素。学校教育最关键的一点,就是让学生养成阅读的习惯、兴趣和能力。如果一所学校将这个问题解决了,主要的教育任务应该说就算完成了。如果一个孩子在十多年的教育历程中,还没有养成阅读的兴趣和习惯,他一旦离开校园就很容易将书本永远丢弃到一边,这样的教育一定是失败的。

3. 对社会，阅读是一种消弭不公的改良工具

书籍是促进社会公平最好的礼物。阅读能够让弱势群体的教育状况得到改善，让其自身变得丰盈，逐渐成为优质教育群体，进而改变命运。斯蒂芬·克拉生在《阅读的力量》一书中用大量的数据对比证明，学校和家庭阅读环境好坏、图书馆有无和多少、藏书多寡、父母教师读书与否、学生阅读量大小等因素与学生成绩的好坏密切相关。

对于学校而言，硬件设施是教育的基础，但决定教育水平的是软件水平，决定软件水平的关键是阅读水平。只有在宁静的阅读氛围中，孩子们才不会感到边缘化、差异化。因为阅读能带来精神的宁静和丰盈，消弭物质的匮乏和贫困。重视阅读的学校，即使校舍很敝陋，它也完全有可能是一所优秀的学校。

4. 对个体，阅读是一种弥补差距的向上之力

阅读尤其是儿童阅读，对影响人的志向、人生观、品格情操和生命状态的重要作用，已经取得了广泛的共识。

新教育认为，阅读首先是一种人的意识、思维、心智、认知、情感等全部参与的向上活动，其次是一种需要渐进培养能力的活动，最后是人建构其精神意义和文化生活过程的活动。尽管每个生命体都先天存在不同和差异，但阅读却是一种可以通过后天培养而人人掌握的能力。教会孩子阅读，让孩子拥有阅读的能力，他便会通过与书本的对话，拥有积极的人生观；会通过所阅读到的正能量的内容，不断修正自己对人生和世界的态度看法，从而提升自己的综合素养，养成向上的高尚品格。

5. 对生命，阅读是一条通向幸福的重要通道

心理学告诉我们：阅读是通向内心安宁的一条通道，它除了能解决人的生存之外，还能给心灵以慰藉，让人真正地拥有幸福。沉浸在阅读的氛围中，人们都会有舒缓情绪、忘却烦恼的深切感受。好的书籍，就是一位最好的心理医生。在我们的校园里，如果有大量的阅读时间，有大批热爱阅读的孩子，校园的管理将变得容易，挠头的教学问题也会得以改善。当学生进行自由阅读时，班级会非常安静，一般不会有秩序问题。

在中国教育的大背景下，作为民间教育行动的新教育实验，我们将阅读作为改变教育生态的切入点，将营造书香校园作为最重要的教育行动，力图在校园、教室乃至家庭，将阅读放在最基础的位置上加以观照，使教育回归本真。

（二）新教育在阅读实践上的行动

正如德国哲学家费希特所说："行动！行动！这就是我们生存的目的。"行动哲学是新教育的标志之一。新教育人不仅积极探索阅读理论，而且同时自觉地践行着阅读行动。

1. 营造书香校园：阅读立校

营造书香校园，就是通过创造浓厚的阅读氛围，整合丰富的阅读资源，开展多彩的读书活动，让阅读成为师生最日常的生活方式，进而推动书香社会的形成。新教育实验从最初的"六大行动"到如今的"十大行动"，都将"营造书香校园"作为各大行动之首。这是因为新教育作为一项基于教育行动的实验，将阅读作为撬动教育教学改革的重要基础和行动源头。

在参加新教育实验的 3 000 多所学校中，营造书香校园往往成为他们参与新教育项目的首选，他们会将学校图书馆、年级图书广场和班级图书角建设作为首先予以重视和投入的方面。这一方面源于新教育重视将阅读作为实验的起点，另一方面是他们认识到，阅读是孩子们面临的第一个重大问题，是孩子们不可规避的第一道门槛，也是使学校焕发出勃勃生机的重要基础。无论是在图书室，还是在教室，乃至学校的走廊，我们希望书籍都能触手可及。

在新教育学校，阅读活动的开展更是千姿百态，丰富多彩，从每年 9 月 28 日的校园阅读节到形形色色的阅读主题月，从图书漂流到图书跳蚤市场，从阅读之星评比到阅读班级竞赛，从自制图书展示到撰写图书评论，从图书戏剧表演到名著影视欣赏……

新教育人坚信，没有书香充溢的校园，就没有真正意义上的学校；没有书香充溢的校园，教育只是一个训练的场所。我们希望，书香校园是新教育实验为学校打下精神底色的一项最重要的活动。

2. 倡导共读理念：共同生活

早在 2007 年的新教育年会上，我们就提出了"共读共写共同生活"的理念。新教育所倡导的"共读"理念，是基于教育与学习是建立在一种有效对话基础上的理解。最好的学习应该是充满着魅力的知识与学习者对话的过程，是教师和学生的对话过程，是师师之间、生生之间、师生之间对话的过程。而学习本身就理该是一个共读共写的过程，是一个共同生活的过程。阅读作为这种对话的前提和必要条件，共读便是教育过程中的较好的选择。

在共读的实践中，新教育强调父母与老师应该成为孩子的阅读榜样与伙伴。新教育主张家校互动、亲子共读，让学生和老师、家长都卷入到共读中来，每一段时间大家共读一本书，一起交流和讨论，共同编织阅读分享的生活。通过共同的阅读，教师、父母才能真正走进孩子的心灵，从而避免成为"同一屋檐下的陌生人"。

为了推进家校共读工作，2011 年 11 月，新教育成立了亲子共读研究中心（后更名为"新父母研究所"）。以亲子共读、家校共育为特色，以萤火虫亲子共读、种子教师计划、新父母学校、新露特殊教育阅读、童话学校等公益项目为依托，新教育实验开展阅读推广工作，6 年中做了 6 000 多场公益活动，超过 800 万人次的父母与孩子参与了活动。

新教育不仅倡导家庭阅读中的亲子共读，而且倡导校园里的师生共读，包括教师之间的专业共读，甚至是学校行政、教学、后勤人员的教育共读。在新教育的学校里，教师、学生、父母之间每天的共读活动，以及共读以后的共同交流，使得亲子、师生之间和教师之间的情感交流也得以实现，相互的认同接纳感增加，从而使得教育教学管理达到事半功倍的良好效果。通过共读的方式，让每个人都能形成坚持阅读下去的动力，不断地共同分享讨论和深入触摸经典带来的愉悦与思考，从而建构每个人生命中必要的智力背景和基本的思维能力。这种必要的共读，让人能够得以真正窥得阅读的光芒，让人从对冰冷书本的疏离中渐渐喜欢上阅读，从而养成阅读习惯，使专业阅读成为师生的重要生活方式。

3. 探索儿童课程：幸福童年

新教育一直主张，把最美好的童书给最美丽的童年。

长期以来，我们只关注儿童的躯体发育，而忽视了关心儿童的精神成长，以致于现在的很多儿童成了躯体上的"巨人"，精神思想上的"矮子"。事实上，童年的秘密远远没有被发现，童书的价值远远没有被认识。儿童时期的阅读，是刻骨铭心的，是历久弥新的，更是深入骨髓的。童年的阅读，是人生的底板。童年时的阅读，决定着人生的未来。让孩子们亲近书、喜欢书、阅读书，这就是打通了他们走进更广阔的精神世界的通道。我们新教育团队重视给孩子们选择最美好、最适合、最生动的书籍，在他们心田播撒这些美丽的种子，并且希望这些美丽的种子，经过无数岁月，最终在他们漫长的人生历程中怒放出美丽的花儿来。

多年来，新教育实验团队一直在探索将阅读课程化，努力使阅读不再仅仅成为语文课的补充，而是学生在各科学习和日常教育教学生活中的重要内容。"晨诵、午读、暮省"，就是我们的探寻成果之一。

晨诵，就是每天清晨用一首诗开启孩子生命中的新的一天。新教育晨诵，是扎根于中国古代蒙学教育的优秀传统，汲取中外各教育流派的诵读技巧，进行突破式创新的现代课程，是一个有着先进教育理念、坚实理论基础、清晰知识框架的渗透式综合课程。新教育晨诵强调让诗歌"擦亮每个日子，呵护每个生命"，在音乐、美术营造的意境中，通过诵读经典的诗歌，丰盈当下的生命，用仪式感促使形成积极的感悟，激发生活的热情，调整心态，健全心智，在日积月累中积累人文底蕴，帮助人们从容应对生活的诱惑与压力，创造出幸福、明亮的精神状态。

午读，就是在每天中午（不仅是中午时分，也包括每个白天的某些教育教学过程中），孩子们阅读那些符合他们年龄阶段的书籍。新教育认为：童年不是一个静止的房间，它是一段由浪漫到精确，由粉红到天蓝的彩色阶梯。二年级和四年级，不是相近的两个教室，而是隔了几重天地的截然不同的世界。因此，每一年的阅读也就应该是符合它们各自的不同特点。新教育的"毛虫与蝴蝶"儿童阅读项目的研究，通过对低段听读绘说一体实验、中段的大量阅读实验、高段的整本书共读实验的研究，越来越使得这种有针对性的阅读呈现出非常明显的"教育治疗"效果。许多孩子都自觉地开始远离电视、远离游戏，整个精神面貌有了非常明显的改观，这也改善了无数亲子关系、师生和家校关系。

暮省，指的是学生每天在完成学业以后，梳理、思考与反省自己一天的学习生活，并且用随笔、日记等形式记录下来，同时师生之间也可以通过日记、书信、批注等手段，相互编织有意义的生活。教师与学生用日记记录自己的成长，亲子之间、师生之间用词语相互激励、抚慰，成了新教育实验重要的组成部分，以及日常的生活方式。

新教育以阅读为主导内容的儿童课程，通过多年的实验，产生了大量感人的故事，也激励了参与实验的教师和学校，也让那些父母亲们感动不已，让人们真正地感受到了一种幸福完整的教育生活。

4. 重视教师阅读：专业成长

与其他教育实验不同的是，从开展新教育实验之初，我们就把教师的专业成长作为实验的逻辑起点。从新教育实验草创时期的"教育在线"网站开始，就不断汇集了全国一批又一批中青年教师，通过互相交流获得成长，从而奠定了新教育实验开展的基础。

新教育对于专业阅读有两点基本共识。第一，如果没有教师的专业阅读，就没有教师的真正意义上的成长与发展。通过这些年的探索，新教育实验逐渐摸索出一条"专业阅读＋专业写作＋专业交往"的教师专业发展的"三专"模式。如果说专业写作是教师站在自己的肩膀上攀升，专业交往是站在集体的肩膀上飞翔，那么，教师的专业阅读则是站在大师的肩膀上前行。第二，对于任何一个具体的专业领域而言，都存在着一个最合理的知识结构；专业发展，必然会经历一个"浪漫→精确→综合"的有机过程；每一门类知识的掌握，都存在着一条由浅入深的路径；对每一个教师而言，都存在着一条独一无二的阅读路径。在特定发展阶段中的具体的教师，面对特殊的场景，一定有一本最适合、最需要他阅读的书籍。新教育实验强调应关注根本书籍，即奠定教师精神及学术根基、影响和形成其专业思维方式的经典书籍。能够成为一个教师的根本书籍意味着，他能深刻理解这本书，而这本书也能成为他思考教育教学问题以及阅读本书籍的原点。新教育实验强调知性阅读，希望教师通过对书籍的聆听、梳理、批判、选择，在反复对话中，将书籍中有价值的东西吸纳、内化到自己的结构之中，从而使原有的知识结构得到丰富、优化或者重建。

新教育的各种专业发展共同体，如新教育种子教师团队，新教育网络师范学院等，凝聚了一群拥有教育理想和激情，渴望成长与发展的优秀教师。

5. 研制推荐书目：精神配餐

我们认为，倡导阅读的重要性是解决让人们重视阅读并开始阅读的问题，而精心研制适合各领域各人群阅读的书目，则是解决引导人们该"读什么"的问题，基本书目的推荐对阅读推广是重建民族共同的核心价值和文化认同、提高全民族阅读水平的一项基础性的文化工作，也是一项非常重要的利国利民、功在未来的战略性基础工程。

早在 20 世纪末新教育发轫之前，我在苏州大学就组织教授和全国知名学者进行中小学生和教师阅读书目的研究与推广，曾组织陆续出版过"新世纪教育文库"，文库的编选分小学、中学、大学、教师四个系列，每个系列一百种（其中重点推荐书目二十种），在全国各地的学校以及网上有较大影响，成为许多中小学开展阅读的重要参考书目。

2011年4月21日,"中国小学生基础阅读书目"发布会在国家图书馆举行

自2006年起,新教育实验研究团队开始研制"毛虫与蝴蝶——新教育儿童阶梯阅读"的童书书包,这受到了老师、父母、孩子们的普遍欢迎。2010年8月,我们成立了新阅读研究所,并立即组织研究团队进行书目研制工作。2011年4月开始,我们陆续发布了"中国小学生基础阅读书目""中国幼儿基础阅读书目""中国中学生基础阅读书目(分初中、高中两个书目)""中国企业家基础阅读书目""中国中小学教师基础阅读书目""中国父母基础阅读书目"等书目,大学生和公务员基础阅读书目也将陆续推出。我们还启动了中小学学科阅读书目的研制工作。在研制书目的过程中,新教育尤其注重价值引领,强调阅读中蕴含的民族文化根本精神和人类的基本价值。这些年来,新阅读研究所还为扶贫基金会、新教育基金会、中国青少年基金会、天图教育基金会等提供书目和专家支持。

6. 倡导精神扶贫:阅读推广

我们认为,通过阅读能够帮助受助者获取资讯、增长知识、舒缓情绪,从而促进受助者自我调节、克服困难、摆脱困境、实现自我,这本身就是一种慈善。由此可见,阅读推广是实现公益慈善的有效途径,也是公益慈善活动一种新的生发点和探索。这一点，对于教育公益尤其如此。

从最初的关于读书的西部农村支教活动开始，到后来研制出的"毛虫与蝴蝶——新教育儿童阶梯阅读"童书文学书包，到根据新阅读研究所研制的系列书目研发的"中国小学生基础阅读书包"等系列书包，再到新教育移动图书馆、新教育童书馆、新教育完美教室图书馆、新教育萤火虫工作站等，阅读推广活动越来越完善。经过多年的良好运作，新教育逐渐形成了学校申请、社会公示募集、定向资助、阅读教师培训、图书捐赠、经典阅读课程提供等方式，形成了比较好的阅读公益模式。如台湾慈济基金会曾经资助200万元用以购买童书书包15 000套，发放给了甘肃、内蒙、青海、山西、北京打工子弟学校以及新教育部分实验区学校等几百所学校的班级中，让孩子们读到了最好的文学经典图书。

时至今日，新教育的阅读公益行动，仍在新教育共同体的各个团队中不断地开展着。我们希望通过我们的努力，让更多的人特别是落后地区和弱势群体也能沐浴到更多的阅读之光。

7. 呼吁战略升级：全民联动

我们呼吁把阅读作为国家战略。新教育认为，阅读应该成为一个国家和民族的重要文化战略。一个民族的思想基础和核心价值体系的建设离不开阅读，中华民族共同的精神家园建设更离不开阅读。共同的阅读，是促使我们这个民族形成共同语言和共同精神密码的关键，是构建我们这个民族核心价值体系的重要途径。

为此，我们建议设立国家"阅读节"，呼吁制定《国家阅读大纲》、成立国家全民阅读指导委员会、建立国家阅读基金，将阅读提到国家战略的高度上，从而有效地推动全民阅读，大兴阅读之风，建设书香四溢的文明和谐社会。

新阅读研究所作为公益阅读研究和推广的重要力量，近几年在面向全社会的阅读工作上做了积极探索。我们开展了"新阅读大讲堂"公益活动和读书会活动，组织了数百场专家讲座及教师、家长自发进行的阅读分享。我们举办的"中国年度童书榜"评选，以专业评价为阅读提供内容上的引领。我们领衔发起的"领读者联盟"汇聚了大大小小数百家阅读推广机构，成为推动阅读的生力军。我们主办的"领读者大会"成为阅读推广人的研讨盛会。我们的行动不仅得到社会广泛好评，而且更重要的是通过这些活动，将阅读的种子广泛播撒到社会各界，为建设书香社会而矢志不移地努力。

阅读研究是永无止境的探索，阅读推广是漫无边际的传播。新教育实验17年如一日地推动阅读，至今仍在路上。我一直很喜欢《朗读手册》一书中的一句话："阅读是消灭无知、贫穷与绝望的终极武器，我们要在它们消灭我们之前歼灭它们。"我想，阅读更是让我们智慧、富足、幸福的精神之翼，我们将不断自我超越，永远朝向理想的高空飞翔。

四、研发卓越课程

——新教育实验的课程体系

理想的课程究竟应该是怎样的形态？究竟应该把人类的哪些知识教给学生？对于以上问题，不同的课程流派有不同的主张，但是它们都面临一个共同的困境，就是人类知识的无限性和学生学习时间的有限性之间的矛盾。国家主义主张，要把一个国家的价值观、文化传统等呈现在课程中；科学主义主张，要把科学的原理、规律、方法等呈现在课程中；实用主义主张，要把人类生活需要的知识和技能教给学生。最后，往往是各种力量的平衡，各种知识与技能的叠加，课程品质越来越多，体量越来越大。

有研究表明，人类科学知识总量在19世纪是每50年增加1倍，到了20世纪初期是每30年增加1倍，20世纪50年代则每10年增加1倍，70年代每5年增加1倍，80年代每3年增加1倍，90年代以后则更快。据统计，近30年来人类的创造发明和科学技术成果，比过去两千年的总和还要多。与此同时，科学技术转化为生产力的速度也越来越快。20世纪初需要20～30年，20世纪60—70年代激光与半导体从发现到应用只用了两三年，而现在信息产品的更新换代口味日新月异。所以，不断做加法的课程，无疑是无法适应未来社会发展的需要的。

那么，新教育实验需要怎样的课程体系呢？我们认为，在以生命的幸福完整为终极目的和当下尺度，以哲学、心理学、教育学、社会学及相关学科理论为潜在的理论工具，以活生生的人为中心的三维空间里，可以建构起面向未来的新教育卓越课程的体系构架。

2013 年，研发卓越课程研讨会在浙江萧山举行

　　我们可以把课程体系做这样的设计：以生命教育课程为基础，以智识教育课程（真）、道德教育课程（善）、艺术教育课程（美）作为主干，并以"特色课程"（个性）作为必要补充。

（一）生命教育课程

　　涵养生命是教育的天职。对生命的发现、挖掘、探索和追寻，是教育的永恒主题。生命教育课程以"过一种幸福完整的教育生活"为核心理念，围绕人的自然生命、社会生命和精神生命展开，旨在引导学生珍爱生命，积极生活，幸福人生，拓展生命的长度、宽度和高度，从而让每个生命成为最好的自己。

　　纵观生命的成长历程，我们不难发现这样一个基本的逻辑：肉身的诞生，是生命的自然事实；交往关系的存在，则是生命的社会事实；自我意识的觉醒，是生命的精神事实；这三个事实，构成了我们理解生命的三个基本向度。所以，我们把"生命"理解为具有三重意义上的生命：自然生命、社会生命和精神生命。

　　自然生命是指个体的物质存在，如身体、组织、器官等身心系统。社会生命是指个体与人、自然、社会形成的交互关系。精神生命是指个体的情感、观点、思想、信仰等价值体系。人的三重生命之间互相联系、互相制约、辩证统一。自然生命是社会生命、精神生命得以存在的前提。离开自然生命，社会生命、精神生命就不可能存在。自然生命的长度，有效地保障并促进着社会生命、精神生命的继续发展。社会生命也制约着自然生命的丰富和精神生命的提升。每一个自然生命都会被时空所局限，此时社会生命的宽度影响着人们对自然生命的认知和把握，并从很大程度上决定了精神生命的境界。精神生命则能最大限度地突破自然生命、社会生命的局限，绽放人这一特殊生命体的存在价值。精神生命的高度，是对自然生命、社会生命的最终升华与定格。在这三重属性之中，社会生命和精神生命是人的本质属性，离开社会生命和精神生命，人的自然生命就退化为简单的动物属性，不可称其为人。所以，只有集自然生命之长、社会生命之宽、精神生命之高，才能够形成一个立体的人。这样的生命体，也才是我们认为的完整的人。人的成长，或者说教育的意义，就像筑造一座金字塔般，以自然生命之长、社会生命之宽为底座，底座越牢固越庞大，精神生命之高则越可能坚不可摧，直至高耸云霄。

也就是说，生命最终是否幸福完整，是由生命的三重属性共同决定。自然生命之长强调延续存在的时间，社会生命之宽重在丰富当下的经验，精神生命之高则追求历久弥新的品质。长、宽、高三者的立体构筑，构成了生命这一"容器"的容量。一个平常的肉身究竟能够走多远，一个普通的灵魂究竟能够创造怎样的传奇。这要以生命的长度、宽度、高度三个维度观照，进行追寻。

从一个理想的生命状态来说，全面地拓展生命的长度、宽度和高度是最完美的生命结构，但由于生命的偶然性和不确定性，生命的长度有时是不可控的。有些生命虽然很短暂，但是由于其生命拥有足够的宽度和高度，他们的生命容量依然很庞大，生命的品质依然很高洁，足以形成一座伟大的丰碑。

我们以此反观今日愈演愈烈的应试教育，不难发现：如今越来越早就开始的严密的应试训练，不仅轻视生命的长度，同时也极大地缩减了生命所能达到的应有的宽度和高度，一个人的生命欠缺了应有的长度、宽度与高度，那么他所能发挥的创造力就极为有限。或许，这是触及钱学森之问的核心问题所在。所以，生命教育课程的意义，就在于把生命作为教育的原点，主张通过教育，让每一个生命积极拓展自身的长、宽、高，也让人类不断地走向崇高。

目前，新教育研究院已经研发了生命教育专设课程，出版了中小学系列的《新生命教育读本》。这是一门以学生生命为原点，以其生活为主线而组织的活动性综合课程。课程具有珍惜生命、积极生活、幸福人生三个主要目标。

珍惜生命。认识生命的特点及其发展规律，珍惜自己生命，尊重他人生命，敬畏自然生命。掌握生命安全与身心健康的知识与技能，保持心理和情绪健康，预防各种可能的生命伤害事件的发生，不自杀和伤害自己生命，也不杀人和伤害其他生命。

积极生活。能够主动适应社会，保持积极心态，与他人健康地交往，勇敢地面对挫折，养成良好生活习惯和积极乐观的生活态度，具有良好的人际沟通能力；能够遵循社会公共规则，同情和关心弱势群体，具有社会公德、正义感和责任心。

幸福人生。认识生命的意义和价值，具有独立之人格、自由之精神；合理规划人生，具有远大的理想和坚定的信仰；具有生命超越性，激发生命的潜能，直面生死，超越死亡，追求生命的崇高与伟大；超越"小我"，关心国家、社会和人类，具有中国灵魂和世界胸怀。

把"珍爱生命、积极生活、幸福人生"按照"情感与态度""知识与技能""行为与能力"三个维度加以分解，则具体表现为：

珍爱生命，欣赏生命；积极生活，自信向上；具有正确的人生观和人生信仰；具有人文关怀意识。

掌握生命安全、身心健康的知识与技能；掌握生活和生存必需的知识和技能；认识社会规范，具有与他人健康交往的知识和技能；具有规划人生的知识与技能。

具有保护生命的能力；养成良好的生活习惯和行为习惯；能够进行自我管理，具有良好的社会交往能力和人际关系；能够合理规划生涯、选择职业，追求幸福生活，实现生命的意义和价值。

根据生命教育课程的总目标和幼儿园、中小学生生命发展的不同特点，我们分别确定幼小阶段、初中阶段和高中阶段的生命教育课程的目标。

幼小阶段：帮助和引导学生初步了解自身的生长发育特点，掌握安全、健康生活的常识和技能，养成健康的生活习惯；初步树立正确的生命意识，学会与老师、同学、家人的交往，形成积极、开朗、乐观的性格；能够形成对自我的初步认识，发展兴趣、爱好和良好的个性特征。

初中阶段：帮助和引导学生了解青春期生理、心理发展特点；掌握自我保护、应对灾难的基本技能；学会尊重生命、关怀生命、悦纳自我、接纳他人；养成健康良好的生活习惯，提高保持健康、丰富精神生活的能力，培养积极的生活态度和人生观；能够对人生有一定的思考，有着初步的人生规划，确立人生的目标。

高中阶段：帮助和引导学生形成科学、合理的性生理、性心理和性道德观念，掌握应对生命危机的知识和技能，增加生命的抗挫能力；养成独立的人格、自由的精神，树立远大的理想，超越生命的局限；学会用法律和其他合适的方法保护自己的合法权益，养成公民需要的社会公德，具有社会责任感、正义感；能够突破自我，具有民胞物与的胸怀以及宽广的人类情怀，谋求人与人、人与社会、人与自然的和谐统一。

我们将生命教育课程的内容细分为"安全与健康""养成与交往""价值与信仰"三大领域。遵循横向展开、有机衔接、循序渐进、全面系统的原则，将三大领域细化为 14 个学习模块，并且根据不同年龄阶段学生的特征和发展需要，设计了相应的课程主题。

"安全与健康"领域主要包括居家安全、校园安全、社会安全、身体健康、心理健康、两性健康 6 个模块。居家安全方面，应让学生在了解居家安全常识外，重点掌握在居家生活中如何防电防火、防盗防抢，如何应对突发事件及确保上网安全。校园安全方面，应让学生在了解校园安全常识外，重点掌握在校如何确保游戏和运动安全，如何防止和应对校园暴力、疾病传染及其他意外。社会安全方面，应让学生在了解社会安全常识外，重点掌握交通安全、野外安全，学会应对自然灾害、暴力恐怖。身体健康方面，应让学生在了解身体器官、生长发育、疾病危害等基础上，重点掌握营养、运动、治疗等对健康的作用，以及如何使用药物，如何对待吸烟与饮酒等问题。心理健康方面，应让学生在了解情绪、性格、压力等基础上，重点掌握情绪管理、环境适应、压力疏解等方法。两性健康方面，应让学生在了解生命孕育、两性区别、青春发育等基础上，重点掌握正常异性交往、应对异性骚扰、防止两性行为等方法。这个领域，在把安全教育作为前提的情况下，我们将重点关注新身体课程的理念与实施。

"养成与交往"领域主要包括学习习惯、生活习惯、我与自然、我与社会 4 个模块。学习习惯方面，应让学生在尊重教师、认真学习基础上，学会自主阅读、独立思考、合作探究。生活习惯方面，应让学生养成卫生习惯、锻炼习惯、劳动习惯，并学会自我管理。我与自然方面，应让学生在了解生命现象、生命起源基础上，认识生态平衡，保护自然环境，学会绿色生活。我与社会方面，应让学生在了解生命诞生、父母养育基础上，学会理解尊重，懂得孝敬父母，承担家庭责任；应让学生在了解集体生活、社区生活、公共生活基础上，掌握选择良师益友、应对同辈压力、提升社交能力的方法。在这个领域，在把形成良好人际关系的基础上，我们将重点关注新养成课程的理念与实施。

"价值与信仰"领域主要包括生涯规划、价值追求、人生信仰、生死考量4个模块。生涯规划方面，应让学生在培养兴趣爱好、发展兴趣特长基础上，养成职业素质，提升职业能力，做好生涯规划；应让学生发挥自我的潜能和积极因素，弥补短处和不足，选择最有效的成长途径，各得其所地获得最大限度的个体发展。价值追求方面，应让学生在追求真善美的基础上，学会做出负责任的决定。人生信仰方面，应让学生拥有一个崇高的精神生活空间，为他勇敢地生活下去提供勇气，提供必需的精神支柱和行动指南。生死考量层面，应让学生在了解生命由来、生命成长、生命归宿基础上，了解死亡现象，懂得临终关怀，学会向死而生，并在理解生命的意义与价值基础上，成就人生。

（二）智识教育课程

智识教育课程类似于通常所说的文理课程，主要包括语文、数学、外语、科学（或物理、化学、生物）、历史与社会（或历史、地理）等，这是传统课程的主干部分。之所以不用文理课程或智力课程的概念，是因为"智识"更能够准确表达我们对于课程本质的思考。课程的根本目的不是传授知识，而是形成用以统领知识的智慧和运用知识的能力。但这个过程又是以"知识"为媒介的。我们说让知识拥有温度，就是从知识走向智识，走向智慧。智识教育课程的实施有其特殊的规律。"知性"的培养与"德性"（德育课程）、"灵性"（艺术课程）的培养，有着不同的特点。许多学校曾经错误地用讲授和考试的方式来实施国家规定的绝大多数课程，这使得道德、情感，甚至艺术和体育都变相为一种"智育"：传授某方面的知识，而不是以某种方式生活。但一个可以出试卷考试，然后评定得分的"德育课"或"思想品德课"、"艺术课"或"美术课"、"音乐课"，是有违教育的基本规律的。

我们把智识教育课程分为科学教育课程和人文教育课程两个领域。

第一，关于大科学课程。

科学教育课程包括五个方面的内容：科学知识、科学观念、科学思维、科学方法、科学精神。科学知识指从科学视角形成的对自然现象的基本认识，是科学研究的结果，包括内容知识和方法知识。内容知识是科学对自然现象的描述、理解和预测。方法知识是指关于科学是如何描述、解释和预测自然现象的，包括科学事实、科学理论、科学技能等。科学观念指对科学研究的过程、科学研究的结果及科学的应用价值等的概括性理解和认识，包括科学的大概念（Core Ideas）和跨学科概念（Crosscutting Concepts）。如哈伦编著的《科学教育的原则和大概念》一书就提出了"宇宙中所有的物质都是由很小的微粒构成的"等 14 个大概念。科学思维指人借助于语言或符号对科学事物（包括科学对象、科学现象、科学过程、科学事实等）作出概括和间接的反应过程，是理性思维和非理性思维的整合，包括证据推理、模型建构、猜测想象、质疑创新等要素。科学方法指科学和工程实践过程中的行为和采用的手段，包括提出问题和明确需解决的问题、建立和使用模型、设计和实施调查研究、获得和收集证据，分析和解释数据、利用数学和计算思维、建构解释和设计解决方案、基于证据的论证、获取、评估和交流信息。科学精神指是科学的价值追求，包括理解科学本质，理解科学、技术、社会、环境四者之间的关系，理解人类活动对自然环境、生活条件和社会变迁的影响，具备保护环境、推动可持续发展的社会责任感。"科学知识"是科学研究的结果，是科学教育的载体；"科学观念"是科学的基本信念，对科学教育具有导向作用；"科学思维"和"科学方法"体现的是科学的智慧，是实现科学创新的手段和途径。"科学精神"是科学的价值追求，是科学教育的终极目标。

科学教育课程的目标主要表现在以下四个方面。

一是让科学知识有温度，在奠定学生未来生活基础的同时，满足和保持儿童天生的好奇心。科学教育的目的不是为了实现科学知识的复现，而是复活。这不仅仅因为科学知识总是在不断变化中，还因为纯粹的知识无血无肉，无根无缘，既枯燥无味，又带有惰性，无法激发学生的学习兴趣和热情。德国哲学家胡塞尔指出："科学的'危机'表现为丧失其对生活的意义。因此，从文化的意义上看，走出科学危机乃至社会危机的出路是让科学回归生活世界。"教育中要使科学知识复活，赋予它温度，同样是通过科学知识与人的生活的对话实现。特别是在今天这个到处充满科技的世界，没有科学知识，一个人几乎很难生存，也无法有合适的工作机会。当科学知识与儿童现实生活相通，与社会生活相通，与人类命运相通时，很容易引发学

生学习的好奇心，引导学生探索知识的奥秘，引起学生对知识学习的渴望。

二是让科学智识有力度，在养成学生理性思维习惯的同时，带领学生体验探索世界的理智感。赫胥黎认为："科学教育的最大特点，就是使心智直接与事实联系，并且以最完善的归纳方法来训练心智；也就是说，从对自然界的直接观察而获知的一些个别事实中得出结论。"也就是说，科学智识的这种力量，使得科学教育成为对学生智能进行训练的重要方法，它可以让孩子们的思维能力、想象能力和创造能力得到发展。养成理性思维的习惯，可以为他们今后终身学习奠定坚实的智力基础。

这种智能的训练，也会带给人探索世界的理智感或者智慧的享受。理查德·费曼在《科学的价值》中从科学家的角度阐明了这种感受："科学的另一个价值是提供智慧与思辨的享受。这种享受在一些人可以从阅读、学习、思考中得到，而在另一些人则要从真正的深入研究中方能满足。这种智慧思辨享受的重要性往往被人们忽视，特别是那些喋喋不休地教导我们科学家要承担社会责任的先生们。"很多青少年也因少年时的科学探究经历的快乐把科学作为终生的事业。

三是让科学智慧有深度，在提高学生发现美好事物能力的同时，发展学生的创造力。科学教育对于发展学生的创造力具有特殊的价值。这是因为，科学的慧眼能使人把世界看得更清楚、更明白，发现更多美好的事物，包括自然的美丽和奥秘。科学发现和发明的创造力以及科学对真善美的追求，本身也是激发学生创造的重要原动力。

科学对物质世界的改造和创造是科学的立身之本。在过去的几百年里，科学的实践活动不仅改造着自然的物质世界，还创造出自然世界不存在的物质，使得今天的世界已完全不同于过去的蛮荒之地。而科学的这种创造力，决定了它是人们解决环境、能源、材料、生命等复杂问题的首选方法。

科学教育对于生命创造还在于它对人自身的创造也有重要价值，赫胥黎在把科学引进教育时，就认识到科学教育不应仅满足于日常生活的实用需要，还可以影响人的精神生活。杜威也认为"轻信"是人性固有的弱点，要克服人性的这些弱点必须要依靠科学教育。科学是防止这些"自然倾向"以及由此而产生的恶果的工具。

四是让科学信念有高度，在提高学生对于科学与人类文明、科学与可持续发展关系的认识的同时，形成社会责任感。科学教育应该不断加深学生对于科学与人类文明、科学与可持续发展关系的认识，树立起现代公民对于社会和谐、生态环境、人类和平的高度责任感。

未来大科学教育的课程究竟应该教什么？无疑是科学教育改革的首要问题。现在，科学教育的内容庞杂，学科分割，知识堆砌的情况比较严重。爱因斯坦说："科学的目的，一方面是尽可能完整地理解所有感性经验之间的关系，另一方面是通过少数的基本概念和基本关系的使用来达到理解的目的"①。英国科学教育专家温·哈伦也指出，"科学教育的目标不是去获得一堆由事实和理论堆砌的知识，而应是实现一个趋向于核心概念的进展过程，这样做有助于学生理解与他们生活相关的事件和现象"②。也就是说，科学教育应该以少数的基本概念及其基本关系来展开。由于课堂教学时间和空间有限，也由于科学知识本身的迅猛发展，精心选择最有价值的科学概念，发挥其在学生发展中的最大作用，应该是学校科学教育改革的关键。

科学概念作为组织起来的科学知识，是一个相对联系的概念体系，其中有一些概念要比另一些概念能够解释更多的自然现象、甚至跨领域的自然现象。在人类的历史上，这些科学概念的建立也给科学的发展和人类社会的进步带来更大的影响。我们将这些概念称为核心概念。这些概念是纲，纲举才能目张。

如何选择科学的大概念？美国《下一代科学标准》（NGSS）制定者提出了核心概念的 4 条遴选标准，符合下列 2 条及以上标准的概念才可以定为核心概念：（1）对科学或工程学的多学科领域都有重要的价值，或者是单一学科重要的组织性概念；（2）可作为理解和探究更复杂的概念及解决问题的重要工具；（3）与学生的兴趣和生活经验相关，或者联系到需要科学或工程学知识的社会性或个人关注的问题；（4）能在不同的年级进行教与学，并呈现出深度和复杂性上的增加水平。③

哈伦和来自世界各国的科学家也提出了选择大概念的 7 条标准：（1）普遍能运用；（2）能通过不同的内容来展开，可以依据关联度、兴趣和意愿来选择内容；（3）可以运用于新的情况；（4）能够用于解释众多的物体、事件和现象，而它们也

---

① ［德］爱因斯坦：《爱因斯坦文集（第一卷）》，许良英、范岱年译，344 页，北京，商务印书馆，1976。

② ［德］温·哈伦：《科学教育的原则和大概念》，韦钰译，2 页，北京，科学普及出版社，2011。

③ NGSS Lead States. Next Generation Science Standards，Volume 2：Appendixes［M］. Washington，D. C. ：The National Academies Press，2014.

是学生在学校学习和毕业以后的生活中会遇到的；（5）能够提供一个帮助理解遇到的问题并做出决策的基础，这些决策会事关学生自己和他人的健康与幸福，以及环境和能源的使用；（6）当人们提出有关自身和自然环境的问题时，他们为能够回答或能够寻求到答案而感到愉快和满意；（7）具有文化上的意义。

根据这个标准，哈伦等选择了 14 个科学大概念，其中关于科学知识的大概念 10 个，关于科学本身的大概念 4 个。它们分别是：

1. 宇宙中所有的物质都是由很细小的微粒构成的。

2. 物体可以对一点距离外的其他物体产生作用。

3. 改变一个物体的运动状态需要有净力作用于其上。

4. 当事物发生变化或被改变时，会发生能量的转化，但是在宇宙中能量的总量总是不变的。

5. 地球的构造和它的大气圈以及在其中发生的过程，影响着地球表面的状况和气候。

6. 宇宙中存在着数量极大的星系，太阳系只是其中一个星系——银河系中很小的一部分。

7. 生物体是由细胞组成的。

8. 生物需要能量和营养物质，为此它们经常需要依赖其他生物或与其他生物竞争。

9. 生物体的遗传信息会一代一代地传递下去。

10. 生物的多样性、存活和灭绝都是进化的结果。

11. 科学认为每一种现象都具有一个或多个原因。

12. 科学上给出的解释、理论和模型都是在特定的时期内与事实最为吻合的。

13. 科学发现的知识可以用于开发技术和产品，为人类服务。

14. 科学的应用经常会对伦理、社会、经济和政治产生影响。

不论是美国的《下一代科学标准》NGSS 确定的 13 个科学核心概念，还是哈伦等提出的 14 个科学大概念，都有一定程度的跨学科性。所以，我们认为义务教育阶段为所有人开设的科学教育课程，不必刻意分成不同学科，而完全可以通过有意义的主题，组织科学核心概念，以综合化的项目学习，开展科学探究实践，这应该是未来科学教育发展的趋势。对大部分人来说，掌握科学的核心概念与基本知识，了

《新科学教育论纲》

解科学研究的基本方法，形成基本的科学思维和科学精神，对科学探索保持兴趣和尊敬是最重要的。未来基础教育阶段的分科学习主要在高中，主要是为未来向科学方面发展的人准备的，所以未来物理、化学、生物、地球和宇宙等可能会以选修课程的形式出现。

2017年教育部制定的《小学科学课程标准》正是遵循了科学大概念的原则，从物质科学、生命科学、地球和宇宙科学、技术与工程四个领域选择了适合小学生学习的18个主要概念。除了关于科学自身的概念外，与上述哈伦等的大概念基本吻合。新教育认同以科学大概念来组织科学教育的理念。问题在于我们选择哪些科学大概念，是从科学自身的内在逻辑，还是从人的发展需要的逻辑，还是把两者结合起来的逻辑。未来我们准备把中小学的科学课程用科学大概念的体系一以贯之地贯通起来，从科学大概念的角度组织科学内容，在内容选择时应该从涉及个人幸福、国家利益和社会发展的最重要的科学应用领域入手，包括生命与健康、农业与制造、建筑与交通、信息与通信、能源与资源、地球与环境、灾害和防灾、科学技术前沿（航空航天、人工智能、纳米材料、基因改造等）。因为在这些领域，科学素养对个人和社群提高、维持生活质量以及制定公共政策具有特殊价值。

在围绕核心概念编排科学教育的内容时，我们会重点把握以下三点。

一是关注概念的层次性，即在不同教育阶段中要注意核心概念的进阶过程，不断加深对核心概念的理解。如物质及其相互作用就包括物质的结构与性质、化学反应、核反应，能量包括能量的定义、能量和能量转化守恒、能量与力的关系、化学过程和日常生活中的能量。这些内容应该有一个螺旋式上升的过程。

二是关注概念的一致性，即学生对科学概念的理解要与科学家的理解是一致的，这样学生才能变成自主的学习者，才能够批判性地审视科学证据并且致力于发展出对科学现象的一致性观念。学生对事物和现象的理解是有前概念的，有些经验概念与科学概念是相异的，进行概念的转变是科学教学的难点，也是提升科学教学质量的关键。

三是关注概念的关联性，即核心概念往往具有跨学科性，帮助学生借助于核心概念的"生产机制"，意识到概念之间的联结性，也能够将概念联系运用到身边的情境之中①，是科学教学的重点。

第二，关于大人文课程。

在刚刚过去的 20 世纪，科学探索一日千里，日新月异，带给人们无尽的新奇与便利，也带来无穷的苦恼与叹息。人们遗憾地发现，随着科学技术的发展，人类的生活不断得到改善，但是，人们的幸福并没有随之水涨船高，反而出现了各种迷失。最为极端的是两次世界大战，以无穷的痛苦彰显出地球这个家园的凋敝。

在这样的困惑中，人们回望来路，重新探寻，这才发现在我们乘着科学的翅膀急匆匆赶路的时候，似乎丢掉了我们的灵魂。

如何以人文之火重新让我们的精神家园温暖？如何以人文和科学结合重新让我们坍塌一角的家园变得完整？如何通过人文的重建，让我们在科学创造的物质财富之中，感受到精神的富足？这就是未来人文教育需要面对的问题。

人文的重点其实就是人与文，即关心人，关心人性的涵养，人的理性的培育与人的价值的追求；关心文，关心文化的传承与文明的发展。与人文的两个含义相对应，人文教育也包括两个方面的主要内容：传授人文知识、培养人文精神。

在我国基础教育领域内，很少使用"人文教育"的说法。在中学常用的说法是理科与文科，"文科"似乎有些接近，主要包括政治、历史、地理，有时也包括语文和英语。2016 年，教育部印发《中国学生发展核心素养》中，提出人文底蕴、科学精神、学会学习、健康生活、责任担当、实践创新六大素养，并将其作为我国新一轮课程改革的重要依据。六个素养中，文化基础方面的素养是人文底蕴和科学精神。这是人文教育第一次作为学生发展目标正式发布出来。该报告对人文素养的界定是"学生在学习、理解、运用人文领域知识和技能等方面所形成的基本能力、情感态度和价值取向。具体包括人文积淀、人文情怀和审美情趣等基本要点。"这里所说的人

---

① ［美］马西娅·C. 林，［以］巴特-舍瓦·艾伦：《学科学和教科学：利用技术促进知识整合》，裴新宁，刘新阳等译，8 页，上海，华东师范大学出版社，2016。

文教育，仍然是包括了人文知识与人文精神两个大的方面。

　　与生命教育、科学教育、道德教育、艺术教育课程一样，人文教育对于增进个人幸福、社会和谐、国家富强和人类福祉来进行。

　　阅读、对话、写作和社会实践，是人文教育的主要方法和途径。人的生理性生命依靠水、空气和食物，那么，人的精神生命呢？自然需要阅读、交往和反思来滋养。人类之所以伟大，现在看来，不是因为他能够征服世界，主宰世界；而是因为他拥有文化，拥有精神。

　　施特劳斯（Leo Strauss）在《什么是人文教育》一文中说，"人文教育就是仔细阅读伟大心灵留下的伟大著作"。在美国，人文教育课程已经成为大学学制设置的基本组成部分，而人文教育的目标在于，通过阅读经典与写作训练，使学生形成独立思考、判断，并能就公共事务进行理性论辩的能力，这样一种以注重公共对话与理性思考为特点的教育模式是培养公民意识的主要方式，也是美国公民教育的重要组成部分。

　　一个人的精神发育史实质上就是一个人的阅读史；一个民族的精神境界，在很大程度上取决于全民族的阅读水平。人类最伟大的思想就在那些最伟大的著作之中。徐贲先生在讲述自己从事人文教育的体会时提出，"人文教育的智识学习目标之一便是识别知识与智慧，并通过这种识别，尽量对愚蠢保持警惕，尤其是在碰到知识或权威人士的愚蠢时，不容易上当受骗。智慧往往来自阅历和经验，有智慧的往往是年长者。人文教育所阅读的思想家可以说就是人类家庭中的年长者。年青的学子通过阅读他们的传世之作来亲近智慧，并远离愚蠢。远离愚蠢对年轻人尤其不易，因为无论在思想和行动上，青年时期都是人生中愚蠢的高发期。"所以，阅读，尤其是经典阅读，是新人文教育的最基础的方法，营造书香校园，是新人文教育的最基础的行动。

　　对话，是新人文教育的第二个重要方法。严格来说，阅读也是一种对话，是我们与历史上的伟大的人物之间的对话。但是另外一种对话是发生在人文教育课堂上的同学们之间和师生之间的对话。在新人文教育中，两者缺一不可。"与前人的对话可以建立在千百年历史进程的人类整体性上，但只限于此是远远不够的。人需要与现实生活中的国民同伴进行关于意义、价值问题的交流。经典阅读不只是读古书，而且更是把阅读与人们共同关心的当下问题思考联系起来。"这样的对话不仅关乎说话技能的训练，而且关乎人的文明和价值规范。西方许多教育学者把对话看成是"人克服孤独存在和原子化状态的必要条件"。人独自无援地生活在社会人群中，不能与他人进行关于人生意义和价值的交流，这是一种极其可悲的异化。

写作，是新人文教育第三个非常重要的方法。新教育一开始就非常重视写作，把师生共写随笔和教师的专业写作（反思）作为新教育的重要行动。从新人文教育的角度来说，"学习写作，从根本上说是学习以理性文明的，有教养的方式与他人交流，也就是民主生活方式和公民社会所必不可少的公共说理。人文教育的主要目标就是为这样的生活方式和社会秩序培养有效的成员。"

践行是新人文教育的第四个重要的方法。我们要以"纸上得来终觉浅，绝知此事要躬行"的自觉，开展社会实践、生活实践的各种行动。范梅南指出，对教育者来说，人文科学研究的目的是培养一种批判的教育能力：知道在教育情境中，在仔细的启发性思考的基础上如何采取机敏的行动。"积极的实际行动"是 20 世纪末至 21 世纪全球教育变革的主导方式。新教育实验不只是鼓励师生敢于拥有理想，更重要的是倡导立刻行动。新教育实验本身就是从"六大行动"开始的，现今已经发展为"十大行动"。因此，我们也可以将新教育实验看成是教育行动哲学的实践。

未来的学习中心，人文教育是面向所有学生的人文教育。它具有如下三个特征。

1. 融语文、哲学、历史、地理等学科为一体的大人文教育课程

没有课程的实验，是无法深入扎根的。新人文教育也同样要从课程研发做起。现在人文教育的问题之一，就是知识体系是割裂的，不同教育阶段的学习是非连续连贯的，如小学阶段对于历史和地理知识的缺乏，整个基础教育阶段对于哲学思维的训练的缺乏等。尤其是文理分科以后，对于大量理科学生的人文教育的忽视都需要我们通过重新构建人文教育课程体系与结构来加以改进和完善。新教育实验一个基本的设想，就是研发一个融语文、哲学、历史、地理等学科为一体的大人文教育课程。这个课程将从小学到哲学一以贯之，面向所有学段的所有学生，按照人文教育的基本概念与原理（类似科学大概念的人文大概念）来组织文本，以经典阅读为主要内容的新人文教育课程。新人文教育主张研发一个融语文、哲学、历史、地理等学科为一体的"大人文教育课程"。这个课程将从小学到中学一以贯之，面向所有学段的所有学生，按照人文学科的基本概念与原理来组织文本，以经典阅读为主要内容的新人文教育课程。

在这样的背景下，我们提出属于新教育实验的人文学科大概念。这一组人文学科大概念，是广义上的新人文教育，纳入了我们原本放入其他课程的部分内容，比如艺术等。我们相信这些核心概念的思考，将有助于帮助人们应对人类未来遭遇的挑战。

新人文教育大概念以以下四点为确立的依据：面向人类未来，传承人类文明；以学生为中心，与学生经验联系；当代学习理论支持；概念本身的整合性。

根据上述依据，我们初步整理了构成人文学科大概念及其阐释概念的结构。这些概念既考虑了人文学科的基础性共通性特点，又兼顾了哲学、语文、历史、地理学科的学科特点，还涉及了学科研究与教学的方式。

①时空与联系。所有人类都共同生活在一定的时间与空间中，彼此之间存在着联系。

②价值与幸福。任何人的存在都有价值，追寻幸福是人类共同的最高目标。

③个体与群体。每个人都是独一无二的个体，有着独特个性；同时，又通过家庭、社会团体、民族、国家、国际组织等不同方式组成群体，有着不同的集体意识。

④文化与文明。不同的人群在不同的时代产生了不同的文化，积淀为不同的文明。不同文化与文明之间因为碰撞、冲突，交流、交融，互鉴、互学而发展、生长。

⑤文艺与审美。文学、美术、音乐等一切文学艺术作品，都是精神的产儿。伟大的经典和人类的精神生命超越时空而存在。

⑥历史与变迁。社会变迁是人类发展的必然，每一个人都是历史的一部分。

⑦哲学与审辨。世界是一个紧密相连的整体。我们只有在审辨中才能发现世界的规律，寻找到自己在世界上的位置。

⑧地理与环境。不同的地理孕育出不同的文明，这深刻又无形地影响着人们的思维，反过来催生出不同的生态环境。

⑨思维与表达。内在的思维通过语言、文字等不同形式表达，产生交流，促进理解，成为人与人之间沟通的桥梁。

⑩知识与践行。所有知识只有通过运用才能产生价值。对人文知识的践行，不仅可以产生新的知识，而且可以对世界产生影响，让生活更幸福。

⑪传承与创造。人文领域的创造与其他领域的创造相结合，能让创造更适合人类需求，创造式的发展是最好的传承。

⑫体验与探究。人文学科的学习需要感性的体验和理性的分析。任何体验和探究都有伦理的边界，都应当以尊重他人的生命、权利与尊严为前提。

2. 晨诵、午读、暮省的教育生活方式

新教育实验以过一种幸福完整的教育生活为宗旨，提倡过一种浪漫与理性兼具的生活。在新教育生活中，晨诵是浪漫的开启，它能唤醒人们诗意栖居的敏锐感受。午读的核心是共读。人们通过阅读同一本书，通过读后进行的交流，在碰撞沟通中形成共同的价值观。暮省的核心是写作。师生通常以"师生共写随笔"这一行动所提倡的方式方法，对一天进行反思与总结。晨诵、午读、暮省三者是新人文教育的根本实施路径，是把阅读、对话、写作和践行完美融合的新教育生活方式。以三者共同度过的每一天，就是充满了新人文教育内涵的日子。

3. 以合作探究为形式的人文主题学习

合作探究性学习，顾名思义，是一种以小组合作的方式研究问题、解决问题为导向的学习方法。这是一种学生学习方式的革命性改变，因为传统的学生学习主要是一种接受性学习，是一种竞争式的个体学习，一般是听从教师讲授开始，从学科的概念、规律开始的学习方式；合作探究性学习则是学生们通过互相合作的方法，选择学习课题，有效地针对问题开展探究活动，通过假设、推理、分析，找出解决问题的方向，然后通过观察、实验来收集事实，对获得的资料进行归纳、比较、分析，形成对问题的解释，并且能够在探究中发现新的问题，对问题进行更深入的研究。

与自然科学的项目式学习类似，新人文教育的合作探究学习一般用人文主题学习的方式来进行，通过主题阅读、对话讨论、写作反思、实践行动等方法来发现问题与解决问题。这样的学习是充满挑战的，因为它需要兼具人性的温度和精神的高度，需要在思辨之中探索多元答案，人文教育注重的是价值而不是事实，也无法用简单的标准答案判断学习的成效。

（三）道德教育课程

如果说，生命课程主要是为了使主体朝向身心健康与人生幸福，智识课程主要是为了使主体获取真知和增长智慧，艺术课程主要是为了使主体具有艺术情操和审美能力，那么德育课程则旨在培养主体成为"外德于人、内德于己"并兼具"善"

的素养与能力的社会合格公民。

在"过一种幸福完整的教育生活"目标导向下，新教育实验力图通过"大德育"课程，为师生的教育生活注入"善"的源泉，使"幸福"更有厚度，使"完整"更加充实。

中华民族历来有重视德治教化的优良传统，中国传统文化中有着丰富的"善"文化的积淀。通过"善"的教育使人成其为人，是教育亘古不变的课题。

关于道德教育的价值，自古到今从不缺乏论述。诸多言说中，《老子》从道德教育对人自身、对家庭、对公共交往、对国家建设和天下太平的价值予以论述，"修之于身，其德乃真。修之于家，其德乃余。修之于乡，其德乃长。修之于邦，其德乃丰。修之于天下，其德乃普。"这是我国古代关于道德教育价值比较全面而又凝练的表达。

在新时代，道德教育依然是教育的重中之重。十八大报告将"立德树人"确立为新时期的教育根本任务，党的十九大将"落实立德树人根本任务"写进报告。在《中国教育现代化2035》提出的八大基本理念中，第一位即是"更加注重以德为先"，足见国家和政府对新时期道德教育的重视。

当前背景下，道德教育面临的主要问题是：强有力的教育政策支持与相对薄弱的道德教育实施之间的矛盾。具体而言，表现为两个方面：一是教育者对德育课程的概念认知较为模糊，二是德育课程的实施过程缺乏科学指导。前者表现为德育概念的庞杂且无序，使教育者与受教育者无所适从，不得要领；后者表现为德育课程在实施过程中时常被异化为知识教育，严重脱离教育者与受教育者的现实生活。

基于上述历史分析与政策解读，新教育实验在其前期提出的"大科学""大人文"概念的基础上，提出了"大德育"的课程概念。"大德育"课程涵盖了如下三层含义。

第一，"大德育"课程是以"立德树人"为导向，以"崇德向善，学以成人"为目标，以九年义务教育国家课程《道德与法治》为基础，以综合实践活动课程、校本课程、特色课程等为载体，从私德（个体、家庭层面）、公德（学校、社区、社会层面）和大德（国家、世界层面）三个维度，联合家庭、社区、学校和非政府组织（Non-Governmental Organization，NGO）等多方力量，根据青少年学生的身心发展特点，所开展的系统的、完整的、生活化的人格养成与品德培养活动。

　　第二，"大德育"与泛道德主义是存在区别的：从外延看，"大德育"的范畴基于"道德教育"，但高于"道德教育"。除了狭义的"道德品质教育"外，它还涵盖生命伦理教育（尊重生命、敬畏生命、热爱生命等）、交往伦理教育（个体交往、家庭交往、社会交往等）和公共伦理教育（公共意识、公共素养、公共责任等），教育内容是"道德教育"基础上的合理延伸。而泛道德主义将德育的外延无限扩大，将主体眼里的他者行为统统归入到道德评判的范围，造成德育内容的泛化——如果德育是一切，那么它就什么也不是。从教育主体和教育对象看，"大德育"概念下的教师、学生和父母，既是教育主体，又是教育对象。换言之，教师和父母并不必然是教育者，有时也可能成为受教育者，因为"人非圣贤，孰能无过"。教师和父母也会在学校教育和家庭教育中犯错误，比如急功近利的思想在不少教师和家长身上常常出现，这种思想难免会产生自私自利、不当竞争、唯我独尊等与德育相悖的行为。在此情况下，教师和家长可通过教学反思或家庭教育反思，反省自身的不足，提高道德修养水平。也可以经由孩子指出不足后，"闻过则改"，进而获得道德修养水平的提升。此时，学生便是"教育者"。当教师和家长不是绝对的"道德权威"，就能够督促他们发挥"言传身教"的示范作用，也能够预防泛道德主义下，人人随意评判他人却将自己置身于道德评判体系之外的现象出现。

　　第三，"大德育"课程根植于中华传统文化之中，并以社会主义核心价值观和多元化的时代精神为德育课程做注解。"大德育"课程的理论渊源主要有三种。一是有选择地继承中国传统文化中的德育思想精髓。一方面，选择合乎生命伦理的孝道，合乎民族和国家大义的忠诚，兼顾正义与公平的善良等；另一方面，抛弃那些传统文化中的糟粕，如古代二十四孝中的"埋儿奉母"违反了基本的生命伦理，不但不是"善"，而且是"善"的对立面。二是有选择地继承国际道德教育理论中的优秀成分，如审辩式思维、理性协商、全球意识、契约精神、民主法治等全球人类共同认可的公民品质。这些道德教育思想中的精华，代表了人类在公共交往中的公共善，也是"大德育"概念的组成部分。三是紧密结合社会主义中国的时代精神，将自由、平等、民主、忠诚、尊重、友善、责任、博爱等时代精神融入德育课程之中，注重培养公民的私德、公德与大德。

　　新教育实验的"大德育"是一个集合概念，而不是仅指某门学科课程。具体而言，新教育实验的"大德育"课程框架结构如下。

就价值导向而言，德育课程在"培养德、智、体、美、劳全面发展的人"的教育总目标之下，以"崇德向善，学以成人"为价值追求。"崇德向善"是一种价值观，代表德育课程的价值取向。它的内容既包括忠诚、爱国、博爱、为民、公平、正义等大德，也包括孝顺、良善、淳厚、自尊、自主、自爱等私德（个体善），还包括合作、包容、协商、守法、理性、诚信、友善等公德（公共善）。"学以成人"是一种目标导向，代表德育课程的努力方向。它旨在通过"大德育"课程，使青少年学生成长为拥有丰盈而完整的生命的"外德于人，内德于己"的社会合格公民。

就课程目标而言，德育的目的在于育德。"大德育"课程的总目标，旨在通过价值引导和行为指引，培养青少年学生从善的素养与为善的能力。从善的素养，是指个体能够具有善意识、拥有善知识、体悟善行为、崇尚善风气等；为善的能力，是指具备为善的思维能力、判断能力、选择能力和执行能力等。德育课程的分级目标，按照由低年级到高年级这样循序渐进顺序依次制定。在低年级，以初步建立儿童的道德意识、学习道德知识和体悟道德行为为目标，行为方式以他律为主。在中年级，以引导儿童进一步习得道德知识，并培养其道德思维能力和道德判断能力为目标，行为方式由他律过渡到自律。在高年级，以培养青少年学生具有自觉的道德意识、道德思维能力、道德判断能力和自发的道德行为能力为目标，行为方式由自律进一步发展到自觉。

就课程内容而言，根据课程论的一般原理，课程可以依据表现形式的不同而分为显性课程与隐性课程。在新教育的"大德育"课程框架下，显性德育课程包括《道德与法治》课程、《综合实践活动》课程、德育主题的校本课程、社团课程或其他活动课程；隐性德育课程包括校园文化建设、班级文化建设以及学科课程中的德育渗透等以精神文化建设为特质的育人课程。在显性课程里，《道德与法治》在横向内容上涵盖了道德、心理、法律和国情等内容，在纵向内容上涵盖了个人、家庭、学校、社会、国家及世界范畴内的德育内容。后者在内容上既包括了现有德育课程中的道德、心理、法律、国情等内容，也包括伦理学和社会学中的德育内容，如博爱精神、契约精神、理性精神等关乎个体道德核心的内容。

就课程实施而言，新教育的德育课程与过往课程的显著区别在于，它不再将道德教育止步于道德说教和理论宣讲，而是将道德能力的培养作为德育课程的核心。广义的道德能力包括私人生活领域中的道德自律能力、自主能力、自我反思能力等，以及公共生活领域中的公共交往能力、是非判断能力、理性决策能力、法治思维能力、合作协商能力、妥协包容能力和问题解决能力等。这些道德能力的培养，要求教师既要立足于课堂教学，又要放眼教室外面的世界。德育课程的实施过程，可以参考"课程设计——内容探讨——方法探究——结果展示——课程评价"的顺序进行；德育课程的实施载体，可以是学科课程，即通过学科课程获得道德认知，建立道德意识；也可以是项目式学习、综合实践活动课程、校本课程、乡土课程、社团课程及其他实践性主题课程，即通过它们培养学生的道德思维能力、判断能力和行为能力。比如面向中小学生的领导力课程，学生可以通过发现问题、思考问题、解决问题的课程训练，在其中建立对自我、对他人、对公共生活的道德认知和道德行为能力。又如财商课程，学生可通过生活消费规划、压岁钱使用和经济生活的认知与判断，建立对金钱的正确认识，并在其中建立道德的经济价值观。当前，新教育实验学校中的特色班会课程、儿童戏剧课程、电影赏析课程、科学探究课程、暮省课程等，都是实施德育的载体。今后，我们也会在此基础上，进一步开发和拓展具有地域特色、校本特色和班级特色的德育项目实践活动。如我们可以通过"模拟联合国""模拟政协""模拟法庭"等公共事务研讨活动，培养学生的全球意识和世界共同体意识；通过环境资源保护、公共设施改善、关爱弱势群体等志愿者服务活动，培养学生关心社会、参与社会的道德能力；通过班级选举、班级辩论、班级事务协商、班级同侪互助等班级交往活动和管理活动，培养学生的民主意识和道德领导能力。

就课程评价而言，德育课程的评价方式可以是表现性评价、过程性评价和发展性评价等多种评价方式的结合。表现性评价要求教师在课程评价时，关注学生的表达能力、演示能力、动手能力和处理能力等，通过或真实或模拟的表现展示，评估学生的审辩思维能力、道德判断能力和问题解决能力。以财商课程为例，学生是否具有正确的金钱观，是否能够合理规划金钱消费，对自己、家庭和社区的经济生活是否有合乎道德的科学认识，都应当纳入到评价体系之中。过程性评价要求教师在课程评价时，关注教学过程中学生的参与态度、参与能力、合作能力、协商能力与理性交往能力等，在真实情境中评估学生的道德意识、道德素养和道德能力。以模拟课程为例，学生能否在提出议案、协商议案和解决问题的过程中，自信而得体的表达自己的观点，尊重并友善地与他人协商合作，提出公正而有效的解决问题的方案，都可作为评价的标准。发展性评价要求教师在课程评价时，以促进学生的发展、发掘学生的潜能、激发学生的个性为评价原则，而不仅仅是甄别和选拔。以领导力课程为例，学生在项目式学习中，是否能够达成解决现实问题的目标不是评价的主要依据，学生在其中所表现出的对自然、对人类、对社会的关怀心和责任心，道德思维能力、道德判断能力和道德行动能力，才是评价的主要依据。课程评价的基本使命是，通过多种评价方式的结合，对学生的道德学习现状、道德发展潜能、道德发展诉求和道德发展能力进行评价，并以此作为改善德育教学工作的依据。

（四）艺术教育课程

艺术教育课程在未来学习中心的课程体系中具有十分重要的位置。我们认为，对个体而言，艺术教育是生命早期发展的主要动力，是全面提升个体素质与能力的重要路径。对学校而言，艺术教育是碎裂学科的黏合剂，是倦怠时刻的兴奋剂。对家庭而言，艺术教育是日常生活的诗意化，是道德教育的愉悦化。对社会而言，艺术教育能够弥合被不同标准切割的人群，提高全社会的内聚力和创新力。对民族而言，艺术教育是传续民族精神的瑰宝，是积淀民族文化的法宝。对人类而言，艺术教育能够帮助我们形成看待世界的第三只眼，交给我们开启世界的另外一把钥匙。

艺术教育课程是让学生在学习艺术知识、欣赏优秀作品、习得艺术技能的基础上，掌握艺术的思维，拥有艺术的品位，具有艺术的精神，传承人类的文化，陶冶丰富的情感，培养完善的人格。

艺术教育课程不是为了培养职业艺术家，不是艺术尖子和精英的培育与选拔，而是源于儿童天性的自由发挥，注重艺术情怀和艺术欣赏力的培育，是源于艺术（每个儿童的自然天性）、通过艺术（无处不在的中介作用）、为了艺术（艺术化的人生目的与境界）的教育，其宗旨是体验一种幸福完整的生活，成就一种幸福完整的人生。

在未来的新艺术教育的开展过程中，我们必须遵循以下几条原则。

第一，人人参与，舒展个性。艺术是人的基本需要，也是生命的无限可能。人人生而有艺术的欲求。正如我国著名艺术教育家丰子恺所描述的："有生即有

2019 年 7 月新少年国际艺术教育节

情，有情即有艺术。故艺术非专科，乃人所本能；艺术无专家，人人皆生而知之也。"[①] 对于教师而言，人人都是新艺术教师。艺术是每个人的天赋权利，艺术属于每个人，艺术造就一切人。我们认为：只要有教室、师生以及一颗艺术的心，就可以做出好的艺术教育。一门艺术课程的背后，必定站着一个艺术的人。一个艺术的人就意味着无限精彩的艺术教育与教育艺术。人人都是新艺术教师之所以可能，一是因为我们把"教育的艺术"纳入了广义的艺术教育的范畴，我们认为艺术性应该渗透在教育的每一个环节，尤其是在所有课程的起点与终点处；二是因为新教育的艺术课程设置有其独特性，保证了其他学科老师在艺术课程之中发挥的空间与可能。

对于孩子来说，人人都是艺术家，因为新艺术教育是孩子通过艺术技能滋养后的舒展生命，是通过艺术思维训练着的精神体操。

在这里，我们无法回避"天赋"这一关键词。我们的确认为存在着天赋，天赋导致在艺术与非艺术学科之间、不同的艺术门类之间，同一个孩子的兴趣与能力都不相同，不同孩子的兴趣与能力更是迥异。但从一方面来说，一个孩子缺乏艺术天

---

① 丰子恺：《艺术漫谈·序》，转引自汝信、张道一主编：《美学与艺术学研究》，31 页，南京，江苏美术出版社，1996。

赋、艺术能力，并不能等同于这个孩子从艺术教育中无法受益，甚至可能恰恰因为能力欠缺的起点甚低，导致受益更为巨大。从另一方面来说，新教育实验的重要理念之一就是"无限相信师生的潜力"，这也是我们运用在新艺术教育之中的法则。美国分析哲学家伊斯雷尔·谢弗勒在《人类的潜能》一书中，就从哲学、生理学、心理学的多重角度，对人类潜能的概念进行了解析，其中对"潜能稳定不变"进行了批判。谢弗勒的研究指出，潜能是多变的，在今天显示出的潜力，明天可能弱化，今天没显示的潜能，明天可能会显示。从这个角度而言，新艺术教育最重要的是保全孩子更多的可能性，就像在一片土地上耐心撒下尽可能多的种子，以期待有更多的可能会在岁月深处绽放出成熟的芬芳。

所以，新艺术教育强调的是面向人人，是全员性与差异性的辩证统一。这种差异表现在：教师因其自身的喜好与能力，对同一艺术课程的理解、传授是不同的；孩子因为各自的多种原因，对艺术教育的需求是多样的，理解和感受的程度是多重的。正是二者各自的差异，以及二者之间形成的差异，造就了新艺术教育生活的多彩。我们主张从尊重每一个生命出发，因人而异，因材施教，让师生既能享受艺术精神这一共同阳光的普照，又能感受不同门类的艺术这一雨露的滋养，各尽其能，各显其能，直至生命花开。

人人享受艺术，这使得让艺术生活成为最日常的生活方式和给予有天赋的儿童以特别的教育之间形成高度统一。没有人因为舞蹈天才的存在而不再享受舞蹈，没有人因为演奏天才的存在而不再享受乐器，人人自得其乐。当有天赋的孩子先"艺术"起来，整间教室里剩下的所有孩子也将受益——因为他们往往是真正的小老师、辅导员、示范者。

因此，在没有确定一个人的天赋前，将孩子塞进某个培训班里，很可能是对他整个天性的窒息；反过来，一个通过培训班提前获得一些技艺的孩子，又可能成为一间教室里真正有天赋孩子的"天敌"，即他们用技艺占据了一个位置，剥夺了其他孩子平等展示天赋的机会。人人享受艺术，人人活出艺术，才是新教育的追求。

第二，立足生活，吻合节律。"生活"与"生命"是新艺术教育的两个重要主题词。正如我们在探讨理想课堂时所说过的那样，新艺术教育也应该实现艺术、生活与生命的深刻共鸣。生活是艺术的源泉。本质上看，艺术反映的是生活。"艺术是生活整体的一部分"。① 没有现实生活作为基础的艺术教育，是没有生命力的，也是没有根基的，更是走不远的。

　　立足生活，是指必须强调艺术的多样性和区域性。每个地方，每个区域，都有自己独特的艺术文化样式。这些独特的艺术样式是构成新艺术教育的重要组成部分。要实现新艺术教育的生根、发芽、开花和结果，就必然要借助并依靠地方的文化艺术形式并将其作为有益的补充和延伸。因为地方民间艺术扎根于当地，与孩子们的生活紧密相关，为孩子们喜闻乐见，如海门实验区的"海门山歌"课程。它依托于海门地方文化，把地方文化元素注入校本艺术课程，并与学生的日常生活紧密相关，因而会潜移默化地产生一种艺术情感，进而转变为学生内心的接受和欣赏。这既弥补了艺术教材内容不足的缺陷，又满足了学生们多种艺术形式的实际需要，其实也是新艺术教育生命力与实用性的表现。

　　立足生活，同时是指必须让校园成为汇聚美好事物的中心。无论是新教育的学校还是家庭，都应该营造健康、高雅的文化艺术氛围，让我们生活的环境成为美好事物的集聚地。这些美好的事物，可以是我们精心选购、布置的艺术品，也可以是孩子们亲手创作、摆放的作品。这些美好的艺术陈设，进一步塑造出我们富有艺术品位的生活：是课堂上对知识融会贯通的酣畅感受，是舞台上尽情舒展的精彩表演，是郊游时饱含激情的指点江山……就这样，不仅生活成为艺术教育的重要源泉，艺术教育也极大地提升了生活的品质，两者相得益彰。

　　与此同时，新艺术教育必须吻合生命的节律。时光的流转从一天而言以昼夜为节奏，从一年而言以四季为节奏。精神的成长也是如此，也有着类似昼夜与四季一样的内在规律，尤其对于儿童而言。儿童是艺术的缪斯。儿童和艺术，从来密不可分。所以，了解儿童应该成为艺术教育的基础。艺术教育需要认真地对待每一位儿童，真正激发他们内心对美的渴望与感知，让艺术教育扎根于儿童心灵深处，从而使儿童获得持久的生命力。

　　无论是内容上还是形式上，新艺术教育都应该从儿童生命的需求出发，去审视、取舍和开展。一方面，应该吻合儿童每天学习生活的节奏。根据脑科学等相关研究，

----

　　① ［英］里德：《通过艺术的教育》，第 2 版，吕廷和译，237 页，长沙，湖南美术出版社，2002。

合理安排艺术和非艺术教育的时间，让儿童的学习过程既充沛饱满，又张弛有度。另一方面，我们要了解儿童在不同年龄阶段，对艺术内容和艺术形式的需求都不同，应对艺术潜能进行适宜与适度的开发，使艺术教育的开展与生命的成长相匹配，逐步实现两者的同步对应和互动，既不阻碍成长，也不拔苗助长。

为此，我们主张基于艺术和生命的特质，构建综合的、全息的、阶梯式的艺术教育方式。它不是艺术形式的简单叠加、组合和拼凑，而是多种艺术形式通过教育的手段，发生"化学反应"和"质变"的过程。淡化艺术知识，弱化艺术边界，强化艺术融合。

从时间的纵深而言，生命本身就是一个整体的大艺术，从空间的广博而言，当下的所有学习生活本身也是一个整体的大艺术。当下的各个学科只是教育这首交响乐中不同的音符。晨诵、午读、暮省，穿插在每天的数学、英语、科学学习里，穿插在每天的体育锻炼里，穿插在每天的轮滑和乒乓球训练里，而艺术不仅仅是琴、歌、舞、画，它也日益显现在其他所有学科的学习里，显现在整个校园以及整个生命里。就这样，当艺术教育和学校生活、师生生命发生了深刻共鸣的同时，教育生活就变得幸福而完整，生命也在此刻实现了诗意的栖居，成为了一种艺术的存在。

第三，学科渗透，走向综合。我们认为："艺术教育在新教育的卓越课程体系中具有十分重要的位置……它应该渗透在教育的所有地方，尤其是在所有课程的起点与终点处……事实上，任何学科都并非枯燥的知识，而是解读世界的一种工具、一门技艺，古人所说的熟能生巧，正是由技而艺的过程。因此，从某种意义而言，艺术教育的理念，必须渗透到新教育生活的所有时刻、所有地方、所有课程。"[1]

因此，新艺术教育的开展，不仅仅依赖如美术、音乐等艺术科目，也可以在其他学科中实施。我们力图打通艺术学科与其他学科的壁垒，使艺术课程向其他学科渗透，让任何一门课程都可能成为艺术的课程。也就是说，艺术课程不一定仅仅是音乐和美术的课程，而可以是比如"语文课中有音乐和美术，物理课中有音乐和美术"这样一种可以在任何学科开展的课程。

新教育晨诵课程就是一门从语文学科向音乐、美术等学科渗透的课程。晨诵课程是指结合当下情境而精心选择、诵读诗歌，通过经典的内容丰富儿童当下的生命，

① 朱永新：《新教育年度主报告（2014—2018）》，26 页，太原，山西教育出版社，2018。

通过音乐增强对诵读内容的领悟和体验，通过精美的图片和视频展示诗歌的美好意境，通过诵读的形式倡导一种回归朴素的儿童生活方式，师生共同创造一种幸福、明亮的精神状态。新教育人诗意地称之为"与黎明共舞"，以此开启新一天的学习。晨诵课程除了晨间诵诗外，还结合着不同需要，有节日诵诗、生日诵诗、情景诵诗等。不同于华德福所提倡的晨诵，新教育晨诵课程每天诵读的内容会根据不同需求而有着不同的选择，尽力为生命提供更为丰富的营养；也不同于当下的经典诵读，新教育晨诵课程不是单纯的学科阅读、朗诵，而是一种融合了多门学科、有着强烈仪式感、弥漫着艺术气息的综合实践活动。

在晨诵课程开展的过程中要注意两点：第一，选择的诗歌必须吻合孩子当下的生活、生命所需。无数事例证明，每个孩子都特别喜欢生日诵诗，因为这种诗歌的挑选与改编，让孩子的生命直接与诗歌相连。同理，在雨天读关于下雨的诗歌，在节日里读关于节日的诗歌，这总是能够让孩子产生更强烈的共鸣。第二，诵读诗歌的过程中，重教师垂范诵读，轻分析诗歌含义。诚然，对复杂的诗歌、尤其是古诗词，简单讲解，让孩子们懂得诗歌的意思，有助于在理解之后更好地诵读。但诗歌在晨诵中作为艺术欣赏，是没有标准答案的，因此不能把对诗歌的简单解读变成课文分析，否则就丧失了诗意。教师更重要的是把自己对诗歌的理解，以声音的形式诵读出来，形成一种艺术的濡染。

新教育口头作文课程，也是一门从语文学科向音乐、视觉艺术等多门学科渗透的综合课程。它是对新教育阶梯作文课程的探索，重在通过阅读积淀、观察积累、音乐激发、视觉艺术呈现的系列推动，以口头表达为突破口，强调"我口说我心"的无障碍、有韵律的生命涌现，以此开展更为切实有效的写作教学，通过家庭与学校的共同推进，促进教育共同体的教师、孩子、父母三方得到全方位发展的一种路径。目前该课程已在种子教师团队中展开，通过激活课堂、打通学科、开放教室、濡染家庭、延伸社会的方式进行探索。作为贯彻与落实新教育实验的"十大行动"中"培养卓越口才"和"师生共写随笔"的课程模式，师生的口才因此得到提升，生活因此得到丰富，生命因此得到成长。

美国纽约市教育理事会曾经进行过一项"普通教育中的艺术教育"。这项计划的实施结果表明：艺术能够使学生学会学习，它对学生学习各种基础知识都很重要，是所有学生必修的，而且各种艺术还应该综合在一起。"比如上生物课时，可用绘画的方法来学习，画鸟时，就让学生了解鸟类；在上植物课时，可以教学生摄影；在上历史课时，则用戏剧来让学生了解历史等。他们认为，对那些本来比较枯燥的知识，艺术能使学生对其产生兴趣，反过来，在学习这些知识的同时，学生又学到了艺术，真是一举两得。"①

同时，怀特海"浪漫、精确、综合"的三个阶段，也同样体现在艺术教育之中。如前所述，正是由于艺术教育是看待世界的"第三只眼"和开启世界的"第二把钥匙"，我们才特别强调"它应该渗透在教育的所有地方，尤其是在所有课程的起点与终点处"。

我们认为，在所有课程，尤其是非艺术课程的起点处，艺术教育可以实现"浪漫"，能够让孩子感知到这一课程的美好，从而激发起心中的兴趣，产生繁杂而活跃的想法，不知不觉沉醉于课程之中。到了所有课程，尤其是非艺术课程的终点处，在通过对该学科知识的精确训练后，艺术教育可以实现"综合"，能够让孩子产生举一反三、触类旁通的领悟，由此成为螺旋式上升的学习过程，成为新一轮"浪漫"的源头。所以我们要特别注重艺术教育对所有学科产生的"浪漫"和"综合"效应，并在每一门学科的课程中积极主动地加以运用。新教育实验已经在艺术教育开展了一些探索，诸如听读绘说课程、生命叙事课程、戏剧课程、电影课程等诸多具有特色的综合艺术课程，这既是为了打破艺术与其他学科的壁垒，也是为了非专业艺术教师从事艺术教育探索出新的路径。

以上生命教育课程、智识教育课程、道德教育课程和艺术教育课程，基本上已经涵盖了为生命而存在的课程内容。在实际的教育过程中，作为基础的生命教育应该贯穿始终，而在幼儿时期、小学时期和中学时期，可以有相应的侧重点，按照人的身心发展的内在规律，进行善的教育（道德课程）、美的教育（艺术课程）和真的教育（智识课程）。

（五）特色教育课程

前文所述的生命教育课程、智识教育课程、道德教育课程和艺术教育课程，基

本上已经涵盖了培养一个真正的人的基本内容。在实际的教育过程中，作为基础的生命教育应该贯穿始终，而在幼儿时期、小学时期和中学时期，则可以有相应的侧重点，可以按照人的身心发展的内在规律，进行真的教育（智识）、善的教育（道德）和美的教育（艺术）。

除前文所述的四类课程外，特色教育课程也具有特别的价值。

每个人都是一个世界。每个人的天性都蕴含着不同特质，在某种意义上，特色通常是对不同生命的不同恩赐。因此，作为特色教育课程，无论是书法还是轮滑等，一方面它们是每个人都可以享受或应该习得的，但另一方面，它们是只有少数天赋出众的人才可能把它们当成一生的技艺。所以全面推广而且深度推广，就有可能以个别学生的成就掩盖了这背后的浪费与异化。我们建议少做为了地方而地方的地方课程，鼓励以管中窥豹之法做超越地方的地方课程；建议少做高价请来高手传授特长的兴趣特长班，鼓励针对学生个性特长，创造发挥教师个体兴趣或生命特质的特色课程。

需要特别说明的是，我们希望未来的特色课程应该在总课程体系中占有 50% 以上的时间。特色课程是善于自我建构的内容，除了艺术、体育外，更重要的是适合学生个性化的学习内容，如宇宙科学中的宇航、火箭，生命科学中的基因、遗传，物质科学中的能源、结构等，这些不同的知识体系，将更多地利用各种开放的社会资源，满足不同学生的个性化需要，让学生们自己在学习的过程中创造自己。所以，特色教育课程是根据教师的特长和兴趣，为满足学生不同的个性、特长和兴趣而开设的课程。在本质上，这也是为了生命的丰富和充盈、潜能的发现和发挥、才华的施展和张扬。

五、知识、生活和生命的融合

——新教育实验的理想课堂

课堂是文化传承的核心地带，是课程实施的主要渠道，是学校机体的中枢神经，是师生成长的关键路径。如果说课程为教育提供了主要内容，那么课堂则是教育的主要形式。课堂这一形式，既是课程这一内容的呈现方式，也是课程不可或缺的重要组成部分。课堂的形式，将限制或拓展课程的展开。如何在课堂的有限之中，尽力实现教育的无限？千百年来，无数教育工作者对此孜孜以求。新教育人也不例外。

从 2002 年开始，新教育实验开展了关于理想课堂的探索，明确提出理想课堂"六度"，即从六个维度解析课堂；2004 年，新教育实验确立发布"六大行动"，其中"构筑理想课堂"成为重要组成部分；2006 年，关于理想课堂的三个研究目标确立，即"有效课堂""课堂的多元文化理解"和"风格与个性化课堂"；2008 年，新教育实验提炼出理想课堂的"三重境界"，有效课堂的框架正式在学校进行实践与推广。

（一）新教育实验构筑理想课堂的六维度三境界

1. 新教育理想课堂的六个维度

2002 年，在《新教育之梦》一书中，我们明确提出了理想课堂的六个维度，简称"六度"：参与度、亲和度、自由度、整合度、练习度、延展度。

一是参与度，即学生的全员参与、全程参与和有效参与。课堂教学一定要贴近学生的心理和认知实际，以此为基础有效引领学生"参与"，即坚持师生共同发展的主体意识，以学生终身发展能力为出发点和归宿，引导学生全员、全面、全程参与教学，这样才能有效地拓宽其视野，达成其能力的优化。英国牛津大学出版社的《牛津英语教师宝库》中有一本《以学生为主体的教学》（Learner Based Teaching）。该书作者认为，课堂教学需要"提倡学生参与决定教学内容，力图使学生自己的输入成为主要的教学内容资源，并成为整个教学活动的中心"。这就是说，如果课堂是一种没有学生参与的"满堂灌"，教师就根本不可能激发学生的思想。在这个定义上，我们主张一般的课堂，学生发言与活动的时间不能少于1/2。

二是亲和度，即师生之间愉快的情感沟通与智慧交流。课堂上的双边活动，有了教师的得法引导，就可产生学生对高素质教师充分尊重、信任的效果，这有利于引发其对学习主题的兴趣，也有助于其形成良好的思考习惯和有效开发潜能。吉尔·哈德斐尔德（Jill Hadfield）在《课堂活力》（Classroom Dynamics）一书中说："班级里可能充满了欢乐、友谊、合作和渴望，也可能是沉默、不快、矛盾和敌意。"前者无疑是亲和度高的表现，也是课堂教学成功的基础。

三是自由度，即学习的方式上更尊重学生的个性选择。课堂教学应该是在宽容、宽松的氛围中，有效指导和引领学生联系教学主题及相关观点，在广阔社会背景下"驰骋"思路，自由发挥。而我们的很多课堂犹如军营，强调的是铁的纪律，学生正襟危坐，如履薄冰、战战兢兢，少了一些轻松，少了一些幽默，少了一些欢声笑语，少了一些神采飞扬。有一些学校还要求学生齐声回答，不允许交头接耳，不允许与教师争辩等。这无疑是给学生的身心自由发展套上了枷锁。

四是整合度，即整体地把握学科知识体系。课堂教学应善于知识的"整合"，这包括教学大纲框架内的知识整合、书本知识与相关实际的整合，以及理论实践知识与学生认知实际的整合。整合度不高的课堂教学，往往把完整的知识支离为鸡零狗碎，如语文老师把字、词从具体的语言环境中分割出来，历史老师把事件从时代背景中游离出来。这样，学生得到的只是被肢解的知识，而不是真正的整合知识的智慧。

五是练习度，即学生在课堂上动脑、动手、动口的程度。课堂教学要放眼社会发展和时代进步的要求，着力引导学生及时、有效地把握所学知识的内涵、实质及其体现的相关方法论要求。根据维果茨基的理论，学生们是通过与教师和同伴的共同活动，通过观察、模仿、体验，在互动中学习，在活动中学习。学习的效率与成果如何，取决于学生在互动与活动过程中能否充分地运用自己的能动感官。所以，一堂好课，不在于它有条不紊，不在于它流畅顺达，而在于它是否真正地让学生练习和实践。

六是延展度，即在知识整合的基础上向广度和深度延展，从课堂教学向社会生活延伸。课堂教学要着力引导学生善于将所学知识向"两头"延伸，理解把握所学知识的形成过程与运用效能。当生活成为教与学的内容、当社会成为广阔的课堂，生命就能在其中得到进一步舒展与绽放，课堂的广度与深度就能得到进一步的升华。

这"六大维度"构成了一个有机整体，几乎涉及理想课堂实施和实现的全部变量，而每一个维度的后面，都隐含着理想课堂的一个"关键词"，它们之间具有相互依存、不可替代的密切关联：

参与度——主体

亲和度——情感

自由度——生态

整合度——知识

练习度——实践

延展度——生活、生命

我们由此可以看出，"六个维度"主要侧重从学生的学习过程评测课堂。

2. 新教育理想课堂的三重境界

2008 年，新教育提出了理想课堂的三重境界。第一重境界：落实有效教学的框架，第二重境界：发掘知识这一伟大事物内在的魅力，第三重境界：知识、社会生活与师生生命的深刻共鸣。从三重境界的角度出发，我们更侧重从教师的教学过程反思课堂。

在三重境界中，我们必须着重分析与讲解第一重境界，即如何为课堂奠定坚实的基础，真正有效地落实教学框架。第一境界的主要特点是：讲效率、保底线。

教学框架的作用，是帮助教师理解、规范课堂，它是有效达成教学目标的一个工具。正如丹尼尔森说的那样，新教师可以把框架作为"地图"，引导自己穿越最初的教学迷津；老教师则可以把它作为"支架"，让自己的教学更有效率。教学框架不仅能够规范教学行为，也能够帮助我们更好地观察和评价课堂。

有效课堂的框架，一直是教育学家们苦苦探索的问题。早在 200 年前，赫尔巴特和他的弟子席勒、莱因等就试图把教学的过程分为准备、提示、联想、概括与运用五个基本阶段。凯洛夫的《教育学》则把赫尔巴特的五阶段改造成为六个阶段。后来行为主义的代表人物斯金纳，认知主义的代表人物布鲁纳、加涅，人本主义的代表人物罗杰斯等也从不同的角度对教学的框架与过程进行过系统分析。而 1996 年丹尼尔森（Charlotte Danielson）的《教学框架——一个新教学体系的作用》（Enhancing Professional Practise：A Framework for Teaching）则设计了一个包括 4 个板块、22 个成分、66 个元素的教学框架体系。

鲍里奇（Borich）先生在他的《有效教学方法》（Effective Teaching Methods）一书中也介绍了关于有效课堂的"骨干结构"：一是"吸引注意"，通过呈现图表、图片、比例模型和电影等各种教学资料，引发学生的好奇心；二是"把目标告诉学习者"；三是"激发学生回忆与任务相关的先前知识"；四是"呈现刺激材料"；五是"引发期待行为"；六是"提供反馈"；七是"评估行为"。

当然，我国学者也先后对有效教学框架进行过卓有成效的探索。

邱学华的"尝试教学法"把教学分成七步：准备练习—出示尝试题—自学课本—尝试练习—学生讨论—教师讲解—第二次尝试练习，它强调的是"先试后导，先练后讲"。

中国科学院心理研究所卢仲衡教授提出的"启、读、练、知、结"的"自学辅导模式"，要求教师在开始上课和即将下课时的 15 分钟进行"启"与"结"，其余时间由学生自主完成阅读、练习、反馈的学习过程。

江苏省泰州市的洋思中学提出了"先学后教，当堂训练"的"三段六环节"教学框架，三段即"先学""后教""训练"。"先学"的操作要求包括：揭示教学目标，即教师用投影仪（或口头、板书）揭示教学目标，激发学生学习动机（1分钟左右）；明确自学要求，即教师向学生讲明自学的内容、时间、方法及如何检测自学质量（2分钟左右）；学生自学，即教师巡视发现学生自学中的问题（5～8分钟）；学生汇报自学结果，即学生通过板演、练习等形式展示，最大限度地暴露学习中的疑难点，为后教做准备（5～8分钟）。"后教"是指，教师对带有倾向性的问题进行分析，然后通过学生讨论质疑、交流发言等形式来解决"先学"中出现的问题（8～10分钟）。"当堂训练"是指，学生完成当堂作业、教师当堂批改作业（15分钟）。

在洋思中学的基础上，山东杜郎口中学发展并总结出"三三六"自主学习模式。这个模式包括预习—展示—反馈"三大模块"和预习交流、明确目标、分组合作、展示提升、穿插巩固、达标测评"六大环节"。

顾泠沅先生在上海青浦县进行的数学教学质量大面积提高的实验，也明确提出了有效的课堂教学结构，主要包括问题情景（把问题作为教学的出发点）—指导尝试（在讲授的同时指导学生探究、发现、应用等）—变式训练（组织分水平的变式训练）—系统归纳（指导学生连续地构造知识系统）—反馈调节。

新教育实验也不例外。在汲取前人智慧的基础上，基于新教育思想和理念，我们提出了由五个部分组成的理想课堂的有效教学框架：

（1）教材及学生的解读

这是教师的备课阶段，主要是教师对教材的理解和对学生的了解。

（2）确定教学目标

A类：基础性、阶梯性目标，即为核心目标搭梯的知识；B类：核心目标，即课堂教学重点要教学的内容；C类：附着性、拓展性目标，即思想、情感、价值等。另外还有针对不同学生的个别化目标。

（3）有明确方向的预习作业

预习是学生独立学习的机会，不应只是为课堂教学做一些准备工作，而应尽可能地针对所有教学目标进行努力，这才是真正的自主学习。

（4）严谨的教学板块

教学板块要求课堂被清晰地划分为若干板块，注上每个板块要解决的目标及可能所需的时间，在讲究必要的节奏、灵活多样的方式的基础上，让每一分钟都有所计划、富有成效。教学板块的另外一方面是对课堂上学生个体学习的预设与规定。教师列出学生个体的学习清单，是为了真正确立"教为学服务，让学生的学习成为课堂的真正核心"的思想。我们一般把教师的教用左手栏表示，学生的学用右手栏来表示。

（5）教学反思

这个框架的基本流程仍然继承了传统的"目标策略评估"的教学基本过程，但在两个地方有所创新：一是在框架中特别强调了以精确目标为课堂教学统帅，二是在框架外从备课开始，全程都确保、还原了学生个体的独立完整的学习过程。

所有教学框架都有各自的机械、烦琐之处，尤其是新教育第一重境界中强调的有效教学框架，从确定目标到设计教学策略与学习清单，许多教师在开始时不能够适应。不过，与所有教学框架一样，新教育理想课堂落实有效教学的框架，也是为了保证教学的基础底线和教学的基本效率。教师一旦熟练掌握有效教学框架的使用，就能够简单地确保教学底线，同时让课堂井然有序、效率倍增。正如山西省运城市绛县安峪小学曲良霞老师所说："这中间有一个煎熬的过程。刚开始使用框架备课时，我有许多不理解的东西，操作起来确实感到为难。但随着一段时间的实践、思考，很多东西就明朗、清晰起来了，这中间经历的过程就是自己逐步提高的过程。实际上，框架备课帮助我的课堂走向有效。我有时真觉得接触这个框架太迟了！"

理想课堂第二重境界是：发掘知识这一伟大事物内在的魅力。第二重境界的主要特点是：讲对话、重品质。

如果说第一重境界更多的是规则、规范，那么第二重、第三重境界更多的是自由。如果说第一重境界更多地围绕着教材，围绕着苏霍姆林斯基所说的第一套教学大纲展开，那么第二重境界则是围绕着文本，围绕着第二套教学大纲展开。

第二重境界里所讲的"知识"，不是教材上的知识，而是教材之外的相关知识；不是静态的知识片段的堆砌，而是动态的知识在不同背景下的整体融合。

第二重境界里所讲的"发掘"，是指从提问到解答的完整过程，即探索中的发现和探索后的重现，既指方法又指方向。

第二重境界里所讲的"魅力"中最重要的一点，一方面是指知识对师生所形成智力上的吸引与挑战；另一方面则是学生在教师的引领、陪伴、协助、督促下，按照可遵循的规律而探索，在过程中不仅习得了相应的技能，更掌握了学习的方法，其核心是智力挑战、思维训练。

由此可见，发掘知识这一伟大事物的内在魅力，就是为了真正实现教学过程中教师、学生、文本三者之间的深入对话，通过人与知识（世界、文本）的对话、人与他者（教师、学生、其他读者相互之间）的对话。

在这个过程中，学生不再是被动地接受知识，不再是一个知识的容器，而是兴趣被指引、乐趣被激发的个体，他们主动进行探索性的学习，在学习的过程中经历与感受科学家发现知识那样的坎坷与喜悦，从而潜力激发，教学的品质被提升；教师不再是隔在学生与知识之间的二道贩子，不再是用某些有效的方法把知识简单地转交给学生，而是知识和学生之间的一座桥梁，准确而及时地出现在被阻隔之处，甚至是和学生一起沿着"问题—知识—真理"的途径进行一次次的科学探索，成为学生的同行伙伴，从而实现教学相长。

理想课堂第三重境界是：知识、社会生活与师生生命的深刻共鸣。第三重境界的主要特点是：讲个性，求境界。

如果说第一重和第二重境界更多的与知识有关，那么第三重境界则更多的与生活、生命相融。在第三重境界中，知识不再是一个死的体系，而是一个活生生的存在，是引领师生共同探究生活、解读生命的载体，并在激发起师生的强烈反响后，内化为师生生活能力和生命机体的一部分。真正的课堂，应该具有唯一性，应该坚持面向特殊的一群人，应该是为这个课堂上的每个学生量身打造。在这里，群体里的每一个人都能够获得成长，都会收获自己独特的收获和体验。此处的师生共鸣，既有基于个体差异的个性体验，又有面对伟大事物所产生的共鸣。

在这个阶段的理想课堂，是从知识的丰收转换为生活的丰富、生命的丰盈，这种转换是在个体拥有知识、习得技能之后，通过回望、反思自身所致的顿悟实现的。此时的课堂教学，不仅实现了知识及其背景的复现，而且激活了师生横向的生活与纵向的生命，实现了在更高层面上的教育，正如雅斯贝尔斯所说："因此教育就是引导'回头'即顿悟的艺术。"

理想课堂的第三重境界，也是整个课堂教学理论发展的必然结果。如果说早期以赫尔巴特为代表的课堂教学理论强调的是知识的学习，那么以杜威为代表的课堂教学理论强调的则是社会生活，而后现代课堂教学理论更重视生命的体验。新教育实验认为，其实这三者不是割裂的，而应该是一个完整的整体。三者的共鸣，最终在教师与学生的存在中呈现。

六维度和三境界，如经线和纬线，编织出新教育充满活力、情趣与智慧的理想课堂。

当然，教育探索永无止境，理想教育永在前方。2016 年 10 月，时任新教育研究院副院长童喜喜提出理想课堂应有四重境界，即第一重境界为形成基础知识的认知建构，第二重境界为发掘知识的内在魅力，第三重境界为实现知识、生活、生命的共鸣，第四重境界为运用知识知行合一的创造。对于理想课堂的构筑，无论从行动上还是理论上，我们仍在锤炼和打磨中。

（二）新教育理想课堂与"十大行动"的关系

"行动论"是新教育实验的学理基础之一。我们一直力图在行动中对新的理论进行提炼，对已有理论进行检验，对不同理论进行融会贯通。仅由名称就足以看出，理想课堂与其他行动与项目有着非常密切的关系。

理想课堂需要营造书香校园，需要师生共读、亲子共读，需要有广阔的知识背景。

理想课堂需要师生共写随笔，需要师生在教学过程中的反思，需要不断地超越自我。

理想课堂需要聆听窗外声音，需要教育之外的跨界观点，启迪教育之内的深刻思考。

　　理想课堂需要培养卓越口才，需要培养学生表达、沟通的能力，让生命的共鸣更为精彩。

　　理想课堂需要建设数码社区，需要一个紧跟时代发展、科学而开放的更大的网络平台。

　　理想课堂需要推进每月一事，需要在一段的重复后把内化的技能固化为习惯。

　　理想课堂需要研发卓越课程，课堂本身是课程的展开与实施，没有课程的卓越就没有课堂的理想教材。

　　理想课堂需要家校合作共育，需要在更多生命、更多侧面的碰撞中，取得加法变乘法的更好效果。

　　在此，我们要特别说明理想课堂与教师成长、完美教室之间的关系。

　　理想课堂与教师的成长有着最直接的关系。谁站在讲台前，谁就决定着教学的品质，决定着课堂是否理想。正如美国学者玛丽·艾丽斯·冈特等在《教学模式》(Instruction：A Models Approach)一书中指出的那样，优秀教师能够调控课堂，会营造令人愉悦的学习环境，善于处理人际关系，能够使学生自主投入学习，会引导学生积极向上，是优秀的学习者，与学生一起实现教学目标，能找出计划不能实施的原因，会努力使教学生动有趣，会让学生有自己去获得信息及实践的机会，教授两种不同的知识（知道是什么和知道为什么）。

　　不同的教育改革，因从不同的方面切入教育而有着不同的逻辑起点。新课程改革强调通过课程的变革来撬动教育的改革，新基础教育实验主张让课堂焕发出生命的活力，新教育实验则把教师成长作为最重要的出发点。我们认为，教育实施的主体是人。课堂与课程是否卓越，取决于教师是否优秀。优秀的教师，自然能够研发卓越的课程，自然能够让课堂充满生机与活力。

　　理想课堂三重境界的每一重都与教师素质有着直接的联系，而且境界越高，对教师的素质要求越高。相对而言，第一重境界更多的是对于新教师、年轻教师而言的，目的是希望通过有效的教学框架规范教学行为，保证教学的底线质量，保证课堂教学基本目标的实现。这也是洋思中学、杜郎口中学的课堂变革能够卓有成效的原因，因为这使得"无序"的教学拥有了框架结构和基本底线。但是，理想课堂的第二重境界与第三重境界，就很难用模式、结构来规范和限制教师了，它更取决于教师自身的素养、教师的事业心与责任感、教师的阅读与反思、教师的合作精神等。其实，对于一个真正的教师而言，只有从规则走向自由，只有张扬他自己独特的教学个性，才能有真正的个性化的课堂，真正让每个生命绽放的课堂。

理想课堂与缔造完美教室也有着非常密切的关系。

缔造完美教室就是在新教育生命叙事和道德人格发展理论的指导下，利用新教育儿童课程的丰富营养，"晨诵、午读、暮省"，并以理想课堂的"三重境界"为所有学科的追求目标，师生共同书写一间教室的成长故事，形成有自己个性特质的教室文化。缔造完美教室，就是要让教室里的每个生命穿越课程与岁月逐渐成长，成为有德性、有情感、有知识、有个性、有审美能力，在各方面训练有素又和谐发展的生命。在这样共同生活和学习的过程中，学生拥有了丰富的智力背景和相关经验，从而在学习的过程中发挥重要作用，让教师的新知识与自己已有智力背景和相关经验产生触点，借助已有的智力背景和相关经验完成对新知识的吸收和消化，真正发生更丰富、更深刻的学习。

因此，新教育的理想课堂，在一定程度上取决于两种人在课堂上的相遇，一种是借由新教育"三专"（专业写作、专业阅读、专业交往）模式而具备了高度专业性的教师，一种是借由新教育儿童课程、完美教室建设而具备丰富智力背景的学生。在课堂教学中，框架与模式起着保底的作用，但真正好的教学绝不能完全降低到模式和技术的层面，否则在知识的传授过程中，教育只会塑造出掌握专门知识与技能的"工具"，而不是幸福完整的人。这也就是新教育实验既重视有效教学框架，但又不拘泥于此的原因。真正理想的课堂不仅难于创造，需要师生双方天长日久的积累，而且无法真正复制，它应该具有教师乃至学生的鲜明风格。

教室是一根扁担，一头挑着课程，一头挑着生命。如果说教室是师生共同生活的空间，课程是师生共同研讨的内容的话，那么，课堂就是知识、生活、生命在一段特定时空中的具体演绎。

归根结底，无论完美教室、卓越课程，还是理想课堂或新教育"十大行动"的其他项目，最关键最核心的问题仍然是教师，仍然是与之相关的活生生的生命。人，才是所有教育教学问题的出发点和归宿；人，孕育着也呈现着这一切；让师生过一种幸福完整的教育生活，才是新教育实验理想课堂的终极目标。

六、让每个孩子和日子都光彩照人

——新教育实验与缔造完美教室

一所学校，是由一间间教室组成的。而每一间教室，又都是一所小学校，一个小社会。一所学校的品质，在很大程度上是由一间间教室的品质决定的，新教育实验的最终成就与最高品质，就取决于每一间教室里的故事与成就。新教育实验把"缔造完美教室"作为一个重要的行动项目，就是希望通过这个项目，使教师与学生共同创造一间完美的教室，共同书写一段生命的传奇。

（一）新教育实验缔造完美教室的理念

什么是"缔造完美教室"？简言之，就是在新教育生命叙事和道德人格发展理论的指导下，利用新教育儿童课程的丰富营养，"晨诵、午读、暮省"，并以理想课堂的"三重境界"为所有学科的追求目标，师生共同书写一间教室的成长故事，形成有自己个性特质的教室文化。

从约定俗成的定义来看，"班级"是学校中的班次与年级的总称。班级是学校的基本单位，也是学校行政管理的最基层组织。一个班级通常是由一位或几位学科教师与一群学生共同组成，整所学校教育功能的发挥主要是在班级活动中实现的。而"教室"则是指在学校里教师对学生正式讲课的地方，是学校对学生进行教学的空间。所以，一个是从组织的角度来界定班级，一个是从空间的角度来定义教室，而从教师与学生生命活动的形态以及师生共同活动的场域而言，两者其实是相同的。

我们在这里之所以说"教室"而不是"班级"，是想强调教室是一个师生的生命在此展开的场。同时，我们又不希望这个概念仅仅停留在空间上。因为在这个空间里，不仅世界得以展开，而且历史也得以书写，它是叙事的、时间性的，用新教育人喜欢的词语说，它又是"岁月"的。

"缔造"，在字源上有"最初创造"的含义。我们选择这个词语，是想强调作为教室缔造者之一的教师，可能起着比我们原先认识的更为重要的主体作用。在我们喜欢说"学生是目的、主体"的时代里，我们往往会忘记一个事实：没有人不是目

陶西平、刘铁芳等与新教育团队对话完美教育

的，不是主体。新教育实验主张，为了一切的人，为了人的一切。这里所说的"人"，无疑是包括了学生、教师、父母等所有与教育相关的人。

完美，是新教育的一个愿景，一个朝向。缔造完美教室是我们追寻的理想，是"虽曰不能，心向往之"的前方，所以，完美教室并不是一个苛刻的衡量当下的标准，而是一个使命、一个愿景。这一表达体现了我们的价值观：我们并不想只是完成上级布置的一些任务，而是想从自身的领悟与梦想开始，创造一个足够美好的事物。

在新教育看来，教室总是与生命联系在一起的，是为生命而存在的。教室一头挑着课程，一头挑着生命。没有生命绽放的教室，就不可能是完美教室。生命，是新教育最重要的一个词汇。同样是一间教室，或者平庸、冷漠，甚至充斥着暴力、专制、欺骗，或者完美、温馨，对于每个生活其间的孩子而言，其意义是完全不同的，对于每个生命成长的意义也是完全不同的。

日本教育家佐藤学认为，学校改革的中心在于课堂，真正意义上的教育革命是从一间间教室里萌生出来的。没有哪间教室与其他教室里飘溢着完全相同的气息，或有着完全相同的问题。只有从教室开始，从课堂教学层面的改革开始，新的课程才可能被创造，新的"学习共同体"才可能被建立。

新教育人探讨缔造完美教室的意义以及可能性，就是希望有更多的新教育教师能够清晰地认识教室的价值，理解生命的成长，让缔造完美教室的项目成为师生成长的一个契机，在行动中不断朝向完美而努力。

（二）新教育缔造完美教室的内涵

与学校文化系统一样，新教育的完美教室，应该在自己的构建过程中，拥有自己的使命、愿景、价值观；应该在自己的叙事过程中，拥有自己的独特命名、象征标志、英雄与榜样，或者说，拥有一套属于自己的形象符号系统。

缔造完美教室的第一步，就是为教室取一个美丽的名字。一间教室的名字，应该是教室文化的具体承载与体现，是班级成员的自我镜像。通常情况下，许多学校的教室是用数字来命名的，如一（3）班、二（4）班等，或者如雷夫的"第56号教室"。用数字作为教室和班级的代号，无疑是最简单的，但也是最枯燥、最机械的。

新教育的教室往往通过具象化的命名，把格式化的数字符号转化为一种精神意向，赋予教室一种精神力量。教室命名，就像每个人出生时被命名一样，是教育活动中一件特别重大的事件。因此，许多班主任总是别出心裁，起一个与众不同、独一无二的教室名字。在江苏省海门市海南中学里，有一间教室的名字就非常特别——不一班（般）。班主任江斌杰介绍说，学生刚上中学，走进学校就说："校园不一般呢！"他介绍任课教师时，有学生说："这些老师不一般呢！"一天课下来，有学生感叹："真的是不一般呢！"所以，他就想：干脆用"不一班（般）"来命名教室，激励学生做最好的自己，创最好的班级，这样就能够拥有不一般的学生和不一般的教室。

在许多新教育学校里，教室命名用了"小毛虫""蒲公英"之类的小动物或者花草的名字。这些名字看起来平淡无奇，甚至简单重复，但只要教师能够从这些平淡的名字、平常的事物中，充分挖掘其不平凡的内涵，通过阅读、课程、活动不断"擦亮"这些平淡的名字，它们就能够在学生们的心中真正地鲜活起来，成为大家共同生活的愿景。名字叫什么也许不重要，重要的是能够传递灵魂碰撞而生的温度。

教室命名，可能已经在教师的心里酝酿了很长时间，甚至已经有了非常完备的构想，但是正式命名的时机却仍然需要寻找甚至等候。最好是师生共同生活一段时间之后，教师创造时机，譬如在相关的电影观看或诗歌学习之后，巧妙地提出来，与学生共同为教室命名。

命名只是教室文化建构中的一个事项，和它相关的事务包括班徽、班旗、班歌、班诗、班训、班级承诺（誓约）等的选择，都是一个有机的整体。

　　班徽，是班级的图腾，是班级的象征物。它一般是围绕班名展开，由全班同学集思广益，共同绘制而成。班徽的确定可以采取全班征集评选、在优胜方案的基础上修改完善的方式进行。

　　河南省焦作市修武县第二实验中学有一间名叫"竹节轩"的农村教室。在向全班同学征集班徽的过程中，刘浩楠同学设计的班徽被大家一致认可。图案的下方是两段蓬勃生长的竹节，这和班名"竹节轩"相呼应；中间竹叶状的图形，像镰刀，又像号角，像冲浪的风帆，又像挥舞的翅膀；而图案上方那一团跳动的火焰，则象征着积极进取的心灵。对于局外人来说，这只是一个简单的符号，但对于"竹节轩"班里的学生来说，这却是只属于这个班级的，它体现着一个班级精神生命的走向，是由师生亲身经历、共同创造的。对于刘浩楠同学来说，它更是会成为一辈子的记忆。

　　班旗，是班级的旗帜。在运动会、学校庆典等大型活动时使用班旗，可以活跃气氛，增强凝聚力。一般来说，把班徽放大以后印制在白色或其他颜色的底布上，班旗就制成了。班旗可以制作成不同的规格，有学生人手一份的小旗帜，也有列队展示时使用的大旗帜。

　　班歌，是与班级愿景、名称的精神气质相吻合的歌曲，可以是自己创作或请人创作，也可以选用现成的歌曲或根据现成的歌曲稍加改编。如李镇西的"未来班"的班歌就是学生们写信请谷建芬老师作曲的；山西省运城市绛县的"山水人家"教室，则选用了《我爱你中国》作为班歌。需要注意的是，班歌歌词和旋律不应成人化，应该符合儿童的志趣。

　　班诗，与班歌相同，也是与班级愿景、名称等和谐、协调的诗歌，可以由班级里的师生共同创作，也可以选用现成的诗歌。如山西省运城市绛县的"小蜗牛"教室的班诗就是《小蜗牛》，以此激励孩子们不怕慢，只怕站，只要心怀梦想、执着前行，总会遇到属于自己的风景的。

　　班训，与学校的校训类似，是用简洁明了、寓意深刻的语言，阐明班级的价值追求。班训的文字可以成为班徽的有机组成部分，也可以印制在班旗上。

　　班级承诺，是教师与学生之间达成的对未来的一个美好的约定，它往往以誓词的形式出现。如马玲老师在给家长的第一封信中就提出："我是教师我承诺：让每一个与我相遇的孩子，因我而优秀""我是学生我相信：我将在这里品尝到知识的快

乐，生命的尊严"。班级承诺在重要的场合和时刻由教师和学生宣誓，具有强烈的仪式感和震撼力。

　　教室文化，也会体现在教室的布置上。没有经过精心安排的教室，是缺少文化意蕴的。从总体上来说，我们希望教室的布置要有契合孩子生命的美学风格，比如可以在班级里摆放一些绿色植物，或者小金鱼等动物，让学生能够随时感受到生命的成长，与大自然保持联系，感受除自己以外的生命气息。教室里的色彩也可以丰富多样，如低年级可以考虑偏近粉红色系，用绘本中的童话场景和角色来装饰教室，让孩子直接地感受到亲切、温馨和安全的氛围；高年级可以偏近青蓝色系，或者回归黑白，装饰以成熟的字画作品，营造一种清澈、高远的意境；而中年级则可以考虑选择介于二者之间的绿色系列，配以东方风格的清新插画等。

　　当然，装饰教室的最重要的事物，应该是师生的作品：大家共同生活过的照片和文字，大家从稚嫩到成熟的艺术作品——甚至许多新教育教室提倡宁可有不完美，也要让每一个学生的作品上墙，因为这是"我们"的阵地。所以教室布置，应该把教室墙面当成师生自己的杂志社、电视台、档案馆。同时，教室还可以成为园艺房、展示厅，大家种植的花草盆景、烧制的泥巴陶艺等，也都可以利用这个空间进行陈列与展示。总之，教室里的每一个空间都应该由师生共同创造，这是一段共同穿越的生命旅程的见证。对于学生来说，可以在教室里发现自己、认可自己是非常重要的。

　　教室的文化，也会体现在独特的班级日历上。每一间教室，都应该有一份专属于自己的日历。它肇始于某年某月某日，结束于某年某月某日。在每一年中，哪些日子将被隆重地标注——不是那些追随着新闻和商业炒作的情人节、愚人节，也不仅是这样那样的传统节日，而是真正属于师生自己的日子：每一个学生的生日，大家春游踏青、秋游赏叶，星星节或者麦子节，结业庆典的日子……另外，每门课程的结束都是一个或大或小的收获节，它被规划在这间教室的日历中，像一个必须兑现的美好承诺，是一段值得学生期望的美好旅程。

　　教室里的生日祝福是新教育实验中的一个特色，它体现的是我们对每一个生命独一无二的关注。有没有生日蛋糕等物质载体并不重要，重要的是让学生感受到生命被平等地尊重和接纳，感受到自己的庄严与美好。在生日庆典的许多项目中，生日故事和生日诗，是最为新教育化的两种形式。生日故事，就是为学生量身定做的，即选择一个和这个学生的经历或内在秉赋相关的故事，以他生日的名义，讲给全班学生听。生日诗，就是教师或者改编晨诵中的某些诗歌，或者自己创作，利用学生名字中的含义、经历中的曲折、性格中的特征，编织出特别的词语，就像蜘蛛夏洛为小猪威尔伯织字那样，织下最郑重的期许。在所有的日子中，每个学期的生命庆典，对许多新教育教室来说，是所有节日之中最为隆重的。经过了一个学期的耕耘，教师为教室里的每个学生进行学期叙事和生命颁奖，然后是一场隆重的生命叙事剧。从一二年级天真烂漫的童话，到三四年级颇有深度与象征的故事，再到未来高年级的经典，他们把最美的童话，视为一间教室自己的故事。不是背诵或念出台词，而是用心倾诉那些话语，真切感受成长所必需的那些曲折的情节，并在主角面对困境与两难情形时的抉择中学会抉择，在主角履践承诺的担当中学会担当。

在漫长的穿越中，有些特别的日子会沉淀下来，成为一间教室特别的节日。譬如不少新教育教室里有"旺达节"，这是共读《一百条裙子》之后，教师为了提醒学生不要对任何人怀有歧视，以及学会做出玛蒂埃式的承诺所特别设立的。一间教室每年过"旺达节"，可以让师生共同回顾走过的一年，"在过去的一年中，班级中有没有伤害他人的事情？当有不公平的事情时，你是否勇敢地站出来了？在这一年中，你是否画出了属于自己的一百条裙子……"还有不少新教育的教室里有"夏洛节"，这是共读《夏洛的网》之后，教师为了提醒同学努力成为别人生命中的"重要他人"，学会编织爱的大网而特别设立的节日。

新教育的仪式与庆典，不是简单地为过节而过节，为仪式而仪式，而是为了擦亮这个拥有特殊意义的特别日子。一经擦亮，这个日子就有了特别的温暖、特别的味道，从而永存于师生心间。需要说明的是，新教育实验的缔造完美教室与研发卓越课程是相辅相成的。"教室"这两个字，是从空间维度来思考的。"课程"这两个字，则是从时间维度思考的。只有拥有卓越的新教育课程的教室，才可能是完美的新教育教室。如果没有卓越的课程，教室里的生命之花就不可能绽放。新教育的课程站住了，新教育就真正地站立住了；新教育的课程体系建成了，新教育的大厦就基本建成了。所以，课程，是所有新教育梦想、理念能否实现的关键所在。

缔造完美教室，关键在哪里？我认为有三句话可以表达完美教室的三个重要特征。

一是汇聚美好事物。也就是说，教室应该成为汇聚美好事物的地方。完美教室应该是完美地整合了新教育的愿景、新教育的文化和新教育的课程的一个空间。完美教室的教师应该尽可能地把学科中最精彩的东西，把对学生一生最有用的东西带给他们。学校应该成为汇聚伟大事物的中心，从而让学生在教室里和人类最美好的东西相遇。只有这样，学生才能发现自己、成就自己。

二是呵护每个生命。完美教室应该让生命绽放，所有的学生，所有的生命都不能被忽略。教室里不应该有被遗忘的角落，教室里面每个生命都应该得到特别的关注和重视。新教育为什么要有生日诵诗，为什么要有生命叙事剧，为什么要有生命颁奖？这所有的一切都是围绕生命展开的。新教育的生命叙事剧和其他的戏剧不一样，所有的学生都要上场，所有的学生都要参与。新教育的生命颁奖也和其他学校的评优不一样，所有的学生都有奖，奖项也是特别设计的，即都是以这个学期教师带领学生共读过的书中的人物、动物、故事等来命名的。新教育完美教室里往往会有一些绿植与小动物，这可以让学生见证生命的成长与力量。新教育完美教室主张呵护每一个生命，不能有被忽略的生命。越脆弱的生命，越弱势，越需要得到我们更多的关注，越需要我们为其提供更大的可能，这也是我们新教育特别强调的。

三是擦亮每个日子。孩子和日子，是新教育完美教室的两个重要概念。要让每一天都成为新教育的师生们难忘的节日。每一天都要让他们过得幸福、充实，每一天都要让他们难忘。新教育的完美教室里有自己独特的庆典，有自己的节日，这些都是教室的独特性。每个日子都让学生感到值得期待，每个日子都成为师生生命中重要的日子。教室应该成为学生向往的地方，成为师生生命共同成长的舞台。作为新教育完美教室的教师，每一天都用心把它擦亮，每一天都让学生过得充实。每一天都要认真想一下：我们这一天过得怎么样？学生这一天有收获吗？我自己每一天在进步吗？如果每一天我们都能够问心无愧，如果每一天都成为孩子生命中难忘的一天，我相信这样的教室就是完美教室。

七、习惯养成是核心素养形成的行动路径
——新教育实验与推进"每月一事"

今天，中国教育正在寻求教育体系的内涵重建。提升教育品质成为"十三五"期间教育的国家认同，"核心素养"正在成为理论研究和教育实验的"高频词"，全世界都在高度重视核心素养和关键能力。其实，素质教育也好，核心素养也罢，关

键是要落实到人的行为上，落实到人的习惯上。我认为，习惯养成是核心素养形成的基础。核心素养能否形成的关键在于学生能否有效地形成内化了的行为习惯。

（一）习惯、习惯养成与新教育"每月一事"

1. 习惯的定义

不同的学科对于"习惯"有不同的解释。社会学、人类学、心理学、神经科学、教育学等，对习惯都有自己的界定。一般认为，习惯是一个人在后天影响下，逐渐形成的一种自动化、下意识的思维方式、行为倾向和价值选择。习惯一般具有五个基本特点。一是可塑性。婴儿基本上没有习惯，只有本能。无论是经有意识地培养而成的习惯，还是在无意识中形成的习惯，都是后天造就的。二是稳定性。习惯一旦养成，就会具有相对的稳定性，会在相应的情形下持续存在。三是自动性。人们不必出现多少有意识的思考，就能依靠习惯，在无意识中自动自发地完成相关事宜的处理。心理学家认为，人们的行为一开始是受思维指挥的，但一旦某种行为不断重复后，思维就会将其交给大脑的"基底核"去自动控制。四是双向性。习惯是一个人内在的综合体现，但习惯和外在环境之间有着鲜明的双向关系。一方面，许多习惯深深地扎根于所处的环境，特别是社会教育中；另一方面，主动养成习惯也能够影响甚至改变环境。五是有序性。习惯是遵循一定规律的有序存在。习惯为人的行为开辟出一条又一条简便易行的路径，节约大量精力，使得处理各种事情变得轻松，从而使儿童的世界和成人的生活在不知不觉间变得秩序井然。除此之外，习惯因人而异，还有好、坏之分，新、老之别，因此也具有差异性等。

根据不同的标准和角度，习惯有着不同的分类方法。根据重要性来分，习惯可以被分为基础性习惯（核心习惯）和一般习惯（非核心习惯）。根据表现形式来分，习惯可以被分为外显的行为习惯和内隐的思维习惯、道德习惯等。根据性质来分，习惯可以被分为好习惯、坏习惯和中性习惯。根据形成的顺序来分，习惯可以被分为老习惯和新习惯。根据新教育的生命三重属性理论来划分，习惯则大致可以被分为健康习惯、交往习惯和思维习惯，这大致分别对应着新教育的自然生命、社会生命和精神生命。根据主体来分，习惯可以被分为群体性习惯和个体习惯。根据持久性程度，习惯可以被分为临时习惯与长久习惯。根据形成的路径，习惯可以被分为外控型习惯和自觉性习惯。

2. 习惯养成

在"习惯教育"和"习惯养成"两个短语中，我们之所以倾向选择"习惯养成"这样的表述方式，一方面是因为"养成"一词有两个含义，其中一个就是指教育，因此，作为名词的"习惯养成"本意即指"习惯教育"；另一方面是因为"习惯养成"作为一个词组，属于"陈述结构"，也就是以"习惯"为内容、以"养"为手段，以"成"为目的的一种教育活动。

从习惯养成的时间来看，人们一般认为需要 21 天才能建立一个新的习惯。这个说法的来源之一是 1960 年马尔茨博士发现的一个规律，他在《心理控制术》一书中举例说，被截肢者需要 21 天才能接受他们已经失去肢体的事实，面部整容的人需要 21 天才能建立自信。但后续已经有大量心理学的研究表明，不同的行为，其习惯养成需要的时间不同。如每天早餐后喝一杯水的行为，只需要 20 天就可以达到最高的自发性；而每天做 50 个仰卧起坐，则需要 84 天的练习才能形成；最复杂的行为，甚至需要 254 天才能养成习惯。平均来说，养成习惯需要 66 天。

总而言之，从实质上看，习惯养成就是帮助人们建立起一套具有积极意义的、自动运转的系统，从而整理、规划、巩固、提升生活与生命，使生活变得有序，使生命变得和谐。

3. 新教育实验"每月一事"与习惯养成

新教育从诞生之初就秉承着鲜明的行动哲学和田野精神。在研究新教育的培养目标时，我们希望以更朴素易懂的方式体现"教给学生一生有用的东西"这一理念，决定用"习惯"一词体现这个时代的价值追求，把内在的不可触摸的"素养"变成能够外显、可以培养的"习惯"，或者说，变成具体的"每月一事"项目，通过一门门可操作实施的课程将之体系化、固定化。

从 2006 年开始，在苏州大学的博士课程上，我们通过近一年时间的反复讨论，筛选出了对一个人学习、工作和生活有着关键作用的最重要的习惯，这使得我们的探索更为精确细化。2007 年，我们正式推出了以培养良好习惯为主要目标的新教育"每月一事"项目并且在海门实验区率先进行实践探索。具体而言，"每月一事"包括：1 月，吃饭——节约的主题；2 月，走路——规则的主题；3 月，种树——公益的主题；4 月，踏青——自然的主题；5 月，扫地——劳动的主题；6 月，唱歌——艺术的主题；7 月，玩球——健身的主题；8 月，微笑——交往的主题；9 月，阅读——求知的主题；10 月，家书——感恩的主题；11 月，演说——自信的主题；12 月，日记——自省的主题。

近年来，在总结海门实验区和其他实验区的经验的基础上，借鉴国内外核心素养等方面的理论研究成果和实践探索情况，我们对 12 个习纲主题进行了适当调整，提出了 36 个习目专题（如下图）。

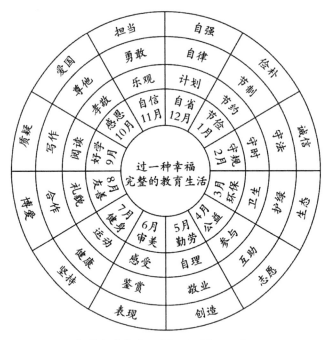

新教育"每月一事"12 习纲 36 习目

我们提出的"每月一事"有以下几个特点。

第一，它具有独特的教育价值取向。"每月一事"的习惯养成，所养成的不是零碎的、杂乱的习惯，而是以习惯为路径，明确指向教育生活的完整幸福，明确指向人格的塑造。"每月一事"的融合，让师生的教育生活从被学科割裂变得完整。践行"每月一事"的过程，本身就是幸福的教育生活。"每月一事"所梳理与提炼出的 12 个习纲，是一个"完整的人"所必须具备的素养，这样"完整的人"也就必然会创造并拥有"完整幸福"的生活。从这一价值取向出发，我们在 12 习纲的内容安排上，以自我发展、社会交往和文化学习为维度，不仅直接服务于自然生命的延长、社会生命的拓宽和精神生命的提升，而且也与国家提出的核心素养结构相呼应。

第二，它是建立在新教育理论基石之上的独特的实践行动模式。"每月一事"所确立的主题，从"每月一事"的命名，到习纲、指向和习目的设计，都具有鲜明的操作性与行动性。它覆盖了一个学生 15 年教育生活的时空，并为终身学习奠定了坚实基础。

第三，它契合了家校生活的节奏和儿童生命的节律。家校生活的节奏和儿童生命的节律，是设计"每月一事"项目的经线和纬线。我们以一年的学习周期包括寒假、暑假为参照整体设计每个月的主题，让家庭教育与学校教育有机地形成一个整体。如 1 月临近寒假和春节，学生参加聚会的时间多，我们就围绕"节俭"的主题，教学生学会节约粮食，不要铺张浪费等。2 月是寒假，学生出门的时间多，我们就围绕"守规"的主题，教学生遵守交通规则等，引导其形成作为一个社会成员应该具有的契约精神和规则意识。9 月是开学的日子，9 月 28 日是孔子诞辰日，也是新教育实验学校的阅读节，我们就以"好学"为主题，培养学生的阅读习惯等。

在设计 12 个习纲的同时，我们也会按照学生身心发展的内在规律，从浅入深，由简至繁，将其分为不同的发展阶段。如因为"节俭"的主题，低段偏重"节约"，中段强调"节制"，高段则注重"简朴"。因为"勤劳"的主题，低年级偏重"自理"，中年段强调"敬业"，高年级则注重"创造"。因为"公益"的主题，低年级偏重"参与"，中年段强调"互助"，高年级则注重"志愿"。这样习纲清晰、主题鲜明、习目完整，且由经纬交织而成的"每月一事"项目，可以全方位地覆盖学生的家庭生活和学校生活，特别切合教育的各方规律，让习惯在润物无声中悄然养成，让人格在习惯养成中逐步发展，让生活在人格发展中幸福完整。

（二）为什么习惯养成很重要

1. 从个体成长看，良好习惯是创造幸福完整生活的重要保障

养成良好习惯在个体成长过程中具有特别重要的作用。从某种意义上说，一个人的习惯是怎样的，就意味着其生活方式和生活状态是怎样的。习惯好，事半功倍；习惯不好，事倍功半。良好习惯的养成能够让人们习得正确的学习方法和生活方式，形成卓越的能力和高尚的德性，从而拥有幸福完整的人生。具体来说，习惯对于个人的作用主要体现在以下几个方面。

一是简化活动程序，提高生命效率。英国哲学家休谟说过："习惯是人生伟大的指南。"面对复杂多变的世界，一个人每时每刻对每件事情都经过缜密的思考，在大大小小的每一步面前都做出选择和判断，既没有必要，也不可能，时间的有限性也不允许我们这样做。习惯作为一种有效简化的自动化反应，大大提高了生活活动的效率，也极大地增强了个人的幸福感。

二是强化个性特征，成为最好自己。生命的完整性最终体现在生命的独特性上，人在一次又一次的自我选择中，养成了独特的习惯，积淀成独特的品质，造就了独特的个性，形成了独特的命运，创造出独特的人生。亚里士多德说："道德成自习惯。"正是习惯，帮助每个人成为最好的自己。

三是提升生命的质量，推动人的成长。生命不是简单的活着，不是纯粹的生存。良好的健康习惯、生活习惯、道德习惯是呵护一个人生命可持续发展的积极条件。相反，一些不良的习惯，轻则降低人的生命质量，重则阻碍人的成长，严重的甚至会中断一个人生命发展的进程。

2. 从教育历史看，注重习惯养成是中外教育共同的优良传统

中华民族自古以来就高度重视习惯养成的问题。孔子提出了"性相近，习相远"的命题，同时强调早期习惯养成的重要性："少成则若性也，习惯成自然也。"南北朝时期的《颜氏家训》、朱熹的《白鹿洞书院学规》以及亲自编制的《童蒙须知》、王守仁制定的《教规》等，对从"爱亲敬长"到"礼仪举止"等行为习惯与道德习惯的纲目及其养成路径与方法，都有明确的规范与要求。

近代从龚自珍、魏源开始，直到康有为、蔡元培、梁漱溟、陈鹤琴、陶行知、叶圣陶等教育大家，也无不把"习惯"养成当作教育的核心内容之一来大力倡导。如陶行知先生强调6岁以前是人格陶冶最重要的时期。习惯养成不易改，倾向确定不易移，态度形成不易变。叶圣陶先生说："教育是什么？往简单方面说，只须一句话，就是要养成良好习惯。德育方面，要养成待人接物和对工作的良好习惯；智育方面，要养成寻求知识和熟悉技能的良好习惯；体育方面，要养成保护健康和促进健康的良好习惯。"

自古希腊时期开始，西方思想家对于习惯养成问题也有着大量的研究和论述。亚里士多德认为，"习惯实际上已成为天性的一部分"。英国哲学家洛克把绅士教育与习惯养成等同起来，他说："事实上，一切教育都归结为养成儿童的良好习惯，往

往自己的幸福都归于自己的习惯"。美国发明家富兰克林把他一生的成就归功于从20岁就开始努力养成的13个习惯：节制、沉默、秩序、决断、俭朴、勤奋、诚恳、正直、中庸、清洁、宁静、贞节和谦逊。

美国心理学家威廉·詹姆士更提出了一个著名的习惯公式："播下一个行动，收获一种习惯；播下一种习惯，收获一种性格；播下一种性格，收获一种命运。"所以，有意识地形成或者改变某个习惯，这个过程就通过"学习—行动—习惯—性格—命运"这样的链条实现。以西方联结主义心理学家桑代克、行为主义心理学家斯金纳为代表的学习理论，更是建立了"刺激—反应—习惯"的学说。

俄国教育家乌申斯基关于习惯有一个形象的比喻："良好的习惯乃是人在其神经系统中存放的资本，这个资本不断地增值，而人在其整个一生中享受它的利息。坏习惯则是道德上无法偿清的债务，这种债务能够用不断增长的利息去折磨人，去麻痹他的最好创举，并使他达到道德破产的地步。"可见，古今中外的教育家都非常重视习惯养成的重要作用，甚至把习惯养成作为教育是否成功的重要标准。

3. 从教育目标看，注重习惯养成是夯实核心素养的必然选择

现在，核心素养已经成为中国教育改革中一个最热门的词汇。教育部组织研制的《中国学生发展核心素养》已经正式向社会发布。学生发展核心素养指的是学生应具备的、能够适应终身发展和社会发展需要的必备品格和关键能力，综合表现为六大素养。不难看出，它的相关专题与新教育实验"每月一事"的习纲与各项专题是高度契合的。核心素养强调的个人修养、社会关爱和家国情怀，注重的自主发展、合作参与和创新实践，在"每月一事"的习纲和专题中都得到了很好的体现。我们可以说，以"每月一事"为代表的习惯养成项目，为核心素养的落实提供了行动路径。

因为，所有稳定的素养、尤其是核心素养，必然会通过习惯，以思维或行动的方式外显。习惯确是素养的体现，也是形成素养的主要方式，核心素养必然通过习惯加以夯实。

4. 从教育改革看，注重习惯养成是全球教育改革的主要朝向

在世界范围教育改革趋势来看，从20世纪七八十年代开始，对"素养""能力"的重视日益成为主流。其根本原因，是过去以传授知识技能为主要目标的教育，在信息革命摧枯拉朽的攻势下束手无策，而把原有的教育目标调整为学会学习、加强素养的新目标是教育对信息时代的回答。

教育家喜欢追逐时髦，管理学家却喜欢讲求实用。从 20 世纪末开始，习惯作为一个耳熟能详的概念，被管理学家"接管"了。更强调传播、更强调务实、更强调行动的管理学家们用这个人们熟悉的词，迅速影响与改变着社会。如史蒂芬·柯维所著的《高效能人士的七个习惯》一书，被评为福布斯"有史以来最具影响力的 10 大管理类书籍之一"，高居美国畅销书排行榜长达 7 年，在全球 70 个国家以 28 种语言发行超过 1 亿册。

1979 年，罗马俱乐部发布了《学无止境》的报告，提出人类存在"维持性学习"和"革新性学习"两种类型，前者是以知识的学习和积累为特征，后者则以能力和习惯的养成为特征。由此开端，世界各国普遍开始重新审视学习与教育的问题，关注核心素养、技能培养与习惯养成等问题，在不同历史时期的不同国家和机构中，出现了许多卓有成效的探索。

这些理论和学说，有些以素养命名，有些则是用其他的表述。如较早的有联合国的"五大支柱说"，国际学生评估项目（Program for International Student Assessment，PISA）的"三大素养说"，韩国从 2017 年全面实施新课程体系的"六大素养说"，等等。

有些提法是兼顾素养与能力。如欧盟 2005 年发表的《终身学习核心素养：欧洲参考架构》正式提出终身学习的"八大素养说"：母语沟通，外语沟通，数学能力及基本科技能力，信息处理能力，学会如何学习，人际、跨文化与社会能力及公民能力，创业家精神和文化表达，同时提出贯穿八大核心素养之中的共同能力，如批判性思维、创造力等。

有些学说是以能力或技能的方式阐释。如美国由教育、企业、政府机构组成的 21 世纪技能联盟于 2009 年推出了《21 世纪学习框架》，提出了"三类技能说"，2005 年，经济合作与发展组织（OECD）提出了"关键能力说"，2014 年 4 月，新加坡教育部发布的《21 世纪技能和目标框架》则提出"三层技能说"。

综上所述，以素养、技能、美德、能力等不同命名，都只是不同的形式，它们同样所努力的是力图传达教育在信息时代下的新目标，希望将"教育"一词中更多泛指传授知识技能的"教"，向更多实指立德树人的"育"转变。尽管不是所有表述都能够像新教育"每月一事"的操作这样，完整地包括了自然生命、社会生命、精神生命的三个维度，但可以看出所有努力都在力图涵盖人与自己、人与他人、人与社会、人与自然四大生活场域，所有努力都在寻找那些真正能够为人的一生奠基的重要习惯和品质。

所以，注重习惯养成，本身是教育进入以人为本阶段时的共同选择，是世界教育改革的大势所趋。

5. 从社会环境看，良好习惯是促进社会和谐的关键环节

习惯养成表面上看是一件个体的"私事"，但是，当众多的个体聚合成一个个群体，组合成一个社会时，大家的习惯就变成了"公事"，它就不仅仅影响个体的生命成长，同时也会影响社会的发展。

近年来，我们的许多不良习惯，如随地吐痰、大声喧哗、乱刻乱画、排队加塞等，不但造成了中国人在世界上的形象危机，还严重阻碍了中国文化的传播力度和传播效果。文明习惯是一个国家和地区的重要软实力。习惯文明是社会文明的重要组成部分，是社会文明程度的标志。在公共生活环境中，语言习惯、行为习惯、工作习惯、道德习惯等，既是个人文明的显示器，也是社会文明的指示灯。一个社会的文明程度，往往与全体公民的良好习惯息息相关。帮助全体国民养成文明习惯，也就是在推动社会的文明进程。

6. 从文明进程看，良好的习惯渐变是人类不断进步的重要阶梯

习惯会通过代际传承，得到进一步稳固和流传。这些不成文的习惯模式，因为能够通过隐性的力量，直接作用于每一个群体成员，所以，较之于法律、制度等明文规定，更具生命力和约束力。不成文的社会习惯，往往比法律更加深入地扎根在民间，是民众无意识中自动遵循的规则，也是人们彼此之间长期互动的结果。当一些社会习惯经历了漫长的岁月淘洗却没有被淘汰，足以说明在当下民众中间还有着深厚的心理基础。充分尊重这些稳固的基础，再以合约的方式进行新的调整，产生制度的演变，同时逐渐促成习惯的渐变，就能够形成人类制度、人类社会的良性发展。

（三）如何有效养成习惯

习惯的养成是一个复杂的过程。它既是教育者"培养"出来的，也是个体自我"修炼"而成的，还是外部环境"熏陶"出来的。习惯养成是有规律可循的。习惯养成的原则，是遵循了习惯养成的基本规律，提炼出习惯养成的基本要素。具体来说，以下六条原则相对比较重要。

一是价值澄清原则。价值澄清理论的代表人物主要是纽约大学教育学院的教授路易斯·拉斯（Louise Raths）。价值澄清理论认为，习惯养成的过程，是通过思考对习惯的认知进行内化的过程，也是外在引导转化为自我教育的过程，是建构价值体系和行为方式的第一步。也就是说，无论养成好习惯，还是改变坏习惯，首先要解决的是认识上的问题，认识到位才能下大决心。

二是目标明晰原则。人的行为受双轮驱动，一种是自动化的习惯行为，另一种是目标驱动下的行为。后者的不断重复，成为习惯养成的重要路径。所以，在认清习惯养成的价值和意义之后，就要把目标具体化、清晰化，所以我们对于一个人需要养成哪些习惯，在不同的阶段应该着重养成什么习惯，如何让习惯养成达到相应的成效等问题都要明确。

三是家校共育原则。教师、父母与孩子一起成长，共同养成良好习惯，形成同频共振的氛围，是习惯养成的重要原则。家庭是习惯养成最重要的场所，也是"第一场所"。根据脑科学的研究，大脑突触建立联系的最频繁和密集的时期，是2岁到6岁。这也是习惯养成，尤其是生活习惯、行为习惯、思维习惯最初养成的关键期。有人说，婴幼儿是习惯养成的"最佳时期"，小学是"好时机"，初中是"尚可期"，到了高中就是"晚期"，如王晓春老师就认为，高中生表演能力已经很强，看上去习惯培养很顺利，其实是做给他人看的。这种说法虽然不太准确，但值得重视。在家庭中，父母对孩子习惯的养成起着潜移默化的作用。以作息习惯为例，父母早睡早起的家庭，孩子往往会自然地形成早睡早起的习惯。父母对别人友善礼貌，孩子也容易形成热情主动地与人交往的习惯等。当然，在家庭与学校生活的习惯养成中，影响往往是双向的。一方面，父母和教师的习惯会影响孩子的习惯；另一方面，孩子的习惯也会影响父母和教师的习惯。我们应当以家校合作共育为切入点，从"共育"到"共做"，把习惯养成延伸到家庭和社会。在习惯养成的过程中，我们还应该注意尊重儿童的主体性和参与权。

四是反思反馈原则。人不同于其他动物的重要特征之一，就在于人具有自我意识，能够对自己的行为进行反省、调整与改变。反思，意味着自我监督与自我提醒，主要是通过自我约束来促使习惯养成。反馈，是通过奖励与惩罚等外部的刺激来加强反思的效果，促使人们养成好习惯、克服坏习惯。

五是融合整合原则。融合，是指习惯养成只有与学校教学中的各种课程融合，以各类实践活动作为依托，才能融入学校生活的方方面面。整合，是指一个人的习惯养成涉及方方面面，故在养成的过程中必须整合各方面的力量。

六是持续有恒原则。习惯养成，不是一次毕其功于一役的百米冲刺，而是一场需要意志与坚持的马拉松。坚持，才是形成习惯的最伟大的力量。意志力对人的行动和习惯养成起着重要的作用：一是发动作用，即推动人去从事达到一定目的、养成某种习惯所需要的行动；二是抑制作用，即制止与预定目的相矛盾的欲望与行动，改掉某种坏习惯。可见，没有意志力就没有人的自觉行动，也不可能有习惯的真正养成。新教育实验的每月一事，把人生最重要的12个习惯主题，通过较少的核心习惯和较多的细化习惯，在整个中小学阶段不断重复，螺旋式上升，反复强化，就是贯彻了持续有恒的习惯养成原则。

从一定意义上说，习惯养成的六条原则，是习惯养成的六个步骤，也是习惯养成的基本方法。落实到具体工作中，个体的一个新习惯如何养成、一个坏习惯如何改正，我们如何推进"每月一事"项目，开展一个群体的习惯养成工作，在操作中又分别各有侧重。

首先，我们来看看如何养成一个新的习惯。塑造人，是从塑造习惯开始的。养成一个新的习惯，意味着一段新的旅程的开启，一种新的生活的开端。

养成新习惯的办法，通常分为澄清价值、设定目标、制订计划、有效执行、相应奖惩、悦纳坚持六步。我们以每天运动的习惯为例简单证明这六步的执行要点。

第一步，澄清价值。充分认识运动的意义，了解运动对于日常心态、思维发展和最终成就的正向影响。认识到身体对于生命成长各方面的价值，意识到个体达到最佳健康状况所造成自然生命、社会生命、精神生命上的影响，从而为养成新习惯准备新动力。

第二步，设定目标。比如，为自己明确树立"每天运动一小时"的目标。

第三步，制订计划。有了目标，就需要具体的计划和方案。首先，我们要选择合适的运动项目。可以优先选择自己最喜欢或最擅长的运动，无论篮球、乒乓球、排球，还是游泳、太极拳等。其次，选择时要注意运动的条件，尽可能结合兴趣选择方便易行、相对简单的运动项目。如果所选项目受天气、场地、器材等外在因素影响较大，就需要同时考虑好备选项目，如跑步、打拳、舞剑等，从而尽可能保证计划的实施不会间断。再次，要考虑循序渐进。对于没有运动习惯和经验的人来说，一开始就每天运动一小时可能难以实现，可以从 20 分钟开始逐步适应，一直到能够坚持完成计划为止。

第四步，有效执行。有效执行的关键是及时检查。自我记录是及时检查最有效的方法之一。我们可以通过每天的日记或在醒目处张贴图表的办法，抑或用记录时间的仪器等，及时记录自己完成计划的情况，并随时提醒自己完成的情况 。

第五步，相应奖惩。无论是成人还是儿童，无论是教师还是父母，都可以按照完成计划的情况，给自己或者一些小小的奖励或者惩罚，从而对习惯养成的情况进行肯定或训诫。

第六步，悦纳坚持。一个新的行动是否能够真正养成习惯，一个刚刚养成的新习惯能否成为老习惯并使自己得到真正的改变和成长，取决于新习惯能否真正让我们满意，新习惯有没有改善我们的生活。因此，我们在培养新习惯的过程中，一方面，哪怕是偶尔中断习惯，也要学会欣赏已经取得的成绩，悦纳正在新生的自我；另一方面，要正视自我，不找借口，努力坚持。新习惯的养成绝不是一朝一夕的事情，比如，在养成每天运动一小时的习惯中，天气不好，身体不适，时间紧张等原因，都是不运动的"好理由"。偶然的不运动可以理解，但如果不断地给自己找理由，已经形成的新习惯也会中断。尤其是在新习惯养成的早期，我们尽可能不为自己找任何借口。天气不好就在室内运动，身体不好就进行轻微运动，时间紧张就适当缩短时间等，直到动力定型形成，一天不运动时身体会觉得难受，会感到若有所失，那时自然不会经常找借口，那时习惯也就真正养成了。

其次，我们再来看看如何改掉一个坏的习惯。世界上最难的事情之一，就是改掉坏习惯。1985 年年底，美国宾夕法尼亚州东北部地区的一家电视台做了一个有趣的调查。他们让观众给心理学家打电话，说出他们的新年计划。213 名各行各业的人参加了这个活动，大部分人的计划都是要改变以前的坏习惯，其中三分之二的人的新年计划与减肥（38%）和戒烟（30%）有关。几个星期以后，研究人员开始跟踪这些人是否在执行他们的计划，结果发现，第一周的成功率只有 77%，第二周 66%，一个月以后 55%，六个月以后只剩下 40%。其实，这个数据本身还有很大的水分，因为这是一次自我报告的研究。这个实验说明，改变习惯非常困难，那些根深蒂固的习惯更是很难改变，这就是所谓的积重难返。其实，改掉一个坏习惯的最简单方法，就是用养成一个新的好习惯来替代它。具体来说，我们可以采取以下步骤。

第一步，深刻认识危害。对应着习惯养成的价值澄清原则，首先我们要对坏习惯的危害有着充分而深刻的认识。在认识坏习惯的危害时，我们也不妨想象改变以后的情景。这就是心理学中的"情感承诺法"。纽约大学心理学家埃莱·奥廷根的一项实验发现，让实验对象充分想象一幅积极愉快的画面，即改变了坏习惯、养成了新的好习惯以后的好处，同时想想目前坏习惯带来的种种麻烦，把幻想和现实进行比较，对于改变坏习惯会有很好的成效。

第二步，加强改变决心。心理学家认为，习惯与意向之间完全是"一场不公平的较量"。也就是说，一般而言，意向总是败给习惯，因为"根深蒂固的习惯具有强大的威力"。所以，当坏习惯与改正习惯的意向真正短兵相接的时候，我们只有真正下决心改变坏习惯，用强大的意志力确保意向的实现，用思维去控制"基底核"，意向才可能最终成为胜者。毕竟人是自己行为的主人，改变的关键在于是否真正下定了决心。一旦下定决心，意向就能转化为意志，就能激发出促成改变的关键力量。

第三步，采用科学方法。人的习惯养成并非一日之功，改变习惯也非一日之力。根据心理学、教育学等相关研究，科学地攻克难关，就会降低难度。如第一步所说的"情感承诺法"一样，在具体改变习惯的过程中，我们还有很多方法可以采用，如循序渐进法、厌恶疗法、改变环境法等。

第四步，团队协力共作。根据心理学发现的共作效应，如果有其他人在场和自己进行相同活动，当事人的作业绩效会有所提高。如几个朋友相约一起改掉某个坏习惯，这时团队的力量就会远远大于个人的力量。如果实在找不到一起改掉坏习惯的朋友，我们就可以邀请他们作为见证人，监督自己的行为，激发并鼓舞起自己改变坏习惯的勇气与恒心。

最后，重点谈谈如何切实推进"每月一事"。推进"每月一事"，是新教育实验的十大行动之一，也是新教育实验关于习惯养成的独特创新。"每月一事"虽然不完全等同于习惯养成，但"每月一事"确实是习惯养成最重要的方法，是学校德育工作的重要载体，也是缔造完美教室的重要路径。

"每月一事"项目的设计，主要从习纲主题、目标指向、习目专题和每月事名四个部分展开。习纲主题，指希望养成的习惯；目标指向，指希望通过习惯养成而形成的品质；习目专题，指按照递进关系把每个习目细化为低、中、高三个层次；每月事名，指以适合年龄阶段的一件小事为起点。就这样从一件又一件小事出发，螺旋式上升，在生活中反复锤炼，最终养成良好习惯，形成相应的品质。

我们简单地对"每月一事"进行说明：1月的习纲主题是节俭，目标指向是讲俭省、低、中、高三个层次的习目分别是节约、节制、俭朴。我们可以把"1月，让我们学会吃饭""1月，让我们在约定时间玩游戏""1月，让我们学会爱惜旧物"等作为这个月的事名。从珍惜粮食、爱惜身边的物品开始，养成有节制的生活习惯和简朴的生活方式，这会让学生受益终身。

2月的习纲主题是守规，目标指向是重规则，低、中、高三个层次的习目分别是守时、守法、诚信。我们生活在一个具有规则的世界中，规则是人们为了生存和发展而共同制定的契约，是这个世界能够顺利运行的前提。规则是权利、责任与义务的统一，也是让我们的生活更加有序、让我们的人生更加和谐的基本保障。生活在社会之中，大家就要遵守共同制定的游戏规则。从开会的"守时"，到日常生活的"守法"，再到社会生活中的"诚信"，这都是规则的具体体现。我们可以把"2月，让我们按时上学不迟到""2月，让我们不闯红灯""2月，让我们做错事情不说谎"等作为二月事名，从这些小事，培养出学生对规则的敬畏和遵守规则的习惯。

3月的习纲主题是环保，目标指向是护环境，低、中、高三个层次的习目分别是卫生、护绿、生态。3月的许多节日都与环境保护相关。如3月5日的青年志愿者服务日，3月9日的保护母亲河日，3月12日的中国植树节，3月21日的世界森林日，3月22日的世界水日，3月23日的世界气象日，3月24日的世界防治结核病日等。围绕3月的主题，我们从个人卫生习惯的养成，到保护大自然的习惯，再到珍惜人类的生态系统，了解人与自然共生共长、互相依赖的关系，都有许多文章可做。我们可以把"3月，让我们做个干净的孩子""3月，让我们去种树""3月，让我们学会垃圾分类"等作为事名，循序渐进地帮助学生形成环保的习惯。

4月的习纲主题是公益，目标指向是做好事，低、中、高三个层次的习目分别是参与、互助、志愿。公益，简单地说，就是于公有益的事。从乐于参与，到互助合作，再到志愿奉献，这种人人为我、我为人人的行动，就能够让我们创造出更多的美好，就能够让更多人分享幸福———而幸福的神奇之处正在于，它会因为分享而增加。我们可以把"4月，让我们参加一次公益活动""4月，让我们做一件好事"

"4月，让我们做一回组织活动的志愿者"等作为事名，鼓励学生勿以善小而不为，从身边、从此时此刻做起。

5月的习纲主题是勤劳，目标指向是爱劳动，低、中、高三个层次的习目分别是自理、敬业、创造。5月的第一天就是国际劳动节。我们认为，每一位深爱自己孩子或学生的父母和教师都应该学会让孩子和学生自己的事情自己做，都应该让孩子和学生承担必要的劳作。从某种意义上说，剥夺了孩子和学生的劳动权利就等于使他们丧失了成长的机会；而放手让他们参加劳动实践，使他们具有起码的生活自理能力，是对他们最好的爱。我们可以用"5月，让我们学会扫地""5月，让我们认真值日""5月，让我们制作模型"等作为5月的事名，鼓励学生养成热爱劳动的习惯，在劳动中学会主动创造、追求卓越。

6月的习纲主题是审美，目标指向是懂艺术，低、中、高三个层次的习目分别是感受、鉴赏、表现。6月是属于儿童的，也是属于艺术的。6月1日就是国际儿童节，6月30日是世界青年联欢节。我们选择艺术作为6月的主题，通过每年一个月的艺术教育活动，让我们的孩子能够会一两样自己喜欢的乐器，会几首能够陪伴自己一生的歌曲，更重要的是拥有审美的能力与习惯。我们可以用"6月，让我们学唱一首歌""6月，让我们欣赏一幅画""6月，让我们表演一个节目"等作为事名，以美装饰我们的生活，以美濡染我们的灵魂，让美的外在与内在完美交融。

7月的习纲主题是健身，目标指向是惜生命，低、中、高三个层次的习目分别是运动、健康、坚持。7月初开始就是长长的暑假了，如何有效、科学地安排假期？我们建议，让学生每天有30分钟到一个小时左右的运动时间，培养学生的运动习惯、运动兴趣与运动能力。我们可以用"7月，让我们玩球去""7月，让我们按健康的作息生活""7月，让我们天天跑步"等作为事名，开展形式多样的运动健身项目，弘扬坚持不懈等体育精神。

8月的习纲主题是友善，目标指向是会交往，低、中、高三个层次的习目分别是礼貌、合作、博爱。8月仍然是暑假时间，许多孩子暂时离开校园，投身到社会中去。他们或者跟着父母去远行度假，或者到亲戚朋友家去小住，或者在社区参加各种活动，接触的人比平时多。因此，学会交往的艺术，对于休息在家的学生们来说，暑假是最好的机会。让学生学会微笑地和别人打招呼，学会主动地帮助别人，学会心理换位和沟通艺术，学会站在对方的立场思考问题，学会尊重别人的习惯、思维、隐私而不要让对方难堪，学会与人合作、共同生活，是这个主题的重要内容。我们用"8月，让我们懂得讲礼貌""8月，让我们成为好朋友""8月，让我们走进一个民族（国家）"等作为8月的事名。

9月的习纲主题是好学，目标指向是乐求知，低、中、高三个层次的习目分别是阅读、写作、质疑。金色的9月，是新学期伊始；9月28日，又是孔子的诞辰日。孔子是中华民族文化精神象征的伟大人物，他读书好学的精神一直激励着人们自强不息。我们可以把"9月，让我们快乐阅读""9月，让我们专注思考""9月，让我们挑战大师"等作为9月的事名。我们希望，书香浓浓的9月只是一个美丽的起点，接下去在学校生活的每一天，都有"晨诵、午读、暮省"的儿童生活方式，都有儿童阶梯阅读，都有教师专业阅读，都有家庭亲子共读。

10月的习纲主题是感恩，目标指向是有爱心，低、中、高三个层次的习目分别是孝敬、尊他、爱国。刚出生的婴儿毫无生存能力，而每个人之所以能够活下来，都是因为在生命的早期，遭到了世界、尤其是家人的友善对待，我们的血管里流淌的是父母、是祖父母、是家族、是这个民族的血液，没有他们就没有我们的存在。10月里的许多节日都与感恩有关：1日的国庆节、4日的世界动物日、6日的国际老人节、5日的国际教师节，特别是在阴历8月和9月之际、阳历10月的中秋节和重阳节。无论是以团圆为主题的中秋节，还是以敬老为主题的重阳节，都充满着浓浓的感情。我们可以用"10月，让我们给父母写家书""10月，让我们为师友做件事""10月，我爱祖国的十个理由"等作为10月的事名，以恰当的形式，引导学生感谢父母养育之恩，感谢老师教诲之恩，感谢他人帮助之恩，感谢自然赐予之恩，感谢社会关爱之恩，感谢祖国培育之恩，做一个懂得感恩、有责任感的人。

11月的习纲主题是自信，目标指向是我能行，低、中、高三个层次的习目分别是乐观、勇敢、担当。自信是可以把渺小变成伟大的力量，是能够让普通的生命书写出传奇的魔笔。自信甚至是拯救人的一种力量，能够让人在逆境中逆风飞扬。一个乐观的人，容易产生自信；一个勇敢的人，容易检验自信；一个有担当的人，容易体现自信。我们可以用"11月，让我们受了委屈不生气""11月，让我们登台演讲""11月，让我们主动挑起一件重任"作为11月的事名，学会让自信这轮心灵深处的小小太阳发光，养成自信的习惯，让自己的人生路上洒满阳光。

12月的习纲主题是自省，目标指向是善反思，低、中、高三个层次的习目分别

养成一生有用的好习惯

新教育实验 「每月一事」操作手册

新教育研究院 ◎编著

多一个好习惯，心中就多一份自信；多一个好习惯，人生中就多一份成功的机会；多一个好习惯，生命就多一份享受美好生活的能力。

新教育研究院院长 许新海博士 领衔编写

长江出版传媒 湖北教育出版社

"每月一事"操作手册的封面

是计划、自律、自强。有人说，生活不是我们活过的日子，而是我们记住的日子。有人说，未经反思的生活不值一过。无论如何，在一年中最后一个月，自省应该成为一年结束的必修课。一个人如果形成了工作的计划性以及反思、自律的好习惯，就可以挑战困难，笑对挫折，自立自强。我们可以用"12月，让我们做好计划""12月，让我们记录生活""12月，让我们挑战困难"作为十二月的事名，让师生学会自省，学会从失败中寻找教训，从成功中总结反思经验，激发成长的不竭动力。

在多年探索的基础上，"每月一事"已经形成比较科学规范的基本路径和操作模式。每个主题操作一般分为五步进行。

一是主题开启，营造情境。主题开启，主要是通过开学典礼、国旗下讲话、重要节日的庆典、班级的晨会等形式，宣布每月一事的主题活动月正式开始，使活动本身具有神圣的仪式感。如海门市证大小学精心设计课程，在 4 月 30 日这天，全体师生集中体育馆，隆重举行了"星光币劳动创业"每月一事启动仪式暨"星光银行""星光拍卖行""星光创业商店"成立典礼，启动勤劳好习惯的"每月一事"。校长、副校长为"星光银行行长""星光拍卖行拍卖师""星光创业商店营业员"授牌，并详细讲解校园劳动项目及认领方式等。

二是深度阅读，强化意义。主题阅读，可以帮助师生更好地理解主题的内涵和文化背景，明确主题的价值意义，启迪智慧，陶冶情操，使师生自觉地参与到"每月一事"中来。在这个环节中，精心挑选阅读的内容，针对每个年级学生的认知特点和阅读水平，选择适宜的内容供所有师生选择阅读，是主题阅读的关键所在。根据活动的主题，推荐适合不同年级学生的阅读内容也很重要：学前阶段到小学一、二年级以童谣、儿歌、短篇故事为主；小学三、四年级以诗歌、整本书为主；小学高年级及中学以整本书、古文经典为主。

　　如新教育研究院主编的"新教育晨诵"系列图书，就围绕着不同的主题选取了适合不同年龄阅读的诗歌等经典篇章，供师生选读。新教育研究院新阅读研究所研制的中国幼儿、小学生、初中生和高中生基础阅读书目等系列书目，则为每个年龄段的选书提供了参考。新教育研究院新父母研究所推出的《36节电影课养成好习惯》中也提出了"每月一事"电影课的操作方案。江苏省淮安市天津路小学王艳老师举行的《宝葫芦的秘密》亲子主题观影活动，就取得了很好的效果。由此可见，除了结合晨诵午读外，课内深度共读、家庭亲子共读也非常重要。

　　三是实践体验，知行合一。"每月一事"离不开丰富的活动。在"每月一事"的实践活动环节，要特别注重和强调活动参与的全员性、适切性、反复性和实效性。以重庆市长寿区第一实验小学"感恩"主题综合实践活动为例。该校针对孩子们的身心特点设计了不同的活动。如向孩子们征集行动计划后，总结出每天"四个一"活动：要求孩子们早上离家时跟家人"说一声再见"；见面时"打一声招呼"或"给长辈一个拥抱"；放学时自己背书包；每天至少为家里"做一件力所能及的家务事"。如每个班开展"算算亲情账"活动，孩子与父母共同回忆并计算自己从出生到现在的所有开支，计算父母养育自己付出的劳作，体会父母为之付出的心血。如"爱在人间"探访敬老院活动，孩子们在老师和父母的带领下，来到敬老院慰问老人，不仅给老人表演节目、送慰问品，还帮老人捶背、打扫卫生等。

　　四是充分展示，各显其能。主题展示是习惯养成的重要环节。以开放和民主为原则，根据展示内容，组织形式可以是班级展示，也可以是年级展示，甚至可以是结合学校大型活动的全校性展示。如焦作市东环小学专门把展示环节设立为"每月一赛"活动，让孩子们认识到比赛的本质是挑战自我，不断提升，而不是彼此之间的恶性竞争。该校把所有的学校竞赛都与"每月一事"的习纲进行结合，12个月，12个不同主题的比赛，让每个孩子都能结合自己最擅长的一面，选择属于自己的舞台，而且随着每一年的经验总结，具体的比赛形式和风格也在不断地变化，这使得每一个孩子都能比赛中找到属于自己的舞台，又始终保持新鲜感，不断地挑战自我。

　　五是反思提升，评价多元。在一个月的"每月一事"结束的时候，师生都要结合主题，写下自己的感悟和反思，互相之间也要以多种多样的方式进行互评。许多学校

按照自我评价、同伴评价、教师与父母共评的形式，采用"日日反思、周周评比、月月表彰"的方法，提高学生时时处处遵守规则的自觉性，这取得了很好的成果。如石家庄桥西区采取学生自荐、班级推荐、学校考评相结合的办法，评选"每月一星"。在"环保月"中表现突出的孩子，由学校颁发"星光奖章"，其他各个月评选出来的"玫瑰使者""社区志愿者""种植小能手"等也都会在学校的"星亮谷"进行月度展示。从已有的实施经验来看，要使"每月一事"项目卓有成效，除了在思想上对习惯养成高度重视外，还需要建立一整套行之有效的工作机制与操作方法。

一是全员参与和系统设计。"每月一事"虽然是以教室为单元进行的，但如果没有学校的顶层设计与全员参与，就很难取得好的成效。所以，建立校长总负责、德育处和班主任及全员参与的工作机制就显得非常重要。学校层面应该做好全年的行动规划与工作方案，每月初（或者上月底）就把当月（下月）的主题活动方案下发至每个教师，供制订具体的班级活动计划和课程教学计划做参考。班主任或完美教室团队要围绕"每月一事"项目的主题，设计具体的操作流程与活动方案，科任老师则把主题有机地渗透到各学科。同时，学校可以通过加强与家庭、社会的沟通，充分利用社区教育资源，形成开放多元、内容丰富、形式灵活的"每月一事"格局。

二是明确要求和鼓励创新。"每月一事"的习纲主题、目标指向、习目专题是相对明晰的，在习目专题之下的行为习惯则可以根据不同的发展阶段提出不同的要求，而所选择为出发点的当月之事也可以有不同的选择。以1月为例，其习纲主题是"节俭"，目标指向是讲俭省，习目专题分别是节约、节制和俭朴。节约包括吃饭不滴漏、不随意倒饭、多余饭菜打包、适量点餐等；节制包括不暴饮暴食、在规定的时间看电视和上网、不贪玩、花钱有限度等；俭朴包括爱惜物品、不追求名牌、不高消费、不赶时髦等。这些具体的行为习惯，需要学校结合自身工作的侧重点和各个班级的具体情况，灵活地进行统筹安排。在具体实施中，习惯养成要鼓励大胆创新，因校而异，因地而异，因月而异。如海门实验小学，就建构了"十个学会"技能课程，即学会整理房间、学会做五种菜、学会游泳、学会写一手好字、学会一项球类运动、学会一项艺术特长、学会办电子报、学会表演、学会主持、学会小发明。其中前六个是必修项目，后四个是选修项目，选修项目也可以用其他的特色技能替代。2014年，该校又根据江苏省文明办的要求，启动了"八礼四仪"教育，即通过入学式、成长式、青春式、成人式的"四种仪式"，从仪表、仪式、言谈、待人、行走、观赏、游览、餐饮八个生活细节入手,培养学生的文明素养。"八礼四仪"基本涵盖了学生生活的各个领域,易懂易学易做。

三是重点突破和螺旋上升。"每月一事"的习惯养成,在幼儿园、小学、初中和高中年段要采取审慎选择、分步实施、重点培养、螺旋上升的模式,配合"每月一事"的主题教育活动,力争使 12 个习纲主题和 36 个习目专题都能养得住、养得顺、养得牢。四个阶段的划分逻辑是:3~6 岁幼儿园阶段,主要以生活自理能力和初步同伴交往能力方面的习惯养成为主;6~12 岁小学阶段,以初步的阅读学习能力、初步的社会交往能力以及自我提高能力方面的习惯养成为主;12~15 岁初中阶段,以较高级的学习、全面的社会交往方面的习惯养成为主;15~18 岁高中阶段,主要以研究性的学习、深度的社会交往和高雅的自我修炼方面的习惯养成为主。

最后,我们简要地做如下小结。我们用"习惯"一词,是希望强调素养形成的行动路径,希望以习惯倒逼素养的落实,以外在结果倒推内涵培育。我们希望把内在的难以触摸的"素养",变成能够外显、可以培养的"习惯",变成具体的"每月一事"项目,通过一门门可操作实施的课程,养成人的第二天性,形成稳定的价值观,塑造良好的人格,创造幸福完整的人生。

从个体成长看,良好习惯是创造幸福完整生活的必备保障。从教育历史看,注重习惯养成是中外教育的共同优良传统。从教育目标看,注重习惯养成是夯实核心素养的必然方式。从世界趋势看,注重习惯养成是全球教育改革的主要朝向。从社会环境看,良好习惯是促进社会和谐的关键环节。从文明进程看,良好的习惯渐变是人类不断进步的重要阶梯。

"每月一事",不是仅仅每月做一件事,而是每个月选择一个主题,以节俭、守规、环保、公益、勤劳、审美、健身、友善、好学、感恩、自信、自省组成 12 大习惯纲目,每个纲目分设 3 个习目而组成 36 个专题习目,它们彼此关联,形成了一个相对完整的行动体系,也成了一个符合儿童生命律动的教育生态系统。

"每月一事",把习惯养成细化到从具体小事入手,根据价值澄清、目标明晰、家校共育、反思反馈、融合整合、持续有恒六大原则,遵循全员参与和系统设计、明确要求和鼓励创新、重点突破和螺旋上升的操作要点,以主题开启、营造情境、深度阅读、强化意义,实践体验、知行合一,充分展示、各显其能,反思提升、评价多元的五个步骤有序开展。

"每月一事"的实质，是以 12 个习惯为经，以知识技能为纬，进行科学的编织，是对生活一串串足迹的综合梳理，对生命一段段旅程的整体观照，更是对人格的一次次用心建构，对幸福完整教育生活的一天天真诚践行。新教育追寻的彼岸，是培养出一群又一群长大的孩子，从他们身上能清晰地看到，"政治是有理想的，财富是有汗水的，科学是有人性的，享乐是有道德的"。一个孩子，只有把良好而全面的习惯作为终身持续发展的动力，才可能这样长大。

八、文化为学校立魂

——新教育实验与学校文化建设

从世界范围来看，缺失文化的教育已将孩子带入了一个让他们倍感陌生、抽象、片面和异己的地带。精神的失落带来的是精神世界的浮躁、迷误、幽暗甚至荒芜，这种环境下教出来的孩子可能是一些有知识没灵魂、有技艺没根底、有智力没情怀的"怪物"。而解决这一危机的关键，就是真正地让学校重新发现生命的意义、文化的价值。

新教育实验认为，学校是有生命的，是由充满灵性的人所汇聚的。"教育""文化""生命"这三个词在其本质上意义相同，讨论学校文化，就是寻找一种培育年轻生命、塑造未来社会的最佳途径，就是让学校真正拥有灵魂。

（一）新教育实验关于学校文化的理解

文化是一个众说纷纭的概念。中国传统意义上的"文化"，就是指"以文化之"，以文明教化之，是相对于武力与法律而言的精神层面的改变人、润泽人的途径与方法。

对于个体来说，文化就是指通过人的行为表现出来的人的习惯、信念等精神气质。文化构成了一个人的基本风貌与基本特质，是一个人有别于其他个体的特点。也正是在这个意义上，康德、怀特等哲学家认为，文化是一种精神性的符号体系。

对于群体来说，文化就是指一个群体或组织在长久的共同生活中形成的生活方式，包括他们的思想、理念、行为、习俗、禁忌、传说、建筑、制度……这个群体的一切活动，都将是这种方式的某种体现。

　　教育本来就是一种文化活动。学校文化具有文化的一般特质，又具有自身的规定性。它是一种特殊的组织文化，是学校精神的活生生的体现，也是学生与教师生存与发展的根本之道。

2012 年，与美国年度教师雷夫交流

　　皮特森（Kent D. Peterson）指出："学校文化是一组规范、价值和信念、典礼和仪式、象征和事迹，这些因素构成了一所学校不同于其他学校的个性，正是这些不成文的因素随着时间的流逝促使教师、管理者、家长和学生一起工作，一起解决问题，共同迎接挑战和面对失败。"据此，我们认为，学校文化是学校组织成员的精神皈依，是他们认同的信念、观念、语言、礼仪和神话的聚合体。它决定着人们的使命担当、价值追求和发展目标，同时显现在学校的一切教育行为（学校的节日、仪式、庆典、教学，以及各种具体的行为规则等）、各种物质载体（建筑、logo、色彩、绿化、教室、课桌、座椅、装饰、校服、网站甚至校徽、纸杯等）和全部的符号体系（校训、校歌、校徽、学校吉祥物，以及校风、教风、学风的语言表达）之中。

（二）学校文化建设的误区

1. 人类文化危机与学校文化缺失

我们之所以关注文化，不仅是新教育自身理论建设的需要，也是在全球化语境中文化的看似繁荣而实质缺失的大背景下，新教育人的一种文化自觉。

在科技日益发达，人民生活水平日益提高的同时，人性的异化和精神的危机已经成为新的社会问题。物欲横流、价值幻灭、理性俗化、灵魂枯萎、情感沉沦、信仰丧失、精神荒芜，这些现象表明，文化危机是人类危机中最可怕的危机，它会从根基上影响人类生活的力量，导致人类精神世界的坍塌。

与文化的问题相似，形形色色的教育教学变革虽然创造和提供了令人炫目的新知识、新技术、新工具、新方法和一些似是而非的新观念等，但同样没有为教育灌注深刻而恒久的、能令学校世界中所有的个人安身立命的文化精神。

2. 学校文化建设的形式主义

在一些学校，我们会看到了一些虚假的、停留在口头和纸面上的"学校文化"。它主要表现为三个方面，即物表化、文本化和标语化。

（1）物表化。我们看到，许多学校的建筑非常豪华，富丽堂皇的程度与宾馆无异。但是，如果学校的走廊、墙壁、庭院、塔亭、钟楼、绿化等景物，没有真正成为"文化"标识，没有真正成为师生生命和记忆的组成部分、没有具备深刻的文化内涵和教育意蕴，它们就只是一个建筑、一个图案、一个景物或者只是一种装饰或摆设。

（2）文本化。我们还看到，许多学校在应付各种检查的时候会拿出完完整整的台账和制度文本。但是，如果这些文件只停留在文本层面，只是供检查或参观之用，没有真正地成为规范学校成员行动的力量，它们就只是没有灵魂的台账、纸张。

（3）标语化。我们也看到，许多学校努力让每一堵墙壁能够"说话"，在墙上写满了各种标语和口号，琳琅满目。但是，这些标语如果只是挂在嘴上、贴在墙上、印在宣传册上，没有成为师生的自觉追求，甚至行动方向与标语内涵南辕北辙，就只能是游离于学校文化的外在之物。

以上这些形成了当前学校文化的一种怪现象：有些学校向你介绍的，总是一套高尚、圣洁、似乎也有条有理的学校教育理念。但这些理念并没有成为这所学校据此而存在而生活的根本，那些言说的东西从来就没有成为校长、教师和学生真正的信仰，只是为别人言说的。这些学校，往往是应试利益高于心灵发育，功利目的大于理想追求。

还有一种值得注意的现象，有些学校虽然并不是言行不一，但却有两套话语体系，而且是在努力地通过具体的社团、课程、活动来追求"文化"。在这样的学校里，我们可以看到各种兴趣小组，各种艺术、体育、科技活动，热闹非凡，令人眼花缭乱。但是，我们难以分辨出什么是他们所真正追求的东西。在他们多少有些盲目的追求中，缺乏一种统领性、一以贯之的内在精神与文化理想。

所以，在文化危机的时代，在学校文化荒废的时代，如何坚守文化精神，如何建设真正意义上的学校文化，是摆在我们新教育人面前的一个非常重要的命题。

3. 拯救之路：学校文化的自觉

学校文化的好与坏，与学校是否具有文化的自觉有很大的关系。我们认为，那种能够促进教师与学生的生命在学校中得到舒展、成长的文化，就可以称之为是好的文化；反之，那种压抑个体生命，并使整体生命也处于平庸的文化氛围，就是坏的学校文化。

缺乏文化自觉的学校永远沉湎于学校的事务怪圈而具有文化自觉的学校，则清楚地知道自己在秉承什么，知道自己要用一种怎样的理念去贯彻到学校的方方面面，去影响全体师生的生活。

（三）新教育学校文化的使命

凡致力于学校文化建设的校长和教师都知道，确立学校文化的核心理念，是学校文化建设中最为困难的一件事。核心理念的确定，或者容易偏颇或者浅陋，不久之后可能被斥为不合时宜、目光短浅；或者容易缺乏个性，没有自己的特色，最后被抛弃。

所以，确立作为学校文化的核心理念，确立作为学校文化之魂的使命、愿景和价值观，乃是新教育实验学校文化思考及建设的第一要义。

1. "过一种幸福完整的教育生活"——新教育学校文化之魂

新教育其实就是一种新文化。

对新教育实验而言，个体生命和共同体生命的良好状态，是一个绝对的原点。

而倡导"过一种幸福完整的教育生活"，就是为了能够最大程度地实现这种良好的生命状态。我们把它作为新教育实验学校的立校之魂、兴校之本、强校之基。为此，新教育也努力为自己树立起一个绝对的标尺，一切其他的因素，都要以此为尺度，并从这里得以澄清与阐明。而这个标尺，就是作为新教育共同体成员必须共同遵守的学校使命。

2006 年 7 月，在新教育的北京会议上，我们正式提出了"过一种幸福完整的教育生活"的主张。我们认为，儿童的学习不应该只是"为将来的工作与生活作准备"，教育本该是生活的基本方式，儿童今天在学校里所接受的教育，在为长远的人生与社会理想服务的同时，本身就应该是幸福的生活。而今天教育生活的质量是否幸福，将影响今后的生活质量和幸福指数。

强调过一种幸福完整的教育生活，不仅仅有对教育终极意义的思考与追求，更有对当下某些教育问题的担忧与不满。应试教育是单向度的、畸形的、片面的，是唯分数的教育，其中最大的问题是缺乏作为人的教育，而一旦把人作为应试的机器，就容易忽视了人的幸福感和完整性。

强调过一种幸福完整的教育生活，是因为教育生活的主体是人，而人的生活"是一个整体，一个总体"。人有多种需要：生存的需要、安全的需要、交往的需要、创造的需要、成就的需要等。人的需要是不断发展的。只有满足这些需要，人才能够有幸福感可言。教育是实现人的多种需要的重要途径。

在"幸福"后面加上"完整"二字，主要指的是教育要促进受教育者"身、心、灵"的完整，我们认为，过于偏重静态学科知识而忽略心灵与身体的教育是不完整的；即便在智育中，割裂的学科、分裂的知识本身也已经不再是完整的。新教育实验试图通过自己的努力，实现人的"全面和谐的成长"。

2. "信"：新教育实验学校的文化认同

我们坚信，新教育提出的"过一种幸福完整的教育生活""促进个体生命和共同体生命的良好状态"，是经得起时间考验的，是能够指导日常教育教学和教研生活的。而认同这个核心理念，坚守这个精神，把它作为学校的共同使命，是新教育共同体成员必须坚守的方向。

对于教育的信任、信心、信念、信仰，是新教育的根本概念，也是新教育文化的基本特征。一旦教师拥有了这样的"信"，他就能够书写自己生命的传奇；而一旦校长和师生共同拥有了这样的"信"，他们就能够真正让学校拥有灵魂。

这种"信"的建立过程，其实也就是学校文化的形成过程。而这种"信"一旦形成，成为学校血脉的一部分，就会影响到学校生活的所有方面。所有在校内生活的个体的一切行为，都与这个文化整体保持着一种张力：或者遵循它，或者对抗它，或者通过与之对话中进行着一种不易察觉的改写。

3. 用新教育精神践行新教育学校的文化使命

2006 年，在新教育的海门会议上，我们正式提出了新教育人必须遵循的四种精神，即执着坚守的理想主义、深入现场的田野意识、共同生活的合作态度和悲天悯人的公益情怀。我们提出，新教育人是一群为了理想而活着的纯粹的人，是为了帮助他人不断地走向崇高从而也让自己不断走向崇高的人。

我们要求所有的新教育人，努力用新教育精神践行新教育的学校文化使命，以执着的理想和合作的态度，扎根于田野，做一番公益的事业；要求所有的新教育教师，努力成为一个所教学科的虔诚的传教士，一个卓越课程的开发者，一个完美教室与完美校园的缔造者。

4. 月映千川：新教育学校文化的共性与个性

在明确了把"过一种幸福完整的教育生活"作为学校的使命以后，如何在坚持一种真理性的文化愿景和价值观之下，打造拥有自身特色、彰显个性生命的学校文化，就成为我们需要思考的一个问题。

这同时也是一个哲学问题。佛教和儒家都喜欢用一个比喻：月映千川，意思是说，月亮只有一个，河流却有无数条；同一个月亮映在不同的河流上，会呈现出不同的风景。但明月毕竟还是这一轮明月，只是哪一处风景是完全相同的呢？

如果说"过一种幸福完整的教育生活"是这一轮高悬的明月的话，那么每一所学校就是一道河流。问题在于，这一轮明月在照亮具体一道河流的时候，它将呈现出怎样独特的教育风景呢？

（四）新教育学校文化的表征

文化建设的关键是"一以贯之"，即新教育文化之魂，要在学校的每个细微领域，如物质载体、制度规范、行为方式、符号表达等方面体现出来，时时处处浸润新教育文化的精神。换而言之，新教育文化建设是要通过学校的日常生活，努力把新教育之魂"活出来"。

1. 使命、愿景、价值观：新教育学校文化的核心

走进校园，我们首先看到的虽然不是使命、愿景、价值观，但它们却是一所学校最根本的东西，学校的一切，都是建立在使命、愿景和价值观的基础之上的。

使命，就是学校的责任，即学校为什么而存在。

愿景，就是学校的蓝图，即学校在未来较远的时间里，要抵达到哪里，要成为什么。

价值观，就是学校对好坏、善恶、美丑、成败、是非等的一种基本价值信仰和评价标准，是对事物的意义、重要性的总评价和总看法。把学校中的许多价值做一个清理，排一下顺序，确立一个优先原则，就是学校的价值观体系。

一所学校的使命、愿景和价值观，体现了新教育学校文化的理想追求和精神境界，它们往往是学校经过长期追寻、苦苦思索，经由充分的酝酿讨论，然后由文本固定下来的。

包含使命、愿景、价值观的文件，应该是一所学校的"基本法"，是指导全校师生行为的根本大法，是不可以轻易更动的。从某种意义上讲，更换了一所学校的使命、愿景、价值观，就是更换了一所学校。

对于一所具体的新教育实验学校而言，认同并且自觉践行新教育实验的文化使命——"过一种幸福完整的教育生活"，应该是加盟新教育的前提条件。学校需要做的是不断加深对于这一使命的解读，与之对话，从而从信任走向信仰。

在明确了使命以后，描绘愿景，是建设新教育学校文化的关键。一般而言，一个好的新教育学校的愿景，必须具有前瞻性，即能体现学校未来的发展目标；具有清晰性，如麦当劳的"成为全世界每一个社区的最佳雇主"，盛大的"网上迪斯尼"，长江商学院的"中国CEO的'西点军校'"等等，都是人们耳熟能详的"愿景"；具有激励性，即能让学校师生激情澎湃，愿意为之全力以赴。

如果说愿景描述的是我们要抵达哪里和成为什么，那么价值观要描述的就是如何抵达和靠什么抵达。它回答的是我们为什么只能这样做而不能那样做，哪些事情可以做而哪些事情坚决不能做。价值观是为实现使命、愿景而提炼出来并予以倡导、指导师生共同行为的准则。

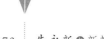

2. 校风、校训：新教育学校文化的精神之窗

学校的校风、校训，是学校文化的精神性的纲领，是学校使命、愿景、价值观的一种诗意化、简约化表达。

一所学校的文化有两种来源：一种是学校优秀的历史积淀，另一种是学校有意识的追求。从这个意义上来看，我们所说的"校风（学校风气）"，其实是从历史积淀下的文化的实然状态来说的；而我们所说的"校训"，其实是从学校应该朝向的理想境界，即学校文化的应然境界来说的。

校训应该是学校提出的对全校成员具有规范、警策与导向作用的行动口号。好的校训，不仅能够体现一所学校的办学传统，而且能够反映这所学校的价值追求。所以，它往往是我们打开一所学校历史文化之门的钥匙，是我们眺望一所学校精神家园的窗户。好的校训，同时能够成为师生共同遵守的基本行为准则与道德规范，成为激励师生积极向上的力量源泉。

许多著名学校的校训，我们都非常熟悉。如清华大学的"自强不息，厚德载物"，复旦大学的"博学而笃志，切问而近思"，南京大学的"诚朴雄伟，励学敦行"，北京林业大学的"知山知水，树木树人"，北京舞蹈学院的"文舞相融，德艺双馨"，南开中学的"允公允能，日新月异"，郑州正始中学的"人生正始，伟业我待"等。

那么，一所好的新教育实验学校，应该具有怎样的校训（及其所象征的学校使命、愿景、价值观）呢？我们认为，它应该具备以下几点特征。

第一，它应该从一个特定的角度，阐释"过一种幸福完整的教育生活"的新教育理念。或者说，它至少是和这个理念不相违背的。那种只要分数，认为有分数就有一切而其他的所有追求都无足轻重的教育观点，那种为了明天的幸福可以牺牲今天的快乐的教育观点，以及体现这些观点的格言，显然都是与新教育实验的宗旨南辕北辙、背道而驰的。

第二，它应该与中国文化的精神内涵相一致，尤其是和儒家所强调的自强不息、仁心充溢的精神高度一致。我们应该相信，我们的教育思考和教育叙事；是在这个土地上的教育思考和教育叙事；我们所用的语言和精神资源，首先是属于这片土地的。我们只要还守在这片精神文化的土地上，就必须从中汲取积极向上的能量，它们是我们安身立命的根据。

第三，它应该具有独特的个性。好的校训总是完全地属于自己的，甚至是只属于自己的——它越是只属于自己，也就越能够启迪其他学校，越能够完美地体现学校的教育理念。我曾经读书的苏州大学前身是东吴大学，它把"养天地之气，法古今完人"作为校训；我曾经领导过的苏州工业职业技术学院，把"我在乎你"作为校训，以及本节开头引用的一些校训，都彰显了这些学校独特的文化历史、文化成就和文化个性。

第四，它应该富有诗意，言简意远。好的校训总是一种较诗意、较含蓄的表述，总是可以不断地阐发而不会停留在这个时代的局限里。同时好的校训要有充分的想象空间和展开的余地，不能只是对于某一个细微的局部的关注。譬如说，我们可以用"端正"作为校训，因为"端正"作为一个尚未被阐发的价值，可以渗透到学校的一切生活中，但是如果把"字要写端正"作为学校的校训，就显得狭隘了。

第五，它应该有向上的力量。校训最好是一种积极、高远的表达，具有精神引领的作用。换言之，它要能激励人生出浩然之气，从而让人们意识到生命的尊严，进而去为之努力。

作为校风校训的语言往往是格言式的，具有高度概括性与抽象性。所以，它虽然能够被无尽地阐发，却也同时因此而显得抽象、单调，尤其对学生而言，它有时似乎只是一种没有生机的教条。因此，校风、校训应该与特定的学校文化象征物或学校文化的榜样人物完美地结合在一起，成为一组可触可摸的，任何人都可以理解、感受到的文化表述。校风、校训揭示出文化象征物、历史榜样的精神内涵，文化象征物和历史榜样则演绎出校风、校训的具体精神，让它们不再抽象而变得具象，不再单调而变得有声有色、有血有肉。

3. 制度：新教育学校文化的"契约"

为了保证使命、愿景、价值观落到实处，学校需要制定一种规范和激励全体成员的制度。

制度是硬文化，文化是软制度。制度是文化的体现者和守护者，如果学校制度可以被清晰地表述为文化的守护者，那么学校文化就能够得到保护、发展，而制度也同样会受到文化的保护与滋养。

我们主张，学校制度规范的制定，应该是一个平等参与的过程；学校制度规范应该是学校管理者和师生共同遵守的"契约"，而不是把校长的意志强加给师生的成品。一旦制度规范被通过，全校师生就必须共同执行，没有例外。

在具体的制度运作过程中，新教育实验遵循的是"底线＋榜样"的管理原则。所谓底线，就是基本的要求。而管理的秘诀正在于，它总是表扬从这个底线中涌现出来的优秀者。这些优秀者，这些最大程度超越底线的人，就是我们新教育实验所说的"榜样"。新教育永不表扬达到了底线的人与事，它甚至极少直接批评没达到底线的人与事，因为它不会将目光与精力耗费在消极的因素上，而只会毫不吝惜地用言辞与诚意去表扬榜样——当然，是具体呈现榜样的故事，甚至是榜样的细节，而不是笼统地说某某是榜样。

"底线＋榜样"是一个不可分拆的联合体，它们彼此依存，相互促进。如果没有底线，没有最起码、最基本的要求，就没有基本的环境与氛围，也就很难产生真正的榜样。即使出现了个别榜样，也会感到孤掌难鸣、孤立无援，甚至是墙里开花墙外香，不利于榜样自身的成长与发展。同样，如果没有榜样，只抓底线，就有可能导致新教育实验失去方向，难以持久，甚至堕入形式主义。

底线一定要有检查与奖惩，否则就会流于形式；榜样一定要有扶持与展示，否则就会失去动力；底线一定要保证所有的人都能够做到，因为如果底线的要求太高，人们就会负担太重，从而失去底线的意义，最后也保不住底线的最低要求。

同时，一定要关注榜样，倾听榜样的声音，让榜样及时言说，让榜样及时引路，不能让榜样孤立无援。从新教育实验区的经验来看，一个有效的方法是，将榜样组织起来，形成区域新教育实验的核心团队。一线的榜样教师以及有榜样潜质的教师在与教研室联合行动的同时，如果能与研究中心始终保持一定的联络，在合宜的情况下，就会爆发出巨大的能量。

4. 师生行为：新教育学校文化的气质

一所学校有没有文化，通过教师与学生的一举手一投足，通过教师与学生的各种行为表现，人们就可以看出一个大概。

学校行为主要由两个相互关联、不可分割的领域，即教师的教育行为和学生的学习行为构成，它们在日常道德实践、课堂教学、课外阅读、社团活动、社区与野外活动等时空中展开。

（1）新教育学校的行为文化，体现在师生的道德水准上。新教育，首先是心教育。美好的心灵是幸福完整的人生的前提，培育具有崇高道德的文化人是新教育的最高使命。我们倡导"师生与人类崇高精神对话"，倡导"理想的德育"，这就体现了我们的一种文化担当。

（2）新教育学校的行为文化，体现在课堂的境界上。课堂是学校最重要的场所，教与学是师生最日常的活动。课程不是简单的一堂课，而是一段旅程，是教师带领学生一起去"吻醒"知识，把那些美好的事物真正切入教师和学生生命的过程。

新教育为什么要倡导"理想课堂"？就是为了不让课堂这个传承文化的重要殿堂失去"理想"；就是要"超越知识，走向智慧，激发创造，健全人格，为学生将来拥有终生幸福的精神生活打下坚实的知识基础"；就是要"使教学活动走出分数的误区，培养学生的科学精神和人文情怀，使学生成为人类文明之火的传薪者"；就是要"使学生关注窗外的世界，校外的天空"，获得心灵的获得"解放"；就是要让课堂"充满活力、情趣与智慧"，实现"知识、生活与生命的深刻共鸣"。在这个意义上说，"理想课堂"其实就是"文化课堂"。

我们认为，一群生活于同一间教室中的人，应该是一群有着共同梦想且能够遵守实现那个共同梦想的卓越标准的同志者。他们彼此为对方的生命祝福，彼此为生命中偶然的相遇而珍惜珍重，彼此作出承诺，共同创造一间完美的教室，共同书写一段生命的传奇。

（3）新教育学校的行为文化，体现在师生的阅读生活上。一所学校有没有文化，首先看它有没有阅读。教育，首先就在于构建真正意义上的阅读生活。目前，新教育实验已经形成了区域行政推广（江苏省海门市教育局等）、民间推广（新教育研究院"毛虫与蝴蝶"等）、学校推广（深圳南山央校"天堂鸟书林"等）、网络推广（"教育在线"）、班级推广（常丽华等"十佳教室"）等阅读推广模式。阅读改变人生，提炼人的精神气质与文化品位。新教育的"营造书香校园"，倡导的就是一种"文化阅读"，进而希望能够打造一种学校的"阅读文化"！

（4）新教育学校的行为文化，体现在教师的行为方式上。学校是学习的地方，是由教师作为指导者和监督者，引导年轻人学习人类发展进程中积淀下的人类知识的地方。所以，最终，决定一所学校的卓越性的，主要不是指这所学校的人际关系有多亲密，而是指这所学校在人格与知识的学习以及创造上——也就是说通过人格与知识的学习和创造，生活于其中的学生最终有多优秀，工作于其间的教师又有多卓越。

新教育人曾形象地把学校生活比喻成是一个汇聚在伟大事物的篝火旁边的一种特殊生活，在其中熊熊燃烧着的，应该是那人类在漫长历史进程中积淀下的知识。而生活于学校中的人，应该是那沉睡了的知识的复活者和新的知识的创造者。所以，在理想的新教育学校文化中，教师应该成为某一门或者几门学科的"疯狂"的热爱者，成为所教学科的虔诚的"传教士"。

（5）新教育学校的行为文化，体现在教师的教研活动上。有人说："平庸的教研造成教师的平庸，卓越的教研成就教师的卓越。"这话说得简洁而有力，它指出了一所学校的教研氛围对身处其中的每一位教师的影响。这种氛围就是一所学校的学校文化在教研生活中的体现。

如果一位教师只满足于按机械的程式把课上好，按考试标准把知识传授完，按社会流行的方式进行教研活动，心不在焉地总结三个优点两个缺点，那么他就会丧失研究的兴趣，进而丧失终身求知、终身学习的源动力。而如果一所学校的教研活动是平庸的，走过场的，甚至是死气沉沉或者装模作样的，那么它就不可能拥有真正优秀的教师文化。

所以，新教育倡导的教师文化，就是教研活动应当被视为教育教学活力的真正源泉而被高度重视，日常的教研生活应当就像是教师们的节日一样被热情地对待，而全校教师在每个学期中都将共同研读优秀的文学、教育学、心理学、管理学等方面的著作，不同的学科共同体还将共同研读相关的本体性知识方面的专著，每一门学科始终都能够追踪着本学科的研究前沿……除了少数滥竽充数于其中的南郭先生，身居其中的每一个人都致力于成为终身学习者，整个团队也因此呈现出卓越的学习型组织的面貌。

当然，学生文化共同体和教师文化共同体，在很多时候并非是各自独立的，而是彼此交叉、相互渗透、不可分割的，它们又事实上结成一个充满生命活力和张力的师生文化共同体。"教学相长"的古老信条在新教育的文化共同体中获得了新的意蕴。在这里，学生不仅是自我发展的主体，而且是"成人之父""教师之师"。教师不单单是学生成长的引领者、指导者，同时也是永怀童心的学习者、探索者。

是学生对自我发展的渴望，让教师充满创造的欲望；是学生的学习过程，让教师不断审视内心，提升自我；是学生的热情参与，让教师对课程开发充满信心和期待；最终，是学生的巨大进步，让教师看到了创造的喜乐和教育的意义，从而坚定了执着前行的勇气和信念。所以，这个过程是师生共同体验和相互扶持的过程，是师生对知识共同探索、质疑和分享的过程，是师生生命共同完美的过程，更是师生对教育真实诠释的过程。

5. 仪式、节日和庆典：新教育学校文化的"节气"

仪式、节日和庆典是学校文化传统的活标本，也是学校生命中最值得关注的重要时刻。在新教育学校，仪式、节日和庆典往往是这样一种时刻，它通过强包容性的、极富意味的、有象征意义的程序和形式，使有意义的事情或者伟大的事物能够拥有一种伟大的时刻，获得神圣、庄严与尊重。

通过仪式、节日和庆典，学校的文化、愿景被一次次强化、确认，最终形成了新教育学校文化特有的"节气"。像农历的二十四节气对于农民的耕作的意义一样，仪式、节日和庆典对于学校师生的生活也具有特别的价值。通过它们，师生被联结在一个共同体中，凝聚成一股向上的力量，学校的日常生活也因此被赋予了意义和目的，而不仅仅是一系列时间的堆积。

所以，如何对待教育生活中的那些重大日子：开学典礼、开学日、毕业典礼、欢迎新教师参加工作岗位、欢送退休教师并感谢他们为学校所做出的贡献以及那些标志出自己学校独特文化的特殊日子——这将是一所学校的文化是否成熟、成型的标志。

在苏霍姆林斯基的帕夫雷什中学，我就看到了许多作为"我们的传统"的节日、庆典、仪式，如"首次铃声节""最后铃声节"、母亲节、女孩节、歌节、花节、鸟节、无名英雄纪念日、堆砌雪城的冬节、首捆庄稼节、新粮面包节……所有这些节日，都是他们在漫长的历史中逐步创造并且固定下来的。我想，孩子们在毕业之后，无论走到天涯海角的哪个地方，都将永远不会忘记在这所学校中度过的那些激动人心的时刻以及那些触动过灵魂的因素。

现在，在越来越多的新教育实验班级中，我们都能够读到那种真正的心灵息息相通，生命彼此在庄重的仪式中相互镌刻出诗意的仪式——新教育实验特有的生日故事、生日赠诗。而且，许多新教育实验学校和新教育实验班级已经拥有了自己的节日，如"旺达节""榴花节""犀龟节"等，它们都是一些源自自己环境和生活的独特节日。

在孩子的求学生涯中，最隆重的节日就是毕业典礼。毕业，对于一个成长中的生命是具有特别的意义的，它既是一段旅程的结束，又是一段新的旅程的开始。所以，古今中外的学校都把毕业典礼当成学生生命成长的重要里程来郑重对待。

6. 建筑：新教育学校文化的物质载体

学校首先是一个器物化的环境。它的自然、设施、技术、建筑等并不是外在于人的，而是都打上了人的意志的烙印，折射着人的价值追求、审美趣味、思想方式，彰显出特定的文化意味。校园的一草一木，一池一塔，一砖一石，一器一物，莫不浸润了人的情致，莫不濡染了人的品格。这就是文化的力量。所以，我们说，改善学校环境设施，提高教育现代技术水平，自然无可厚非，但仅仅如此还远远不够，还应当在学校的这些器物世界里灌注一种精神的、人文的气息。唯有如此，它对师生才不是一堆外在的、冰冷的、陌生的物质，才能成为学校的精神象征，焕发出无与伦比的教育魅力。

我们不妨以学校建筑为例。

丘吉尔曾经说过："我们先是建造我们的房子，然后是我们的房子塑造我们。"学校的建筑传统，不仅是学校记忆的组成部分，也是学校教育的主要组成部分。

有时候，最好的教育，往往曾经发生在某棵大树之下，某间临时帐篷之中，或者在几间最朴素的土房里。在学校发展的历程中，我们应该尽可能保留这些记忆。我在主持苏州教育工作期间，就曾经面临苏州中学的扩建问题。这是一个千年府学的遗址，也是百年新学的见证。那些遗址是文物，当然不会轻易拆除。但是那些红色的四五十年代建设的小楼，要不要保存？我坚持，学校应该保留这些建筑——尽管拆除他们建设更加现代化、更加宽敞的教学楼，无论从视觉效果还是从经济效益都会更好，但是从学校的历史记忆，从学校的文化自觉来看，保存可能更有意义。因为，钱穆、钱伟长、胡绳、叶圣陶、孙起孟、陆文夫、吕叔湘等文化名家以及30多位院士，曾经在这些教室里学习、工作过。

我们对贵州石门坎有着特殊的感情。这里曾经创造过中国教育的奇迹。近一百年前，英国传教士柏格理等人，和中国的汉族、苗族等知识分子，在原来最贫困、最落后的苗区，共同创造了教育的传奇。他们创造了苗文，编制了中国本土的教材，建设了游泳池和足球场，建立了足球队，把体育和卫生带进了还处于奴隶社会的落后山寨。几十年中，从这个连鸟兽也难以到达的山区，走出了大学生，走出了博士生……

在贵州石门坎民族中学，我们看到，这里的每一棵树，每一幢楼，每一间房，甚至已经倒塌的土墙，都成了文化本身，成了神奇故事的活的见证。我们新教育团队应邀到这里工作了一段时间，我们也非常希望能够延续那个伟大的传统。

在浙江春晖中学，我们看到了一间普普通通的老房子。这间房子有什么价值呢？可是，它是夏丐尊先生在白马湖教书时为自己筑居的，在那里，一些美丽的散文与同样美丽的教育思想相继诞生。请问，有哪幢大楼能够比它拥有更高的价值？

所以，我们的学校究竟想要怎样的建筑？去追逐时髦与潮流吗？可是时髦与潮流永远比建筑走得更快。反之，如果任何一幢朴素的建筑都有我们的故事曾经在那里发生，有我们普通教师创造的动人故事在那里流传，有我们的英雄甚至伟大的人物曾经在那里栖息，那么它就是最美丽的，最值得保留的。

作为一所具体的新教育学校，它的物质层面的文化建设，应该如何进行呢？

第一，它应该处处散发着文化的气息。学校建筑确实应该是美的，但更应该是文化的。学校的教学楼、行政楼、食堂、庭园和道路等，都可以用具有文化意蕴的名字来命名。这些命名，要体现学校的文化追求、历史传统，要与学校校训、愿景、价值观有内在的逻辑。它应该是我们社会主流的优秀文化，最好还同时是传统文化的体现。如我们在杭州市萧山区银河小学所看到的那样，学校的七幢楼宇以北斗七星命名，七颗星连缀成北斗，同天文台一起，体现出了学校"让每一颗星星在银河中闪光"的愿景。

第二，它应该具有鲜明的个性。学校建筑是在属于自己的土地上"长"出来的。在一个大拆大建的时代，建筑设计师们根本无法定下心来，设计一些只属于一所学校的建筑。一张图纸稍加修改，就可以成批使用。农村的许多学校，不去寻求田园学校的境界，反而学起城市学校，搞起了水泥森林。所以，在学校建筑文化上，不能千校一面。

第三，它应该是由师生共同完成的。学校是师生们共同筑居、点缀、生活的地方，它的设计，它的粉饰，甚至它的部分建造，更不必说它的绿化、美化，都应该把师生的智慧与劳作融入其中。这本身就是一个教育过程，是学校生活中的大事，是有意义、有价值的事。现在许多学校都把所有美工、装饰外包给装潢公司，我们踏进这样的学校，表面看起来很有文化，也很美，其实这里没有生机，没有活力。而真正美妙的教育场所，就是师生们亲自创造的空间，一棵树、一棵草、一堵墙壁的粉刷、一个标志的设计，都是师生漫长生活的结果。

第四，它应该体现对生命的尊重。新教育让生命自由舒展的基本追求，应该体现在包括学校建筑在内的方方面面。所以，我们主张小学校园要有儿童化取向，要符合儿童的认知特点和规律，体现对儿童生命的尊重。比如，一些学校把校训物化为一个孩子易于接受的形象。"力求进步"在石家庄的一个学校里被物化成"脚丫"，而海门通源小学则以卡通形象"源源"作为学校大小活动的一个标志。再比如，学校黑板使用时应以最后一排同学能看到的地方为书写的下限，学校的一些作品的悬挂高度，下框最好与本年级大多数学生的视平线等高。这些对生命的尊重，其实都是新教育倡导的学校文化。

7. 故事：新教育学校文化的英雄叙事

文化，最终是以两种方式凝固起来的：文化中的英雄叙事和神圣性的建筑。故事和建筑，往往成为文化超越时间的见证。

一所学校中，谁是大家心目中的英雄？也就是说，在本校所有曾经生活过的人之中，谁是教师心目中的英雄，谁又是学生心目中的英雄？换句话说，一所学校树立怎样的英雄和榜样？

这个问题将是对学校文化真正的回复。因为这是新教育学校学校文化的一个方向性问题，也是一个根本性问题，它在一定程度上体现了学校的核心价值观。

我们很多学校，可能什么都有，但就是没有真正的新教育英雄、新教育榜样、新教育故事。这也是我想追问所有实验学校的问题：你的学校有自己的新教育英雄吗？你的学校有自己的新教育榜样吗？你的学校有属于自己的新教育故事吗？我始终认为，从某种意义上来说，这是所有新教育实验学校，在学校文化建设中最应该努力的方向。

（五）新教育学校文化建设中校长的角色

一位好校长，有时候就能成就一所好学校。

校长是学校文化建设的领魂之人，从某种意义上说，一位校长往往决定着一所学校的基本形象和办学品质。我们看到，一些校长因陷于琐碎的行政杂务而无暇问学致思，但同时又掌握话语霸权，深陷"权力即知识"的迷误之中。从某种意义上讲，这些校长与文化无涉：不读书、不沉思、不探索；无信念、无学养、无情调。在新教育学校组织的框架里，我们应该致力于新型校长的角色塑造，向人们展现全新的学校领导形象——文化型的校长，展现全新的学校管理模式——文化管理。

1. 校长应当有强烈的文化使命意识

优秀的校长能够认识学校的传统、资源，清晰地意识到学校的文化使命，能够把自己的梦想交给团队，让大家来决定它、栽培它、哺育它、拥有它、共享它，使它成为师生的共同愿景与价值观，成为师生自觉追求的理想。

新教育学校的校长应该记住：也许，这个学校的愿景、价值观最初确实肇始于你，但是只有你把它奉献出来，让它成为超越自己的精神力量，让自己成为它忠实的践行者和严格的守护者，并且让所有的师生认同它、践行它，才能够把一个人的灵感最终化为学校的文化力量。

在明确了学校的愿景、价值观以后，如何带领学校走向卓越？美国企业管理的畅销书《从优秀到卓越》，讨论的就是这样一个问题。他们勾勒出的那些能够让企业从优秀到卓越的"第五级管理人"，可以视为新教育学校文化理念中校长角色的一种理想描绘：

比起表演的马，他们更像拉犁的牛。

当成绩优秀时，他们把成功归于别的因素，归于那些优秀的老师而非他们自己。当情况不佳时，他们看着镜子责备自己，承担所有的责任。

他们表现出令人折服的谦虚，回避公众的恭维，从不自吹自擂。

他们冷静镇定，主要靠崇高的标准而不靠鼓舞人心的个人魅力来调动员工的积极性。

他们雄心勃勃，想把团队带到前所未有的境界，但从来不把个人的利益，尤其是自己的知名度放在第一位。

他们致力于发现和培养人才，努力为团队将来取得更大的成绩作好准备。

我们认为，这就是新教育实验学校文化建设的过程中，理想的校长角色：关注使命和愿景而不是首先考虑自己的利益得失，谦逊的个性与坚强的意志，寻找比自己更加优秀的人才，推功揽过敢于承担责任等。

2. 校长应当是特立独行的教育家

文化型的校长应该代表学校和文明社会的良知，甚至不惜为此而饱经艰辛、饱尝孤寂、饱受委屈。他超然物外，淡泊名利，敬畏神圣，崇尚人道，捍卫真理，刚正不阿，热爱公正与和平，并积极地传播它们；他保持独立思考的精神，坚持真理，敢于对貌似合理的现状进行质疑与批判。在物欲横流、行政宰制、学校失语的境遇里，校长的独立精神、批判意识对学校的文化品格的塑造意义至为重要，这也是成就教育家的条件之一。

3. 校长应当是行走大地的思想者

校长应当是思想者，有对教育乃至人类未来的终极关怀和形上思考，充任精神家园和教育乌托邦的守望者。思想不同于一般的思维，哲理不同于一般的道理，智慧不同于一般的智力，真正的思想就像诺瓦利斯说的那样，是"怀着乡愁的冲动去寻找家园"，因此它永难割舍乌托邦的情愫。当然，校长的思想不是纯粹理性的形上思辨，不是关在书斋式的抽象玄想和空洞观念，而是自觉地把自己的哲学思考融入教育实践，转变为教师的具体行动，成为学校"文明的活的灵魂"。所以，新教育倡导"只要行动，就有收获"，倡导做扎根田野的"农夫"。

4. 校长应当恪守"文化管理"之道

校长个人具备上述的文化品格和气质是远远不够的，他还应当把这种品格和气质融入学校的管理之中，这就是"文化管理"。

文化管理，要把"文化兴校"作为学校管理的第一原理，主张学校通过"文化植根"（哲学）、"文化塑形"（环境）、"文化育人"（学生）、"文化强师"（教师）、"文化立信"（领导）等方面，将文化的精神、理念、模式和方式渗透到学校管理的所有领域。

文化管理，主张一种整合的管理，它强调现代与传统、科学与人文、东方与西方管理精髓的整合，倡导应变的管理、创新的管理、整体的管理、和谐的管理。

文化管理，反对任何急功近利的文化建设观念与做法，强调学校文化建设的过程性、渐进性和历史性。正如荷兰文化学家皮尔森所说的那样："'文化'不是一个名词，而是一个动词。"文化是一个潜移默化、由外而内的恒久过程，它最终表现为经典的东西活化在日常中，理性的东西凝结在感性中，历史的东西融会在心理中，社会的东西内蕴于个体中，由此，学校、教师和学生的文化品位、文化气质或文化涵养就这样建构起来了。

文化管理，鼓励创新。学校文化建设的最大目的，在于文化的创造，即价值、精神的创造。这有两层意思。一是主张"月映千川""一花一世界"式的多元创造。新教育学校文化建设以缔造"幸福完整的教育生活"为核心价值，同时竭力倡导每个地域、每所学校、每位教师根据自身的历史和现状，创造风格独特的学校文化，体现新教育学校文化的"具体的多样统一"。二是主张不主故常、推陈出新的自我超越。新教育本身绝不是一个封闭自足的体系，它以开放的胸襟悦纳所有先进的理念、模式和方法，并将其进行整合创新，同时不断开拓未知的疆域，获得新的发现、新的领悟、新的建树。我们相信，只有这样，新教育的学校文化才能保持它绵延不绝、生生不息的活力。

九、激活教育磁场

——新教育实验的家校合作共育

新教育实验始终把家校合作共育放在重要位置。早在 2004 年，新教育实验就明确把"优化家校合作"作为重要项目，成立了新父母学校，用"6＋1"（指营造书香校园、师生共写随笔、聆听窗外声音、双语口才训练、建设数码社区和构筑理想课堂"六大行动"＋优化家校合作行动）特别行动方式予以推进。

近年来，家庭教育作为教育的重要组成部分，得到了全社会的重视，党和政府为此进行了多方部署，推出了诸多举措。2015 年春节团拜会上，习近平总书记就注重家庭、家教与家风建设做了重要讲话，2016 年 12 月 12 日，习近平总书记在接见全国文明家庭代表时，再次重申家庭和家庭教育的重要性，指出："家庭是社会的细胞。家庭和睦则社会安定，家庭幸福则社会祥和，家庭文明则社会文明……我们要认识到，千家万户都好，国家才能好，民族才能好。"[1]

注重家庭与家庭教育，离不开家校合作共育。本节希望通过对家校合作共育的历史与理论研究，总结新教育实验多年的探索实践，深入研究家校合作共育的方法与路径，力图在教育中建立良好的多方合作共生共赢关系，为全社会的文化生态奠基，助力中华文明的复兴。

---

① 习近平：在会见第一届全国文明家庭代表时的讲话，时政，人民网，http：//politics.people.com.cn/n1/2016/1215/c1024-28953393.html，2016-12-15.

2015年新教育研究院获得全国教育改革创新先进典型

（一）家校合作共育的历史考察与概念界定

1. 家校合作共育的历史考察

从教育史来看，家庭、学校和其他社会机构等由合至分，由分至合，在不同的历史阶段，以不同的方式，共同推进了教育的发展。在人类远古文明的漫长岁月里，教育在社会实践中进行，没有固定的教育场所和专门从事教育的专职人员，主要内容也只是渔猎和农耕等劳动技术与生活经验的传授。家庭出现后，原来由社会承担的教育任务，开始由家庭与社会共同承担。

最早的学校萌芽，与家庭一样，也出现在原始社会的末期。随着生产力的发展和剩余产品的出现，原本存在于社会生活中的教育逐渐分化了出来——学校诞生了。最初的学校教育只是少数人享有的特权，大部分人的教育仍然主要在家庭和社会的生活和生产劳动中，通过口耳相传的方式进行。现代学校教育制度是伴随着工业革命的兴起而出现的。现代学校制度出现以后，家庭和社会仍然承担着教育的任务，但是由于越来越多的父母参与到生产活动中，他们有自己专门的职业活动，这在很大程度上导致他们开始"走出"家庭，逐步"淡出"教育的舞台。学校因而成为教育的主渠道，承担着最重要的教育使命。

　　一直到 20 世纪 60 年代前，家庭与学校的联系与合作都是比较少见的，只有在出现各种事件或变故时，如孩子在学校出现了严重的行为问题，或在家中显露出受到极度的课业压力时，家校之间才会相互联系。20 世纪 60 年代开始，西方国家掀起了以教育机会平等为基本内容的平权运动，强调关注处境不利的儿童和家庭的教育机会。1966 年，《科尔曼报告》提出了一个令学校教育感到尴尬的研究结论，即在影响学生学业成就的几个重要因素排序中，学生家庭的社会经济地位（SES）位列第一，超越了教师和学校因素，成了影响孩子学业成就的关键因素[①]。同时，塞维尔（Sewell）、哈瑟（Hauser）等教育社会学家的研究也发现，父母参与和期望是儿童成长的重要中介变量。这些研究让人们重新思考家庭与学校教育的关系问题，重新考量家庭在教育中的作用，家校合作问题也开始被提到议事日程，许多国家的政府先后出台了推进家校合作的政策，鼓励父母参与到孩子的教育中来。

　　20 世纪七八十年代以来，以美国为代表的世界各国都开始广泛关注和重视家校合作共育问题，从财政支持、法律体系建设到理论研究，都加大了力度。20 世纪 70 年代开始，美国教育界出现了一场声势浩大的有效学校运动。该运动的主旨是促进教育机会均等和提高学校质量，提出的重要策略是父母参与学校教育，改变过去学校与家庭相互隔离的方式。1970 年，美国国会通过了初等和中等教育法的修正案，第一条款就提出成立父母咨询委员会（Parent Advisory Council），以协助学校设计、发展和实施那些促进低收入家庭儿童发展的计划，父母参与教育的权利被正式纳入联邦教育法规。1983 年，"冷战"背景下的美国高质量教育委员会发表了名为《国家处于危机之中：教育改革势在必行》的报告，促进家校合作是报告的重要内容。1988 年的哈金-史达佛改善中小学修正案（Hawkins-Stafford Elementary and Secondary School Improvement Amendments）再次强调，为改善中小学教育，需要增进父母参与。在这个背景下，父母参与已经成为学校教育的常态，部分父母成为学校决策层的重要成员，对于所在学校的教师聘任、课程设置、教材选用，乃至学校的资金预算等都有一定的发言权。父母还可以通过竞选学区教育委员会、学校校务委员会、父母咨询委员会或学校咨询委员会的成员来参与学校决策。这一时期还出

---

　　① 马晓强：《"科尔曼报告"述评——兼论对我国"上学难、上学贵"问题的启示》，教育研究，2006（6）。

现了一些新的家校合作组织，如美国合作伙伴关系联盟研究中心，伦敦国王学院在2007年建立的"国立育儿辅导学院"。

在这场席卷全球的家校合作探索中，我国（包括台湾、香港等地）也进行了若干探索，比如香港地区的政府教育部门为了发展家庭和学校的关系，在1993年成立了"家庭学校合作事宜委员会"，广邀专业人士及社会各界有名望人士加入，以此推动家校联系。自改革开放以来，党和政府更是不断加强相关制度建设，为深化家校合作共育提供了政策依据与规范操作方法。

2018年4月，新教育研究院参与主办第二届家庭教育文化节

1995年，全国人大通过了《中华人民共和国教育法》；2006年修订的《中华人民共和国义务教育法》和《中华人民共和国未成年人保护法》及其相关条文，为家校合作共育提供了基本的法律依据①。1999年中共中央国务院颁布的《关于深化教育改革全面推进素质教育的决定》和2010年中共中央国务院印发的《国家中长期教

① 1995年全国人大通过的《中华人民共和国教育法》中第49条，1986年通过、2006年修订的《中华人民共和国义务教育法》第5条、第36条，1991年通过、2006年修订的《中华人民共和国未成年人保护法》第12条等，都从未成年人有效保护的角度提出了学校和社会应该对家庭提供教育上支持的文件。

育改革和发展规划纲要（2010—2020 年)》(以下简称《纲要》)，也都把家校合作共育作为教育改革的重要内涵。如《纲要》在"建设现代学校制度"部分，就明确提出了"建立中小学家长委员会"的要求。以上这些文件，都把家校合作共育作为教育改革的重要内容，为深化家校合作共育提供了政策依据。

全国妇联、教育部等部委也出台了若干关于家庭教育的专门文件。1998 年，全国妇联和教育部联合颁发了《全国家长学校工作指导意见（试行)》。2010 年 2 月，全国妇联与教育部、中央文明办、民政部、卫生部、国家人口计生委、中国关工委联合颁布了《全国家庭教育指导大纲》(以下简称《大纲》)。2011 年全国妇联、教育部、中央文明办颁布《关于进一步加强家长学校工作的指导意见》。2012 年 2 月教育部颁布了《教育部关于建立中小学幼儿园家长委员会的指导意见》。2015 年 10 月，教育部颁布了《关于加强家庭教育工作的指导意见》。2016 年 11 月，全国妇联联合教育部等八个部门共同印发了《关于指导推进家庭教育的五年规划（2016—2020 年)》。其中，关于家校合作共育的领导体制明确提出：各级妇联组织、教育行政部门牵头负责指导和推进家庭教育；文明办协调各部门力量共同构建学校、家庭、社会"三结合"教育网络；教育部门加强幼儿园、中小学校家长学校的指导与管理；卫生、人口计生部门大力发展新婚夫妇学校、孕妇学校、人口学校等公共服务阵地，对父母进行科学养育的指导和服务；人口计生部门负责 0～3 岁儿童早期发展的推进工作，并逐步纳入公共服务范畴。妇联、民政、教育、人口计生、关工委等部门共同承担做好城乡社区家庭教育指导、服务与管理工作，推进家庭教育知识的宣传和普及，促进家庭教育事业全面发展。由于《大纲》等文件对家校合作共育中的各部门职能的交叉，在实际工作中形成了相对灵活的多样化格局。最典型的有三种模式的家庭教育领导体制：一是以关工委为牵头部门，以江苏淮安为代表；二是以妇联为牵头部门，以广东中山为代表，三是以教育行政部门为牵头部门，以山东潍坊市为代表。这三者都取得了良好的效果。因此我们可以看到，无论是谁牵头，只要能够有意识、下力气推动家校合作共育，就一定能做出成绩。

2. 家校合作共育的概念界定

要对家校合作共育下一个准确的定义，首先需要厘清相关的重要概念，并对学校、家庭和社区等各方在教育过程中应有的角色与作用进行分析。

首先，关于家庭与家庭教育。家庭是以一定的婚姻关系、血缘关系或收养关系组合起来的社会群体，是"社会最微小的细胞"。家庭是一个人最早接受教育的地方，也自始至终地影响着一个人的成长。这就是家庭的教育属性。家庭教育，从广义上而言是指家庭成员之间的相互教育，从狭义上而言是指父母或其他年长者在家庭内自觉地、有意识地对子女进行的教育。[①] 家庭教育最明显的特征是非正规性，它不可能像学校教育那样有统一的课程标准、教育内容、作息时间和考试评价。但家庭教育同时又有其独特优势：一是时间上的优势，孩子日常只有 6-8 个小时在学校，而其余更多时间都在家里或课外；二是情感上的优势，家庭教育具有用血缘和亲缘关系对子女产生影响的优势，可以利用亲情和父母言行的示范作用对子女进行教育；三是资源上的优势，家庭教育可以超越学校的时空限制，利用所有的资源，从社会交往到旅行考察，从各种媒体到网络资源等多种途径进行教育。

其次，关于学校与学校教育。学校是有计划、有组织地进行系统的教育活动的组织机构。学校教育指教育者按照一定的社会或阶级要求，有目的、有计划、有组织地对受教育者在知识、技能、情感、态度、价值观等方面实施影响，使其身心等素质朝着教育者期待的方向发展的过程。相对于其他形式的教育，学校教育是教育的正规形态和主导形态，是制度化教育。尽管未来学校形态也会发生革命性的变化，但学校的基本属性不会有很大变化：社会性，即学校是一种社会组织，具有社会属性，是学生社会化的重要场所；专业性，即学校是专门的教育机构，目的明确、工作专业、方法科学；强制性，即学校教育必须遵循国家的培养目标、学习时间与课程标准，代表国家和社会利益及要求；阶段性，即根据学制安排，学校教育一般将学生的学习分为若干阶段，每个阶段有一定的学习内容和考核标准。

正因为学校教育的上述特点，学校才能得到国家和家庭——这两个关键主体的共同支持而得以发展，并成为教育的主渠道。学校既要代表国家意志，也要代表家庭意愿；既要保证为国家培养建设者，也要保证为家庭培养人才。只有两者充分有机结合，教育才能得到健康发展。

再次，关于合作共育。家校合作共育，是指家庭、学校、社区等不同教育主体

---

① 缪建东：《家庭教育社会学》，2 页，南京，南京师范大学出版社，1999。

之间在教育方面的合作。合作是相对于分工而言的。长期以来，不同教育主体各自分工，以履行自己对儿童的教育职能。但是，在教育研究和实践中越来越发现，在分工基础上的合作，对儿童发展最为有利。

关于家校合作共育的主体，虽然用的是"家校"这个概念，但其中也包含着社区。因为，学校和家庭都是处于一定的社区之中的，社区是家校合作的重要空间环境和文化环境，也是重要的合作伙伴。根据美国学者爱普斯坦的"交叠影响域理论"，家校合作共育是学校、家庭、社区合作，三者共同对孩子的教育和发展产生叠加影响的过程。家校社三者是合作伙伴关系。[①]。

我们认为，学校、家庭和社区虽然各有职能，但彼此间又密切相关。学校不仅仅是教育活动的组织机构，还是社区的文化中心和文明引擎；家庭不仅仅是亲缘关系的社会单元，还是孩子的课余学校与亲子乐园；社区不仅仅是区域生活的共同空间，还是孩子的第二课堂和实践基地。当然，根据约定俗成的称谓，也为了行文简便，我们一般还是用"家校"来指代所有参与共育的不同教育主体。

在教育中，学校是专业机构，家庭和社区是非专业单位。专业和非专业两者之间，一旦发生合作或围绕教育问题进行精神交流，就形成了教育磁场。这就像南极和北极看似距离遥远，其实彼此呼应，形成磁力，影响着磁场中的一切。家校合作共育中产生的这种"磁场效应"，会让所有参与者产生精神共振。就当下而言，这会有着潜移默化的"不教之教"的良好效果；就长期来说，则有着辐射社会并提升全民教育素养的重要功效。这将是一种理想的立体化、大教育状态。

我们在家校共育的工作中所要做的，就是把精神交流发展为精神共振，从而加强教育磁场的正向磁力，让这磁力作用于学生、教师、父母等所有相关人员身上，并通过磁力的持续向外扩散，将教育的影响力继续向全社会辐射和传播。

基于上述理解，家校合作共育是指通过建立和发展家庭、学校和社区多方教育主体之间的新型合作伙伴关系，拓展教育教学资源和条件，影响并改善家庭、家教和家风，加强现代学校制度建设，促进社区和谐共生，实现家庭、学校和社区的协调发展，父母、孩子、教师等相关人员的共同成长。

---

① 吴重涵：《从国际视野重新审视家校合作——〈学校、家庭和社区合作伙伴：行动手册〉中文版序》，教育学术月刊，2013（1）。

3. 家校合作共育的内涵分析

爱普斯坦曾经总结了6种家校合作活动的实践模式：当好家长、相互交流、志愿服务、在家学习、决策、与社区协作。[①]

考虑到中国家庭教育的实际，我们进行了新的思考与归纳，从四个方面重新梳理了家校合作共育的内涵。

（1）家庭教育指导

家庭教育指导是指学校和社区具体指导父母如何处理好家庭关系，如何认识孩子的身心发展特点，如何科学地教育孩子，提供当好父母的基本知识与技能，帮助父母了解学校生活的特点与规律和孩子学习的现状与特点，获取社区的教育资源等。家庭教育指导的内涵，比爱普斯坦提出的"当好家长"和"在家学习"要更加广泛和丰富。

家校合作共育的效果如何，在很大程度上取决于父母的教育素养。所以，指导家庭提高教育的科学化水平，应该是家校合作共育的应有之义和基础工作。在这方面，学校应该发挥主导作用。作为专门教育机构的学校和作为接受过比较系统的教育科学训练的教师来说，对儿童的身心发展特点、学习方式和其学校生活的情况比父母更加熟悉，所以，学校和教师应该自觉承担起指导家庭教育、帮助父母成长的责任。

（2）学校生活参与

学校生活参与是指学生及其父母及社区代表对学校教育实践活动的参与，主要包括决策参与、课程参与和管理参与。决策参与，是指通过校务委员会、家校合作委员会等机构参与学校的重大决策，反映学生与父母的各种诉求，为学校的发展提出合理化的建议。课程参与，是指参与到学校课程的规划、设置、研发、实施和评价各环节之中，常通过志愿服务的方式进行，学生及其父母和社区的代表通过家委会以及各个活动小组的形式，参与学校的各种教育教学的相关活动，如结合自己的专业、职业，为学生开设课程或讲座。管理参与，是指学生及其父母和社区代表参与到学校具体事务的管理过程之中，一般也通过志愿服务的方式进行，如在图书馆、

---

① ［美］爱普斯坦等：《学校、家庭和社区合作伙伴：行动手册》，吴重涵等译，序言，南昌，江西教育出版社，2012。

食堂担任管理者，在学校上学、放学期间协助学校的导护教师维持秩序等。

家校合作共育的过程经常会忽视学生（儿童）的权利，所以应该通过制度化的安排，如让学生代表旁听决策讨论会，向学生征集预设立课程的主题等，让儿童参与到决策、课程和管理的三个环节中。

（3）家校互动沟通

家校互动沟通是指家庭、学校、社区之间通过各种媒介，建立正式和非正式的沟通渠道，及时交流和分享相关信息，如学生在学校或者家庭的相关情况，家庭、学校或社区的重大活动等，以此增进互信，促进合作。互动沟通的诸多内容也体现在指导家庭教育（及社区参谋）、家庭和父母（及社区）参与学校教育两方面，此外互动和沟通还有其特有的目的作用，如增进互信等。家校合作共育的效果如何，直接取决于家校之间的信息沟通交流是否对称、充分、有效。

（4）社区融合协作

社区融合协作是指家庭和学校真正地融入社区，利用社区的教育资源，与社区的各种机构和人员通力协作；社区也主动开放各种资源，主动配合、积极参与家庭和学校的相关活动。社区融合协作的主要形式包括组织孩子参与社区相关活动，帮助学校服务家庭，为学校和家庭参与社区活动提供便利等。

在家校合作共育中，社区是不可或缺的重要教育资源，与家庭、学校是非常重要的新型伙伴关系。家庭、学校本身位于社区之中，父母、教师和孩子本身也是社区的重要成员，社区的各种机构和组织，如博物馆、科技馆、图书馆、文化馆、影剧院、银行、企业等，都能够在教育过程中发挥不同的作用。

（二）家校合作共育的意义与价值

家校合作共育是教育现代化、民主化、科学化的必然要求，也是教育和社会发展到当今信息时代的必然选择。父母作为儿童的监护人，原本就拥有教育权，这种源自"教育原始的委托者"身份的教育权，在工业时代才开始更多委托给学校行使。到了信息时代，随着对教育需求和学校自身的改变，无论是自愿还是被迫，家庭都将越来越多地进行教育上的选择和参与。

因此，如果说工业时代的家校共育，学校和家庭还可以根据自身需求进行主观选择的话，那么到了信息时代的家校共育，就是学校与家庭都不得不正视的、必须进行的必然选择。只有做好家校共育工作，才能够正常促进信息时代教育的发展。在这一时代背景下，家校合作共育有着更为重大的价值意义。

1. 家校合作共育有利于增强家庭的教育功能，促进新型家庭、家教和家风建设

首先，教育目标的一致有利于家庭和谐氛围的营造。在中国的家庭中，孩子的教育问题历来是家庭关注的焦点。因为孩子的教育一旦出现问题，或者围绕教育产生分歧，就很容易导致家庭成员之间关系紧张。家校合作共育过程中，学校如果通过各种形式向家庭传递科学的教育观念和教育方式，帮助家庭成员之间在教育问题上形成一致的教育目标，就可以有效避免家庭成员之间因为教育问题而产生的矛盾。

其次，共同成长能够为家庭建设提供有力保障。教育上，父母不作为和乱作为，都会导致孩子的成长障碍。家校合作共育不断推动父母的学习和自我成长，不仅可以有效避免由于自身错误的教育行为对孩子的伤害，而且可以形成尊重、理性、文明、友善的家风，以利于学习型家庭的建设，从而能避免因极端行为给家庭带来的伤害，带动家庭建设朝着健康方向发展。

再次，对孩子的抚育过程，能促进父母的再次成长。教育孩子，是父母对自身成长历程的一种折射和反思。没有谁的人生是完美的，每个人的童年都会有伤痛，但如果处理不当，就会不知不觉中积累为健康成长的障碍。父母用心梳理自己孩童时的经历，不仅有助于发现自己孩子的教育问题，而且能借回顾和反思化解自己成长中出现的问题，从而实现精神生命的第二次发育，再次成长。

所以，家校合作共育能够引领家庭教育方向，提高父母的教育水平，形成良好的家庭人际关系和家庭风气，构建有利于孩子成长、全家幸福的家庭。

2. 家校合作共育有利于建立现代学校制度，拓展教育教学资源，提升教育教学质量

现代学校制度是一种协调校内和校外关系的制度安排，重视协调和整合影响学生发展的各种力量。现代学校制度把学校视为一个开放的组织，不仅关注学校内部的运作过程，而且也重视学校与家庭、社会的互动过程，特别强调学校利益攸关方在制度构建和发展中的作用。家校合作是现代学校制度建设的重要组成部分，也是现代学校教育治理体系的重要组成部分。家校合作共育对于建立现代学校制度，拓展教育资源，提升教育教学质量具有重要作用。

家校合作共育凸显了办学的多元主体。学生父母和社区干部群众的知识、经验和专长，可以从不同侧面有效弥补学校教育资源的不足。社区的各种公共文化机构和名胜古迹等资源，更是可以直接丰富学生的课堂教学资源和课余生活。在家校合作共育的过程中，学校可以充分利用家庭和社区的教育资源去优化、完善学校内外的教育环境，使学生接受的教育更丰富、更完整。社区和父母对学校的要求也是学校教育不断优化的一种动力。

家校合作共育还可以强化学校的自我管理，提高学校管理科学化的水平。科学管理的每一个环节都必须以及时、准确、完整的信息沟通为基础。从目前家校合作共育的情况来看，仍然有一些学校抱持"闭门办学"的态度，以学校围墙为界，将学校与外界社会隔离开来，成为"教育孤岛"。因此，消除传统学校教育弊端，唤醒学校的教育活力，改进教育生态，推进教育的有效性，已经成为全社会的教育共识。《国家中长期教育改革和发展规划纲要（2010—2020年）》中提出要建立现代学校制度，其基本内容就是"依法办学、自主管理、民主监督、社会参与"，就是要吸引家庭和社会力量对学校管理和运行的有效参与。

从许多新教育学校家校合作共育的范例中，我们可以看到父母和社区参与学校管理事务带来的巨大力量。让父母从学校的阻力变成动力，从与学校对立变成友好，让社区与学校的互不相干到共同携手孩子成长，由此改变学校的生态，提高父母和社区对学校与教育的满意度，从而形成一种强大的教育正能量。

3. 家校合作共育有利于师生、亲子和相关参与者共同成长

成长本来就应该是父母、教师与孩子共同的事情，是父母、教师与孩子必须共同面对的问题。因此，家庭教育、学校教育和社区教育，都不是简单地针对孩子，同时也是父母、教师和社区人员的自我教育。父母与孩子、教师与学生在成长的过程中完全是互动的关系。父母和教师的成长会带动孩子的成长，孩子的成长也会促进父母和教师的成长。优秀的父母和教师更容易培养出优秀的孩子。反过来，学习如何科学培养孩子，也会推动父母、教师不断走向优秀。

社会化不仅仅是儿童的任务，成年人其实也面临着一个再社会化或者继续社会化的问题。家校合作共育给父母们提供了一个重要的学习机会和成长平台。由于父母们来自各行各业，他们在分享教育子女的意义和经验的同时，也可交流其他诸如职业和生活方面的信息，在广交朋友的过程中学习别人的长处，为自己今后的生活开辟更广阔的道路。

对于教师来说，家校合作共育使自己更加全面、客观地认识学生，学习与人交际的能力，推动合作向更好的方向发展。另外，家校合作共育也是社区各种相关人员学习与成长的过程。家校合作共育中，大家可聘请一些校外的、非父母的志愿工作者，由他们来担任联络人、指导员或校外辅导员等角色。学校可对他们进行相应的培训，然后由他们对父母提供儿童教育指导。他们从父母处得到的信息又可反馈给学校，为学校的进一步决策提供依据。家校合作还会涉及政府机关、专业社会组织、社区服务机构（如图书馆、科技馆、博物馆、少年宫、电影院、医院、商场等）等的支持与协调，这也是一种相互学习、相互受益的过程。在教育孩子的过程中与孩子共同成长，是家校合作共育的特点，也是最理想的教育境界。

4. 家校合作共育有利于社会和谐稳定，生活幸福完整

美国社会学家 W. 古德（William Goode）说过，在所有已知的人类社会之中，几乎每一个人都卷入了家庭的权利和义务的网络之中。[①] 如果把整个社会关系比成一张网，那么，家庭关系就是这网上的重要纽结。人类社会最基础的关系是家庭关系，家庭在儿童社会化的过程中起着重要作用。家庭中的夫妇关系、亲子关系、同胞关系往往是社会上各种人际关系的折射。如果儿童能够比较顺利地习得处理家庭关系的艺术，未来他就能够比较好地适应社会生活，与领导、同事、朋友和睦相处。

对于中国的许多家庭来说，教育意味着未来。教育是家庭最纠结的事情之一。虽然很多教育的难题其实是社会问题的折射，教育问题的根本解决还有赖于社会发展，但是，只要家庭和学校之间充分理解，把希望寄托在共同教育的孩子身上，把未来寄托在孩子的创造上，并共同为之努力，就能打牢社会的稳定基石，促进社会的和谐。

从另一个方面看，父母参与子女的学校教育本是他们的权利、义务与责任。参与过程也是父母树立权利意识和责任意识的过程。家校合作共育过程中，通过沟通、协商、相互妥协来解决冲突的过程，本身就是一个民主的过程。民主与法制意识的启蒙与觉醒，有助于父母积极地投入社会政治生活，从而促进社会的进步。

江西省弋阳县教育局曾经算过一笔账，他们县有 41 万人口，其中 7 万是学生，

---

① ［美］W. 古德：《家庭》，魏章玲译，19 页，北京，社会科学文献出版社，1986。

每一位学生的父母、爷爷奶奶外公外婆加起来就是 6 位。全面开展家校合作共育，其影响面显然会涉及全县绝大部分人口，这样自然有利于实现"用良好的校风影响家风改变民风"的目标。可见，家庭、学校、社会，以孩子为纽带，通过合作共育紧密地联系在一起，就能够为构建和谐社会，过一种幸福完整的教育生活，奠定坚实的基础。

（三）家校合作共育的原则

阅读与家庭是教育的两大基石，两者都关系到教育的全局和根本。从 2000 年开始，新教育着力推进书香校园建设，让阅读的理念逐渐深入人心。以新父母研究所和新家庭教育研究院的建立为标志，新教育又着力推广家校合作共育的新家教理念。以"家校合作共育"为基本特点的新家庭教育，是新教育理论与实践的重要组成部分。

1. 新教育实验在家校合作共育方面的思考与探索

新教育实验从一开始就非常注重"家校合作共育"问题。在 2000 年出版的《我的教育理想》一书中，我就提出，理想的父母应该努力配合学校、社区进行全方位、多层次的教育，从而使孩子快乐、健康地成长。

2004 年 3 月 28 日，新教育与《莫愁》杂志联合发起的"莫愁新父母学校"在苏州工业园区娄葑第二中心小学正式挂牌成立。2004 年 4 月 24 日，在昆山玉峰实验学校举行的新教育研究中心会议上，我们决定把"优化家校合作"作为"6＋1"的项目正式纳入新教育的行动计划，家校合作开始成为新教育的重要行动。2005 年 3 月，第一所新教育实验学校的《玉峰新父母校报》正式印发。同时，由福建教育出版社正式出版的《与理想同行——"新教育实验"指导手册》（2005 年第一版）和 2006 年全国教育科学"十五"规划重点课题"新教育理论的实践及推广研究"结题报告中，都详细介绍了新教育实验"优化家校合作"的行动。2007 年 7 月，新教育运城年会正式提出"共读共写共同生活"的理念。一些新教育的榜样教师在年会上讲述了自己在家校合作共育方面的故事。

可以说，家校合作共育作为一种打开校门、融合力量、共同推进教育发展的举措，是新教育实验的底色之一。它贯穿在新教育历年的年会主报告中，是"十大行动"中促使其他行动更为有效地开展的一种工具。新教育的营造书香校园，其实就

2004年3月，首批"莫愁新父母学校"正式挂牌成立

包括了亲子共读、书香家庭与书香社区等内容。师生共写随笔，则包含了师生、亲子、师亲等互相的交流。父母进课堂，本身也是聆听窗外声音的重要内容。培养卓越口才、构建理想课堂、建设数码社区、推进每月一事、缔造完美教室等也都与家校合作有着密切的关系。比如，我们在"习惯养成第二天性"的主报告中就明确提出，家庭是培养良好行为习惯最重要的场所，而早期的行为习惯养成训练对人一生具有重要的作用。报告还明确提出"教师、父母与孩子一起成长，共同养成良好习惯，形成同频共振的氛围，是习惯养成的重要原则"。

2011年11月，新教育成立了"亲子共读研究中心"，把父母与孩子的共同阅读作为新父母成长的重要内容，每天早晨的"新父母晨诵"等项目已经有上亿的点击阅读量。2012年，该中心更名为"新父母研究所"，全面开展新父母晨诵、新父母学校、父母书目研制、亲子共读等项目。新父母研究所秉承"点亮自己，照亮他人"的萤火虫公益精神，在全国30多个省市建有萤火虫工作站56个，它汇聚4万多位父母开展萤火虫亲子共读。2012年，在新教育宁波国际高峰论坛上，"家校合作共育"正式成为新教育实验的"十大行动"之一。新教育实验开始了家校合作共育探索的新时期。2015 年，新教育研究院与相关机构联合成立了新家庭教育研究院。研究院成立以来，先后组织力量编写了《中国家庭教育蓝皮书》《新父母读本》（从胎儿时期到大学阶段，每年一本，共 20 册），与中国教育电视台合作评选了 2016 年度中国好父母，协助中国教育学会家庭教育专业委员会组织召开了 2015 年、2016 年家庭教育国际论坛和 2016 年、2017 年全国家校合作经验交流会，组织了近百场新父母大讲堂等学术与公益活动。2016 年开始，以海门新教育实验区为代表的有关实验区和实验学校，已举行了多个以家校合作共育为主题的新教育开放周，书写了深化家校合作共育的新篇章。

在家校合作共育的理论研究方面，新教育也做了不少有益的探索。继 2000 年《我的教育理想》一书中提出了"理想父母"的标准以后，新教育团队成员先后发表了《教育从家庭开始》《与孩子一起成长》《家校合作的三种模式探讨》《家校携手教育不愁》《做最好的家长》《陪你走过 0—6 岁》《亲子关系：决定孩子一生的幸福密码》《五元家教法：好父母的必修课》《向孩子学习：一种睿智的教育视角》《好好做父亲：男人最有价值的投资》《新家庭教育宣言》《新家庭教育十大愿景》《喜阅读出好孩子》《新教育的一年级》《家校之间有个娃》《合育论》《改变，从习惯开始》《各就各位准备飞》《教室，在书信中飞翔》等家校合作共育方面的论文和著作，同时研制了"中国父母基础阅读书目"，为中国父母的成长提供了第一份系统的书目。

2. 新教育实验家校合作共育的基本原则

过一种幸福完整的教育生活，是新教育实验的宗旨。幸福和完整是家校合作共育的根本朝向。幸福，不仅仅是教育的目标，更是人类的终极目标。发展经济也好、生态建设也好，最重要的是为了让人获得幸福感。幸福教育是幸福人生的基础。新教育实验的理想，就是能够让每个人真正地快乐、自主地学习，让每一个人能够真正地享受学习生活、享受教育生活，让每个人能够发现自己的潜能与天赋，让每个人在和伟大事物相遇的过程中发现自我、成就自我，成为最好的自己。教育本来就是增进幸福的重要途径。挑战未知，合作学习，本来就应该是非常幸福的。所以，家庭、学校和社区，都应该努力创造让孩子幸福成长、快乐学习的环境，让教师和父母能够体验职业尊严和责任使命的环境。

教育还有一个很重要的使命，就是帮助人成为他自己。现在教育面临的一个很大的问题，就是用统一的考试、统一的大纲、统一的评价，把所有的短板补齐了，所有的人变成一样了，而不是扬每个人的长。其实，真正的教育应该扬长避短。人什么时候最幸福？发现自己才华，找到自己值得为之付出一生努力，能够痴迷一件事情，实现自己的梦想，一个人只有在这些时候，才是最幸福和快乐的。这就是完整的幸福。所以，新教育实验提出应该让家庭、学校、社区成为汇聚美好事物的中心，让所有的人在学习与成长的过程中能够找到自己、发现自己、成为自己。

当然，新教育所说的"完整"，内涵是丰富的，从培养的目标来看，包括自然生命、社会生命和精神生命的完整，即身心灵的完整；从教育的主体来看，应该包括家庭、学校和社会的完整，只有这样，才能够真正形成合力。

在坚持过一种幸福完整的教育生活的根本朝向的前提下，家校合作共育应该遵循以下基本原则。

（1）目标一致原则

家庭、学校、社区的教育目标是一致的。尽管三者是不同的社会单元，在社会生活中扮演着不同的角色，发挥着各自的独特作用。但在家校合作共育中，他们具有明确而共同的目标，这就是更好地促进青少年儿童身心朝着健康、全面、个性化的方面发展，实现教师、父母与儿童的共同成长，让家庭、学校、社区的所有人能够过一种幸福完整的教育生活。目标一致性原则，是家校合作共育最坚实的基础，也是最大的共识，它为扫除行动中的一切阻碍铺平了道路。只有坚持这个原则，家庭、学校和社区才可能保持一致，并肩前行，而不是互相掣肘。

（2）地位平等原则

家庭、学校、社区在合作共育的过程中具有平等的主体地位。家校合作共育必须建立在平等互信的基础之上。家庭、学校、社区是"伙伴"关系，共同承担儿童成长的责任。青少年儿童在家庭是父母的孩子，在学校是老师的学生，在社区是未成年人，家庭、学校、社区三方共同承担教育的责任，地位也是完全平等的，不存在谁"依附"于谁的问题。任何一方都不能凌驾于其他各方之上，也不能成为其他方面的附庸。学校不能压制家庭，漠视社区；家庭和社区也不能挟持学校。只有在保障各方的独立性的前提下，在互相平等的过程之中，家校合作共育才能走上良性循环、同频共振的道路。

只有彼此平等尊重，家校合作共育才能实现共同利益的最大化。最好的合作共育，就是三方共同制定游戏规则，在确保边界的同时，保障理念的统一性和决策的公开性，最后实现共同的治理。

（3）尊重儿童原则

家校合作共育所制定的各项制度、拟订的各种计划中，参与的无论是家庭、学校还是社区，无论是成人还是儿童，都必须保证各自的权力，由此才可能达成真正的理想结果。在这一基础上，特别需要强调儿童一方的权力保障。1989 年 11 月 20 日第 44 届联合国大会第 25 号决议通过的《儿童权利公约》（Convention on the Rights of the Child），中国于 1990 年 8 月 29 日成为第 105 个签约国，确保儿童权利是家校合作共育中的应有之义。只有在决策中权力均衡，让儿童代表能够为自身代言，才能在实践中保障权利，让所有儿童在平等参与中，得到真正的教育，收获更大的成长。

（4）机构开放原则

家庭、学校和社区彼此敞开大门，尤其是作为合作主导方的学校，要向家庭和社区开放，这是家校合作共育的最重要的条件。家校合作共育的开放性，同时也意味着在参与家校共育的过程之中，一个家庭也向其他的家庭敞开家门。这种家庭之间的互相交往，让好的家庭变成更多家庭的典范，其价值和意义不亚于学校和家庭之间产生的交往互动。这样的交往，意味着传统之中关着门的家庭教育，因为家校合作共育而投进了一抹阳光。开放性，同时也意味着家校共同体面向社会的开放，吸纳更多社会力量的参与。因为无论是各类公益机构的支持，还是各种教育项目的合作，它们都是促进教育的有生力量。

（5）方法多样原则

家校合作共育的方法多种多样，没有固定模式。家校共育的方式和方法应该也可以做到丰富多彩，我们只需要多动一点脑筋，就可以让家校共育和学校平时的日常教育教学完全融为一体。家校合作共育不是在学校日常工作上叠床架屋，而是可以无声无息地融入绝大多数的日常教学环节之中，并不需要额外占用过多时间和精力。只有这样科学、简便、高效的家校共育方法，才能保障日常工作之中坚持家校共育的可能；也只有这样的家校共育方法，才能在工作中取得良好的效果，从而让家庭和学校都增进互相合作的信心。

（6）长期坚持原则

家校合作共育特别需要强调坚持常态化、制度化的机制。为此，我们必须制定长期有效、可操作性的工作计划，明确具体的负责人员。通过工作计划，我们要科学梳理和合理规划家校合作共育的重要内容，确保计划周密、分工明确、责任到人和有效督查，避免在家校合作共育机制运作过程中失去整体的完整，错过了对关键内容的推动。同时，我们更需防止工作中把家校合作共育作为"消防队"，头痛医头脚痛医脚，遇到问题就紧锣密鼓，山雨欲来风满楼；一旦问题过去就随随便便，甚至抛在一边。

（7）多方共赢原则

在家校合作共育中，受益的不仅仅是学生，还包括父母、教师、学校和社区的其他相关人员。家校合作共育收获的是一份共生多赢的硕果。对父母来说，家校共育应该促进多方的共同成长，尤其是让亲子之间因共同成长而愉悦，家庭生活因此幸福完整。对教师来说，家校共育赢得父母的支持，能让日常教学工作之中减少阻力，增添动力，从而让教师的本职教育生活幸福完整。对社区等相关人员来说，家校共育能融洽社群关系，在对教育的投入中获得更为丰富的职业认同感，更为积极的人生意义感。如若只考虑家庭、学校或社区之某一方面的利益，合作显然无法长久维系，家校合作就会变成相互拆台、互相挑剔的闹剧，结果自然适得其反。

（8）跨界协调原则

家庭、学校和社区，有着各自的功能定位。所以，从传统的观点来看，家校合作共育是典型的"跨界"行动。教师"走出"学校，父母和社区"迈进"学校，都是去做"分外的事"。因此，家校合作共育有着特殊的困难，尤其是持续性的难度，要远远大于体制内的组织行动。工作中必须特别注意明晰家校合作共育的边界。遵守边界的跨界，到位而不越位，是做好家校合作共育工作的基本原则。

遵循跨界协调原则有三个注意点：一是参与成员尽可能多边，二是决策过程尽可能公开，三是共育内容尽可能均衡。从目前的情况来看，明晰家校合作共育的边界，关键还是进一步认识家庭、学校、社区在教育问题上的任务、使命和特点，扬长避短，发挥优势。要充分认识到家校合作共育不是纯技术层面的简单模仿，也不是独立于学校整体工作之外的附加题，更不是减轻教师工作量的手段。我们要特别尊重家庭教育的规律与特点，尊重父母的主体地位与责任，尊重儿童的权利。尊重

家庭的传统与个性。[1]

（四）家校合作共育的途径与方法

1. 加强制度建设

在家校合作共育推进中，制度建设分为两大类：一是学习掌握国家的相关政策、法律、规章制度，二是制定和完善本机构的相关规章制度。

新教育实验区校应该认真学习各种法律法规文件，根据各地实际，积极主动争取妇联、关工委以及教育、文化、卫生、文明办等各个部门的支持，争取最大的政策空间；同时，也要在政策法规的框架下，完善自己的家校合作共育制度，依法依规开展工作。

2. 积极搭建平台

家校合作共育需要一定的平台和载体。我们日常中最常见的平台与载体就是"家长委员会"和"家长学校"。这些年以来，无论从机构的名称还是实际发挥的作用，以及未来发展的趋势来看，新教育都在进一步拓展家校合作共育的平台。

从具体概念来说，在家庭教育的理论研究与实践探索中，我们比较主张尽可能用"父母"代替"家长"，用"家校合作委员会"代替"家长委员会"，用"新父母学校"代替"家长学校"。为什么要变"家长"为"父母"呢？首先，对外而言，在国际交流中，"家长"一词缺乏相应的概念。在英文中，"家长"的概念勉强可以翻译为：the head of a family、patriarch、the parent or guardian of a child、genearch、householder。但是我们一般使用的"家长"概念，其实说的就是"父母"。其次，对内而言，"家长"是一个封建传统的概念[2]，它已经不适应现代民主社会的需要。在现实生活中，"家长制"依旧很大程度上存在于家庭之中。如今我们身处后喻文化时代，许多父母的知识已经落后于孩子，如果仍然采用"家长制"的管理方式，不

---

[1] 孙云晓：《新家庭教育的十大愿景》，少先队研究，2017（3）。

[2] 参见《辞海》第 1023 页关于"家长制"的解释："家长制家长拥有统治权力的家庭制度。在家长制家庭里，家长握有经济大权，居于支配地位，掌握全家人的命运。旧中国的家长制，在宗法制度下，以封建的法律、礼教、习惯，束缚家庭成员，维护封建财政，巩固封建统治。新中国推翻了封建买办阶级的统治，废除了家长制。"

仅对孩子的成长起不到正面的作用，也不利于父母自身的学习与成长，更不利于建设和谐平等、相互尊重的新型家庭关系的要求。所以，我们建议在新教育人的话语体系中，尽可能不用"家长"这个概念。

从搭建平台的具体方法上，新教育人已经做过许多探索。

（1）家校合作委员会

家校合作委员会，在我国的最初形态是家长委员会。1988年颁布的《中学德育大纲》首次明确提出家长委员会建设问题，并将其与家访等其他形式并列，作为家校合作的重要平台。[①] 在国际上，家校合作的组织很多，如父母教师协会（Parent-Teacher Association，PTA）、合作伙伴行动小组（Action Team for Partnerships，ATP）、校务委员会（School Council，SC）、学校发展小组（School Improvement Team，SIT）、父母教师组织（Parent-Teacher Organization，PTO）、家庭学校协会（Home-School Association，HSA）等，也有类似我国的家长委员会的、属于父母自己的组织，如父母委员会等。

新教育的"家校合作委员会"有以下几个重要的特点。

第一，从名称来看，新教育用"家校合作委员会"代替"家长委员会"，虽同样可以简称为"家委会"，但是内涵不完全一样。

第二，从参与主体来看，家委会要体现合作与共育，必须有家庭、学校、社区的代表参与，而不是单一的父母参与的"父母（家长）委员会"。这样才能真正全面反映各方的利益诉求，全面改进各方工作，建立良好的家校合作共育生态环境。

第三，从领导构架来看，学校领导和教师不得担任家委会主要负责人，家委会领导需要由三方推选的代表协商选举产生。我们一般建议由父母或者社区中热心教育、有号召力、乐于奉献的人士担任。

第四，学校的家委会分班级、年级、学校三个层次。班级、年级的家委会主任，原则上为上一级家委会成员。在条件成熟的时候，学校家委会主任参与区域家委会

---

① 参见1988年颁布的《中学德育大纲》："学校要通过家访、家长会、家长接待日、举办家长学校、开展家庭教育咨询、建立家长委员会等多种方式，密切与家长的联系，指导家庭教育，使家长了解并配合学校贯彻实施本大纲，改进家庭教育的方法。"该文件首次明确提出家长委员会建设问题，并将其与家访等其他形式并列，作为家校合作的重要平台。

或者全国家委会机构的事务，形成从班级、年级、学校到乡镇、县市、省和全国的家校合作共育体系。

（2）新父母学校

新教育的新父母学校，一般有以下几个特点。

第一，从名称来看，虽然目前在国家有关文件中仍然称为"家长学校"，但我们建议新教育学校尽可能用"新父母学校"代替"家长学校"，可以简称为"父母学校"。

第二，新父母学校的办学宗旨，应严格遵守国家法律法规的相关规定，贯彻国家教育方针，组织学生父母接受系统、专业的家庭教育培训学习，从而提高其教育素养，使之成为家校合作共育的有力支点，共同营造良好的育人环境，让师生及学生父母都能过一种幸福完整的教育生活。

第三，新父母学校是接受所在学校及其家校合作委员会的监督管理，接受上级教育主管部门和妇女联合会共同指导的非正式社会组织。它由本校教师和教育界及社会各界专家担任讲师，培训本校学生父母。

第四，新父母学校实行校长负责制。校长由举办学校校长兼任或者由举办学校推荐，负责主持全面工作，副校长原则上由举办校分管副校长和其家校合作委员会主任担任，协助校长分管课程设置、实施、检查、反馈、评价、宣传等具体工作。

第五，各级教育行政部门可以建立新父母学校的总校，指导学校的新父母学校工作。比如，江苏海安市教育局就建立了具有 20 个编制的"家长学校"总校。

（3）新父母俱乐部

与新父母学校通常由学校为主导成立、职能上侧重学习成长不同，新父母俱乐部通常由父母为主导而成立，职能上侧重寓教于乐的活动。

（4）萤火虫工作站

这是一个立足阅读、推动教育，立足教室、影响社区、辐射社会的公益项目。一般情况下，由热心教育公益、具备较高阅读素养的教师担任站长，负责阅读指导等教育内容的把关和引领以及工作站整体工作的调度。工作站由具有爱心和活动能力的父母担任副站长，在站长的指导下，承担组织事务等各项日常工作。

新教育萤火虫项目为父母们提供亲子阅读指导，研讨各类家校教育问题，从个体、从小事做起，以亲子阅读为突破口，以融洽家校关系为切入点，以教育反哺社会，以个体汇聚群体，以每天早晨的"新父母晨诵"、每天晚上的"天天喜阅"、每个周三晚上的"萤火虫亲子共读全国讲座"、每月一次的"萤火共读"、各分站自行不定期举办的网络共读及线下活动等，诸多栏目齐头并进，取得了良好的效果。

3. 共读共写共赏

新教育实验"共读共写共同生活"的理念，本身体现了家校合作共育的理想。我们认为，只有共同阅读，才能拥有共读的理想与愿景，共同的语言和密码，共同的价值和追求。推动亲子师生共读共写共赏，也是新教育实验的一个重要特色。

（1）共读

新教育的共读，指的是家校共同阅读一本书，通过父母、学生、教师等多方研讨交流，建起一座学校和家庭之间的桥梁。

阅读是成长之基。在家校合作共育的共读经验的基础上，有以下几条总结。一是专业引领。无论教师还是父母，有一定经验的阅读推广人才能起到引领作用，才能保证阅读的品质。二是日常坚持。根据不同时间确定阅读主题，让阅读成为生活方式。三是作品经典。共读作品无论是传统经典还是全新创作，都应该具有相当的品质，好读又耐读。四是平等真诚。无论活动组织筹备，还是阅读研讨交流，都能坦诚相待，认真交流。五是榜样激励。注意发现身边的优秀读者，成为接地气的"共读代言人"，为阅读鼓与呼。六是知行合一。围绕阅读图书，积极拓展相关活动，把所学运用到生活中，再从生活中提炼问题，开始新的阅读之旅。

（2）共写

新教育的共写，是优秀的新教育实验教师开展家校共育的绝招。它需要投入的精力较多，但取得的效果也很好，对教师来说还会有额外的奖赏。许多新教育榜样教师都因为坚持共写而出版了自己的著作。比如，郭明晓出版了《各就各位，准备飞》。他在书中总结了家校通信的必要性：第一，大部分父母都需要具有专业知识的老师的引领，才能少走弯路；第二，父母们需要在一个共同体之中成长，而共读共写共同生活会形成一种相互激励的力量，让父母坚持不懈地深度卷入到教育中来。

这种日常生活中的共写式叙事，是以多种方式邀请、吸引所有父母、教师、学生参与到共同书写中来。一般来说，共写分为三种：家校信、家校便签、随笔（日记）接龙。

家校信，通常每周一封，由教师总结日常教育生活，把全班集中表现的、需要得到关注的问题，在周末向全班父母进行介绍，父母们回复后，双方及时沟通。

家校便签，不定期写作，基本上每天一次。教师把每天的突发事件，用便签的方式和父母进行交流，内容一定要自然、真诚且富有意义。

随笔（日记）接龙，可以自行约定时间，由学生记录，父母和教师跟随其后分别写下对话或评点。

以上的共写，可以与学生的作业结合，利用作业本进行，也可以利用网络社群进行。

（3）共赏

新教育的共赏，指的是父母、孩子与教师共同欣赏一部影视作品，以优秀的影片为主。尤其在家庭或社区中，共赏特别简便易行，值得推荐。影片时间长短合适，主题相对集中，共赏的各方能够在有效的时间之内，得到效果最好的家校共育效果。

在新教育电影课项目研究中，我们发现，电影作为人生思考的浓缩，人们特别容易被电影震撼，从而打开自己的心扉，特别适合向忙碌的父母们推荐以电影为纽带开展家校共育工作，让学校延伸到家庭，让家庭连接着学校，在家校的双向连接之中，自然而然地形成了教育效果的最大化。

4. 畅通交流渠道

家校之间坦率而又真诚的交流，充分而又对称的信息分享以及经常性的联系，都是良好的家校合作关系的基础。家校沟通的渠道主要有以下几种。

（1）家校读物

沟通交流需要媒介和载体，精心策划、用心编写、精致印刷的各种读物，如《家校合作指导手册》《家校通讯》以及校刊校报、年鉴年报等，都既是家教指导的重要方法，也是家校沟通的重要阵地。如《家校手册》，是新生父母走进学校的第一本入门书。再如《家校通讯》，作为由学校、家庭、社区共同参与的报纸或者刊物，其具体名称可以由各个学校确定，也可以与校报校刊合而为一。还有的学校在每年寒暑假都会编写包括亲子共读、亲子观影、亲子运动、亲子厨房、亲子旅游、亲子种植、亲子公益等内容的手册，让学生与父母等共同完成，这是一种家校合作共育的"作业套餐"。

（2）微信群、QQ 群

无论是手机短信、飞信、QQ 群、微信，还是家校通等 App，其及时性、互动性和便利性等特点，都为家校沟通提供了技术支撑。许多新教育实验的教师也能够利用这些"利器"做好自己与学生父母的交流。现在，许多新教育实验学校都建立了基于网络平台的家、校、社共育新机制。学校、家庭、社会，教师、父母、学生都能够通过短信、QQ群、微信等多种平台，便捷而及时地实现信息资源的交互与数据共享，形成学校、家庭、社会立体的"爱的朋友圈"。

（3）家校互访

家校互访，就是家校双方深入彼此的教育现场，包括家访与校访两种形式。

家访，曾经是家校交流最为行之有效的做法。信息时代到来之后，我们一度用电话、网络代替了家访，或者以把父母请进学校交流的方式代替老师走进家门交流。如今许多有识之士已经发现了取消家访的弊端。人们发现，许多用语言难以说明白的事情，一旦到了孩子家中，看一看孩子日常的生活环境，观察一下家庭成员之间的交流方式，一言一行或一举一动，甚至是无声无息的信息，就都能够捕捉到问题的根源。所以，家访，就是让教师深入家庭教育现场，是一项无可替代的重要工作。

为了使家访更有成效，应该注意以下问题：第一，家庭访问的目的是全面了解学生的生活环境，沟通与学生父母的感情，建立信任关系；第二，每次家访最好事先与学生父母约定，不做"不速之客"，以免使父母因教师的突然来访而感到不自在或者因父母不在家而"扑空"；第三，家访一定要围绕事先确定的目的进行，并且进行必要的准备，无目的、无准备的家访往往难以取得真正的成效；第四，不要把家访搞成"告状"；第五，对于学生家庭和父母的相关情况要注意保密，在家访一开始就申明保密的原则。对于一些由于不愿意透露家庭情况的父母，教师也不要勉强进行家访，可以约谈在学校或者住所附近进行见面交流，或者通过电话、邮件等进行家访。

校访，主要通过学校开放日进行。在开放日或者父母约定的时间，让学生父母走进校园，深入学校教育现场。父母可以在开放日中随时随地推开任何一间教室的大门，到每一间教室里去观察学校生活的细节，到食堂、图书馆等场所直观地了解教师与孩子教学与生活的方方面面。

家校互访增进了彼此的了解和信任，为其他工作的顺利开展奠定了坚实的基础。在具体操作中，家校互访还可以与其他家校共育活动相结合，以期取得更好的效果。

（4）家校叙事

家校叙事是指家庭和学校通过教育叙事的书写，让家校共育中的各方共同回顾、总结自己的教育生活，从自身的经验教训之中，提炼出进一步成长的心得，不断挑战自我，提出新的目标，攀上新的高度。

在具体做法上，一种是特殊日子进行的庆典式叙事。比如在读书节、期末典礼等活动中，对家校共育中的优秀人物与事迹进行叙事性的展示和表彰。这样的叙事能够集中呈现一个阶段的思考，并能借助仪式的特性，给人留下鲜明鲜活的记忆。另一种是前面提到的日常生活中的共写式叙事。

5. 共享多方资源

家校合作共育的优势，就是能够实现家庭、学校、社区资源的共享互补，把各方的相关资源进行多种组合，为学生成长提供更加宽广的空间与可能。

在资源共享上，家庭、父母向学校开放，成为教育中的人力资源、社会资源乃至补充部分的财力资源。

学校作为社区的文化中心和社会的文明引擎，也需要进一步加大学校资源对社区开放的力度。如学校的图书馆，应该不仅仅是为教师和学生准备，还应该向社区居民和父母开放。学校图书馆的建设应该同时考虑配置家庭和社区可以阅读的书目。学校的体育场地设施，也可以向社区居民和学生父母开放。学校的教室在假期和节日可以向社区居民和父母开放，为他们的终身学习提供便利。这样，学校就可以成为真正的学习中心，成为社区的文化中心。

社区教育资源也应该向家庭和学校开放，如社区图书馆、文化馆、体育中心、青少年活动中心等公共文化设施如何配合学校与家庭的教育需要开展活动，社区的有关机关、团体、企事业单位如何发挥自己的优势，主动为学校和家庭做好服务，都是家校合作有关共育需要探索的重要课题。

社区不同职业、不同岗位的人员走进学校，也是非常重要的教育资源。家校合作的共享资源包括以下几种。

（1）资源室

家校合作共育资源室是为家庭、学校和社区开展家校合作共育建设的资源中心。资源中心应该包括关于教育、心理、青少年儿童发展、家庭教育、父母成长、家校合作、学科教学等方面的书刊，可以考虑配置新教育研究院研制的《中国幼儿、小学生、初中生、高中生基础阅读书目》和父母书目、教师书目等家校合作共育的图书以及《中国教育报》《父母课堂》等报刊资料和相应的影视资料。资源中心一般建在学校，与家委会的办公机构或者父母活动中心合而为一，也可以建在社区或者企业中。资源中心可以由学校主导建立，也可以由家委会主导建立。无论是建在哪里或谁来建设，家校合作共育资源中心的关键，都是共同参与，共同建设，实现新教育家校合作共育的共享、共生、共赢的目标。

（2）学校社团

三百六十行，行行出状元。每一位父母都是一种课程的资源。在新教育学校，父母资源已经成为学校教育中不可或缺的宝贵来源。如贵阳云岩实验区贵阳市第十中学的父母为学生免费开设了篆刻、扎染、合唱、电脑美术、橡皮章、书法、绘画等社团，还帮助学校成立了由家委会管理的"学生长笛乐团"。

（3）新父母课堂

新父母课堂，是共享家庭教育资源最重要的形式之一。新父母课堂可以与学科融合，拥有不同学科兴趣特长的父母，可以成为教师的助教；可以与阅读结合，成为"故事爸爸""故事妈妈"等开展阅读活动的载体；可以让有特长的学生父母走上讲台，对孩子们进行知识的教学和相关技能的传授。这样的新父母课堂为父母展现才华搭建了一个舞台，也为学校丰富特色课程资源提供了多样化途径。新父母课堂可以成为班级举办"聆听窗外声音"行动时最简便、最经济的做法。父母资源就是专家资源。在新父母课堂中举办讲座，请优秀的父母现身说法讲给其他父母或者孩子听。在新父母课堂的工作开展中，必须注意：并非一般意义上的名人父母、精英父母，才有必要进课堂。有一所在乡村的新教育实验学校就把当农民的爸爸请进了学校，请入了课堂。农民爸爸在课堂上讲述自己如何种地，不仅帮助孩子们了解了种地的知识，而且使孩子们更加理解了当农民父母的不易。这位爸爸有了这次经历之后，增进了对教师和教学的理解，从那以后更加关注家庭教育，更加积极地投入到家校共育之中。

（4）父母志愿者

父母志愿者也是共享家庭教育资源的重要形式。在新教育学校，各种形式的志愿者和义工都非常多，如安全护卫队、新父母监督员、新父母授课志愿团等，每逢学校举行重大活动，父母义工都是重要的人力资源，更是最美丽的教育风景。

（5）社区大讲堂

社区不同职业、不同岗位的人员也是非常重要的教育资源。社区大讲堂可以根据学校教育的需求，邀请周边如交通警察、消防员等不同职业的人员，以讲座等方式进入学校，灵活又简便。

（6）社会实践基地

社区中不同单位、不同机构的硬件，也可以成为重要的教育资源。学校应该探索如何统筹协调各类社会资源单位，积极争取社会支持，加强社会教育资源开发，进行校内校外统筹，发挥各方力量，合力打造一批社会实践教育基地。

这样的社会实践基地可以成为学生的第二课堂，可以成为教师的第二讲台，可以成为父母的第二客厅，也可以成为本单位职工的第二舞台，从而让社会资源更充分、更稳定地发挥效用。

6. 榜样示范引领

按照新教育实验的生命叙事理论，每个人都是自己生命故事的主人翁，也是自己生命故事的作者。能否把自己的生命写成一部伟大的传奇，在很大程度上取决于我们能否为自己寻找人生的榜样。在家校合作共育的过程中，家庭、学校、社区都要主动为孩子和成年人自己寻找人生的榜样。当然，父母、教师也应该进行自我反思并不断地自我提升，努力为孩子和学生做好人生的榜样。孩子是最伟大的观察家，他们一直在观察着成人的行为，考量着父母和教师的言行。说一套做一套的教育，都是效果甚微的，甚至是无效的。发挥榜样的示范引领作用，其实就是要求家校合作共育的多方一起成长，在为孩子做榜样的过程中提升自己、完善自己、成就自己。

我们在强调家校合作共育的同时，也要求所有新教育实验区、实验学校的教育工作者们，无论是校长还是教师都要懂得如何在缺乏一方支持的情况下整合各种资源，坚守教育理想。譬如，遇到难以开展家庭教育的各种情况，无论是孤儿还是父母外出甚至遗弃的孩子，还是遇到学校周边环境恶劣，社区缺少力量参与的时候，每一位校长和教师都要有一份舍我其谁的担当：在孩子已经绝望的时候，让教育帮助孩子看到希望，让学校成为孩子的精神家园，而不只是传授知识的地方。这才是我们新教育人的使命，才是家校合作共育的方向。

我们正处在一个机遇大变革的时代。这个时代比以往任何时候都更需要家校合作共育，更需要重新定位家庭和学校，进而重建家庭和学校，更需要我们以每一个人的自我成长、自身前行来推动教育乃至社会的改良。

　　家校合作共育——打开校门做教育。这并非痴人说梦，而是成为千百万新教育人每天的行动。

　　是的，我们必须行动起来。行动的我们，必将在家校合作共育的磁场之中，放射出生命的最大能量！

十、点亮自己照亮他人
——新教育实验的公益行动

　　新教育实验从诞生的第一天开始，就强调它的公益性。新教育实验不向实验学校收取任何费用，也不摊派任何书刊，反而尽其所能地帮助相对困难的实验学校，赠送实验用书，免费进行教师培训，一直明确地把公益情怀作为新教育的基本精神。所以，新教育较早就因强调教育者自身的行动反思和对社会公益的热心关注而备受瞩目，成了国内著名的教育公益组织。

（一）新教育如何看待公益

　　2008 年 4 月 18 日，我有幸在贵州省遵义市凤冈县参加了西部教育公益论坛，并且做了关于《教育公益的区域推进》的讲演。

　　我在论坛上提出，新教育实验对于教育公益应该具有这样的定位：我们不是来扶贫的，是来帮助自己的；不是来施舍的，是来感恩的；不是来作秀的，是来做事的。是的，"新教育"在西部的这片土地上萌芽、生根并开始开花结果，让"新教育"人对素质教育的教育理想、对教育公益事业的理解和追求得到了深入，灵魂也得到了进一步升华。我们在这个过程中间进步了，成长了，发展了，新教育实验推广的过程本身也是我们帮助自己的过程。所以，我们应该感恩凤冈给了我们这片土地，感谢凤冈给我们"新教育"人一个施展才华的舞台。

　　新教育实验不仅仅是一场民间的教育改革运动，直接推动着课堂与教育的变革，它在本质上也是一个民间的教育公益组织，在国家的经济、文化、政治、生态建设中，与其他各种教育公益组织一起发挥着重要的作用。

　　一个国家的建设与发展仅仅依靠政府是不够的。"大政府小社会"的状态正渐行渐远，它已经不能满足国家发展的实际需求，政府包办一切事务，特别是公共事务的阶段终究会成为历史，民间力量在社会建设中的作用会越来越大。实际上，任何管理总归有空白地带，许多事情政府想做的时候未必都能做，总是有力不从心、关注不到的地方，这些地方是包括新教育实验在内的民间力量最容易发挥作用的空间。

社会组织公益活动在调整资源分配方面有其独特的优势，高效率、节约型、灵活性是它的主要特点。新教育实验在凤冈县培训教师的经验也充分说明了这一点。我们在凤冈亲眼看到，那些经过我们培训的教师，专业素养与精神状态已发生了很大变化，而只用了仅仅一年半的时间。如果是国家项目的话，没有几千万资金投入是达不到这个效果的，甚至不可能培养出这么优秀的教师。我问凤冈县教育局教研室的曾令广主任，在他们县像胡琴、朱忠国、秦政这样的好教师有多少，曾主任当时告诉我有三四十位。国家培养出一位这么优秀的教师所花的投入要多少？而我们才花了多少资金？我们所有人员到凤冈的路费都是灵山基金会赞助的，一年最多20万元，加上包括捐电脑、图书等资源，也就是四五十万元。这样低廉的成本，这样高质量的产出，只靠政府很难做到。

同时，民间教育公益组织的创新和探索，对政府以及其他社会实践和建设具有越来越突出的实验价值。

社会组织的社会实践模式和操作方式是一个创新和探索的过程。没有创新和成就，就吸引不到资金；只有做得优秀，我们才能吸引到资金，才能得到更多帮助。更重要的是，在活动的过程中创造出来的一些方式、模式，包括在筹资的渠道、项目的评估、组织运行等方面的平等参与意识，对社会建设、对政府都有重要的参照作用。所以，国家应该充分鼓励社会组织、民间力量去探索，探索而得的成功经验可以转变成政府解决问题的思路。政府需要创新，政府的创新从哪里来？正应该从民间的智慧中来。小规模的实验是非常有价值的。

教育公益与突发性的临时救助不同，它有着参与改变现状的长期性和不易见效益的特点。其他的公益大部分是应急的、临时性的，比如说雪灾救助。而教育公益是长期性的，别指望今天帮助一下明天就见效应。虽然现在一次性、短期性的公益性救助活动在教育领域也比较多，但是教育不仅仅是盖学校那么简单，更应该关注的是教育的品质。

一次性或短期性的公益性的救助活动，特别容易"雨过地皮湿"。有两位教师曾经拿给我一个方案，要策划一个全国性的教育培训。我说："为几千个人做几场报告，虽然有一定的作用，但是不可能真正地改变教师。它只会让人激动一下，回去之后，在现实面前，教师的心又冷下来了。"其实，把我们的教师短期地送到省城等稍发达的地区参与培训，效果也是如此。我主张，在帮助西部教育的时候，硬件的设施应该由政府为主去推动，教育公益组织应该以内涵建设、改变内在的品质为主。

另外，在帮扶对象的选择上，要积极开辟新的区域。我们的教育公益组织活动的地区过于集中，大家往往同质性地扎根在同一个地方，加上公益组织间缺乏交流与合作，使得效率和效果都打了折扣。

教育公益组织还有个很大的问题，就是专业化程度不够。以"西部阳光"为例，它目前是由大学生志愿者形成的一个非常好的组织，但是把大学生派到农村去做教师，是否合适？我个人认为是不太合适的，因为许多大学生基本不懂教育。要想真正地帮助农村教师成长，就必须要像新教育团队这样，有系统的知识、专业的经验和敬业的精神。所以最好的方案应该是"西部阳光"和新教育研究院这样的机构联合起来，大学生随着我们的教师一起去教育现场，给我们的教师做助手，然后在这个过程中认识农村、了解农村、服务农村。

所以，不同的组织之间应该如何相互合作是值得我们探索的。新教育实验的模式，是我们的教师跟西部农村教师组成一个共同体，一起学习、一起工作。我们的教师到学校去，他不是以专家的身份而是以同事的身份和当地教师一起读书、上课，甚至一起上同题异构课，然后再坐下来一起研究。智者千虑，必有一失，专家向教师学习，教师也向专家学习，这完全是一种参与式的模式，这样教师才能得到实实在在的成长。在这个意义上说，我们的新教育实验既是教育改革的实验，也是教育公益的实验。

最后，怎样发动当地的力量参与教育公益，真正做到自主成长和可持续发展，也是一个关键性问题。教育公益组织做了以后就走，"雨过地皮湿，日出地又干"。所以，必须把当地的力量训练起来，把当地的榜样树立起来，让当地的操作模式运作起来，形成自主、自助、可持续发展的模式。教育公益组织一定要耐得住寂寞，做一件事情，做它八年、十年、二十年，在一个点上深入下去，做出成效，让当地能够得到可持续发展。

基于对教育公益的以上认识，新教育实验提出并且实践了自己的教育公益精神。

（二）新教育的公益情怀

《南风窗》杂志曾经给予新教育这样的评价："新教育实验有望成为继希望工程之后的'新希望工程'——希望工程是一项增添书桌的工程，侧重于物质；新希望工程是一项有了书桌后塑造一个什么样人的工程，注重于精神。"作为"新希望工程"的新教育实验，作为民间的研究行动和公益行动，它的"公益精神"，实际上就是秉持一颗高远的教育理想精神和善良的教育愿望，聚集教育资源，为公众利益而服务。

关于新教育实验的公益精神，可以从以下几个维度来阐述。

1. 民间立场　理想情怀

新教育实验是民间的教育实验，从"教育在线"网站建立之初，就致力于寻找散落在民间的具有理想主义情结的教师。倾听一线普通教师的心声，致力于激发一线教师的创造激情，是这个公益网站的特征之一。基于民间的立场，让教师们言说职业发展的困惑，通过论坛这个平台，形成来自民间教师的互动空间。在新教育推行过程中，寻找"尺码相同的人"，这个"尺码"就是有教育理想主义的情怀，并在民间一直坚守的值得尊敬的普通教师。当然，新教育寻找的理想实验教师，不是空谈主义者，也不是陷于技术主义不能自拔的"工匠"，而是扎实地在自己教室里能够书写教育故事的人。新教育实验本身就是一个颇具理想色彩的实验行动，中央电视台在《新闻调查》栏目中用"心灵的教育"来概括他们对于新教育的理解。也有媒体认为，相对以分数为主要导向的应试教育，新教育注重与人类的崇高精神对话，强调一个人的精神发育史就是他的阅读史，并且通过晨诵、午读、暮省的儿童生活方式，让学生拥有一个博爱而敏感的心灵，重塑他们的精神世界的蓝图。

2. 着眼草根　有效帮助

新教育实验不以行政视角和硬性的行政要求去对教师进行"改造"，而是唤醒教师内心自觉意识的觉醒，让一线教师在实验项目的过程中，自身进行职业反思。无论在"教育在线"网站，还是在实验区、实验学校，都涌现出了一大批平时默默无闻，通过新教育实验而闪光的"草根教师"。新教育认为，改变"草根教师"教育观念和教育命运的方法，不是提供财富，而是输入优质的教育内容。新教育提供有效的帮助，在于课程和项目内容能够激发教师的教育潜能，产生进行教育实验的驱动力。新教育的公益性扶助避免了直接给东西了事的做法，而以教育内容的优化为主，辅以适当的图书和资料提供。新教育不收实验学校的课题费用，一概免费提供服务，并积极寻求社会资金的资助，通过教育培训和购买书籍等形式以帮助实验地区学校和贫困地区学校。

3. 立足农村　授人以渔

新教育认为，改变一个国家教育面貌的基本出发点是改变农村的教育面貌。对于中国这样有庞大农村人口和辽阔土地资源的国家来说，这显得尤其有现实意义。新教育是自 1999 年在江苏常州湖塘桥小学萌芽的，那时的湖塘桥小学就是一所典型的农村小学，全校只有两排小平房。至 2019 年，新教育已有 5 215 所实验学校，绝大部分都在农村。很多的实验区和学校，就在西部，比如四川北川实验区、贵州凤冈实验区、山西绛县实验区等。通过新教育实验，很多实验区和学校都发生了深刻的变化。在山西省运城市绛县实验区，即使在偏僻的农村实验学校，孩子的眼睛也是闪光的，待人接物也是大气的，丝毫看不出畏缩，有的只是灵气。

新教育从不滥施公益资金，而是寻找与我们有共同心灵共振的"有缘人"，通过"平等""合作""互助"和"共同成长"的方式一起推动教育实验的发展。近些年，在中国，公益事业在慈善、救助、环保、教育、维权以及公共卫生、社区建设等方面都做出了积极贡献。我们必须承认，海外的公益组织为我们的公益事业做出了必要的示范性工作。有很多人从中受益，并一解燃眉之急。但我们也必须认识到这样一个问题：这样的公益目的、手段、成果等还限于物质上的救助和救助形式上的操练。新教育的公益行动不是扶贫性质的，所以要走出扶贫的误区。新教育公益行动是以教师培训为主，捐赠为辅的。新教育致力于教育内部的改革，而不是仅仅在物资上扶贫。

4. 专业发展　共同进步

新教育公益精神的显著表现之一还在于组织一个理想教师的"村落"，共同建构"实验共同体"。比如，新教育实验网络师范学院、新教育种子计划公益项目、新教育教师成长学院等，都是致力于教师专业发展的项目或机构。这些纯粹公益性质的项目，都是从教师发展的原点出发，以达到通过教师职业成长带动学生发展，从而实现学校发展的目标。从某种意义来说，新教育实验的公益行动是以行动研究和教育实践为特色的。新教育的研究是侧重于服务一线、解决问题的研究。无论是哪个层面的思考研究，新教育均是以解决问题，推进中国教育改革，努力使师生过一种幸福完整的教育生活为旨归的。

5. 规范节约　民主透明

2006 年的中国教育蓝皮书上有关于新教育的报告，它对新教育的公益特点有这样的表述：在开展公益活动的过程中，新教育公益逐渐形成了自己的公益制度与特色——（1）恪守严谨制度：新教育公益希望通过不断的摸索，形成更为严谨规范的制度体系，使整个公益流程规范化、透明化，避免不必要的浪费，使项目运行更为务实高效。（2）凸显专业精神：新教育公益希望通过不断地引进最尖端的研究成果，强化公益活动的学术品质，弘扬专业精神，使公益活动不仅仅成为捐赠财物的过程，更成为造血工程，真正造福中国教育。（3）塑造公益文化：新教育公益希望通过文化之间不断的对话（基金会文化、新教育文化、受助地区域文化），逐步形成特有的透明、公正、开放、高效的公益文化，使公益活动成为彼此丰富对方生命及文化的过程。

新教育一直慎防组织财务效率低，慎防资金使用有效性低，慎防经费管理随意性大，慎防浪费。在无锡灵山慈善基金会、心和公益基金会等一批基金会和企业的支持下，新教育的公益特色和严谨透明的公益作风始终坚持得很彻底。如今，新教育也成立了自己的基金会，并一如既往地坚持这样的公益形象。新教育依赖于怀有公益心与教育理想的人士的大力支持，在有了自己的造血机制的基础上，定会取得实验的效果和公益的口碑。

新教育公益项目发展坚持"实用、有效、可持续、易复制"的原则，依托实验研究成果和教师志愿者及专家资源，通过公益模式的创新，使公益品质更具独特性，公益水平不断得到提高。

新教育实验的公益，通过合作的手段，参与到教师的成长中，从而改变教师的行走方式，改变学校的生存模式，促进儿童的健康成长，最终实现师生"过一种幸福完整的教育生活"的目的。

（三）新教育的公益行动

以行动践履使命，以公益服务社会，以实验彰显品质，以人格昭示魅力。这是新教育公益的基本理念与方式。

新教育实验不断发展的过程，是和公益行动相生相伴的。新教育人认为，每一次的公益培训活动，都是一次极其严谨的学术活动。这些年来，新教育在人力、物力、财力都非常紧张的情况下，每年都坚持进行教育公益活动，做了大量具体而艰巨的工作。

这些公益活动中，有的以合作资助为特点，如"灵山—新教育"公益合作项目、"新教育—慈济"童书阅读计划、苏州温州商会新教育儿童阅读计划等；有的以短期培训为特点，如"5·12"地震重灾区北川教育重建活动、新教育"访问学者"项目等；有的以长期跟进为特点，如新教育种子计划项目、新教育萤火虫亲子共读项目等。

不同特点的公益活动，与新教育的理论研究、实践行动互相编织，共同推进，组成了新教育实验的基本形态。

1. "灵山—新教育"公益合作项目

无锡灵山慈善基金会是由荣获"中华慈善奖"的无锡祥符禅寺和灵山实业有限责任公司共同发起的，董事长是吴国平先生。灵山是最早和新教育的合作的公益机构，2004 年，章敬平先生撰写的《南风窗》的封面文章《新希望工程——一场对抗教育异化的实验》正式发表后，吴国平深受感动，主动提议成为新教育实验的支持资助方。

吴国平先生认为，灵山慈济基金会的一个重要目的，就是进一步利用灵山广泛的社会资源，更好地探索新形势下慈善事业发展的新路子，组织一支热心支持和参与社会慈善事业的队伍，创造性地开展多种形式的慈善活动和社会救助工作，给需要关爱的人一点温暖，给有爱心的人提供一个善缘，为构建和谐社会和推进社会的公平、进步、稳定与发展作出更多的贡献。灵山是真正意义上的民间基金会，不打算直接参与政府职能范围内的事，避免成为"第二民政局"。他强调，灵山慈善基金会的目标是给人信心、给人希望、给人力量，这与新教育实验的追求是一致的。灵山一直在寻找值得支持的公益事业，新教育实验就是这样的事业。灵山与新教育达成了这样的共识：我们做的是同一个事业，都是致力于"心灵的环保"，投入的都是"灵魂的事业"，从事的都是和谐社会的"人心工程"。

此后，在赵一平居士的具体负责下，灵山与新教育的合作全面启动。2005 年夏天，在太湖之滨著名的灵山大佛脚下，灵山慈善基金会启动了资助新教育实验的

"试点工程"，在全国 8 个省，为 20 所"新教育实验学校"配备了电脑、图书等资料，成立"新教育实验工作室"；并为"试点学校"培训师资。

2006 年 7 月 14 日晚，吴国平居士告别了病危的父亲，来到北京。15 日上午，新教育实验第六届全国研讨会在清华大学礼堂召开。他在开幕式上激情讲解灵山为什么结缘新教育的时候说："在我国还有这样一批教育追梦者，真是一大善缘。"当他在台上参加捐赠活动时，他还不知道，他的父亲已经永远地离开了这个世界，离开了他这个儿子。讲完话，国平才看到短消息，强忍着悲痛，悄悄离开了会议，从北京赶回家乡。

2007 年 6 月，灵山基金会与新教育团队在贵州省遵义市湄潭县和广东省东莞市凤岗县举行了"新农村、新教育、新希望"的专场报告会，向 1 000 多名教师传播了"过一个完整幸福的教育生活"的新教育理念，点燃了西部教师参与"新教育实验"的激情。

2007 年 10 月 26 日至 11 月 6 日，无锡灵山慈善基金会、新教育研究院、浙江省温州市苍南县教育局联合组织的"灵山—新教育"贵州公益行动顺利举行，苍南的教师志愿者与成都大学师范学院陈大伟教授一行 8 人前往贵州省遵义市凤冈县土溪镇中心完全小学、河坝完小进行教育公益培训活动，受到当地教师的好评。

2007 年 11 月、12 月，在灵山基金会的资助下，新教育团队对山西省运城市绛县实验区、江苏省连云港市灌南县实验区分别进行了为期一周的新教育教师培训，取得了非常好的效果，这使得两个实验区的一批教师真正走进了实验。

2008 年 4 月，无锡灵山基金会继续支持新教育团队和凤冈实验区进行新教育培训，新教育研究院还与无锡灵山基金会、贵州凤冈县教育局合作举办了"新教育实验贵州凤冈现场会暨西部教育公益论坛"。在这次会上，贵州凤冈实验区正式成立。此后，新教育研究院研究中心的专家每年都对凤冈的农村教师进行田野培训，并邀请部分教师作为访问学者到研究中心学习进修，而灵山基金会则每年负责出资支持对于贵州凤冈新教育实验项目的维护。

与此同时，无锡灵山慈善基金会于 2007 年 7 月运城年会时支持出版了反映新教育团队贵州活动的公益书籍——《一次梦想的远征》。

2009 年至 2010 年，无锡灵山慈善基金会还出资 40 多万以支持作为新教育实验平台的"教育在线"的网络建设。

无锡灵山慈善基金会还先后两次资助了"灵山—新教育"特殊教育论坛，帮助来自全国的特殊教育系统的年轻教师交流教育经验与体会，实现共同成长。

2."新教育—慈济"童书阅读计划

慈济慈善基金会是一个有着宗教背景的公益组织，但是从来不"传教"，也不开展宗教活动。在台湾，他们从来不参与政治；在大陆，他们的活动在围绕着慈善、教育、人文、医疗四大志业展开的。同时，也投入骨髓捐赠、环境保护、居住小区志工、国际赈灾四项工作，此八项同时推动，称之为"一步八脚印"。

"大爱，让世界亮起来"，是他们的行动哲学。慈济志言这样表达他们的愿景与理想：

我们的理想是以慈悲喜舍之心，起救苦救难之行，与乐拔苦，缔造清新洁净之慈济世界。

我们的方法是以理事圆融之智慧，力邀天下善士，同耕一方福田；勤植万蕊心莲，同造爱的社会。

我们的任务是熔慈善、医疗、教育与人文四大单元于一炉。而我们的精神是诚、正、信、实。我们深信众生平等，人人具有佛性，只要能从慈门入，必能一窥佛门的庄严美妙殿堂；只要能从善门入，富者施之，必能得福而乐；贫者受之，必能得救而安。

人生无常，生命随日俱逝，我们应该把握难得的人生，造善因、得善果，才不致有深入宝山，空手而回之憾。

正是在这样的理想激励下，证严法师依靠自己的手工，依靠大家每天节省一点饭菜钱以开始他们的慈善活动。1985 年，侨居各国的慈济人，将慈济志业扩展到海外，凝聚在地的爱心资源，推动济贫救难等任务。自 1991 年因救助孟加拉国飓风重灾，慈济开启海外救援任务起，至 2007 年年初，已累计援助了全球六十一个国家，横跨欧、美、亚、非、大洋洲等五大洲。

一个偶然的机会，慈济的林碧玉执行副总裁与我相遇。我们都认为，如果每一个人能够把爱心不断地传递，坚持从自己做起，从小事情做起，我们的爱的汇集就会产生强大的力量。

正是基于这样的认识，也正是基于慈济和新教育共同拥有的爱心与行动的哲学，新教育与慈济携手开展了两岸书香交流的活动。

2007年10月到11月，由慈济基金会资助新教育实验价值200万元的童书书包5 020套，并陆续发放到了甘肃宕昌县、甘南自治州碌曲县、白银市平川区种田学区、内蒙古武川县、青海乐都区、浙江苍南县、山西绛县、江苏灌南县、北京打工子弟学校及新教育优秀毛虫教师所在学校等几百所学校的班级中，让孩子们读到了最好的图书。一所甘肃宕昌官亭"新教育－慈济"移动图书馆在甘肃成立，拥有儿童图书近3000册，服务于周边学校。慈济人期待，让更多的人能够读到最好的图书，拥有更美好的人生。

3. "5·12"地震重灾区北川教育重建活动

2008年4月，由四川省绵阳市北川羌族自治县教育局尚勇局长带队的北川教育考察团前往新教育研究院详细了解了新教育实验，并表示回去以后就在北川进行新教育实验的试点和推广。2008年5月12日，汶川大地震发生，尚局长也在本次地震中罹难。作为地震受灾最为严重的北川县，教师和学生在这场灾难面前，不仅许多生命瞬间消逝，而且即使幸存下来的师生心理也受到了极大的创伤。

2012年汶川大地震后，新教育团队赶赴灾区参加教育重建

在这样一个特定的情况下，由无锡灵山慈善基金会、新教育基金会赞助的新教育团队在地震发生后的第十天，就前往地震重灾区，为与新教育有教育情缘的北川县教育的重建付出自己的努力。新教育团队在的支持下，在各实验区实验学校的帮助下，新教育实验团队为北川的帐篷学校带去了新教育的课程，也带去了图书、童话音乐盒、玩具、文具等教育物资。在翔宇教育集团的资助下，团队还为八一帐篷学校资助了价值十几万元的当时急需的学生床和床垫子等。新教育出资和募集的物品总价值达百万元以上，捐献用于灾后儿童心理援助的童书近两万册。

在 2008 年 7 月的新教育年会上，北川的教师和学生的发言感动了与会代表，在这次会上，我将自己的新书《过一种幸福完整的教育生活：朱永新教育讲演录》的全部稿费捐献给北川教育，北川也被特批为新教育实验区。新教育团队后续还为北川教育重建继续作出了应有的贡献。

4. 新教育移动图书馆（新教育童书馆）公益项目

2007 年 3 月，"灵山－新教育"贵州凤冈县绥阳移动图书馆在贵州凤冈县成立。

该项目主要是在严重缺少图书且急需图书的农村贫困地区建立新教育移动图书馆。通过移动图书馆，将人类文明中美好的种子播撒在儿童心中，并协助教师开展专业阅读。

在布局上，该项目是以一所学校为中心，建立移动图书馆，然后在周边方圆几十里内的 5～7 所学校能够定期集中到图书馆借书，供教师和学生阅读。在一所学校选择一位参与新教育实验的教师志愿者作为图书管理员，并发展若干学生作为义工，协助进行图书借阅和管理的工作。在移动图书馆里，36 本儿童必读书籍的复本量是 80 本，以此确保每个班的学生可以同时借阅，方便教师上读书课。

自 2011 年起，该项目升级为"新教育童书馆"公益项目，由新教育基金会全权负责项目运作，通过建立不同规模的童书馆，在各校班级间、区域各校间，建立起图书漂流借阅的制度，让适合孩子们阅读的经典童书走进每一间教室，通过"晨诵、午读、暮省"的生活方式、共读课程和各种阅读活动，让书香润泽每一位新教育儿童的心灵，让爱洒满孩子的心房。截至 2019 年 5 月，新教育基金会已在全国捐建 184 间"新教育童书馆"。为更好地动必读书目在班班间漂流，"新教育童书馆"还衍生了子项目"完美教室童书角"，目前"童书角"项目在全国已捐赠 165 间。这些阅读行动已引领 40 余万乡村师生共同阅读成长。

5. 新教育支教活动

由新教育实验网站"教育在线"发起组织的"暑假义务支教行"活动，长期坚持，致力于教师培训，产生了积极广泛的影响。

2003 年 7 月，在义务支教的火车上

2003 年 7 月，"教育在线"网站"义务支教西部行"支教队伍分兵两路，分别在云南安宁与贵州遵义传播新教育理想。

2004 年 7 月 31 日至 8 月 1 日，教育在线西部支教活动在陕西延安、定边，宁夏中宁、石嘴山举行。

2005 年 7 月 12 日至 14 日，"教育在线"西部支教活动在四川遂宁、重庆永川开展支教活动。

2006 年 7 月，"教育在线"西部支教去内蒙古开展支教活动。

2007 年 8 月至 2008 年 4 月，新教育分别在甘肃宕昌县、山西绛县、浙江苍南县、江苏灌南县、浙江杭州萧山区进行新教育公益培训和通识培训。

2008 年 7 月 27 日、28 日，"新教育西部支教行"来到内蒙古鄂尔多斯东胜区讲学。

2009 年 7 月，新教育西部支教行去广西、北川等开展支教。

后来，新教育支教活动逐步常态化。2014 年起，"教育在线"版主刘恩樵与同为名师的王益民、梁增红、柳咏梅、丁卫军四位同伴组成"苏语五人行"，每年开展"送教下乡"新教育星火教师公益培训行动，组建"星火教师专业成长共同体"，受益对象以乡村初中教师为主要群体，该项目资金及运营由新教育基金会作捐赠统筹。

据不完全统计，2018 年度新教育星火教师专业成长共同体近 50 人中，有 23 人次在当地获得各种级别的骨干教师称号，共发表或获奖论文 83 篇，执教各级公开课 46 节，做讲座 64 场次，有 21 人参与了省市级的课题研究。《教师月刊》杂志 2018 年第 8 期"团队"栏目，全面报道了新教育星火教师团队的运作方式以及取得的成绩。"苏语五人行"也成了中国教师报 2018 年度"40 年 40 人"优秀教师代表。

6. 新教育种子计划项目

2010 年 11 月 29 日启动的新教育种子计划项目，秉承着"心为火种　生生不息"的精神，致力于为一线新教育实验的践行者，提供长期、高效、实用的学术支持，提供理论研修、跟岗培训的各类服务，打造一线教育工作者的成长共同体项目。以线上、线下结合的学习方式，以图书共读、沙龙研讨、语音讲座、跟岗进修、研训营、工作坊等多种方法齐头并进，在新教育理论和实践中架起一座桥梁，已荣获"中国好教育奖——热心助力教育公益项目"等奖项。

项目自启动以来，先后为全国各地的 1 400 多位种子教师提供了长期跟进指导，共举办"全国新教育种子教师峰会"11 届，现场培训教师 6 000 余位。在项目跟进培训中涌现出的一批新教育榜样教师，为实验区、校的发展提供了人力支持。

据不完全统计，截至 2019 年，该项目先后有 24 人次荣获教育部全国优秀教师、《中国教育报》"全国推动读书十大人物"、中国网教育频道"中国好教师"奖等国家级奖项，共出版教育专著 50 余部，发表文章 1 217 篇。

以新教育种子教师为核心研发团队编撰的《新教育晨诵》系列、《这一群有种的教师》《让生命放声歌唱——新教育实验晨诵项目指导手册》《36 节电影课养成好习惯》等相关课程和图书，以其优良品质，多次荣获"教师喜爱的 100 本书"等奖项，备受专家与一线实践者的广泛赞赏。

2019 年 8 月，第一批新教育种子基地学校正式诞生，全国 396 所学校成为种子基地学校和种子预备学校，得到了项目组从课程资源、师资培训、特色打造上的全方位支持。

7. 新教育萤火虫亲子共读项目

2011 年 11 月 23 日成立的该项目，秉承"点亮自己照亮他人"的萤火精神，以亲子阅读为抓手、家校共育为目标，推动全社会的教育理念更新，协助教育中的各方完整幸福。它为喜爱阅读的教师提供了阅读推广的天地、展示自我的平台、阅读方法的引领、家校共育的技巧，为在教育困境中的父母提供了亲子共读的交流、家庭教育的常识、个案成长的跟踪。

项目成立以来，已组建全国萤火虫义工团队 500 余人，在全国 40 多个省市建有萤火虫工作站 69 个，汇聚 5 万多位父母开展萤火虫亲子共读。从每天早晨"新父母晨诵"的开始，以每晚共读、每周讲座、每月领读为系列开展的全国活动，和每个分站根据自身情况酌情开展各类线下活动，交相辉映。

项目的相关图书，《我的阅读观》《喜阅读出好孩子》《大师教你做父母》《家校之间有个娃》等，屡获各类重要奖项。

截至 2019 年，"新父母晨诵"的网络阅读量达到数亿人次，69 个萤火虫亲子共读分站在全国各地开展线上线下公益活动 9 000 余场，参与人数达到 900 万人次以上。

新教育实验的影响力越来越大，其公益特征也逐渐形成了自己的特色。《南风窗》《人民日报》《北京青年报》《解放日报》《中国教育报》《中国教师报》《现代教育报》《21 世纪经济报道》《教育导报》《教育时报》《新民晚报》以及中央电视台、中国教育电视台等各大媒体都相继报道"新教育实验"。2007 年 11 月 11 日，中央电视台"新闻调查"栏目播出了长达 45 分钟的新教育专题采访"心灵的教育"。

《南风窗》对新教育进行了如下评价："可以断定的是，作为一场对抗'教育异化'的实验，理想主义者试图从源头上救赎中国教育危机的努力，起码可以视作以'人的教育'为旨要的'新希望工程'的剪彩仪式。"

我们相信，心为火种，生生不息，点亮自己，照亮他人。新教育实验的公益性，源自教育事业本身的公益特质，源自教育对于公平的永恒追寻。新教育实验的公益性，更是新教育人在行动过程中的自我选择，希望能够以普惠的方式，惠及更多人。新教育人也是用公益发展来倒逼理论研究和实践行动的精益求精，如何进一步深化教育研究来点亮自己，才能更好地用公益推广去照亮他人。

参与的感悟

一、1999 年：奚亚英的遇见

——那是一生的幸运

江苏省常州市武进清英外国语学校教育集团　奚亚英

岁月如歌，生活如诗。我想：生命中的每一次遇见，既是一种缘分注定，也是一种信念感召，更是一种情怀坚守。遇见朱永新教授，遇见新教育实验，遇见这样一个美丽的教育时代，是一种生命美好的馈赠，也是我一生幸运的守候。回望认识朱永新教授，走进新教育实验，开启名校发展之旅……一切的一切，历历在目，是那么的清新、温暖、真实而又精彩！

（一）有一种"信念"叫"情怀"

1999 年 7 月，江苏省教育管理研究会在苏州召开了一场名为"太湖创新教育会议"的研讨会，当时的我作为省教育学会教育管理委员会的委员参加会议。在会议上，朱永新教授做了一场有关教育理想的精彩报告，用教育学家特有的专业视角，以"理想"为线索，向大家描绘了一幅幅"教育图景"。

那时的朱永新教授已是苏州市的副市长，当然，这位"教育市长"非常有个性。记得有一次，朱教授在接受国内某著名媒体采访时被问及："您的身份比较特殊，既是苏州市的副市长，又是博士生导师、教育家，还是全国政协常委。在这多重角

奚亚英

色之间，您是如何转换和保持协调的？"他毫不犹豫地回答道："我做市长是分管教育的，自己作为大学老师的研究方向也是教育，这几种身份其实在本质上是有共同点的。在这几种角色中，我可以把教育作为整合的一个'抓手'，在这一点上我很幸运。"

事实也是如此。在研讨会现场，朱教授儒雅的风范、广博的学养、深刻的见地、前瞻的视野深深地震撼了我。印象中，似乎从来没有一位专家，像朱教授那样给予我如此的感触。他虽然是一位行政领导，但是对于教育的理解竟然能够做到如此清晰，甚至超过了我们从事教育工作的一线人员的认识。他对于那些教育过程中所需要注意的细节、所需要关注的重点、所需要把握的尺度不仅能够信手拈来，而且比我们想得更深，看得更透。

当然，朱教授的报告中不仅仅有扎实的行动规划，更有辽阔的星辰大海。他告诉我们教育是美好的，是值得憧憬的，是需要一生来温暖守候的。对于每一位教育工作者而言，教育的价值就是生活的价值，就是生命的价值。这一切的美好在理想中萌芽，在现实中生根，在行动中花开，当我们真正为此努力践行，勇敢探索时，那一份前所未有的幸福感、成就感定当成为一生温暖的记忆。

诗意的表达、深邃的思想、剔透的行动，让我迫切地期待去破译这一份幸福、美好的价值，去诠释这一份理想、信念的意义，去实践这一份温暖、感动的内涵。作为一名"平民校长"所领衔的一所"平民学校"，我急需这样的一种滋润、滋养，我的每一位教师也需要这样的一种震撼、洗礼，甚至可以说每一个在梦想中徘徊的脚步都需要这样的一种激励、唤醒。所以，在参加会议的几十名校长中，我是第一个鼓起勇气走上台与朱教授讨论问题的。我迫切地想知道，自己这样一名普通的农村小学校长能为教师、学生和家长做些什么。与此同时，我也把朱教授作为自己的标杆，心想着一定要像他那样，为教育做些事情，为学校做些事情，为师生做些事情。

（二）有一种"唤醒"叫"梦想"

当时的湖塘桥中心小学是一所普通的农村学校，在这样一所校舍简陋、教师专业水平明显不高的农村学校里，教师们的教育观念仍旧停留在"教好书本"上。作为校长的我，那时对于如何改变这所学校也"一筹莫展"。面对种种问题，我还是坚持要从改变"人"开始，只有学校里的"人"变了，学校才能改变。而在改变人之前，我要做的是"唤醒人"。

显然，光靠校长一个人来唤醒是没有多大作用的，因为校长的立场永远是"学校"，或许一次、两次有触动，但隔三岔五地讲、三天两头地说，慢慢地，教师们也

"倦怠"了，更有甚者觉得校长的话没有说服力，不足以真正去实现预估的效果。所以，我就开始寻觅，寻找这样的一个人或者一群人来帮助我解决现下的问题。而这个人出现了，他就是朱永新教授。

我们开始着手按照朱永新教授"理想学校"的蓝图规划学校。实践中，我发现，对于每个农村普通老百姓的家庭来说，要得到优质的教育，非常困难。于是在多方论证下，我们确立了湖塘桥中心小学的办学理念——平民教育优质化，优质教育平民化。我始终记得我来这所学校时许下的一个愿望——我要圆一个跨世纪的乡村教育之梦，我要通过努力让普通老百姓的孩子接受更好的小学教育。

这样，我和我的团队从一点一滴的改革开始做起，不停地向朱永新教授请教，也就有了后来13次的电话邀请。终于，我们盼来了朱永新教授走进现场的指导，朱永新教授的每一个建议最终都被落实到了行动中。"理想的学校""理想的校长""理想的教师""理想的学生"……当这些梦想一一沁进教师和学生的心房后，湖小人仿佛忽然从困顿中醒来，迸发出了无限的激情。令我至今难忘的是，朱永新教授第一次走进湖小时，学校虽然相对于之前有所改变，但和周围的名校、城区学校比还是相差甚远。然而，朱永新教授非但没有嫌弃，反而给予了我们莫大的鼓励，他主动申请担任学校发展导师。当时的我都不敢相信自己的耳朵，为了敲定这份"契约"，我赶紧悄悄地让一旁的总务主任去最近的街市买了一本聘书，想以此"拴住"朱永新教授。

随后的日子里，朱永新教授几乎每年都会走进湖小，甚至亲切地把湖小比作"新教育的井冈山"。每次来湖小，无论在办公室里吃着盒饭，还是在来去匆匆的路上，他都从不厌烦地为我解答疑惑。每次我都希望以个人名义请朱永新教授好好吃一顿饭，但都被他严词拒绝了。他说："奚校长啊，你有请我吃饭的钱，不如用它们去买点书，奖励给老师和孩子们，这比吃饭来得有价值。"也就这样，这所普通的农村小学在朱永新教授的指导下，一下子找到了适合自己的成长步伐，成了老百姓心目中的充满人文与书香气息的学校，成了"新教育的榜样学校"。

沿着朱永新教授的思想，紧跟新教育的步伐，几年的时光，学校的口碑越来越好，名声越来越大，政府部门的相关领导也开始重视这所学校的发展，投入了大量资金用于校舍改造和设备更新。教师们都很振奋。之后，学校还进行了整体搬迁，教师们也都是干劲十足。为了不耽误正常的教学工作，也为了节约资金，他们把亲戚朋友都发动过来帮忙，很多人每天凌晨三四点钟才能睡一个囫囵觉。大家都为了心中的梦想，铆足了干劲。想起刚调来湖小的时候，我天天在忧虑如何唤醒教师，如何唤醒学校，但走着走着，发现其实不是我在唤醒他们，而是他们唤醒了我，他们让我看到了梦想的力量，看到了学校的美好蓝图，看到了教育的未来和希望。而这一切的改变，离不开朱永新教授的思想引领，离不开新教育团队的坚实后盾。

（三）有一种"速度"叫"湖小"

校舍变优质了，师资力量也要跟上来。但改革所带来的一些深层次问题开始凸显：一些教师在教育观念和教学行为上不适应日新月异的时代要求，另一些教师的发展又进入高原状态，没有自发自愿的价值追求与发展目标。

既然问题出来了，我想着与其逃避，不如正视。改革如果始终是一帆风顺，那还要我这个校长干什么？我们一方面通过招聘新鲜血液来重塑发展力量，另一方面借助朱永新教授提供的平台，邀请了窦桂梅、卢志文、许新海、储昌楼等新教育领路人走进湖小，为教师们做培训。湖小的教师原来仅把自己看作一名普通的农村教师，现在发现可以亲自和大师对话、交流、提出疑惑，就突然充满了自信。一批优秀的湖小教师也借助新教育纷纷走向更大的舞台，在朱永新教授的搭桥下，庄惠芬、吴小江等一批有为教师走进苏大、华师大等高校以脱产半年的方式重新回到大学校园学习，马曙辉、朱亚燕等一批教师走进新教育研究中心做访问学者，并践行公益之心，将新教育的精神散播到十多个省区市，积极推行新教育提倡的"支教"。在东莞凤岗支教的几个月中，湖小人天天阅读到深夜，常常撰写一万多字的心得反思，成了新教育"魔鬼团队"的核心写照。在新教育精神的感召下，一群湖小人奋发有为、唤醒成长、成功蜕变。

但是，光有激情没有方法可不行。接下来，我们更多地考虑如何唤醒教师的专业发展。最终，我们帮助教师一起形成具有自己特色的"专业阅读＋专业写作＋专业交往"专业发展模式，这不仅仅成了教师们困惑时的指导，也成了教师专业发展的一个展示平台。全校从10年前仅有两位市区级骨干教师，到形成了上百名骨干教师的团队金字塔，他们走出学校，在全省甚至全国的舞台上崭露头角。

有人说湖小用了10年左右的时间创造了让人惊叹的"湖小速度"。而在我看来，所谓的"湖小速度"来自湖小教师的专业信仰，来自湖小教师的教育梦想，更来自每一位教师的坚韧品质和向善精神，这些湖小特质使得他们如同奔腾不息的河流，书写出了自己的生命传奇！

教师的专业素质发展起来了，怎么留住他们呢？我开始倡导建立教师的"自我设计、更新与发展的个性化成长机制"，希望每一名教师规划并设计自己未来3～5年的发展之路，并找到每一年的定位。"快车道计划"也是在这样的前提下应运而生的，青年教师、成熟教师拜骨干教师、专家教师为师，骨干教师、专家教师拜教育专家、全国名师为师，多个轮回的师徒结对之后，学校内部多个层面的师徒带教模式开始形成，上引下联的互助发展链跃然眼前。

帮助教师养成专业习惯之后，我决定在湖小的每名孩子心田上播下爱读书的种子。结合新教育"书香校园"行动，我们创建了具有自己学校特色的三级校园书香网络：建设师生图书阅览室"湖小学院"，收藏丰富的图书，开架借阅；在每层教学楼都建立级部书吧、级部乐池，让它们成为实施课外阅读中"计划性"阅读的主要场所，级部主任和任课教师可根据教学内容和进度及时调整、更新图书；在每个班建设班级图书架，书由学生自带，存书量不少于200本，学生之间可以相互交流阅读。

书吧建起来后，有的教师担心："自由的借书规则没法约束学生，如果一些不自觉的学生偷偷把书拿走怎么办？"而我告诉教师们："首先，我们应该充分信任学生。其次，如果书丢了，说明这本书学生爱看。如果我们多买一些学生爱看的书，做好引导，即使'书被长久借走了'，也并非一件坏事情！"

紧接着，新教育"晨诵、午读、暮省"作为校本课程被引入学校，这让学生们回归到了朴素的教育本质。至此，所有的湖小学生开始与书交友，与高尚的灵魂相遇。就这样，我们用书香把乡村的孩子熏陶出了优雅的气质。一位六年级的学生甚至戏称："读书是我们的第四餐！"

（四）有一种"坚守"叫"照亮"

2013年春，我从原湖塘桥中心小学校长一职退休，接受区教育局的委任，赴清英外国语学校工作。清英于2007年建校，是一所民办学校，与公办学校不同，清英要想有优质的生源，就必须要有好的"口碑"，要让家长觉得"钱花得值"。于是，我在管理上更要抓得细致，要让学校在教育市场树立旗帜榜样。我换位思考，认为清英不仅要追求卓越的教育质量，而且要从学生出发，为他们提供卓越的服务，服务于学生，服务于家长，服务于社会。

当时，清英面临的是学校顶层文化设计的缺漏、师资队伍的薄弱、课程体系的落后、管理人才的短缺等现实问题。彼时，我又想到了朱永新教授。我们加入了朱永新教授发起的"新教育种子教师培养计划"，在他的带领下，清英迎来了越来越多的年轻教师的加入。这批年轻教师在短短几年的时间里迅速成长为学校的中坚骨干力量，带着他们的教育热情，在学校开启了新教育实验。也正是由于他们的努力，清英的孩子收获了与别的孩子不一样的成长。而在学校发展的关键期，朱永新教授建议学校应该基于对"办什么样的学校"进行再定位，基于对"培养什么人"和"怎么培养人"这两个核心问题进行再思考。于是，我们开始着手组建学校文化规划小组对以上问题进行顶层设计和系统架构。

在不断地思考与微调中，我完成了学校教育哲学的考量、学校愿景的厘定、培养目标的明晰、组织架构的变革、课程体系的内生，并激活每一位成员主动思考、积极行动、自主发展、开拓创新，从而助推学校新发展，学校也焕发了新的生机与活力。在朱永新教授的变革引领下，学校变成了"村落"，级部变成了"部落"，班级变成了"社区"，课堂变成了"学堂"。我们积极鼓励教师进行课程研发，以普适课程、专设课程和自创课程实现了学校"七号课程"的"三位一体"架构，实现了国家课程、地方课程的彻底化校本实践。我们还打造了"易学习生态系统"，通过规划与运用学校文化、空间环境，丰富课程资源，设计多元组合的学习空间，如多元智能为辅的阿福童之家，万物启蒙为核的花果山基地，中国文化为根的国学馆等，使得校园的时时处处都"让学习真正发生"。

在新教育的引领下，清英先后成为中国民办教育百强学校、全国民办学校十大课改样本、中国民办教育改革创新示范学校、全国新教育示范学校、常州市首批国际理解教育示范学校、江苏省语言文化课程基地、江苏省首批教师发展研究基地……据不完全统计，清英先后与美国、英国、加拿大、澳大利亚等8个国家15个城市形成国际合作联盟；与台湾嘉义过沟小学、台湾桃园市大业小学、台湾桃园大园国际高中成为海峡两岸结对学校；2017年联合常州大学，建立全市第一所在常高校附属小学；10年间，来自安徽、浙江、广东、河南、湖南等8个省份12个城市35个团队的共计27 300多人次纷纷走进学校考察学习；《中国教师报》《江苏教育报》《扬子晚报》《现代快报》和江苏教育电视台等 15 家媒体纷纷报道学校发展纪实。6 年来，共计 200 人次对话德国、澳大利亚、美国等国家的学生，175 人次走进央视，60 多名外籍学生作为交换生学习，161 人次主持大型活动，388 人次出国文化交流，683 人次参加区级以上语言节目展演，11 000 人次进行了 230 多幕话剧的公演……

记得朱永新教授说过：过一种幸福完整的教育生活，不仅仅有对教育终极意义的思考追求，也含有对当前某些畸形教育提出治疗的企图。在许多地方，某些形式的教育使学生享受不到童年和青春，也没有美好的梦想。许多学生已经失去了凝望世界的明眸，失去了追求理想的冲动，失去了淳朴的情怀和感恩之心。每每想到此，我就不禁反思，自己现在所做的教育是否真正尊重了每一位教师，是否发展了每一位学生，是否成就了每一所学校。这样看来，虽然我们距离目标的实现还有一定的距离，但是我们的方向是对的，未来是可预期的，这样的一天迟早会来到的。

有人说，不懂得感恩的人永远不会有幸福的人生。回望近 40 多年的教育生涯，我时常暗自庆幸与朱永新教授的结缘。感谢他的出现，让我坚定了我要走的"平民教育"之路，让我确信我要走的路是对的，让我看到了教育的未来与美好。他是我教育梦的领航者，是我一生的导师。他的"新教育"思想不仅仅改变了我和我的教师们，更改变了我所经历的一所所学校和一届届的孩子，让我们能够凭着理想和激情，凭着对教育崇高的执着和追求，开启"新教育实验"逐梦的实际行动。再次感谢朱永新教授，感谢新教育的一路陪伴！

二、1999 年：卢志文的心声

——散论新教育

新教育基金会理事长、翔宇教育集团总校长　卢志文

（一）团队

新教育是一个来自民间的"草根"教育改革实验团队，强调自发、自愿，需要有心之人和有识之士。然而，结构决定性质，谋事在人，成事靠组织。团队、机构、制度……在更长的时间范围里，则更加可靠和重要。

卢志文

新教育团队建设的目标——致力于民族教育的振兴与发展，致力于团队目标达成的最大化，致力于资助者意愿的充分实现，致力于共同体成员的一道成长。

组建新教育核心团队需要多元、开放和非同质化的家园。根据实验功能，新教育组成不同实验性质的研究团队。这样，区域内的实验教师都能相对应地找到"自己的组织"。团队让越来越多尺码相同的新教育人汇聚在一起，也影响着一些尺码不同的人。

新教育团队成员应该具备的核心品格：乐于分享、善于沟通、服膺真理、勇于承担、敢于创新。

新教育团队的存在必须对每一方都有价值和意义，包括发起人、资助者、实验学校及其师生、团队成员，还包括政府和社会；团队以行动、服务和创造去实现这些价值，并努力追求价值的最大化。

作为非政府组织的新教育团队，其基本生存方式是以理想汇聚人才，以服务践履使命，以创造提升价值，以实绩赢得支持。

（二）文化

世界上任何一个由组织体系组成的集体，它的生命力都是有限的。要想使集体拥有无限生命力，我们必须在组织体系之上，建立另一个体系：这，就是文化。

文化是一种精神期待。它虽是无形的，但也是无限的，它超越时间和地域，超越制度和规范，超越个人和团体。新教育团队文化，是新教育共同体全体成员共享并传承给新成员的一套共同愿景、价值观和使命。它代表了团队中被广泛接受的思维方式、道德观念和行为准则。

新教育团队文化反映了一种提升民族教育的理想追求，一种非政府组织的生存哲学和一种不断超越的生命态度。

新教育人重视团队文化的积累和继承，认真总结、提炼团队的优良文化基因，使之成为团队发展的底蕴。吐故纳新，对团队文化进行滋养、丰润和淘洗，永葆团队文化的青春活力和对环境的高度适应性，防范和消除不良因素对团队发展的制约。每位共同体成员都有培育、认同、维护、发展和传递新教育团队文化的使命和责任。新教育以统一的团队文化指导规范内部子文化，同时允许并鼓励内部子文化的培育、创造和个性发展。内部子文化的成熟、健康发展是新教育团队文化向纵深发展的坚实基础。

（三）成长

新教育首先是一个孩子，一个需要成长和完善的孩子。新教育在被鼓励、被期待、被传播、被弘扬的过程中，同样经历着被质疑、被批评、甚至被贬低、被谩骂。然而，每一个新教育人都应该对这一切心怀感激，因为，它使新教育变得更加成熟。

感谢为新教育呐喊助威和批评质疑的朋友。新教育需要不断地鼓励、提醒和鞭策，只有这样，它才会有属于自己的进步。如果不能清醒地认识到这一点，新教育终会陷入井底之蛙的悲剧。

新教育的基本理念是新教育的魂，是新教育实验的基本方向。如果远离这些，我们就会在一些技术细节上争论不休，就会在实践中迷失方向，因为方向比方法更重要。

新教育的诞生无疑与旧教育相关，那是我们很多人在诟病着却又无力改变的教育。新教育是为修正和改变旧教育的错误、缺陷和落后而生的。假如旧的教育没有问题，健康、蓬勃，令人满意，并高效地塑造着幸福的人、文明的人、创造的人、推动社会进步的人，那么，新教育就没必要诞生，也不可能诞生。

新教育公益以"软件"为主，着重提高教师的教育理念和学生的学习软环境，提高师生教育生活的精神品质。我们认为硬件固然重要，但人的精神改造更为重要。中国当下的教育不是硬件问题，而是"软件"问题。

新教育是在继承的基础上发展的，是一种积累性超越，不能朝秦暮楚，飘忽不定，或者不断地另起炉灶。

新教育不是教育教学项目的叠加，而是科学的融合；不是增加学校与师生的负担，而是日常教育生活的变革、丰富与提升。项目的简单堆砌不是新教育；新教育是整体的、整合的、有机的，不是零散的、割裂的。

秉持全面、和谐、可持续的教育质量观。"改变教师的行走方式，改变学生的生存状态，改变教育的科研范式，改变学校的发展模式"，这"四个改变"是新教育实验的行动目标。然而，"应试本位的教学观、知识本位的课堂观、分数本位的评价观"像三座大山压在师生的头上，导致"教师苦、学生累、家长急、校长怨"。重建全面、和谐、可持续的教育质量观，可以整合和打通新教育实验各种项目和行动之间的内在联系。我们在关注"学习性质量"的同时，更要重视"发展性质量"和"生命性质量"。

有时候需要我们先投入战斗，再考虑胜负。因为，立即投入未必取胜，但不立即投入，肯定失败。迈克·富兰说："变革是一项旅程，而不是一张蓝图。""路线和目的地必须通过旅程自身找出。"新教育的变革和探索，"应是向未知方向挺进的旅程，随时都有可能发现意外的通道和美丽的图景。"

既然找对了路，就不要怕路远！坚信：没有比人更高的山，没有比脚更长的路。

（四）行动

新教育是一份理想，新教育是一场运动，新教育更是一项行动。新教育不能只有理念，还要有实践和操作，更重要的是不能埋头在专注于过程的时候忘记了我们的目标。"五大理念"比"六大行动"更重要。

"行动，就有收获"。世界上没有所谓太迟了的事情，只有今天不去做，那才是真正的太迟了。每一位实验者，每一所实验学校，每一个新教育人，都要做到：不等、不靠、不要！我们是一群变革教育的人。没有困难的改革是没有的。"勇士的伤口在胸前，逃兵的伤口在后背，改革者前胸和后背都有伤口。"克服困难，推进改革，将成为我们的生活方式。

新教育实验的生命力在于日常的守护，不在于词语的玄妙和数量的繁荣。新教育的落脚点在于真实地和学生共处一间教室，共读一本经典，和同事共同走过教研的过程，和家长共同穿越教育的时空。

新教育实验的魅力在于由学校、教室的叙事呈现，而不是游离于心灵之外的材料堆叠。让榜样言说，用故事书写。新教育是由鲜活的实践和生动的教育叙事组成的。

从孔子风餐露宿传播儒家文化，到陶行知践行平民教育，中国教育的生命力在于躬身实践。"书斋哲学""经院研究"不是新教育实验的方向。新教育的发轫是面对当下基础教育的尴尬处境，它来自教育生活，它的归宿也必然指向教育实践。

向别人传递、传播幸福，我们自身在实践新教育的过程，首先要找到幸福。这是弘扬新教育的最好的途径和方法。新教育实验不是书斋里的学术科研，也不仅仅是教师个体的自由探索。新教育实验是有目的的行动研究，是很多人合力改变中国教育现实弊端的群体行为。所以，在彼此的信任和合作中，是一个人领着一群人，少数人带动多数人去干事业。影响可以影响的人，改变可以改变的人，接纳可以接纳的人，我们会更有力量。

新教育实验倡导田野研究精神，因为新教育的发源就来自广阔的大地。田野研究的行动，只有走进校园才有立足点，只有走进课堂才有生命力，只有和学生心灵共振才有灵魂感。我们需要打通书斋研究和现实行动的道路，需要寻找理论研究和教育实践的结合点，新教育的魅力在于课程实践中教师和学生的生命一起成长。

面对教育的弊端，新教育采取积极的行动，担当儒家直面现实的道义。它是"入世"的教育实验，在批判中承担自己对中国教育的一份天职。它基于当下的教育并超越于当下的教育，它密切关注当下的教育并警惕地和当下教育保持适当的距离。

（五）发展

实验区、实验校之间的发展是不平衡的，其中最根本的原因，我觉得有一条就是对新教育是否真正认同。从区域管理角度说，实验区的工作成效首先取决于组织管理者对于新教育的高度悦纳。这是自觉的力量源泉。行政是有力量的，但"真正热爱新教育"，才是领导者推动新教育，并且能够推得动新教育的真正力量之源；否则，便不会产生行政力，或者让行政力遭遇相反的力量而被消解。

我们对于实验区的期待，就是要有一支真正站立起来的实验团队。这个团队不是行政管理团队，而是亲身实践的骨干教师团队。团队的每一个人必须站立在教室中，用自己的言行影响人、带动人。

一本书加一本书，再加一本书，可以改变一个孩子；一个人加一个人，再加一个人，可以改变一个世界。新教育可以自下而上不断生长，新教育也可以自下而上不断感动和影响着越来越多的行政力量。

幸福是一种追求，更是一种状态。"过一种幸福完整的教育生活"，这是新教育实验的宗旨。要让实验教师和学生在实验过程中，感觉到自己是生命叙事的主体，感觉到生命的丰盈和价值。幸福是一种状态，也是一种体验，而这种状态和体验，不仅仅是深藏于个人内心的私密感觉，还要能够在相互合作、相互交流、相互理解、相互宽容中彼此表达、洋溢、辐射、放大。要让每一个新教育人体验并感受到教育的幸福和完整，这并不是一件容易的事。

对于这个世界，或许我们真的改变不了什么，每一个人能够改变的只有自己。然而，唤醒一名教师，就唤醒了几十个孩子；唤醒一名校长就唤醒了几百个孩子，唤醒一个局长就唤醒了成千上万的孩子。这就是新教育人的生命价值之所在。

相信，是一种力量——深刻认同是开展实验的前提。新教育实验是一个民间自发的教育行动。选择新教育，完全服从于内心的需求，没有外力强加。接纳并融入新教育的前提是"相信"：坚信新教育会给区域教育、学校教育带来全新理念，也相信新教育的力量能根本改变学生、教师和学校。

"怀远"与"观近"是一致的。新教育的梦想在远方，但我们从身边做起，从身边的教室开始我们的实践，从影响身边的老师开始我们的专业发展之旅。草根情怀的表现就是不拒绝身边的环境，不拒绝身边的人，用新教育人的人格魅力和行动精神感染人、影响人、改变人。我想，这是我们新教育人需要秉持的一个工作方法和工作态度。

做新教育，就是做理想。追求梦想，必须依附于脚下的土地。新教育不追求偏居一隅，进行一场自我欣赏的"精神恋爱"。我们想在力所能及的范围内，撬动更多现实的顽石，让这场民间改革的行动，传播到更远。

三、2000 年：李镇西的网络

——新教育实验的"触网"始末

新教育研究院院长、著名特级教师　李镇西

（一）

新教育实验一直非常重视互联网的作用。最初新教育的"六大行动"中，就有"建立数码社区"。朱永新老师专门出版的《未来学校》一书中就谈到了网络时代的学校形态、课程开放、教学方式、教育评价等。20 年前，处于萌芽状态的新教育实验，最重要的思想传播与实践分享的平台就是网络空间。具体说，就是"教育在线"网站——后来一大批新教育实验管理骨干和优秀教师都是在这个网站的"教育在线"论坛中成长起来的。如果把"教育在线"论坛当作新教育早期的"网络黄埔军校"，我认为是毫不夸张的。

李镇西

但是，"新教育"怎么就和网络发生了关系，而且还建立了叱咤教育风云好几年的"教育在线"论坛？这里面有一段非常有意思的真实故事，且让我慢慢道来。

（二）

2000 年 9 月，我作为朱永新老师的博士生来到朱老师身边求学。学习之余，我担任了 K12 网站班主任论坛的版主。当时，朱老师不但是十足的"网盲"，而且连电脑都不用。人类已经进入互联网时代，可我的朱老师还停留在"笔耕"时代。那些日子，朱老师时不时提醒我"不要把时间白白浪费在网上"——我当然不认为上网是"白白浪费"时间，但朱老师是我老师啊，我不好"顶撞"他，如果要慢慢解释，一句两句也解释不清楚。所以，我干脆辞去版主，"眼不见心不烦"！

辞去版主仅 4 个月后的一天——具体说，就是 2002 年 4 月 16 日，朱老师请我吃晚饭。饭桌上，朱老师问起我的论文进度，自然又谆谆告诫我"不要迷恋网络"云云。这次我可没有唯唯诺诺，而是向他大谈网络对"做学问"的好处。

我从青年话题论坛谈起，然后又谈我在"K12"做版主的感受，我对朱老师说：

"网络本身只是工具和媒介，它自身并没有价值取向，全在于使用它的人。比如菜刀，在不同人的手中功能可能完全不同——或切菜，或杀人，或自杀。"我又说："网络也是一种阅读方式，或者说是一种做学问的方式，而绝不仅仅是一种娱乐消遣，何况我从来不会今后也绝对不会玩游戏的。"我还告诉朱老师，我在网络上结识了一批志同道合的朋友，他们都是非常优秀的教育者，我们不仅在网上一起思考教育、交流经验、碰撞思想，而且还打算以网络为中介进行教育科研呢！当时，一起吃饭的还有袁卫星，他也向朱老师大谈网络如何如何美妙。

（三）

当时，我并不是被动辩解，而是主动向朱老师展示网络的魅力。也许是我的言辞恳切而真诚，也许是我说的网络魅力打动了朱老师，总之，我看到朱老师入迷地凝视着我，端着酒杯的手久久地停留于空中——他显然动心了。

当我说到我的有些网友就在苏州时，朱老师问："在苏州都有谁？"

我说："工业园区教研室的焦晓骏！"

他立即说："马上请他来一起吃饭！"

我赶紧拨通了焦晓骏家的电话："市长有请！"

20多分钟后，焦晓骏来到我们的饭桌上。于是，我们一起向已经半醉的朱老师继续灌输网络的意义，苦口婆心兼语重心长，终于打动了朱老师的铁石心肠："哦，原来网络是如此美好！"

我见他面呈茅塞顿开状，便问他："朱老师，您为什么不开一个网站呢？我们通过网站联络全国更多的教育者一起干，岂不更好？"

但见红光满面的朱老师悲壮地将酒杯往桌上重重一放："干！"

我和晓骏、卫星都听清楚了，他说的不是"干"（gān）而是"干"（gàn），他的意思是我们也要建立一个自己的网站！

那天从酒楼出来坐在车上，我喜不自禁地对晓骏、卫星说："哈哈，没有想到我居然把朱老师'和平演变'了！"

（四）

很快，由朱老师挂帅的"教育在线"网站正式成立了。事后，朱老师在一篇

《自从上了网……》一文中，这样"招供"道——

　　我本来是对网络"不屑一顾"的，不仅反对儿子上网，而且也曾批评我的博士生李镇西"陷得太深"。我当时看来，他们是远离了严肃的学问而大肆浪费时间，虚度光阴。然而，批评归批评，儿子仍然我行我素，镇西更是痴心不减。再后来，我发现我所了解的一些教坛才俊，如袁卫星、卢志文、焦晓骏等，竟然也都是"网虫"！他们在网上展露才华，在网上结交同仁，在网上指点江山，在网上激扬文字。互动的网络，给了他们一个表演的大舞台！我不由得想探个究竟。

　　终于有一天，我被"策反"了。2002年4月16日晚，我与镇西、卫星、晓骏小聚，他们不停地聊在"K12"如何相识、如何做版主、如何争锋。一句话：网上的世界真精彩。末了，他们乘着酒劲激将起我："朱老师，您为什么不开一个网站？"那时，饱受耳濡目染的我几乎不加犹豫地决定："干！"

　　……

　　然而当时我没有意识到，朱老师所说的"干"，对我来说意味着什么——他是要我和他一起"干"！他很"武断"地要我当"教育在线"论坛的总版主——"就是你了！"

　　这可苦了我——好不容易辞去了K12网络班主任论坛的版主，这里又要当总版主，真是"刚出狼窝又入虎口"！我有点后悔"策反"朱老师了：我这不是"自作自受"吗？

　　但是学生就必须听老师的话，何况网络的魅力的确是难以抵御的，于是我走马上任了。

（五）

　　我又回到了虚拟而又真实的网络世界，重新开始了与远在天边同时又近在咫尺的网友们的精神交流。"教育在线"论坛共设"李镇西之家""菜鸟俱乐部""政协回音壁""专题探究""教育科研基地""德育论坛""管理在线""语文沙龙""班级在线""小教专区""家教之窗""滴石书斋""心灵港湾""英语园地""理科世界""文学时空""轻松驿站"等分论坛。一时间，各路英豪纷纷叩门而来，短短一个多月，我们教育在线就已经聚集起近千人的"教育志愿兵"队伍——我简直应接不暇。

严格说起来，与在"K12"不同，这次主持"教育在线"论坛已经不局限于网络务虚清谈了。在朱老师的率领下，我和网友们以网络为载体在更大空间内为教育做了并还在做着一些实实在在的事：我们推出了"新世纪的教师应该读什么书"的征文活动，这些征文先在论坛首发然后推荐到各传统媒体发表，然后通过征文我们整理出新世纪教师应该读的中外教育经典书目；我们与《人民政协报》"回音壁"栏目合作，发起了"关注义务教育"的大讨论，一系列充满创见的帖子燃烧着网友们热爱教育的激情；我们还参与策划著名导演谢晋的新片创作，为新时期教师银幕形象的诞生出谋划策；我们还筹划出版一套"教育在线丛书"，将我们对中国教育的热爱、关注和思考表达出来并传播到更远的地方；我们还以网络为载体进行一系列教改课题的研究，朱老师最早的"新教育"（当时还叫"理想教育"）构思"理想教育实验方案"就在论坛发布，并引起广泛讨论的……

（六）

"教育在线"同样有着浓浓的真情，许多网友都把我们的论坛称作"精神家园"。2002年7月下旬，我携妻女到江苏旅游，开始我一个网友都没有惊动，怕给他们添麻烦，但到苏州之前，我估计时间很晚不好登记住宿，只好给网友陶新华打电话，请他帮我预订房间。谁知我到了苏州，他不但给我订好了房间，而且还将我到苏州的消息广泛传播。朱老师邀请我一家晚上喝茶吃饭，前来作陪的除了陶新华夫妇，还有焦晓骏夫妇和专程从昆山赶来的储昌楼夫妇——如此热情，真让我难以承受！

可是，我当时还不知道，来自网友的更大的热情还在后面等着我呢！在苏州待了两天后，我又到昆山。到了昆山，迎接我的不但有昆山人储昌楼，还有许多的浩浩荡荡地从吴江、宝应、盐城、南通、上海赶来的网友：谈永康、张菊荣、袁卫星、王军、冯卫东、笑春……女儿都很惊讶："爸爸，您在江苏居然有这么多朋友！"

既然网友来了这么多，朱老师便决定干脆开个会，商量一下"教育在线"的发展，于是他和焦晓骏还有陶新华也从苏州赶来了。在昆山宾馆的会议室，首先，朱老师通报了"教育在线"与《人民政协报》《教师博览》《师范教育》《新教育》《明日教育论坛》等多家报刊的合作计划，确立了与诸媒体互动的联络人选。然后，大家又讨论了"教育在线文库"首批5套25本书的写作计划和编辑分工。5套书系分别为"教育随笔""教育报告""教育话题""教育理想"和"走进中学生"。最后，大家就"教育在线"的栏目设置、论坛的版块运转提出了积极的意见与建议。最后，大家还决定在明年组织"教育在线"扶贫支教的义务活动，以实际行动真正关注中国教育的均衡发展。

当置身于网友热烈的讨论中时，我又一次禁不住想：谁能说网络是"虚拟"的呢？

（七）

"教育在线"论坛的痴迷者绝不仅仅是我一个人，至少朱老师的痴迷程度就绝不在我之下。每天早晨5点刚过，我起来打开论坛，便会发现朱老师已经在上面了。有时虽然他不在线，但他凌晨发的帖子便是他留下的足迹。有时他还会发一些类似《独自一人》《哈哈，又是独自一人》之类的帖子，向网友们诉说他如何像幽灵一般在万籁俱寂的论坛上游荡。在这些帖子中，朱老师往往做出很痛苦的样子说他一个人在网上如何孤独如何寂寞，但诉苦的字里行间却掩饰不了他对网络的痴迷，因而他的诉苦便成了一种炫耀——炫耀他和"教育在线"论坛的深情厚谊。

记得有一次，朱老师到成都讲学，随同他来的还有焦晓骏。当夜我去宾馆看他，刚寒暄几句就来了几位领导模样的人，我和晓骏赶紧知趣地离开了。我们出去找到一个网吧，刚打开论坛，就发现朱老师已经在网上了！我们连忙离开网吧回到宾馆，叩开朱老师的房门，他果然正通过笔记本电脑在网上漫游！我们不停地同朱老师说这说那，他嘴里不停哼哼，但眼睛却一直盯着电脑——那一刻，我和晓骏在他心中简直微不足道，他心中只有"教育在线"论坛！见他如此沉醉，我忍不住摇头对晓骏说："你看，朱老师两个月前还是标准的网盲，可现在，迷成这样！唉，人要堕落是多么容易的一件事啊！"

也许有人觉得我与朱老师太随便了。是的，我在朱老师面前的确有些"放肆"。但当初并不是这样。朱老师是我的博导，他毕竟同时又是市长，所以即使是出于我对"当官的"一种偏见，我最初对他多少也有一点心理上的隔阂。然而，正是网络让我和他在感情上拉近了距离并在思想上实现了平等。

（八）

　　论坛建立之初需要征召分论坛版主，看着大家纷纷贴出申请争当版主，朱老师也"蠢蠢欲动"地贴出申请想捞个版主当当（他的原话是"恳请总版主恩准"），而且果真也有一些网友争先举手表示同意。但作为总版主，我偏偏贴了一个帖子表示不"恩准"——

　　朱老师想开一个店，还"恳请总版主恩准"，哈哈，被市长求情的感觉真好！

　　经过总版主本人左半脑和右半脑的慎重研究，决定：不"恩准"！

　　理由如下：

　　第一，朱老师同时作为一市之副市长确实政务繁忙，如果陷进自己的"专卖店"，很容易上瘾，这对"教育在线"当然是太好不过，但对苏州人民却是一个"损失"，我真担心"君王从此不早朝"啊！

　　第二，可以想象，朱老师所想开的这个店子内容比较丰富，但很容易分散其他论坛的帖子，不利于整个教育论坛的"安定团结"。

　　第三，如果朱老师开店，我就得领导一个市长，我胆小，怕领导不好；如果因此而导致我神经紧张，将会影响整个论坛的运行，这也不是朱老师所希望看到的恶果吧？

　　朱老师，学生得罪了！敢于直言，唯真理是从，正是您对我的教诲，今天我兑现了！

　　此帖一出，立即赢得了众多网友的拥护，原来支持朱老师当版主的人也纷纷倒戈。朱老师见大势已去，只好收回申请，安分守己地做一普通网民。

　　后来我见到朱老师时，很得意地对他说："朱老师，我和您现在除了师生关系，还多了两层关系！"他不解："多了哪两层关系？"我很郑重地掰着手指对他说："第一，我们是网友关系；第二，我们是上下级关系——我是上级你是下级！"他听了，嘿嘿直笑，一脸灿烂的笑容让人感到他有说不出的亲切与纯真！

　　网络正是让我如此体验着人与人之间真正的平等。我和朱老师有了心与心的"亲密接触"，我对他产生了由衷的敬意，而他也以自己的人格魅力赢得了网友们的由衷的爱——不是对市长的仰视，而是对朋友的敬重。

（九）

后来，我实在太忙了，刘恩樵（网名"大潮河"）继任总版主，继续把"教育在线"论坛经营得有声有色，有滋有味。

一晃，快 20 年过去了。朱老师已经完全和网络融为一体：不但坚持不懈地写博客，而且在"今日头条"每天都和网友们互动。正是和互联网的亲密接触，他对信息时代的教育特点以及对未来教育的思考才更加深刻，更加超前。

而曾经风风火火的"教育在线"已经完成了其历史使命，让位于更高端的网络平台"新教育"App，但它当年以草根的方式凝聚新教育思考和种子教师的历史功绩，将永载新教育史册，给我们留下的温馨记忆也永远难以磨灭。

四、2002 年：储昌楼的行动

——永远做一名新教育的行者

昆山市教研室原副主任　储昌楼

新教育就是行教育。整整 18 年，我跟着朱永新老师追寻"新教育之梦"，不忘初心，一路前行。

朱老师是新教育行动的领路人。在影响深远的"教育在线"论坛上，人们还可以找寻到我写于 2003 年 1 月 12 日的《长路奉献给远方——"新教育实验"礼赞》一文：他高举着火炬，照亮了行程。是他给了我们一个"新教育之梦"，是他的梦想唤醒了教育理想者的激情、才智；也是他高擎着"新教育"的火炬，走遍大江南北，点燃一支支火把，汇聚成一队火龙，探寻新世纪基础教育的光明前程。他，就是苏州大学博士生导师朱永新教授。

2002 年 10 月 28 日，在外向型经济一马当先的昆山，在小学刚满一岁的玉峰实验学校，第一所新教育实验学校正式挂牌。作为实验项目的主持人，朱永新先生充满深情地进行了回顾与展望："两个月前，我和昆山市委书记张雷、我们的分管市长赵松坤，以及我们的教育局局长张雪桥讨论要在昆山选一所学校作为我们探索未来中国教育发展的走向，探索真正让孩子们学得快乐，真正让孩子们有竞争力的这样一所学校。他们给我推荐了玉峰，所以我把它作为我教育思想、教育理念的一个实验基地。我要求新教育实验学校的孩子在离开这扇校门的时候，至少要做到最基本的五条。在座家长、教师和学生可以帮我监督，如果做不到，这个实验学校的牌子我还要收走。第一条，学生在校期间必须至少读满 100 本课外书。一个孩子在人生的最初阶段读一点最最经典的书，与大师对话和人类最优秀的文化遗产、文化财富进行沟通，是一生的财富。第二条，孩子在这个时期要每天坚持写日记。有老师跟我说每天写很困难，但是一个星期至少要写 5 篇。我刚刚调查了一下，有的学生说他每周写两篇，有的说每周写 3 篇，我希望家长要监督，最近孩子们已把日记粘贴在我的"教育在线"网站上，我看了很感动。很多孩子在这个网站上快速地成长，从一开始不会写，不知道写什么，到现在已经写得井井有条，有板有眼，写得生动活泼，非常有童趣。我们的《七彩园》一书已经出来了，我相信我们会有第二本、第三本，以后还会由出版社正式出版。现在很多孩子在我们的网上发表文章，我希望家长能帮我们监督，让孩子们学会写作，因为我觉得这样一种练习对孩子们的成长来说是一种终身财富。因为它不仅仅是写作，也是一种自我对话、自我沟通、自我监督，是人生一个道德的场所。第三条，我希望我们玉峰实验学校的孩子们至少听满 100 场教育报告，我希望把昆山的名家名流全部都请到这所学校来，让孩子们从小就受榜样的鼓励，接受榜样精神的鼓舞，让他们今后不仅仅要做一个有丰富知识底蕴的人，更要做具有创新精神和创造才能的人。第四条，这所学校的孩子们能讲一口流利的双语，既能讲中文，又能讲英文。第五条，所有的孩子都能使用计算机，非常熟练地使用计算机来获取他想需要的任何信息，能利用计算机与他想沟通的人进行沟通。这五条是我们新教育实验的宣言中最基本的五条，当然我们还希望今后能对它进行丰富和完善。我非常愿意跟我们在座的各位老师、各位学生、各位家长一起来探索我们新教育的未来；我也衷心地祝愿，祝愿我们玉峰实验学校能够在新教育的旗帜下，迈向一个更加美好的明天；我也非常感谢为新教育实验付出辛勤劳动的昆山市委市政府的领导、教育局的领导、玉峰实验学校的领导和老师以及支持我们实验的各位家长和同学们。我们期待着在两周年校庆、三周年校庆的时候，我们的学校能够不断地成长，我们的孩子们能够不断地成长，我们的老师能够不断地成长，真正地把我们的学校建设成一个七彩乐园！"

　　回应朱永新先生的，是参加仪式的全体师生与家长代表经久不息的掌声；回应朱永新先生的还有论坛上那些发自肺腑的声音：

　　学生张雪冰：愿更多的学校，能够像我们学校一样，成为朱老师的实验学校。

　　教师昆玉人：朱市长的五条宣言实践起来可能比较难，但不管怎样，玉峰上下齐努力，会达到理想的目标。教师的辛勤与学生的努力离不开正确的指导思想的指引，新教育实验也需要全体师生的支持与配合。

　　网友苏超灵：五条宣言真是令人激动不已。我通过自己的实践体会到，这样做很好：它跨过实践中的理论之争，跨过了教育教学中的若干似对非对的规则，重在以使学生学和做，重在使教师教和做；至于在这样的做中间，学校、教师、学生用什么方式，通过什么途径，以什么方法实现五条宣言，并不是十分重要的。我相信这样的五条宣言是会实现的，也只有真正实现了"五条宣言"，我们才会有走向新教育的成功！

　　其实，玉峰人不是第一次听到这五条宣言。早在 2002 年 8 月，一个炎热的中午，朱永新先生利用双休日来到了玉峰实验学校，他与学校教师们一起探讨当今教育的得失，并提出了他的新教育观，主体就是这五个宣言。9 月，还是一个双休日，他再一次来到了玉峰人中间，就读书活动、日记教育、双语教育再一次与一线的教师们进行了深入的研讨。他的博学、亲和、务实，给玉峰的新教育实验奠定了良好的实验氛围。11 月，他又一次来到了玉峰，这次他走进了家长中间，与家长们谈新教育实验，谈成功六字诀，他的此次到来再次在玉峰掀起了实验的高潮！

　　作为一名主管多个口子而公务十分繁忙的市长，朱永新先生把他的双休日都献给了至爱的教育，献给了不再是梦的新教育。就让我们再来追寻他这半年的足迹吧：他三到昆山，到玉峰实验中学、柏庐实验小学、昆山市第二中学；他四下吴江，到金家坝小学、同里二中心小学、吴江高级中学、平直中心小学；他到苏州工业园斜塘小学；他到无锡，到扬州，到常州，到温州，到成都，到哈尔滨……所到之处，他热情宣传新教育，直接指导新教育实验，把火种播种在校长、教师、学生、家长的心田！

　　在朱永新先生足迹走过之处，新教育实验的幼苗破土成长：昆山的新教育实验扎扎实实，吴江的新教育实验星火燎原，工业园区的新教育实验兴兴旺旺。无锡的江阴南环路小学与无锡南洋国际学校结伴而来，常州的湖塘桥小学不甘居后，扬州的竹西中学、南通的如东实验中学提出加盟的申请，温州的、重庆的校长们发出呼唤：我们也想亲近新教育实验。

在一个理想失落的时代，在一个梦想遥远的时代，朱永新先生就是重建理想、共圆梦想的引路人！

榜样的力量是无穷的。从 2002 年到 2006 年，我任新教育实验总课题组秘书长，在朱老师的带领下，全身心地投入到新教育实验的研究与推广之中。经过全体新教育人的共同努力和创造性工作，边行动边思考边总结，不断地丰富、发展和完善各项行动的理论体系，为新教育实验未来的蓬勃发展与专业研究提供了丰富的资源与深厚的背景，为新希望工程的奠基了坚实的基础，诠释了理想的魅力，注解了行动的力量。

办一所新教育梦想学校，打造一所"新教育好学校"，做一名朱永新教授所描述的理想校长，是我要圆的又一个新教育梦。为此，我放下做了 30 年的高中教育，年过 50 做校长，不畏艰难险阻，从高中语文教研员分管高中的教研室主任岗位上，一头扎进乡镇小学做校长。从千灯中心小学校到娄江实验学校，从乡镇中心小学到教育局直属的九年制实验校，凡事从头学起，从头做起，三年一所"好学校"，六百天一个"好课程"，让大家更能认可新教育学校文化与课程的作用，这就是行动的力量。

无论是千灯中心小学校还是娄江实验学校，朱老师都是一如既往地全力支持我。2013 年 9 月 1 日，我刚到千灯中心小学校一个月，朱老师就来到千小，实地调研指导学校的新教育文化与课程建设。

朱老师的精神感染着我，朱老师的期望激励着我。带着新教育的梦想办学，学校的每一天都充满了挑战，每一天也都充满了希望，每一天都是行动行动再行动。2013 年 12 月，我挥笔写下了千小百日工作感言：

> 百日里，我完成了学校文化的整体架构。我们开学初反复研讨并确定了"教育点亮人生"的办学理念，提出了建设"中国乡镇最美学校"的共同愿景。在此基础上，我们进行学校文化的深度建构，一方面全员参与校徽校标的重新设计，确立学校文化标志，营造学校文化景观；另一方面强化礼仪文明教育，建立校园规范，培育学校精神，塑造学校形象。共同愿景要通过规划来落实和

2013年，访问储昌楼担任校长的昆山千灯中心小学校

体现的，我们确定了从千灯镇到海内外的六大定位，并为此制订了行动手册，供全体教职员工学习讨论。在此基础上，我们又组织了一次专家论证会，对六大定位进行了全面的解读与修正，进一步体现了最美学校的基本理念与要求。我们把"美"作为学校的文化特征，卓越课程、理想课堂、完美教室、艺术塑美、科学创美、体育健美，是我们学校"美"的具体表现；而品质、品位、品性，则是我们办学的终极目标。

百日里，我完成了学校未来集团化一体化办学的基本架构。我向镇领导与教育局领导建言将"淞南小学"更名为"昆山市千灯中心小学校（南校区）"并获得了认可。一个现代化的崭新校区正在兴建，这为学校增加了发展的平台，也意味着千灯中心小学校两区两园的办学架构基本构成。目前我们已经在推进一校两园的教学设备设施的一体化共享，接下来还将进一步探索幼小衔接，在课程设置、特色建设、教师发展等方面共建共荣，携手打造中国乡镇幼小九年一贯制的最美学校。

百日里，我完成了新教育实验的项目架构。从八大课程到三个相约，我们将新教育实验全面融入学校的各项工作中，以项目推进来促进学校各项工作的内涵性发展。相约星期一的每周一汇，聚焦我们的教育现实，交流我们的教育情感，书写身边的美人美景；相约星期三的而立读书会，走进经典，走近大师，结合我们的完美教室写下读书随感；相约星期五的与名师结伴研讨课，借用模仿，对照取经，每一篇课后感就是每一层进步的阶梯。三个相约，就是共研共读共写。而在我们每一间完美教室中，每天都有教师写下班级叙事，更新共读共写，用行动和文字书写着师生们的共同生活。共研共读共写共同生活，这已经成为我们学校的一种教育生活状态。

百日里，我组织完成了新校园网的设计改版。我们的新网站，首先是一个大展馆，天天是"窗口"，时时在展示。通过项目介绍和过程记载，直观地展示，真实地呈现，让关注新教育、关注学校发展的人们可以比较全面地、方便地、快捷地了解新教育、了解学校，增强认同感。它更是一个档案馆，是学校的新教育实验档案馆，是中国乡镇最美学校建设档案馆，是班级建设档案馆，是学生和教师个人发展档案馆。一天一天又一天，每一个项目、每一门课程、每一间教室、每一名学生、每一位教师，都天天在书写，一部成长史在生成、在演绎。

百日里，我在学校校长室的长沙发上度过了 52 个夜晚。这确实是一段非常特别的经历，是一个非常特殊的时期，这不是我喜欢这样的工作或生活方式，而是要做的事实在紧急，我实在需要静心静神地来进行顶层设计，以全部身心来开好局、起好头。在这百日里，学校就是我的家，我把自己给了学校这个家，有多苦，有多累，有多疲，有多倦，甚至有多少不解，有多少非议，我都坦然承受并心甘情愿，只要蓝图能变成现实，只要梦想能够开花。

我完成了约 15 万字的"储老师每日一谈"，这记载了我的所思、所感、所行，也见证了我的梦想之花在缓缓绽放：只要努力耕耘，苏州肥沃的土壤同样适合新教育的生长；只要方法得当，新教育实验可以在最短时间内全面实施，并且与学校工作有机地融合一体扎实地推进；只要唤醒理想激发情感，新教育文化、课程可以在师生共读共写中谱写幸福完整的教育生活的最美篇章。

行动换来信任。2016 年，我直接选调到市直属的九年制学校，我时时告诫自己牢记使命，全心全意，全力以赴，不负众望。我是带着办一所新教育好学校的梦想来的，我是肩负着二次创业娄江领航的重托来的，娄江任职百日，我同样也写下了百日感言：

　　百日里，正是在大家的积极参与下，我们从完善校徽、提炼学校文化关键词、核心句等方方面面着手，用一个多月就完成了学校文化的顶层设计。"润泽的娄江""娄江蓝""水滴意象"，这些可以说是娄江文化的精髓，也是所有教职员工思想和情感的结晶，它们已经凝聚成学校文化的魂魄。润泽的娄江是一个学习共同体，是一个发展共同体，是一个"过一种幸福完整的教育生活"的生活共同体。

　　百日里，正是依靠大家，在保障国家课程实施的基础上，我们以新教育课程建构为基础，以生命课程、公民课程、艺术课程、智识课程、特色课程、亲子课程为六大板块，致力于每一滴都最美，交给孩子一生有用的东西，促进孩子一生的发展。

　　百日里，还是依靠大家，我们的教育生活一天一天地美好起来。润泽娄江以完美教室缔造为载体，像雷夫打造第 56 号教室一样打造我们自己的完美教室，在网上给每一间教室安了一个家。一间间有生命、有活力的教室展现在你的面前，每一个数字后面都有一种奇迹会打动你。

　　百日里，我与大家一起实现了项目突破。学校积极申报各项课程项目，以项目为抓手，科学规划，系统实施，充分发挥人、财、物的效用，做到科学化、精品化。一是以"家庭教育课程实施渠道"申报并实施苏州市家庭教育课程化项目，二是以"九年制特教生资源教室课程建设"申报并实施苏州市初中课程基地。这两个项目申报都一举成功，开创了娄江以项目实施为引领推动学校教育教学改革上台阶的新路子。

岁月作证，新教育文化真是有魅力，新教育课程真是有力量。就以千灯中心小学校为例，用新教育文化浸润人，用文化感染人，用文化引领人，用文化改变人，用文化发展人，全面促进学校管理模式的转型，从原来的"强化管理推动型"转型到"文化建设成长型"。着力学校特色提升，从原来的"特色活动开展型"升级到"特色课程开发型"，"千小六艺"特色课程建设成就显著。我们在新教育理念指导下"文化立校课程育人"的经验做法得到广泛好评，被大家赞誉为名副其实的"好学校"。每当大家赞誉我的办学成果，我都一言以概之：行动就有收获。

新教育人，千小文化，娄江课程：这是我一生的骄傲与自豪。新教育是永远的事业，新教育人永远在路上。长路在远方，我将跟着朱老师一直走向鲜花盛开的地方。

五、2003 年：许新海的故事

—— 与新教育的缘分

新教育理事会理事长、海门市教育局局长　许新海

我与新教育的故事缘起于 2003 年 3 月 31 日。那天，江苏省新世纪园丁杯颁奖大会在海门举行，朱永新教授应邀来海门做一场学术报告，报告的题目就是《新教育实验》。当天晚上，朱老师组织"教育在线"的网友们开座谈会，我有机会第一次直接与朱老师对话。不知何缘故，朱老师特别关注我，并请我根据录像整理一下白天他作的《新教育实验》报告的内容。后来我才知道，这是朱老师第一次到外面以正式报告的方式阐述新教育实验的理念与行动路径，让我整理报告其实是让我再次深入理解与认同新教育实验，并主动加入新教育实验的队伍。那时的我还是海门市东洲小学校长，刚刚被评为江苏省特级教师，可以说是意气风发，正想带领东洲小学二次创业，走内涵发展道路，彼时遇到了朱老师与新教育，更是使自己有了向更高办学境界出发的强烈憧憬。可以说，是冥冥之中的机遇，开启了我与新教育的缘分。

2004 年，我作为省"333 工程"培养对象被公派到南澳大利亚大学做访问学者一年，从到澳洲的第一天起，我坚持每天写日志，并在"教育在线"论坛上开辟了澳洲课程故事的专题贴，先后写了 300 多篇课程教学和文化学习的故事，50 封给学生的信，以自己的行动与坚持，践行着新教育行动之一——"师生共写随笔"，并以此影响学校的帅生们，以网络的方式带领东洲小学的师生们开展新教育实验。朱老师一直关注着我的专题贴，还经常跟帖鼓励我。2005 年年初，我回国后，朱老师约我见面，说要帮助我出版在澳洲的教育日志，并指导我如何梳理在澳洲的研究成果。在朱老师的

许新海

帮助下，作为新教育文库的一部分，福建教育出版社出版了两本专著《澳洲课程故事》《澳中跨文化课程与教学比较研究》，朱老师还亲自为我的书稿作序。

　　当一个人在成长的过程中，有遇到主动、真诚关心你的导师，这是何等的幸福！也正是于此，我克服重重困难，毅然报考了朱老师的博士生，一边攻读博士学位，一边协助朱老师推广新教育，同时在海门区域深度推进与研究新教育实验。其实，全国不知道有多少位普通的一线校长与教师的成长得到过朱老师这样的关心与帮助。也许，这就是朱老师的人格魅力。也正是这种魅力成了全国多少新教育人创造生命奇迹的成长力量，我个人以为，这也是新教育何以蓬勃发展的秘诀。

　　如今，我既是新教育实验的推广者，也是参与者、组织者、研究者、引领者。新教育不仅仅成了我的教育信念，更成了我准备追寻一生的教育信仰。是开始的缘分，更是后来恩师一路的指引与督促，让我不敢懈怠，一直保持前行的步伐。我虽然没有参加朱永新先生的"投保公司"，但从入朱门第一天起，一直坚持每日写随笔，养成了每日暮省的习惯，把一天中的主要经历与值得反思的工作记录下来，从没有间断过。我信奉新教育的"只要行动，就有收获；只有坚持，才有奇迹"的哲学思想，我用海门教育的实践证明了新教育倡导的"幸福完整的教育生活"，不仅仅是一种理想，还可以成为一种现实。

六、2003年：王元磊的跋涉

——老兵的方向

山东省诸城市教育局教科所所长　王元磊

2003年，作为语文教师，守住一间教室，带领70名学生走向新教育，缔造完美教室。

2004年，作为学校新教育实验负责人，带领7 000名师生追梦新教育，过一种幸福完整的教育生活。

2012年，作为市教育局新教育研究中心负责人，推动区域内20万师生一起践行"十大行动"，创办促进人民幸福的教育。

2016年，作为全国新教育实验第十六届研讨会筹备组负责人，和同伴一起筹办了一届高水平的新教育盛会，为全国60个实验区提供典范。

2017年，作为新教育实验的老兵，再次踏上新的征程和探索，为新教育实验区域内深化和新教育基金会宜格思英语项目作出不懈探索和努力。

2018年，担任"新教育种子计划公益项目"常务执行长。

2019年，担任新阅读研究所副所长，负责全国的种子教师培养、教师成长培训等工作。

王元磊在新教育国际论坛上

我的新教育之路永远没有句号。

……

15 个春夏秋冬，岁月更替，追寻新教育的理想永恒；15 年间岗位变化，心中的梦想没有变，与新教育不离不弃；15 载世事沧桑变迁，教育的追求没有变，一直向着明亮那方幸福前行。从一个人带领一个班级的孩子追逐新教育的幸福，到引领一所学校和一群人创造教育的幸福，再到指导一个区域 20 万师生共同创办促进人民幸福的教育。15 年坚守，用 5 000 多个日子书写自己平凡而有诗意的追梦之歌。

（一）耕耘三尺讲台，让少年的梦想幸福起航

2003 年，听一位朋友介绍有一个绿色网站，不但有前瞻性的教育理念，而且有一群有梦想、有追求的"草根"在这里汇聚，在这里可以享受教育的"大餐"，在这里可以让梦想起航，它就是"教育在线"。于是，满怀着期待和向往，我在这里投下第一笔"保单"，开始在这里追梦。在当时"六大行动"的指引下，作为语文老师的我，积极进行课堂教学改革。

2004 年起，每一届学生都在这里留下了难忘的足迹。2007 届八年级（9）班的程迪在"教育在线"是一位高产小作家，几乎每天晚上都要上线发表自己的文章，在这里写作已经成为她的最爱。2010 级的丁源，他的妈妈是我的学生，因为经常听同是教师的妈妈讲自己初中班主任的故事，上初中后一定要找妈妈的班主任教语文，于是，这个内向而又不甘寂寞的孩子也成了我的学生。我把这一群可爱的孩子都"赶"到了"教育在线"，"赶"到了新教育的理想田野里，为他们以后的学习和生活奠定了良好的基础。

学生们把"教育在线"看作自己的精神家园，每天晚上和周日是他们最活跃的时刻。家长们也按捺不住成为这里的常客和呐喊助威者："9 班加油！我们的付出肯定会得到回报。""老师，谢谢您给我们这个平台。9 班是最棒的"！

有梦想的日子最快乐，有追求的人最幸福。在新教育实验的引领下，我的教育生活灿烂无比。从教 30 多载，我始终在教学一线：28 年的语文老师、18 年的班主任。尽管校长看到忙得不可开交的我，几次善意地告诉我，可以不任课，专门从事一些管理工作。可我总是舍不得离开课堂，离不开那些可爱的孩子。即使后来在教育局工作，我也经常找时间到学校给孩子上一课，过一把"瘾"。尽管有时累得不

堪，忙得疲惫，但当置身于烂漫的孩子中，站到我认为"神圣"的讲台时，一切劳累都烟消云散了。有时因为外出开会耽搁了学生的课，我总是要找时间为他们补上，有时甚至一一把他们叫到办公室单独授课。

那年，我因为工作需要被迫"辞"去了班主任工作，全班学生在班长带领下找校长"示威"，那场面让我尴尬又幸福，孩子们是真心地希望我带他们走完学习的全程。2004 年，还是因为工作需要，我离开担任了半年语文老师的班级而去教别的班级。下午放学时，我的办公室站满了泪珠如雨的孩子们。就是这个班级的学生，几乎每天都要有人跑来问我："老师，您什么时候再教我们？"只要有时间，他们总要到我这里待上一会儿，他们总在用一种特殊的方式表达自己对老师的崇敬和爱戴。记得那年的元旦之夜，我正在北京开会，孩子们的电话一个接一个地打到北京。每每想起这些，一种异样的感动在我心中激荡，热爱课堂、热爱孩子们的感情愈加强烈。面对孩子们真挚的感情，哪位教师能舍得离开他们？面对纯真的孩子们，谁还能舍得离开他们？是课堂、是教学让我们每个人拥有了一笔如此巨大的精神财富。

以"教育在线"这个绿色的田园为载体，我都会为每一届学生开辟一块温馨的"自留地"，让他们在这里自由播种，把希望的种子播撒。我想他们今天播种的是梦想，明天收获的是希望，我要让他们每个人都拥有一颗属于自己的"太阳"！有阳光的梦想是温暖的，是充满希望的！我相信，在新教育阳光的哺育下，这群可爱、聪明的"丑小鸭"，一定会变成美丽的、成熟的"白天鹅"，像雄鹰一样翱翔于蓝天！

（二）立足青青校园，为师生生命精彩绽放

2004 年，我促成自己所在的诸城市实验中学成为新教育实验学校。作为最先践行新教育的一名先行者，我理所当然成为学校新教育实验的组织者、参与者和指导者。于是，作为学校副校长的我，和全校师生一道开启了一段新的历程。在新教育理念指引下，我们提出了"用心思考未来"的理念，并将其确定为新的校训。教师们抛开狭隘的教育观、人生观，敞开胸怀。敞开思维，思考学校的未来，思考教育的本质，思考学生培养的目标；学生们也在此理念的引领下，学会思考，学会学习，学会正确面对生活和未来。

朱永新老师倡导的新教育的最基本的教育理想就是：让师生过一种幸福完整的教育生活。学校的一切教育教学目标都要靠教师的创造性劳动来实现，教师的素质

决定着学校的办学水平和长远发展。教师能创新、会创新，才能感受到工作的幸福和愉悦。学校有责任帮助教师实现这一幸福。为给师生以生活和工作的幸福，我们每学期末都会发动全校学生在 600 名教师中海选"十佳教师"，对学生评选出的"十佳教师"要举行隆重的表彰大会进行表彰，鼓舞教师，激励先进，给他们以工作的幸福感和成就感。在此基础上，我们打造了名师群体，建立了名师成长机制，鼓励教师冒尖，扶植青年教师快速成长，营造了健康和谐的教师专业成长的良好环境。

我们设立教师"读书基金"，由教师自由支配 200 元，资金要求购买与自己的专业相关的书籍，期末结束时凭发票和书籍到学校报销；另外还有 100 元资金，由学校为教师统一提供书籍。这为教师学习新理念、拓宽视野、提升素养起到了很好的推动作用。

我们每年在教师中开展"温馨两代人"和"温馨家庭"活动，让每个教职工家庭温馨上下两代人。通过评选那些工作上进、家庭和睦的教师模范，我们营造了每位教师追求家庭和事业共幸福的氛围，升华了师德教育。此外，我们大力推行"责任教师制度"，根据学生的不同学习成绩和水平，将他们分配给各任课教师，相关教师要在学习、思想和生活上为学生全面负责。

我们把"营造书香校园"当作学校文化建设的重要载体，把读书课纳入正规课程，每个班级每周设立两节读书课，学生集中到阅览中心开架阅读。同时，我们还开辟了班级图书角，开展了建设家庭书架等活动。在"营造书香校园"理念的引导下，我们为推动阅读在全校的开展，开创性地设立了一个独具魅力的节日——读书节。

作为当时山东省为数不多的新教育实验学校，实验中学在"十大行动"中作出了卓有成效的探索和努力，为每名学生的幸福成长注入了活力。

2005 年，我们举行了山东省学校文化建设现场会议；2006 年，我们举行了全国现代学校建设暨师生关系论坛。这两次会议均提供了规模宏大的图书超市活动现场，向来自全国各地的 1 300 多位代表展示了新教育行动的魅力。

（三）行走一方热土，创办促进人民幸福的教育

2012 年 4 月 28 日，诸城整体加入新教育实验，成为当时第 36 个实验区；2012 年 7 月 1 日，教育局一纸调令，把我调到教育局教研室任副主任和新教育研究中心

主任的岗位上。我虽然离开了学校和学生，但是追梦新教育、践行新教育的梦想没有终止。到教育局工作后，我将新教育行动和日常常规教学进行有机融合，和同伴一道探索具有区域实际的新教育推进之路。

在朱永新老师"挑战教研高境界，追寻理想新教育"鼓舞下，我带领20多万诸城新教育人开始了追寻理想教育的幸福历程，用激情叙写幸福教育的新篇章。

在新的岗位，面对20万师生对新教育的渴求，我也在不断地思考：新教育如何在一个区域推进？于是，我们厘清行走目标，让新教育植根诸城教育实践。立足于"过一种幸福完整的教育生活"，落实于我市"创办促进人民幸福的教育"这一教育工作的中心，从创造适合每个学生的教育和缔造完美教室两方面入手，我力争实现三个突破："十大行动"实践有创造、有深度，实验项目内涵发展、特色发展，实验过程推进成体系、有创新。

我们在市、校两级都成立了新教育实验研究指导中心，建立项目工作室，组建团队；组织各学校在"教育在线"论坛建立学校、教师、学生（班级）和家长层面的主题帖，建立优秀主题帖、优秀博客评选等制度，营造氛围。此时，我们不断加强舆论宣传，并注重在各种媒体进行及时宣传报道。

新教育的铁律就是"底线＋榜样"。我们清楚地知道，刚刚起步的新教育实验必须有榜样的引领，没有了榜样，任何的说教都是苍白的。榜样的高度就是新教育实验的高度，榜样走多远新教育实验团队就走多远。因此，我们注重优秀教师和榜样教师的培养，以榜样引领全体，以榜样阐释理念。我们大力实施"教师技能提升工程""青年教师成长助力工程""名师锻造工程"以提高教师的业务素质。我们大力实施开放推介，提倡成果共享，因为在区域营造新教育实验氛围和做好教师培训的最好的方式是推介。于是，我们在全市积极探索推介式视导、新教育典型推介等模式。

几年间，一批优秀教师走向全国："榜样教师"姜蕾、"智慧校长"王洪珍、"十佳完美教室"缔造者王玉金；一批课程获得全国十佳卓越课程：石桥子书法课程、文化路小学童诗课程、密州路学校科技课程；此外，还有一批十佳完美教室和卓越课程提名奖获得者：钟春梅、李洪芹、王增霞、朱秀华、郑连叶、王文建、实验幼儿园、明诚学校。新教育实验示范学校也有好几所：文化路小学、密州路学校、府前街小学、实验小学。

期间，来自邢台、济宁、青岛、贵州、菏泽、临沂等地的考察团也来诸城进行观摩学习和交流。

——这就是诸城新教育人。用心丰满着新教育理念的内涵，用行动倾诉追寻新教育的幸福，用激情演绎着新教育的魅力，用真情书写美丽幸福的人生！

（四）用心筹备年会，助力全国新教育实验推进

2015年7月，在金堂召开的全国第十五届研讨会议上，诸城市教育局局长李熙良接过了承办2016年年会的会旗。我知道，李局长接过的是使命和责任。回到诸城后，我立即着手策划年会的筹备和规划工作，布局年会的承办工作。我们确定了基本的办会宗旨：把筹办全国新教育实验第十六届研讨会暨中美教育论坛作为深入推进新教育实验的切入点和动力源，聚焦核心目标，明确关键节点，创新工作机制，强化行动研究，在全员推进、全力推动、全程跟进、全面融合中不断培植内涵发展新优势，打造区域教育新名片，为全面提高教育质量，促进师生生命幸福成长注入活力。

于是，我们全域推进，准确定位，工作体系完成新设计。我们突出"促进公平"和"追求卓越"两大主题，坚持从城区学校到边远的乡村学校，实现对全市409所中小学、幼儿园的全面覆盖；先后出台《关于深化新教育实验行动研究的意见》等文件，不断完善引领、交流、科研、评价等八项工作推进机制，鼓励各学校立足实际，坚持差异化、阶梯化推进策略，明确"时间表"和"路线图"，分步分类推进新教育实验；先后组织全市范围的3次学校调研活动和4次新教育实验开放日及推介活动，将日常教育教学视导、学校观摩和新教育实验推进密切融合，通过榜样引领、典型介绍、课程观摩等形式，推介典型教师、典型项目、先进学校。

我们充分利用新教育实验核心理念在全社会的影响力，借势和鼓励引导社会各界大力支持并深度参与学校新教育实验。山东大源建设集团有限公司、诸城市红星建筑有限公司等播撒大爱，分别捐资近亿元，使我们顺利完成高标准的大源学校、明德学校二期扩建工程；北汽福田、美辰科技等相继设立师生奖励金；新教育优秀实验成果和先进个人纳入诸城市政府成果奖表彰序列。至此，新教育实验在诸城整体上完成了从启动到成熟、创新的历程，形成了以"全域一体化推进、学校品牌化发展、教室生命化建构"为发展路径，以"打造关键人物、聚焦关键动作、整合关键资源"为主要策略的工作体系新设计。

7月8日，来自美国以及北京、江苏、四川、新疆等20多个省市的教育专家和一线教师等2 000余人参加了会议。此外，还有500余人参加了2016中美教育论坛，1 200余人参加了九大分论坛等，这些共同见证了我市新教育的丰硕成果。会议期间，全市设立会议筹备工作组13个，接待宾馆14家，动用大型车辆51辆，启用义工95人；各级各类学校呈现课程展演节目13个，叙事40场，公开课62节，社团300余个，版面近400块，参与师生1.8万人，留下电子档案近1 000G。

为求会议的高质量，我们的会务安排处处精心，成果样样精彩。坚持首创精神，以"相遇美好"为办会理念，创作主题歌，统一设计会标和会议指南等，创建会议微信公众号，针对5个分会场不同的展示主题以设计与主题内容相对应的展板和会议材料等，每一处细节都彰显"人本"理念，每一个环节都精细推敲，每一项活动都反复锤炼，让教育成果既真实又精致。努力为每一所学校、每一位师生创造出彩的机会，坚持能由学生参与的项目就由学生来参与，如会议期间分别在华玺酒店和杨春国际酒店安排四所学校的学生展示艺术才华；年会颁奖盛典时，由密州路学校和明诚学校学生演奏颁奖曲；文化路小学将学生自己创作的童诗印制成精美的书签，大源学校学生将自己绘制的葫芦赠给与会代表等。

这次隆重的生命庆典，得到了朱永新教授、新教育研究院以及与会专家和代表的高度评价，让每一个新教育人相遇了美好，看到了幸福完整的教育生活样态。朱永新老师在短信中写道：元磊，感谢你为新教育、为年会作出的卓越贡献。

于是，我们借势全程跟进，抓住关键，为学校发展增添新内涵。我们牢牢抓住校长、榜样教师等关键人物，让他们做新教育实验的引领者和先行者。我们先后组织校长51人次、骨干教师163人次赴江苏海门、湖北随县、北京、广东中山、浙江温州等先进地区的学校进行考察学习和展示交流；每月组织1次"校长论坛"，每季度组织1次榜样教师成果展示，这让我们不断明晰思路，培植典型。我们还建立校长研修微信群，精心研发和设计课程改革、依法治校等课程，举办了3期共48学时的中小学校长和幼儿园园长高级研修班，培训校长600人次。市教育局以文件的形式表彰了全市新教育实验十佳榜样教师、十佳完美教室、十佳卓越课程、优秀实验教师等47个（项）；在全国新教育2016年度评选中，我市王洪珍被评为"智慧校长"，姜蕾被评为"榜样教师"，石桥子小学"写字育人"课程被评为"卓越课程"，另获6项提名奖；在新教育2016国际高峰论坛上，有9所学校的文章入围。

我们聚焦习惯培养，将核心素养的总体要求转化到具体的行为细节中，不断探索适合学生发展的习惯培养方式。我们引领学校依托自身优势，挖掘资源，精准发力，探索多样的学校课程研发、实施路径，逐渐形成了科学合理、特色鲜明的卓越课程体系。我们进行全面融合，共享资源，项目推进进发新活力。我们聚焦 2017 新教育年会"家校合作共育"主题，推动家校社合作共育。

诸城新教育人，在过一种幸福完整的教育生活引领下，新教育实验不断呈现精彩，传递美好，全市育人理念正悄然变化，育人合力正逐步形成，《中国教育报》《山东教育报》《新教育报》等媒体先后对我市新教育工作经验予以推介；全国各兄弟实验区陆续来我市观摩交流。新教育实验已成长为提升全市教育质量和学校办学品质的重要力量，正步入一个更加有声有色的新阶段。

作为在新教育幸福田野里一位辛勤劳作的老兵，我始终坚信，新教育的四季里永远都有一个充满希望的春天，每一个春天里播下的种子，经历汗水的孕育，当红叶翩翩的秋天来临，所有春天开过的花儿都会结成幸福的种子！

新教育的老兵，会永远在路上！

七、2005 年：陈东强的走进

——走进才会尊敬

新教育研究院常务副院长　陈东强

2020 年，新教育实验将走过 20 年。20 年事业节点，是新教育的青春之歌；20 年筚路蓝缕，我与之 17 年相遇相伴，感恩的岁月美好在心，幸福的事业承前启后，我诚心地用拙笔写下自己和新教育的故事，以表达新教育人之于我的感动和祝福。

（一）结缘新教育

2002 年，不惑之年后，我有幸从山西绛县古绛镇首任党委书记的角色，通过与四位同志在全县干部大会的公开演讲，走上了一个区域教育局局长的岗位。世纪开端，上天眷顾，工作顺利，自觉年轻，自然渴望在新岗位做些事情，回馈感恩一路相遇的人们。

天道酬善，因缘和合。新工作的第一个年头，我就从山西省运城市人民路学校聂明智校长那里，听说了新教育的故事。同时，恰好运城的一个书友，送了我一套十卷本的《朱永新教育文集》。于是，上下求索，我便知道了朱永新，走进了新教育。

知道新教育的同时，我们还在寻找、考察、咨询其他的教育改革项目。东北教改、江苏洋思、上海青浦、山东课改、华东师大、北京教科……许多地方都曾留下我们寻梦的足迹。我们希望在丰富的全国教育资源项目课题中，找到更适合绛县的切入点、好抓手、突破口。

考察新教育是去成都参加新教育实验第四届研讨会，我们局委会班子全体成员、教研室主任科长、各中小学校长，所谓"拍板管事"的和具体干活的，一下去了三十多人。来回路上，我们读书，人手一本《新教育之梦》；期间会上听讲，留心观察《我的教育理想》；车上讨论，新教育究竟怎么样，是否值得信赖，我们到底做不做？最后，会议结束前，我代表大家向朱老师说，"我们一致认为，新教育是好教育，我们决定做，但绛县想以自己的方式做，做好了，为新教育增光添彩，做不好，是我们自己无能，不给新教育添乱"。

就这样，我们和江苏姜堰、河北石家庄桥西区一起上路，作为新教育最早几个实验区，开始了区域新教育的实践探索。

2017年，陈东强代表新教育研究院与广州越秀区签约

（二）践行新教育

一个区域如何有效地推进新教育？当时大家手上除了朱老师的《新教育之梦》，没有操作手册，缺乏现成的经验，很少有成长的案例，只能自己摸索前行。

我曾在《让理想因我们的行动而精彩，让大地因理想的润泽而丰盈》一文中，回首我们的探索：组建有实力的行政推广团队，努力增强服务意识，做好新教育实验的基础工程；重视发挥校长作用、典型作用，强调言说榜样，榜样言说；改革评价机制，实现评价的多元化，为新教育实验创造良好的发展环境；组建本土化新教育实验研发共同体，切实加强实验的学术引领和指导；编写实验一系列指导手册，全面服务于区域新教育实验的推进工作；充分利用本土学术力量，开展各类本土培训；定期不定期举办新教育实验开放周活动，有效推进区域教育开放交流。

我们在实践中总结的做法是：在坚持追寻新教育理想的行动中，提升对新教育的认识水平和行动能力；在谋划区域新教育实验的思考中，把新教育实验的理念目标内化为区域教育共同体具体的价值取向、发展思路和目标追求；在有效推进区域新教育实验的过程中，充分调动和发挥行政和教研两个方面的积极性，让该干事的人干事，让想干事的人干成事，让干成事的人干大事；在深入开展区域新教育实验的探究中，想大问题，做小事情，从小事做起，把小事做好，有效行动，在区域实验的底线管理上下功夫；在区域推进新教育实验的行程中，感悟教育真谛，收获教育快乐，不断自我反思、自我督促，增强推进新教育实验的信心和力量。

很幸运的是，绛县的新教育，一直得到了朱老师和其他新教育同人的高看与厚爱，这期间的美好故事数不胜数。我们当时的内部刊物《新教育在绛县》杂志、新教育"教育在线"平台、我自己和许多人的教育博客、微博自媒体等，以及无数人的内心，都大量记录下了这其中的美好故事，特别是我们教育局团队的各位同事和新教育一路走来的深度编织驯养。

十年追梦不寻常，不思量自难忘。黄土高坡新教育，倾心用力写辉煌。我们一天天追梦不止，一步步探索前行，相对封闭落后的教育生态一年年改变向好。大家努力，新教育帮忙，2009 年，新教育第三届实验区工作会议在绛县召开，200 多位全国新教育同人莅临指导，朱老师和许多新教育同人热情鼓励，给予绛县区域新教育实验很高的评价；2010年，绛县荣获全国第二届地方教育制度创新奖；2011年，我个人侥幸成为《中国教育报》年度"阅读推广十大人物"之一，获得《中国教师报》"全国最具思想力教育局长"盛誉；2012年，绛县教育全国教育改革创新奖……随着黄土地新教育的麦苗青青，花开绛县新教育，鞭策激励着绛县新教育人持续前行。

（三）传播新教育

2009年新教育实验区第三次工作会议在绛县召开，这进一步推进了绛县教育的改革开放。

2009年到2013年，据不完全统计，全国各地先后有几万人到绛县考察、了解、学习新教育，借鉴区域推进新教育的做法，以及中学课改的一些探索。湖北随县、甘肃庆阳、山东济宁、安徽霍邱、河南焦作、重庆彭水、辽宁、内蒙古、江苏……全国各地一批又一批新教育人慕名而来，彼此激励，相约同行。

与此同时，许多绛县新教育人，也应邀前往各地进行交流、分享、学习。牛心红、王丽娟、赵晶等许多新教育榜样，先后应邀在省内外很多地方，分享绛县新教育，学习先进好榜样。在吉林新教育会议上、在河南焦作新教育实验区工作会议上、在安徽霍邱实验区工作会议上、在很多次的年会论坛分论坛上，绛县都做了区域推进新教育的分享交流。《中国教师报》区域周刊，曾以整版的篇幅，以《幸福新教育》为题，全面报道了绛县新教育的实验情况。凤凰卫视著名主持人闾丘露薇携《行走大中华》摄制组专访绛县，两天的深入采访，半个小时的专题报道，黄金时段的连续播出，让绛县新教育走向了全国，也把新教育的声音传向了世界。

朱老师曾在我退居二线之前和我有过一次闲谈，意思是希望我注意我离任后绛县新教育的持续发展问题，我当时回答的是以后确实不好说，但我相信，没有人会拒绝美好，新教育肯定已经在绛县很多新教育种子心里生根开花了，也许岁月会见证一切的。

非常欣慰的是，近年来，一批又一批绛县新教育的种子，依然追梦不止。每次年会，我都会看到来自我老家新教育人的身影；每次大会交流、颁奖盛典，我都能发现老家新教育榜样的荣光；许多新教育的机构、项目、活动中也都有老家新教育人参与其中。牛心红、赵晶、王丽娟、樊丽艳、孙雪莉、李海洋、侯瑞琴、王冬娟、张蕾、胡冬霞、黄海娟、吕晓霞、李荣等一颗又一颗新教育的种子，坚守教室，追梦不止，开花结果，从黄土高坡，走向更广阔的大地，在更蔚蓝的天空自由飞翔。

（四）服务新教育

2009年，第三届新教育实验区工作会议召开前夕，我去西安咸阳机场接朱老师和卢志文院长。途中，他们曾戏言，期待我在合适的时候退出本职以出任新教育秘书长。没想到的是，2013年7月，我真的退居二线后，当年的趣谈相约成真，朱老师和新教育其他核心成员真诚邀约，让我出任新教育理事会副理事长兼秘书长和新教育研究院常务副院长。我虽自知德才皆不配位，但还是本着"恭敬不如从命"，怀着一颗感恩、学习、敬畏的心，成了一名新教育的志愿者和老服务员。

人贵有自知之明。虽然在12年的教育局局长经历中，我也曾侥幸获得"2011年中国教育报年度十大读书人物""中国教师报年度十大最具思想力教育局长""中国教育改革创新奖"等诸多的殊荣，但自我掂量，才疏学浅，在全国新教育的平台上，根本无法与新教育的专家师友相提并论。所以，到新教育研究院伊始，我就告诉自己，"想大问题，做小事情""不能增光添彩，绝不增添纠结""招之即来，挥之即去"。我对自己有明确的定位，那就是："聆听，发现，分享，服务"，期待自己能够在新教育实验这个大舞台上，"聆听新教育的美好，发现新教育的美好，分享新教育的美好，服务新教育的美好"，做一个合格的"新教育的常务服务鼓掌加油者"，为新教育那些伟大的主角、配角和师友们，"跑好龙套"，做好服务。

一转眼，6年过去了。姜堰年会之后，我应邀参加新教育第十届种子计划研训营，准备致辞时，蓦然回首，发现自己已和新教育相遇相约16年了。16年，我几乎参加了全部的新教育年度四大论坛或会议，走过了三分之二的新教育实验区，真是感慨万千。

6年来，我可以说用心尽力了。我积极谨慎地为新教育事业发展的重要决策和相关规则的制定，建言献策，提出自己的一己之见；协助参与了几乎新教育所有重要会议的筹备和举办，拾遗补阙，扬长补短，争取更好；走访了上百个新教育实验区，上千所学校，回应新教育基层实验区校一线教师的问题困惑；用心尽力地为新教育专家和同事们提供力所能及的帮助；创办了为新教育服务的"守望新教育"微信公众号，"聆听大师的新教育智慧，分享高人的新教育心得，汇聚田野的新教育创造，助力有缘的新教育梦想"；守望新教育，守望真善美；及时回答新教育实验区（校）教师的咨询；分享交流新教育榜样的先进做法；有效回应社会各界老友新朋对新教育实验的关切；搜集保存新教育实验的过程性资料等。

6年来，我自我检讨，也时常心生惭愧，毕竟自身素质担当有局限，在很多地方做得都不够，有时候想，如果这个位置是更优秀的人在做，可能对新教育的发展贡献更大。

6年来，新教育事业蓬蓬勃勃的发展壮大，新教育的大厦日渐高耸，自己虽微不足道，但作为其中的一员，深感幸运，深感欣慰。

（五）行走新教育

新教育在路上。这是朱老师有一年写回答新闻媒体记者谈新教育文章的题目，也是新教育始终不断朝着自己的宏伟目标前进的姿态。截至2019年7月新教育第十九届年会统计，新教育目前共有实验区152个，实验学校5 321所，实验师生500余万人。据统计，从2013年到2019年，新教育实验区增加了132个，平均每年增长百分之50%。这么多的实验区，这么快的增长，自然决定了对新教育服务工作的需求。

服务新教育，需要时常在路上。我在新教育研究院一项重要的工作，就是为新教育实验区（校）服务。年会、工作会、国际论坛等新教育的会议，都是在全国各地新教育实验区（校）召开，筹备会议、参加会议，需要新教育人时常匆匆在路上；各实验区（校）启动仪式、通识培训、专题培训，新教育专家讲师们时常日夜奔波，风雨兼程在路上；全国各地各实验区（校）、各种新教育开放周活动，春夏秋冬，此起彼伏，希望研究院予以支持帮助，新教育人时常服务在路上……新教育内部有一个不成文的规矩，去实验区（校）一般是直来直去，不接受当地新教育人的优待，不搞借机旅游观光；新教育人有一个共同的特点，那就是时常行走在路上。

（六）感悟新教育

许多时候，我都在反复地追问自己，新教育是什么？为什么？有什么？怎么样？怎么做？为什么要有新教育？新教育和每位教师究竟有什么关系？新教育对于我的生命有何意义？新教育的美好如何在自己的区域里、学校里、教室里做出来？如何在自己的生命里活出来？

　　作为一个与新教育多年相伴的新教育实践者、服务者，实话实说，我有一个切身的体会：聆听别人的答案，可以给我们以感动启迪，却永远无法替代自己行走的心得和收获。情系教育、有情怀、想做事、真做事的人，和新教育一经相遇，便会一见钟情、一往情深。不想做事的人，满腹牢骚的人，你讲得再多，依然无法向他说清楚、讲明白新教育是什么。

　　何以至此？道理何在？多年来，我也时常茫然、愚钝、迷惑，后来似有所悟：知识是人类的，智慧是个人的；知识可以去传递传授，智慧只能靠自觉觉悟。正如常言所讲，看到听到的会很快忘记，做过经过的才能留下深刻印记。所以，我常常感慨，你只有真正走进、深入新教育，才会发现新教育的美好和魅力；你只有真正坚持做了新教育，把新教育的美好在你自己的生命里活了出来，才会深刻体会新教育的真谛，才会真正用你自己的话语，做出你自己的回答。

　　如果让我回答新教育是什么，我觉得，它既是专家讲的那样，新教育是一个以教师专业发展为起点，以"十大行动"为途径，以帮助新教育共同体成员"过一种幸福完整的教育生活"为目的的教育实验；也像无数新教育教师体会的那样：它是创新的教育，行动的教育，心灵的教育，幸福的教育，相信的教育，擦星的教育，醒悟的教育……很多资深新教育人，用一朵花、一首诗、一支歌、一句话、一本书、一个教室、一个课程来言说自己心目中的新教育，把新教育说得入情入理，豁然开朗，引发大家更多的共鸣。

　　新教育之于我自己的生命，或者说，用我自己的语言表达，它究竟是什么？回首自己一路走来的心路历程，我发现，开始追寻它时，我认为，新教育是一个机遇，难得的发展机遇；新教育是一个抓手，工作时的有力抓手；一座桥梁，通往理想的桥梁；一个平台，一个相遇美好的平台；一个选择，一个改革创新的选择。

　　后来行走中，我渐渐觉悟：新教育是一种发现——它让你发现美好，遇见更好的教育，特别是遇见更好的自己；新教育是一种唤醒——它是一棵树摇动另一棵树，一朵云推动另一朵云，一颗心灵唤醒另一颗心灵；新教育是一种智慧——佛度有缘人，人人能成佛，关键是开悟，做了才会悟；新教育是一种创新——再美好的教育理念，倘若不能在你的生命里活出来，都是别人的，让美好在自己的土地上、教室里、学校里、生命中活出来即是创新；新教育是一种成全——它让我们彼此温暖，彼此激励，彼此唤醒，彼此照亮，彼此成就。

再后来，我顿悟，新教育求真、向善、尚美。

换一种角度，更准确直白地说，新教育在我的心里，是一次次、一场场拒绝平庸，朝向卓越，生命在场，彼此唤醒的相遇相约；是一年年、一天天互为借力，各得其所，美人之美，各美其美的修行超越；是一篇篇、一幕幕既很艰辛却又充满快乐，既独自书写又共同编织的自我教育的生命叙事、故事或传奇。这一次次、一场场、一年年、一篇篇的主角和书写者都是你自己，也只能是你自己。这个故事最终是故事，还是事故？这个故事未来是平庸，还是卓越？一切皆取决于你的选择和行动。今天你如何书写，决定明天如何流传。

（七）推广新教育

相遇美好，时光荏苒，回望与新教育一路相伴的 17 年，我走过新教育 80％的实验区后，对如何做好新教育实验有一种很强烈的感受，那就是：相遇是一种缘分，相信是一种力量，学习是一种能力，结合是一种功夫，专注是一种智慧，开放是一种境界，完整是一种质量，成长是一种幸福。

相遇是一种缘分。俗话说，有缘千里来相会，无缘对面不相逢。新教育人之所以能从四面八方走到一起，从一定角度说，就是缘分。这缘分不是别的，就是一群想做事的人，一群有教育情怀的人，一群不满足于教育现状却又不愿意整天牢骚满腹而是可以从自身改变开始的人，相遇、相约、汇聚在一起了。所以，新教育人自称是一群尺码相同的人。

相信是一种力量。有道是，一个人相信什么，他未来的人生就会靠近什么。你相信什么，才能看见什么；你看见什么，才能拥抱什么；你拥抱什么，才能成为什么。你所相信的，就是你的命运。无数个新教育人的故事向世人展示和证明，新教育人是一群相信种子、相信岁月的人。因为相信会是也应当是一种幸福完整的生活，每个生命都是独一无二的，都能绽放出属于自己的花朵；因为我们应该把美好的东西给最美丽的童年，教育的质量永远取决于站在讲台上的教师；因为相信新教育的理念、路径、方法、理论成果，所以，当你留意观察新教育实验时，无论身处何地，四季总有花开枝头。

学习是一种能力。走近才会发现，走进方有尊敬。新教育 20 年，一路走来，已经取得了丰硕的成果。新教育从一个人的一个念想到一支队伍的波澜壮阔；从一个宗旨、四大改变、五大定律"六大行动"、到"十大行动"，从读写绘、"晨诵、午读、暮省"等儿童课程到教师成长一体两翼三专之路、理想课堂三重境界，从完美教室缔造、核心素养培养、家校合作共育到大人文、大艺术、大科学的卓越课程体系建设，从生命教育、艺术教育、科学教育、到人文教育、道德教育、特色课程……新教育已经形成了一整套具有完整的理论体系、课程框架和管理制度。工欲善其事，必先利其器。学习和理解新教育，真正走进新教育，是推广、结合、创新的前提。

结合是一种功夫。理论是灰色的，生命之树常青。一个又一个先进的实验区，把新教育实验的成果和本地的实际相结合，创造书写了一个又一个区域新教育的新辉煌。他们因地制宜，因人制宜，因校制宜，做到既有底线，又有榜样，榜样引领方向，底线确保整体推进。底线加榜样，就是新教育在各地结合实践中的一个创造，它已成为新教育管理中的一个铁律。

专注是一种智慧。专注，是所有栋梁之材、参天大树的成长秘密。最简单的案例就是，一棵大树之所以成为大树，一定是源于它坚持在一个地方向下扎根，向上成长，天天进步，追求阳光，不惧风雨。专注，是所有新教育榜样教师、智慧校长的共同选择。相信种子，相信岁月，相信每名师生的生命潜力。相信付出，相信自己，相信上了路，天天走，一定会遇到隆重的庆典，这些耳熟能详的新教育话语，以及无数与新教育一经相遇便不离不弃、一往情深、始终坚守、走向卓越的新教育人，就是新教育人专注精神的最好诠释，最好证明。

成长是一种幸福。成长是一种幸福，最简单直白的理由，就是源于新教育实验的愿景和起点。"过一种幸福完整的教育生活"是新教育的愿景，以教师专业成长为起点，通过"十大行动"，帮助新教育共同体成员过一种幸福完整的教育生活是新教育人始终不变的追求。只要留心注意，在新教育的各种材料著作、会议活动、重要报告、故事讲述、发展历程、团队文化、榜样先进等各种信息中，你会发现，成长是被新教育人使用频率很高的一个词。可以说，新教育就是一部唤醒教师成长的传奇故事，成长也是新教育 20 年来由星星之火到燎原之大江南北的魅力之源。

八、2007 年：张硕果的编织——织一张夏洛的网

——我和新教育这些年

焦作市教育科学研究所   张硕果

假如不曾遇见你，
我将会是在哪里
日子过得怎么样
生命是否会珍惜……

每次回想自己和新教育的故事，我都会想起这首歌。生命因未知和遇见而美丽，那些因为种种原因走进我生命中的人和事，就像经线和纬线在相互编织中印证着自己这一段生命的存在。哭过，笑过，感动过，幸福过，很多时候都是因为这些人，这些事。离开他们，生命中的这一段旅程也便成为空白。

张硕果在做新教育讲座

（一）

和大多数年轻的名师一样，我的专业成长源于一节省级优质课。1997 年，一节被精心打磨的省级优质课成为我专业成长的重要起点。凭借一纸证书，我在普通教师中脱颖而出，成为同行公认的"名师"。那时的教育于我来说，仍是不远不近的一条平行线，我总是怀着警惕之心，有意地要将它和我的生活区分清楚，总担心自己陷入其中，被所谓的道德绑架，成为蜡烛，身心俱焚。

优质课之后，更多的竞赛、评选接踵而至，而我似乎也成了最好的人选。2000 年，在几番"过关斩将"之后，我入选河南省中小学百名教育教学专家，先后赴河南大学和华东师范大学进修。为期一年的脱产培训让我经历了前所未有的头脑风暴。顶级的课程专家和全新的教育理论带我走进了一个陌生的领域。2003 年，不安分的我终于又做了一个决定，我要考取教育硕士。我又一次重返大学校园，开始了一种自觉自愿的修炼，这是自己在专业成长的道路上的一次刻意规划。读书、听课、查阅资料、写规范的学术论文……系统的学习让自己有了相对丰厚的学术基础和较高的阅读视野。但修炼的目的究竟何在，对我来说仍是茫然的。如何从现实中突围，如何突破自我，这些问题一直困扰着我。我一次次回到自己内心，不断追问自己：什么样的生活才是我真正想要的？我渴望认识未知的自己，却总是无法看清楚。这一切在 2007 年的那个春天得到了彻底改变。

（二）

2007 年，一次偶然的机会，我赴贵州省遵义市凤冈县参加了灵山——新教育贵州支教行动。当时的我已经成为市教科所一名专职的科研人员。当时的我并不知道，这次和新教育的美丽邂逅会如此深刻地影响和改变着我的教育生命。

"把自己打碎，像土粒一样地打碎，这也许是泥土成为花朵的唯一可能。"于是，我放下了之前的所有"辉煌"，让一切归零。我知道，我需要为自己的成长寻找一个起点。贵州回来之后，做一粒新教育的种子成为自己最大的愿望，我义无反顾地踏上了新教育儿童阅读推广人的道路。一所学校接一所学校，我不断游说，乐此不疲。在这个过程中，有人热血沸腾，有人半信半疑，有人开始行动，一部分教师开始慢慢汇聚在我的身边，形成了我们最初的团队。在一间又一间教室里，我们不断汇聚美好事物，将它们源源不断地带到孩子们的生命当中，绘本、童书、电影、诗歌、游戏、音乐、童话剧、大自然……

一路走来，有喜有泪。2010年，全国新教育实验工作会议在焦作召开，会前的辛苦和忙碌自不必说。为了较为全面地呈现焦作新教育几年来的成长和收获，我决定将此次开放活动的主旨定为"走进一所学校，透视一个班级，感受一种行动，分享一段成长"，从城市到乡村，从学校层面到学生层面，从课堂改革到专业成长，我想从不同的侧面让大家感受到新教育带给师生的变化。会议第二天下午，因为人事变动，我不得不从会议主持现场临时抽身返回办公室重新整理相关材料。焦急、忙碌、疲惫挑战着我的极限。活动结束，我收到这样一条短信：

"尊敬的硕果老师：我是宝应实小的陈兰蕙，这次焦作之行看到您一人奔波劳碌，心中有无限感慨。我本是新教育的过路人，缘识翔宇，沉浸其中后方知个中滋味非常人所能坚守，缺少情怀，教师在黑暗中摸索苦不堪言，向您这样的执着者表达崇高的敬意！"

读到这样的文字，我的眼泪再也无法控制，只有深度卷入的人才知道其中的艰辛。但我深知，这样的磨砺，对我来说，是一笔巨大的财富。我已经不需要用一纸证书来证明自己的价值，行走本身就是最好的证明。这条短信一直存在手机里，我没舍得删，偶尔还会翻看，每次想到还有很多人像我一样在这条路上迎着风雨不断前行，就会平添许多勇气。

在我们不断的努力下，新教育最终以课程化的方式进入孩子们的生命，"晨诵、午读、暮省"成了孩子们的日常生活方式，越来越多的惊喜让我们感动。2012年，央视读书栏目《我的一本课外书》活动在全国寻找最会读书的孩子，焦作有5位读书少年最终走入央视参加节目录制。阅读，改变着越来越多孩子们的生命轨迹。2014年5月，河南省校讯通第十届书香班级评选结果揭晓，焦作的成绩再次让人赞叹：近700个获奖班级和个人中，焦作有179个，占据"绝对优势"，有人把这称作"焦作现象"。

（三）

此时的教育，已成为我生命中不可分割的一部分。我坚持把自己的生命与智慧，与那些具体的教室、课程、教师紧紧联系在一起，把最美好的课程源源不断地带到他们面前。我生怕错过了那些成长中的孩子，于是开始关注教室里的每一个故事，关注着每一位教师的悲喜。

"张老师，您好！我是修武二实小程新梅。打扰您了！我根据教材内容，在校讯通上写了几篇数学童话故事连载，有空的话，（您）可以看一看。苦于找不到适合孩子们读的数学阅读书，所以（我）试着写了一些，请您指导。"

手机里有很多类似的短信，有团队成员的，也有外地来访者的。我们彼此驯养，相互编织，就像法国作家圣埃克絮佩里笔下的小王子和那朵玫瑰一样，在彼此的编织中印证着自己这一段生命的存在。因为这样的相互编织，越来越多的人走在了一起。

焦作修武第二实验中学的一位教师在随笔中写道："生命中都有光，有的人暗淡，是因了遮蔽，因了蒙尘。除去这些尘埃与遮蔽，生命的光辉一定散发出其应有的光彩。再活一次，让光出来。"

新教育让很多教师有了"重生"的感觉，找到了生命的意义。

2012 年，我们开始致力于教室建设，致力于"缔造一间完美教室"，从班级文化、班级课程、班级家校共同体入手，让一间教室的内涵不断延展。"丁香班""小梅花班""蜗牛居""竹节轩"……当一间间教室拥有了文化、课程和生命，从这间教室里走出的孩子也拥有了不同的生命气象和文化气质。

（四）

2014 年 3 月 1 日，我和童喜喜——新教育的专职义工在焦作重逢。第一次见她，是在海门年会上；第一次"读"她，是她那篇《我要做个新的孩子》；第一次认识她，是她毅然决然地说要成为新教育的专职义工。喜喜告诉我，她这次从北京赶来，就是专程邀请我担任全国"新教育种子计划项目"负责人，希望我能够在更大的平台上引领更多的一线教师不断超越自己，成为新的榜样。就这样，我接受了邀约，也因此有了更大的舞台。

2014 年 3 月 18 日，"新教育种子计划项目"的第一次热身活动——种子教师孟州现场会在焦作孟州的韩愈小学和育新小学举办。来自三门峡、安阳、洛阳、漯河的外地市考察团近 200 人一起参加了会议。在活动现场，来自新教育春季种子党玲芬老师的"丁香班"班级叙事让在场的教师们震撼不已，我们看到了那些浸润在美好事物中的孩子的精神生命的场域和高度，看到了一间教室所能拥有的尺度，也看到了一间不平庸的教室是如何一点点变为现实的。而这些成长故事的背后，是每一天、每一月、每一年扎实而丰富的新教育课程实践。

2014 年 5 月，"认识未知的自己——全国首届新教育种子教师研修营"在焦作成功举办，来自全国各地的优秀的新教育种子教师 200 余人相聚在太极故里。在这里，我们为同伴喝彩，也为自己加油，点亮自己，照亮他人，温暖前行。我们始终坚信，未知的自己在高处。随着团队规模的不断扩大，工作量也成倍增长，对自己的考验也越来越多。如何引领这些来自全国各地的心怀梦想的教师们挑战自我，不断成长，我也在积极地努力着。

2014 年 10 月，全国种子教师高级研修班在北京顺利开班。

2015 年 8 月，萤火虫之夏暨全国新教育种子教师第二届研训营在山东日照五莲成功举办，参会人员达到 700 多人，其中还有 160 多个孩子。

2015 年 10 月，全国新教育种子教师第三届研训营在河南焦作成功举办。

2016 年 4 月，全国新教育种子教师第四届研训营在四川宜宾成功举办。

2016 年 5 月，全国乡村新教育专题研讨会暨全国新教育焦作开放周在焦作成功举办。

......

（五）

2013 年教师节，我收到了一位种子教师的来信：

"今天是教师节，我思考了很多，想得最多的就是你。有很多话想对你说，千言万语，凝成一句话：何其有幸，在生命的拐角处遇到你！

如果不是你，我不知自己还怎样在黑暗中无力地挣扎、独自哭泣。是你，给了我改变生命状态的勇气！如果不是你，我不知自己还怎样在教室里混混沌沌地应付完一节节语文课。是你，给了我改变职业状态的勇气！如果不是你，我不知自己还怎样活在别人的目光里每天黯然自卑地独自来去。是你，给了我直面他人的勇气。

请记得，你播撒的种子，很多已经苗壮长大，并能够抗衡风雨。"

当一位位教师因为我的存在而改变，我突然发现，一个人的力量虽然有限，但也是不可小视的。

走在这条路上，是寂寞的，能够坚持下来的，一定是拥有一个强大的内心世界的人，是一个可以用自己的力量抵御外界的各种诱惑的人。走在这条路上，也是幸福的，那些额外的奖赏，那些属于我们的庆典一直未曾远离。2014 年 4 月 11 日，在"亲近母语"论坛的现场，我从梅子涵老师的手中接过了"书香点灯人"的证书；2014 年 4 月 27 日，在河南省最具成长力活动颁奖会上，我们团队的种子教师党玲芬老师以第一名的成绩被评选为"河南省第五届最具成长力教师"，《教育时报》给予她这样的颁奖词："守住自己的教室，将课堂作为教育生命的道场，以自己的理想和坚持，开发出诗意盎然的课程，照亮每一个和您相遇的孩子……"还是这个春天，我们的秋季种子教师赵素香被评选为河南省特级教师。2014 年 9 月 19 日，《教育时报》刊登了一篇文章《被"夏洛"们改变的世界——焦作新教育实验七年再扫描》，对我们团队的成长进行了专题报道，也让我重新梳理了自己和团队的成长。2016年，我从朱永新老师手里接过新教育首届年度人物的奖牌，此时，我和新教育牵手整整 10 年。对于一个人来说，十年不算太长，也不算太短。10 年，见证着一个团队和新教育的成长。

（六）

2017 年，儿子高考，以重点中学文科第一名的成绩进入理想的学校。一批新教育中成长起来的孩子正在通过努力，一点点靠近自己的梦想。从这些孩子的身上，我想，我看到了新教育长大的模样。为了让新教育惠及更多的师生，2018 年，我策划了一项共读公益阅读项目，旨在汇聚中国最有温度的阅读教室，将最美好的童书给最美丽的童年，培育专业的儿童阅读推广人，从内蒙古通辽到云南腾冲，从江苏海门到河南洛阳，数千个班级，数万名师生，一道乘一本书去飞翔。

现实的教育虽不能令人满意，但并非没有生长的空间。当我们无力改变周围的世界时，唯一能改变的就是自己。而当我们真正改变了自己之后就会发现，周围的世界也因此而改变。

在给教师们的信里，我这样写道：一粒种子的成长，必须穿越泥土的黑暗，必须经历岁月的磨砺，才能最终完成一朵花的使命，或者一粒种子最大的生命可能性。有一天，当我们走进任何一间新教育教师的教室，我们都能够看到充满个性而富有新教育特质的班级文化，都能够分享一年里每一天、每一月、每一学期、每一学年所走过的，我们的课程之旅和生命叙事。所有看见它的人，都会说，这是一间多么与众不同的教室，这是一间新教育的完美教室，从这间教室里走出的每一个人是那么的与众不同。"这不仅是我个人的心愿，它也将是我们团队的愿景。未来会怎样，我们一起继续书写。

和新教育携手 13 年，初心未改。从一个人的行走到一个团队的成长，从民间草根到行政参与，从自发到自觉，我用自己的坚持、坚定、坚韧、坚守让新教育在焦作深深地扎下了根。从关注一间教室，到改变一所学校，再到影响一个地市的教育，在焦作，新教育由一粒种子变为一树硕果。每个人都是按照自己的愿望来塑造自我的，并且最终塑造了一个这样的"我"。我也曾不断地追问自己，此行目的何在？我想，应该是让每一个与我相遇的孩子因我而幸福，让每一位与我相遇的教师因我而成长。能够深度参与他人生命的成长，付出，欣赏，喝彩，和他们一起看见未来，这不仅是我对老师和孩子们的承诺，也是我对自己职业生涯的一种期许。

就像《夏洛的网》中的夏洛一样，我要做的和我能够做的，就是为威尔伯不断地织出那些伟大的词语，"了不起""光彩照人""谦卑"……并由此来影响这个生命成长的方向，创造别人生命中的奇迹，也为自己的生命创造奇迹。

九、2007 年：朱雪晴的追寻

——十年的修炼、深耕与传扬

浙江萧山银河实验小学副校长　朱雪晴

2007 年春，受浙江省杭州市萧山区教育局委派，我随新教育研究中心赴贵州支教。

短短一月，颠覆了过往的 18 年——从此，我的生命，在这里转了个弯。

而今，2018 年春天已逝，与新教育的邂逅，竟已是长长 10 年。

10 年，岁月流转，我在思想的洗礼与实践的磨砺中，追寻着心目中的好教育，也看到了一个更好的自己。

朱雪晴参加 2019 年智慧校长论坛

（一）修炼：让生命丰盈

遇见新教育，我最大的感触就是意识到自己的浅薄与无知。于是，学习与阅读成为必需。

10 年，从最根本性的书籍《给教师的建议》开始，到一本本童书、一部部教育电影、一个个卓越的微信公众号，所有的这一切都是我日常学习的泉源。打开它们，犹如打开了一道道门，让我离教师们更近了一点，离孩子们更近了一点，离教育的原点也更近了一点。

10 年，除了意外遭遇车祸（2007 年年会），我基本没有落下一届新教育年会，也没有错过一场朱永新老师的主报告。虽然每一份年会主报告都洋洋数万，但我都细细啃读，甚至一读再读。《文化，为校园立魂》《缔造完美教室》《研发卓越课程》等都是在新教育核心理念引领下的操作路径与实施策略，它们恰似灯塔，无比清晰地导引着我们前行的方向。

10 年，因了新教育，我去过了许许多多的省份，体验了形形色色的教育，也结识了不少全心全意做教育的专家与同行。我在他们身上看见了自己的不足，找到了存在的差距，也幸运地收获了无数的指点与鼓励。这，是另一种更为宽广的学习。

10年，我笔耕不辍，营建了属于自己的教育博客"心晴小屋"，累计写下了100多万字的教育随笔与心情日记。每日三省吾身，它使我慢慢不再依赖别人的思想而活。

10年，我因为敢于清空，所以变得豁亮。

10年，我在不断地叩问与反思中颠覆故我，也在不断地吸纳与修炼中获得新生。虽人到中年，我却真真切切感受到了内心喷涌的勇气与力量。

（二）深耕：率团队成长

我所在的银河实验小学，与我一样，都是在新教育的引领下成长起来的。

10年，在朱永新老师的关怀下，在区教育局领导的重视下，在章建平与盛政前后两任校长的带领下，作为学校新教育实验的分管校长，我带着银河的老师们，以"让每一颗星星在银河中闪光"为目标，致力于创造富有银河气质的新教育——

10年，我们始终坚信"阅读，为人生奠基""阅读，为孩子铺展广阔的智力背景"。因此，我们每年都会花整整一个月的时间打造高品质书柜，努力把每一间教室都建成图书馆；每周，我们都确保最少170分钟的时间，让孩子们"晨诵、午读、暮省"，徜徉经典，沐浴书香；每学期，所有孩子的阅读记录，都被送进学校档案室珍藏。

10年，我们专注锤炼教师团队。我们以每位教师的优势潜能为核心，通过菜单式专业发展自选，构建了专业阅读、儿童课程、电子档案、个案诊疗、班级管理以及有效课堂六大项目组，让教师们在共同体的同生共进中，实现了最优的发展。

10年，我们全力打造一间间完美教室。从文化构建，到课程研发，再到评价跟进，教师们与孩子们共读共写共同生活，让一间间小小的教室，灵动自如，莹润饱满。

10年，我们用心研发一门门卓越课程。十品性课程，让孩子们置身校园，便如置身人性的美好；入学课程，让刚刚步入小学的孩子们消除恐惧，建守秩序；农历课程，让24节气在银河学子眼里变得妩媚而生动；食育课程，让孩子们学会吃饭，葆有终身健康的身心……还有旅行课程、新闻课程、生日课程、家校联盟课程、经济公民课程等丰富的课程，滋养了童年生命，也让银河教师经由课程研发实现了专业站立。

10年，我们始终推行银河特有的成长评价：每周给家长写一封信；每学期组织一次全员家访；每位老师都会给学生写学科评语；每位班主任都以文字与视频的方式，为孩子制作电子成长档案。这些特殊的成长档案，被家长们誉为"值得珍藏一生的礼物"，说将来要拿它做"嫁妆"。

在银河，最常见是"相机"，最常说是"相信"。

10 年，因为新教育，银河的每一位教师、每一个孩子都实现了最好的发展。

（三）传扬：将美好点亮

新教育，一直倡导"把最美好的东西，给最美丽的童年"。

历经 20 年磨砺的新教育，自身也在涅槃，在修复，在不断地完善中，成了中国大地上的另一种传奇与美好。

我们作为萧山区新教育基地学校、全国新教育培训基地学校，实践美好，言说美好，传播美好，都是责无旁贷。

2008 年，我们承办了为期一周的新教育萧山行"5＋2"通识培训，实验区内 60 多位种子教师得到了专业的培训。也是从 2008 年起，我们每年举行新教育银河开放日活动。

2010 年，我们承办了全国开放周活动，从校园文化、儿童课程、教师发展、课程研发、学生评价等各个层面进行了为期一周的展示。

2013 年，我们承办了新教育全国第十三届年会（分会场），以课程为核心进行了真诚而素朴的展示与分享。

10 年，我们接待来自美国、英国、日本、韩国、澳大利亚以及国内新教育同行数百批次，以我们的亲历与体悟，向他们宣传新教育的理念与精髓。

而我，时时刻刻感恩追随新教育的这一段旅程。我想，如果能以绵薄之力，让更多教师与孩子的生命因新教育而变得不同，那将是我最大的荣幸。因此，这 10 年，但凡有思考、有行动，我总会第一时间提炼成文。2011 年，十品性课程获评全国十佳卓越课程和浙江省德育精品课程；2012 年，《基于优势潜能的教师专业发展共同体的实践研究》获中国教育学会优秀论文一等奖；2013 年，《入学课程》发表于《中小学管理》，《阅读的德育力量》发表于《教育研究与评论》。2017 年，《把每一间教室都建成图书馆》发表于《人民教育》。这些年，我还应邀赴重庆、河南、江苏、山东、河北、辽宁、内蒙古及浙江省内各地进行新教育完美教室、卓越课程、教师发展等项目的交流与分享。

2016 年，在朱永新老师的肯定与鼓励下，我将我所经历的 10 年新教育历程写成了书稿《走，我们去找好教育》，由湖北教育出版社出版。

《盗火者》制片人邓康延先生曾说：教育，是一项很美很温暖的大业，教育是生命，它是皮肤知冷暖，它是眼睛识明暗，它是心灵辨善恶。

新教育，就是这样很美很温暖的大业。

10 年，我庆幸我找到了这样的好教育。我也相信，只要坚守，只要传播，新教育必将成为燎原之火。

十、2008 年：郭明晓的改变

——因为新教育

四川省宜宾市人民路小学退休教师　郭明晓

新教育实验已经推行了 20 年，极大地促进了一线教师生命的成长，造福于师生。我就是其中的一个典型代表，我亲身感受到新教育给教师带来的成长变化，感受到"过一种幸福完整的教育生活"的幸福。

2008 年年底，我在成都一次新教育培训中遇见了新教育，在新教育官方网站的"教育在线"论坛上知晓了新教育发起人朱永新教授。

一般情况下，一位大学教授与普通一线教师的生活是没有交集的。可朱永新老师一直关注着一线教师的教育生活，并与我们在网上交流。我发的一个关于冬泳的帖子也引起了朱老师的关注，进而他开始关注起我的教育生活。他了解我读新教育网络师范的情况，甚至了解我每学期选了哪些课、每门学科取得的成绩；他了解我班级的教育教学生活……虽然他和我远隔千里，但他对一线教师的关心就像学校同事那样亲近。

2010 年 7 月，在河北省石家庄桥西的新教育年会上，我与朱老师第一次见面。会上，我在台上讲述我的教育生活，他在台下听得热泪盈眶。

从那以后，他对我的关怀更加具体和实在了。他关注我和其他一大批一线教师的微博，对我们班级的大型活动进行转播、赞扬，并提出建议、指导。我的两本教育专著，也在他的亲自关怀下写作、出版，他还亲自为《我是大西洋来的飓风》这本书取名和作序。

2017 年，郭明晓被评选为新教育年度人物

　　朱老师为新教育总是做着不可为而为之的事。2013 年暑期，北京一所新成立的学校邀请我退休之后去担任课程指导。但我原计划退休之后休息一段时间，而且北京距离我的家乡四川千里迢迢，我很想拒绝。朱老师听说之后，希望我能够帮助这所年轻的学校，为此专门邀请我出差时见面，赠送亲笔签名书给我……就这样，我接受了那所新学校的邀请。

　　我最不能忘记的是朱老师接受我的邀请为宜宾市近 600 名校长与骨干老师作题为《过幸福完整的教育生活》报告的故事。2013 年 12 月 21 日，他在内蒙古鄂尔多斯参加完新教育的观摩活动已是晚上近 8 点。他又连夜飞到四川成都再转乘了四个多小时的汽车赶到我们宜宾时，已经是 12 月 22 日近凌晨 3 点了。他劳累了一天后，还要在这样短的时间内进行这样的长途奔波，大家都认为这是不可为的事，可他却不可为而为之，不顾自己的极度劳累来到了宜宾。

　　朱永新老师在宜宾的行程：22 日凌晨到宜宾，早晨 8 点半开始作报告，10 点 45 分报告结束，离开会场直奔机场。在机场候机的短暂时间，朱永新老师也一直与我区的副区长、教育局副局长、师培中心副主任、我校的校长等谈新教育。

　　朱老师回到北京后还发微博说明为什么到宜宾："走读新教育"，今天凌晨 2 点过赶到宜宾，上午 8 点半在宜宾翠屏区为校长教师讲新教育。我把今年的最后一场讲座安排在宜宾，是一直想表达对飓风大姐（郭明晓）老师的敬意。这位在退休前邂逅新教育，重新焕发青春的老师，她的"向日葵班"成了新教育网师的 1 号教室。宜宾有几十位老师在她的影响下走进了新教育。

其实，不是我影响了其他教师走进新教育，而是新教育对我造成的影响感染了我身边的教师们。

第一，新教育消除了我的职业倦怠。

2008 年，我已经 50 岁，有高级职称，是宜宾市科研先进个人，是宜宾市优秀教师，还是省政府教学科研成果奖的获得者。我担任学校的教导主任，担任一个班的语文课，工作非常轻松，又有学生的崇拜、学校领导的信任，在学生家长中也有良好口碑，完全可以凭借这些"花环"轻松地度过最后 5 年的教学生涯。

当时我只觉得生活平静，真没有意识到自己进入了又一次的职业倦怠中。直到 2008 年 11 月，我在成都遇见新教育。我被培训中美好的课程深深地吸引，经历了三四个月的纠结后，纵身一跃，走进了新教育。

走进新教育后，我不知不觉地走出了职业倦怠，并且有了许多巨大的改变。最明显的改变是一直懒于写作的我，因为受到新教育生命叙事理论的感染，变得习惯于记录自己的教育教学生活，习惯于写读书笔记，习惯于写自己的生命叙事。

50 岁之前，我写作的文章屈指可数。进入新教育 9 年来，我的各种记录达 300 万字以上。尤其在教最后一届学生的 6 年里，家校联系信我就写了 166 封，字数约 50 万。2017 年，我到欧洲学习考察 50 天，我记录的笔记就有 16 万字之多。丰富的记录成为我创作的宝藏，我的专著《我是大西洋来的飓风》和《各就各位准备飞》，成为一线教师的励志读物、实操指南，还有两部教育专著也正在出版之中。

第二，新教育让我的阅读更疯狂，更理性，也更有实效性。

和很多人一样，工作之后，我读的书越来越少。但是，走进新教育，在朱老师的倡导下，我又开始了一轮疯狂的阅读。朱老师亲自担任着新教育网络师范学院的院长，5 年中，我在他的引领下，从阅读童书开始，读了数百本童书外，又阅读了心理学、教育学、哲学和文艺理论方面的相关书籍近 100 部。

我读这些书，都是根据新教育实验的需要，根据班级教育教学的需要而读的。在读的时候，我不仅认真思考、批注，而且会结合班级教育教学的实际情况来读，在运用中吸收，在运用中反思，在运用中创新。可以说，阅读这些书，就是我实践这些书上理论与新教育理念的过程。因此，这一轮的既疯狂又理性的阅读不仅仅改变着我，也在改变着我的教室。

从 2008 年年底带着学生读诗歌开始，直到 2014 年我所教的学生小学毕业，近6 年的时间，我的班级几乎开展了新教育"十大行动"所涉及的所有课程。

比如，我班级的书柜有从科普到文学等各种图书近 2 000 册。5 年多的时间，我和孩子共读诗歌 1 000 多首、图画书 200 多本、海量阅读近 3 000 万字、主题讨论约14 部 300 多万字。我们持续不断地开展新教育的生命叙事剧课程，排演小型生命叙事剧无数部，大型生命叙事剧 6 部 14 台。我的学生在小学六年的阅读量少的近千万，多的高达三四千万。

为了带领学生读好中国首部反思南京大屠杀的童书《影之翼》，我一边阅读，一边写教学记录与反思，为这部 8 万字的童书前后写下 10 万字的阅读笔记，制作了100 多页 PPT，最后改编成班级剧本。

第三，走进新教育，最重要的改变是我能清醒地追寻人生的意义了。

新教育的生命叙事理论，提倡师生自觉地书写自己的生命故事。

我走进新教育后，在阅读哲学书籍中，在书写自己每年的生命叙事中，不断地思考怎样追寻自己的人生意义，怎样寻找自己的人生价值。因此，才有我退而不休的故事，才有我走到全国新教育的平台上做义工的故事，而这些故事都与朱永新老师的直接关怀有关。

原本我以为践行新教育的 5 年，是我教育生涯的最后一次追寻。没想到退休之后，我从新教育的一线教师，成为新教育义工，成为新教育培训师，成为陪伴、培育一线教师成长的人。每年我都主持全国"新教育种子教师培养计划"的培训工作，这些种子教师许多都已经成为各地的骨干教师，如江苏省的王艳、山西省的孙薛丽、陕西省的胡盈、北京的郭丽萍等。无论是朱老师到全国各地开会，还是这些种子教师到北京，都常常会与朱老师见面交流。其中身在北京的郭丽萍老师，更是因为有着与朱老师同在一个城市的地利，从最开始偶然邀请朱老师参加了一次班级期末庆典，到接下来的每个学期朱老师都会参加这个班级的活动，一连 6 年，年年如此。郭丽萍老师也在这个过程中迅速成长，并在朱老师的鼓励和帮助下，写作出版了《一间小教室，十个大行动》一书，影响着一批新教育教师。

正是因为我亲身感受到朱永新老师对一线教师的关怀，我不断以他为榜样，与新教育的一线教师携手前行，才越来越深刻地感受到工作的幸福和人生的意义。

现在，我也成了新教育网络师范学员的义工讲师，每年都带领着 400～500 位学员深入研讨、践行新教育实验。我通过网络授课和现场授课等方式，为约 3 万人次的教师进行阅读技巧的跟进指导与各课程的专项指导，在全国各地做过近 100 场与新教育相关的讲座，进行线上线下新教育的通识培训与各课程的专项培训，受众人数达 35 万人次，而这些讲座有许多都是跟随朱永新老师一起去的。

比如，我曾经三次到过河北省邢台县，第一次就是跟随朱永新老师去参加该县新教育实验区的启动仪式，他和我都做了有关新教育通识培训的讲座。如今，新教育的晨诵课、共读课等新教育特色课程已经成为该县的日常教育教学工作，同时该县还不断地引进新的课程，如正在推进的童喜喜说写课程。与此同时，该县一大批教育管理者和教师也因新教育迅速成长，如当年的幼儿园园长樊青芳，如今不仅成为该县负责新教育工作的教育局副局长，而且还被评为"2016 年度推动读书十大人物"。

我亲眼所见的教师成长故事，网上和网下都还有很多很多。无论是获得各级各种奖励，还是专业上的迅速成长，很多新教育实验教师都因为自身成长而带动了一所学校的建设，甚至带动了一个地区的新教育实验的开展。比如山东省滨州市无棣县的新教育实验，就是因为该县一位名叫刘洁的老师个人坚持开展新教育近 7 年，当地教育部门发现后就引进了新教育实验。而该县引进新教育实验的第一场讲座，就是朱老师亲自主讲。

今年我 60 岁了。但是，看着不知疲倦的朱老师，看着一个个因为新教育实验、因为朱老师而改变的年轻老师，我知道，我不能停止步伐。

十一、2009 年：蓝玫的缘起

——七夕十年梦

新家庭教育研究院执行副院长　蓝玫

那一次的相遇，在七夕。那年的七夕，有雨。

那次相遇之后，我用澎湃的笔墨，记录下了这样的幸福：

今又七夕。谁曾与迎面？

已经不该再有梦的年龄，为什么又埋下这样一颗"情种"？

她诉说美丽，他描绘幸福！他们精心搭建的"鹊桥"，让我做了俘虏！

我深知有些激情会澎湃，但我选择，悄悄地幸福！

这样的相会，我也等待了千年吗？不然我怎会，忽然理解了牛郎织女未曾淡去的情愫？

让我也来乞"巧"吧，请赐我帮毛虫们长出美丽翅膀的"巧手"，为他们的人生圆梦！

因为这样一个七夕，我遇见了一个，被叫作"新教育"的情人！

那一年，是2009年，也是我当老师的第16个年头。

2016年，蓝玫主持新教育领读者大会

在那之前的16年教学生涯里，我一直都非常努力。因为入职时父亲一句"当老师是良心活，你要好好教书，对得起自己的良心"的叮咛，我勤恳工作，努力想成为一名"好老师"。

走上讲台的第一学期，我被评为先进工作者，被选为年级组长。尽管领导信任、同事认可，但是我知道，我还不是一名好老师。因为还有一个硬指标如利剑高悬，那就是学生的考试成绩。为此，我自费订阅教育类杂志，虚心向前辈求教，以勤补拙。

从第二学期开始，我所教班级的成绩开始在年级中领先，我被推荐参加评优课并取得了不错的名次。但是我仍然知道，我还不是一个名老师。因为好成绩带有很大的偶然性而未形成经验，且我对课堂的把握还是无法得心应手。为此，我在网络上听课并参加研讨到深夜，我拜师学习播音朗诵如同着魔，我抓住一切可以学习的机会试图获得超越。

终于，我班级的学生在全乡统考中拿到了语文平均分第一名的成绩；在区级评优课中，我还获得了领导前所未有地为我特设的唯一特等奖。但我自己知道，甚至是愈发清晰地知道，已经如此努力的我，仍然不是一名好老师。因为仅仅好成绩并未让我看到一名真正的"好学生"。我觉得好学生不只是考试成绩好，更应该全面发展并有着持久成长的内在动力，但是这动力是什么、究竟来自哪里，我却仍然感觉茫然无措；我个人的荣誉并未让我看到一名真正的"好老师"。我觉得好老师不仅授业、解惑，更要"传道"，而这"道"究竟是什么我仍然寻而未得。

荣誉和成绩只是让我短暂愉悦，却无法带给我稳定持久的幸福。我常常会担心，担心自己辜负"老师"这个神圣的称谓，辜负那些孩子和父母的托付，辜负所有支持我的那些信任和期待。我形容自己这段时间的感觉是"如玻璃罩里的飞蛾"，知道应该有一个光明的去处，但自身之力却始终无法飞抵。所有更加拼命更加努力地试图挣脱的行为，都只是加重自己的挫败，让自己日感倦怠。

那年七夕的雨，我至今记忆犹新，且始终认为，那场雨是我和新教育旷世相逢的喜极而泣。来自新教育研究中心一天的专题报告让我醍醐灌顶，多年苦思无解的问题，恍然在那一刻有了答案。

我一向自诩爱读书，却第一次听到"新教育教师专业阅读"的啃读之说；我一直自认在用心教书，却第一次知道"新教育构筑理想课堂"的诸多维度；我一度推荐并引导学生读书写作，却第一次领略"新教育儿童课程、'晨诵、午读、暮省'、阶梯阅读"的美妙绝伦。甚至连我为成为好老师努力却寻而未得导致的倦怠，都在新教育"过一种幸福完整的教育生活"的理念中找到了根源。就这样，我第一次知道了"朱永新"这个名字，遥远而陌生。

"玻璃罩"的口打开了，我一直坚信的教育彼岸那个光明的去处，终于向我敞开。这光明冲破瓶颈照进了我的生命里，让我毫不犹豫地纵身一跃，义无反顾。

在"海拔五千"的读书会里，我开始了真正意义上的"专业阅读"，从"悦读"开始走向"啃读"一本又一本真正的教育专著；在"毛虫与蝴蝶"板块，我开了自己班级的主题帖记录学生成长，开始着眼于他们的真正需求进而思考教育的真谛；在"新教育网络师范学院"的网上课堂里，我开始了一段全新的学习历程，之前的种种困惑纠结都在获得真正成长的过程中一扫而空了。

当时，在新教育网站上，新教育实验发起人朱永新老师的一个"朱永新成功保险公司"的帖子吸引了很多的老师的关注和热议。朱老师认为，哪怕是一名普通的一线老师，如果坚持写十年的教育叙事以不断反思自身成长的话，也一定会成为名师，如果十年没有成功，他来负责赔偿。我的内心是暗暗地被激励了的。我此前虽然偶尔会写一些东西，但大都比较随意和随性，根本不知道什么是"专业写作"，朱永新老师的这个帖子就这样引领我和诸多如我一样的一线教师走上了专业写作的道路。幽默风趣，是朱老师穿过这个帖子留给我的第一印象。

新教育人认为，成长是人本质的追求，荣誉作为额外的奖赏必然随之而至，我深以为然。因为这段时间疯狂投入的学习经历，在 2010 年年会筹备工作启动后，我因工作需要被调任到另外一所学校担任教导副主任，协助年会展示的准备工作。也是在这个过程中，我更加深入地了解了"新教育实验"的理念内涵及种种行动实践。对于一线的教师来说，理念的学习是必要的方向引领，但实践的行动方法则更能帮助他们走出困境，解决"怎么做"的关键问题。所以我越是深入其中越是感恩命运，感觉距离自己真正做一个"好老师"的目标更近了。

2010 年的年会期间，我终于有了和朱永新老师最近距离的一次接触。在一行陪同人员的簇拥中，朱老师来到我们所在学校的分会场听取了校长的汇报，考察了学校的整体情况，临别还应邀为学校题字留念。记得当时一个细节还让我颇觉"意外"。当时他提笔蘸墨，忽然抬头问大家："啊，我写什么好呢？"这时候的他，全然不是被簇拥在陪同的人群中的那位"领导"，实如一个率真的学生。但这个问题又更像是在自问，因为不过刚刚出口的功夫，他就已经胸有成竹地一气呵成了"文化立校，和谐为魂"八个大字。"文化立校"是该届年会的主题，"和谐为魂"又是学校"和"文化的诠释，这让周围的人纷纷赞叹不已。在学校的文化石前面，我们留下了和朱老师的第一张合影。温和率真，是朱老师留给我的第二印象。

年会之后，我依然选择了留在一间教室里进行新教育课程的实践。这一年，我加入了由著名儿童文学作家童喜喜老师发起并负责的"新教育种子计划项目"，成为第一批种子教师。这次的加入也促成了我和喜喜这位"宇宙超级无敌"的新教育义工的另外一段奇缘。

因为喜喜老师的推荐，2012 年 1 月，我带着班里的几个孩子应邀到北京参加了朱永新老师十六卷的教育文集出版的首发式。朱老师走进会场后的第一句话就是："蓝玫和孩子们呢？到了没有？"然后就大步走过来和孩子们、和我以及随行陪同的家长们打招呼。此行我们还带来了全班孩子为朱老师精心准备的礼物。全班所有的孩子，每个人都把自己心目中的"朱永新"画在纸上，装订起来带给了朱老师。朱老师认真地翻看，边看边说，这是他收到的最喜欢的礼物之一。整个过程，朱老师和孩子们的互动全然没有陌生感，他一边耐心地询问孩子们关于班级生活的情况，一边认真倾听孩子们叽叽喳喳的回答。在当天的发言中，他还特意把孩子们送的礼物展示给所有来宾，再次重申这是他迄今为止收到的最喜欢的礼物之一，这让孩子和陪同的家长都深受感动。平易近人，这是朱老师留给我的第三个印象。

同年 4 月，在区域开放周展示活动中，在"新教育种子计划项目"负责人童喜喜老师的努力下，朱永新老师特意来到我们班级看望孩子们，聆听我们班级的叙事汇报。在近两年的时间里，我在学校领导给予的支持下，全力实施新教育课程，积极寻求家长和学科教师的配合，真正凝聚起了一股教育的合力，孩子们蓬勃成长的状态日渐显现。这一次见面，朱老师又让我看到了他另外的一面。那位印象中声音带着穿透力的长者，那位总是让大家感觉笑容可掬的老师，也有自己内心的"脆弱"。在我们班级的展示活动过程中，当一群生活在城乡接合部的孩子用大方的仪态呈现新教育课程浸润下的美好的时候，当一群生活在社会底层的父母们用朴实的语言讲述自己如何回应和配合学校的新教育行动的时候，当一群年轻的教师用发生在自己身上的真实故事诠释新教育理念的时候，这位受人敬仰的老师坐在台下，竟然泪流满面。后来同样哭红了眼睛的喜喜老师告诉我，朱老师在现场一边流泪一边对时任新教育研究院院长的卢志文老师说："志文，咱们的付出值得了！"活泼泼真性情，是朱老师留给我的又一印象。

2012 年，我获得了"新教育完美教室缔造者"的荣誉称号，成为首批 9 位完美教师缔造者之一。但我深感教育面临的困境必须解决家庭的问题，于是在喜喜老师启动"萤火虫亲子共读公益项目"之初，我放弃了升任副校长的机会，选择了离家赴京全身心地与之同行追梦。之后在该项目的基础上成立了"新教育新父母研究所"，我担任了执行所长。很久之后我才知道，搭建这个新的平台，是朱老师和喜喜老师为我个人未来发展而筹谋的一片苦心。

这一年，在接受《中华儿女》杂志社记者采访的时候，我由衷地说："刚接触新教育的时候，我曾在一首小诗里用'情人'表达我邂逅新教育的激动，经过这几年，我觉得它更像我的'亲人'。"是的，新教育人亲如一家，砥砺同行。这些年，我始终这样相信并一路践行。此后至今，不管到新教育实验学校任职，还是进入由"新父母研究所"升级成立的新机构"新家庭教育研究院"，新教育人似乎已经成了我另外的一个"身份证"。

2013 年，朱永新老师写下《一朵玫瑰的蓝色新生》（发表在《教师博览》）以讲述我的成长故事，还为我的教育专著《家校之间有个娃》作序，以此勉励我继续前行。他就是这样身体力行，以不惜耗费自己巨大精力的方式，鼓励着一个又一个、一批又一批的新教育追随者们。

因为在北京，我和朱老师接触的机会多了些。但越是靠近，越发现自己对这位师长的深邃、渊博、谦卑、厚重，远未窥之一二。这些年新教育的发展，不论从营造书香校园、缔造完美教室、教师专业发展，还是家校共育、家庭教育，不论从科学教育、人文教育、生命教育还是构建未来学习中心等诸多对教育的思考，朱永新老师总有着超越常人的敏锐和极强的前瞻性。用一位编辑的话说，朱永新老师就是"一本怎么也读不完的书"。

新教育越是朝向纵深处发展、影响力不断扩大，随之而来的新问题也就越多。但朱老师始终坚信自己所信的，初心不改。很多次因为工作对接的需要，我亲历他对诸多慕新教育之名而来谈合作的人，永远怀着最大的诚意认真对待，哪怕他的时间几乎需要用分秒来细细分割，因为他得为新教育未来的发展谋划。在他眼里，只有如何发挥每个人的长处知人善用，而没有不能合作的人。也因此，越来越多的专家学者因为感佩而愿意为新教育发展提供更多的支持和助力，越来越多的一线教师、校长愿意追随和践行，这是新教育的魅力，更是朱永新老师的人格魅力。

2015 年，我在卸任新教育实验学校副校长之后，被推荐担任了中国教育学会家庭教育专业委员会的副秘书长、新家庭教育研究院的副院长并工作至今。期间，我主持了"中国父母基础阅读书目"的编写工作，参与了《童喜喜说写手账》《中国家庭教育蓝皮书》《这样爱你刚刚好—我的 N 岁孩子》等系列教育图书的编写，主持了历届"全国家庭教育学术年会""家校合作经验交流会""新家庭教育文化节""童喜喜说写课程高端研讨会"等大型学术会议。我还曾在《河南教育》开设自己的专栏、担任武汉电台读书栏目的特邀主持等。但我深知,这一切并不是我个人的成绩和荣誉。我能够从一名普通一线教师成长到现在,是源于朱永新老师发起的新教育实验理念的引领,是源于童喜喜老师发起并负责的"新教育种子计划项目"给予的成长机会,是源于这些年来自新教育的淬炼和诸多师友们的鼓励和帮助。

现在,朱老师对我们新家庭教育研究院的工作又提出了更高的期待和要求:建设新教育的新父母学校、家委会,启动"家庭教育译丛""家庭教育文库"等编写工作,做好家庭教育指导者培训工作等。朱老师给予的这压力也是动力,我知道,自己唯有更加努力才对得起这份信赖。

我常常觉得,我的前半生,是一句话人生:因为父母的一句话,我努力做一名好老师,努力成长并终于相遇心目中理想的教育;我希望自己的后半生,是一件事人生:为让更多师生、父母一起"过一种幸福完整的教育生活"的"新家庭教育"这件事,尽自己一份力,相信还会遇见并一起书写更多美好的故事。

十二、2012 年:孙健通的自问

——为什么是新教育?

洛阳高新区教体局局长　孙健通

在对的时间,遇见对的人,做出正确的选择,是幸运,也是缘分。洛阳高新区遇见新教育,追随新教育,就是这样一种幸运和缘分。

2012 年 8 月,洛阳高新技术产业开发区在经过 20 年的建设后,决定成立专门的教育管理机构——文化教育体育管理局,着手理顺教育管理体制,加强教育工作,改变教育落后局面。当时,区辖孙旗屯乡、辛店镇两个乡镇,总人口 11 万多人。21所中小学分属乡、镇管理,互不交流。校舍普遍老旧,不少 C 级危房。图书、仪器等教学设备严重缺乏。教师队伍老化,观念知识陈旧,普遍存在职业倦怠,大多缺乏方向、目标、热情和动力。学校教学质量不高,有三分之一的中小学生(近 3 000名)流失区外就读,辖区群众对教育意见很大。2011 年年底,高新区因教育落后被洛阳市委、市政府考评为"民生改善落后县区"。

孙健通和他的团队参加 2019 年新教育实验研讨会

落后的教育面貌亟待改变，也必须改变。然而如何改变？

9 月 4 日，我和同志们受命后，就开始思考和求索。我们决定先从硬件建设发力，积极加大教育投入，大力改善教育基础设施和装备条件；同时努力寻找优质教育资源和适合的载体路径，借智借势，实现内涵式特色化发展。

这时，我们幸运地遇到了朱永新教授和他的新教育实验。新教育描绘的美好理想，提出的"十大行动"，深深地打动了我，让我看到了振兴教育的出路和希望。

2012 年 9 月 27 日，中秋节前夕，文教体局举行成立后的第一次校长会。会上，我把朱永新老师的《新教育》和魏书生老师编著的《做最好的校长》两本书推荐给大家，并着重分享了阅读《新教育》一书的心得，希望大家认真读读，从中学习些先进的教育理念和科学的教育方法，把学校做出特色来，把教育工作搞上去。彼时，除区实验小学外，其余 21 所学校的人、财、物仍由乡镇政府管理。这些从教多年的校长们，对我这个半道出家的教育局局长的话多不以为然，会后有的直接把书扔在了一边。

改变行为，必须先改变思想。我们开始有意识地组织走出去的观摩学习，聆听窗外，增长见识，转变观念。

2012 年 12 月 12 日，我带领全区 23 名校长和骨干教师前往焦作沁阳参观学习。焦作市是河南省第一个新教育实验区，沁阳是焦作市下属的县级市。沁阳的教育在焦作市乃至河南省都有较大影响。我们在沁阳一小、沁阳实小学习新教育，观摩了书香校园建设、特色活动课程，对学校文化，特别是充满生命活力的师生，印象深刻。在名震中原的永威中学，我们进班聆听了当值老师的公开课以及蔡林森校长的评课，对"洋思（永威）模式"有了直接感知。两天的参观学习，同志们的思想受到很大触动。返回时，天降大雪，寒流滚滚。我们的大巴车中途出现故障，大家没有抱怨，困在车上还讨论着所见所闻所思。回来后，徐良惠、汪华芳等几位校长悄然在自己的学校开始了新教育试验。

之后，我们又相继带领校长、教师前往濮阳油田一小、濮阳实验二小考察学习（前者是新教育十佳教室缔造者、"快乐小荷"——侯长缨所在的学校），前往豫派教育的代表学校、洛阳市西工区西下池小学观摩学习，前往北师大、北京十一学校等名校学习，不断邀请各路专家、名师进区讲学报告、引领指导。

特别令人难忘的是，2013 年 11 月 23 日，我带领 12 名校长到陕西西安中学参加李镇西教育思想报告会，第一次现场聆听李镇西老师的教育思想和教育故事。大家心潮澎湃，热泪不止，感动不已。

与此同时，我们对杜郎口中学的"三三六"高效课堂、洋思中学的"先学后教、当堂训练"教学法、东庐中学"讲学稿"教学模式、魏书生老师的六步教学法、李吉林老师的情境教育、王敏勤教授的和谐教育、刘京海校长的成功教育、郭思乐教授的生本教育、周洪宇教授的阳光教育以及养成教育、体验教育、三生教育、"心"教育等各种知名教育流派进行广泛学习、对照比较。

2014 年 4 月 26 日至 28 日，我带队前往新教育实验重镇海门，参加艺术教育开放周活动，进一步考察新教育。那几天，我们一行聆听了许新海博士等专家的报告，观摩了能仁小学、中南国际小学等学校，比较全面地感知了新教育。一个个充满理想与激情的新教育人，一场场精彩的展示活动，一所所别具特色和魅力的学校，带给我们满满的感动和震撼。座谈会上，我激动地说："经过一年多时间的学习、考察、比较，我们认定了我们想要的、适合我们的新教育。新教育充满理想、饱含人性、面向平民、促进幸福，既有先进理论指引，又有具体操作指导。我们决定正式申请加入新教育实验。"7 月 14 日，在苏州举行的第十四届全国新教育研讨会上，洛阳高新区正式签约加入新教育实验，成为全国第 46 个实验区。

参加新教育实验，不是一时的冲动，而是我们的现实需要和理性选择。新教育确实别具魅力和优越性。我思考总结了追随新教育的 20 个理由：

（1）新教育顺应规律、符合政策。新教育理念符合教育规律、人的成长规律和社会发展规律，符合党的教育方针和国家教育政策，是对素质教育的探索实践、补充和发展。

（2）新教育充满理想、给人希望。它着眼未来、又立足当前，对人们普遍不满的教育进行理想式改良，让人看到了中国教育的希望。

（3）新教育以人为本、富有人性。其核心价值观"为了一切人，为了人的一切"，倡导全民教育和全人教育，主张让教师和学生与人类的崇高精神对话，强调教育应该培养美好人性，让学生拥有美好人生，从而建设一个美好的社会。其实质是一种人性教育。

（4）新教育滋养心灵、润泽生命。它高度重视人的心灵成长和精神世界的丰富，是"心灵的教育"，是身、心、灵统一的教育。它极力追求让人成为他（她）自己，成为一个完整的自己，让师生过一种幸福完整的教育生活。

（5）新教育面向平民、利益大众。作为一种"草根"实验，它以培养认真生活、热爱生活的人为目标，面向基层，面向农村，服务于大多数普通学校、普通师生。

（6）新教育强调行动、普适可行。它是行动着的教育学，强调先行动起来，用行动去改变现状，在实践中不断完善。无论城市乡村，无论大小学校，皆可实验。

（7）新教育重在建设、善于改良。它对当前中国教育存在的许多弊端，不止于金刚怒目式的批判，而是寓批判于建设当中；不是破字当头，立在其中，而是在继承借鉴基础上的改革创新。

（8）新教育兼容并包、汇集美好。它秉持着开放的胸怀，不断汲取着古今中外先进教育思想的营养，博采众长，汇聚众智，融合创新。

（9）新教育崇尚公益、悲天悯人。它是一项公益性教育实验，旨在服务社会。加入实验，只求认同理念，愿意行动，心有梦想，尺码相同，不需要加盟费用。新教育大力推广阅读，其本身就是公益慈善。"灵山—新教育"贵州支教、西部支教、新教育支持北川教育重建等，都充分体现了它的公益情怀。

（10）新教育返璞归真、超越功利。它还原了教育本来的面目，让育人为本，让阅读为基，让教育生活诗意浪漫、多姿多彩。其宗旨是为了教育共同体成员过一种幸福完整的教育生活，这超越了分数，超越了提高教学成绩这样稍显功利的目标。

（11）新教育有深厚的理论基础。其哲学基础是发展论和行动论，伦理学基础是崇高论和和谐论，心理学基础是状态论、潜力论和个性论。

（12）新教育有深远的历史渊源。它不是横空出世，而是与19世纪欧洲的新教育运动、20世纪二三十年代中国的新教育一脉相承，是历史上"新教育"的一段新的"链接"和"延续"。

（13）新教育有比较系统的理论架构。在继承前人的基础上，它创造性地提出了自己的核心价值、四大改变、五大理念、"十大行动"，有序推出了儿童课程、教师成长、理想课堂、每月一事、完美教室、学校文化等项目，以及新艺术教育、新生命教育、新科学教育和新人文教育等。它在系统地研究和解决教育问题。

（14）新教育有比较完整的课程体系。以生命课程为基础，以道德课程（善）、艺术课程（美）、智识课程（真）为主干，以"特色课程"（个性）为必要补充的卓越课程体系，基本上涵盖了新教育过一种幸福完整的教育生活和成为一个幸福完整的自由人的主要范围。

（15）新教育有明确的行动纲领。它的突出标志就是营造书香校园、师生共写随笔等"十大行动"，把素质教育行动化、具体化。

（16）新教育有强大的研发团队。以朱永新教授为核心的专家团队，汇聚着国内外众多志同道合的教育家，还有身在一线的教育工作者。他们在共同熬制一锅内容丰富、味道鲜美的"石头汤"。

（17）新教育有比较成熟的运行机制。实验课题采用课题负责人制度，并实行三级管理。会议制度包括工作会议制度和研讨会议制度。有实验区（校）和个体的管理办法和考评细则。最高领导和决策机构有新教育理事会，决策执行机构和实验管理机构有新教育研究院。研究院下设办公室、教师成长学院、研究中心、网络师范学院、新阅读研究所、新评价与考试研究所、新职业教育研究中心、新教育发展中心、新教育书院、新家庭教育研究院、新生命教育研究所、新科学教育研究所、新艺术教育研究院、学校管理研究所、新教育研学中心等机构，分工负责管理协调、宣传培训、项目研究、成果推广等。

（18）新教育有十多年的学校实践。自1999年提出、2002年在昆山玉峰实验学校启动实验以来，经过20年的实践，参与学校越来越多，目前有4 100多所，参与师生470多万人。

（19）新教育有大量成功范例。自 2005 年开始，《中国教育报》评选的"推动阅读十大人物"中，每年都有新教育人的身影。经由新教育，全国无数一线教师找到了自己的职业幸福，激发了自己的教育潜能，开始由普通到优秀、由优秀到卓越，成为一个地区乃至全国的名师、名校长，许多薄弱学校成为一个地区乃至全国的名校、强校。无数学生阳光、自信起来，幸福乐学，实现着全面而又个性的发展。

（20）新教育有广泛且良好的社会影响。目前新教育实验范围几乎涵盖全国。有地市级实验区 12 个、县级实验区 140 多个。2014 年入围世界教育创新峰会 WISE 项目奖 15 强，成为第二个入围该奖项的中国项目；2018 年荣获基础教育国家级教学成果奖一等奖。被权威专家、媒体赞誉为中国素质教育的一面旗帜和新希望工程。

这些总结和梳理，不一定十分准确。但事实确已证明，新教育改变了洛阳高新区教育落后的面貌，为师生共同成长、学校特色发展，为实施发展素质教育、实现教育生活的幸福完整提供了强大的引领和支持。

最令人骄傲的是教师的发展。

我区一批又一批教师相继被唤醒和点燃，有了梦想和激情，有了方向和目标，有了自信和幸福，有了成就和荣誉。

在市级优质课比赛中，过去获得一等奖的教师屈指可数，近年来集群式涌现。2016 年，22 名教师参加，18 名获得一等奖且名列前茅；2017 年，25 位教师获一等奖、40 位教师获二等奖；2018 年，24 位教师获一等奖、43 位教师获二等奖；2019 年，29 位教师获一等奖、50 位教师获二等奖，获奖人数占比在全市保持领先。

在教育部、省、市举行的"一师一优课"活动中，近 3 年，我区教师获奖人数和级别占比都在全市跻身前列。

在《教育时报》举行的河南"最具影响力教师""最具成长力教师"和"最具智慧力班主任"评选中，2013 年以来我区先后有武艳艳、刘文化、江景涛、杨燕燕、张伟伟、崔进、胡明辉、李利娜 8 名教师入选，其中 4 名为全省十佳。这在全河南省非常少见。

2015—2016 年，赵银波、沈锋、姚燕桃、杨治春 4 位农村教师在全省农村中小学青年教师技能大赛中接连获得一等奖。2016—2018 年，夏俊强、李玉、牛万社 3 位教师接连获评洛阳市十大最美教师。徐良惠、史静霞等 3 位校长相继荣获全国新教育实验年度十大"智慧校长"荣誉称号和提名。苗亚静、张娅楠等 5 名教师获全国新教育"榜样教师",李洪涛、庄楠楠、赵园园、胡元颖、高晓楠、李辉、陈露、郭文豪、陈宜敏、徐琳、何佳乐、程媛媛、张兴锐等18名教师获全国新教育先进个人。2018年,赵域、谷书立、张会云、王俊霞、孙佳佳、孙育东、李辉辉等29位教师的感人事迹被《中国好教师》杂志向全国推介报道。经过全国层层推选,董仙桃、黄琳两名校长被《中国好教师》杂志、中国网评为年度中国好校长,王丹娜、王菁蓓、冯丹丹、晋利芳4名教师获评中国好教师。

今年年初,洛阳市第三届名师评选结果揭晓,我区胡亚娟、张俊娜、姚岩岩、李慧丽、李邵杰、孙少琳、郑瑞丽、王腊云、钟华等13名教师入选,其中特级名师2人,优秀名师7人,名师4人,入选人数和级别居于全市前列,比例数居全市第一。

洛阳高新区在新教育中成长起来的优秀校长、教师层出不穷,难以枚举。除上文所举,还有赵莲芝、于少辉、杨俊峰、禹艳红、姚海鸽、王灿锋、魏巧茹、赵云涛、杨晓英、曹佳欢、宋芳芳、杨晓旭、仝亚琼、刘瑞红、王微、冀向嫩、郑利楠、张丽培、娄丽敏、梁姣、赵万娟、张海涛、李永永、姚卫兵、崔宇鹏、许治国、温玉娇、张喜胜、王琳、赵春凤、周丽、金方方、李迎辉、李耀芳、郭兴常、赵旭蕊、曹珈瑜、吴姗姗、李亚宁、杨姣、张宁辉……一个又一个名字,在高新区乃至洛阳市新教育的星空中熠熠生辉。

最引人瞩目的是学校品质的提升。

全区各学校在落实国家课程标准的同时,开设了新教育"晨诵、午读、暮省"的儿童课程,读写绘课程、阅读课程、儿童剧课程、电影课程、新艺术课程、开学课程、期末庆典课程等,研发了洛阳牡丹课程、河洛大鼓课程、毕业课程、节日课程、礼仪课程、社团课程、季节课程、花木课程、生活类课程等100多门特色课程,为学生的发展提供着更多的机会和可能。

在规范办学的基础上,各学校因校制宜,发展特色,初步形成了"一校一品"、百花齐放、百花争艳的格局。在教育部命名的全国青少年校园足球特色学校和网球特色学校中,实验小学等6所学校入选。在洛阳市中小学星级创建评定中,三山小学等3所小学先后被评为示范性特色学校,白营小学等4所学校获评单项特色学校,星级学校数量占比在全市县区中处于前列。在全国4 000多所新教育实验校中,实验小学等3所小学相继荣获新教育实验示范学校,泰和小学、柳行小学、辛店小学、华夏路小学、军屯中心小学、贝贝幼儿园、蓝泊湾幼儿园等 10 所小学荣获新教育实验优秀学校。孙旗屯小学被评定为河南省师德师风先进校、洛阳市教师发展学校，东马沟小学被确定为洛阳市首批"家庭教育示范基地"、全国新教育首批"家校社合作联盟单位"，实验中学被评为"河南省优秀家长示范学校"，高新一中被认定为"河南省单项体育（拳击）后备人才基地"。

最让人自豪的是学生的成长。

广大中小学生自信、阳光、喜读、乐学，呈现出昂扬向上的生命状态。众多学生积极参加省市举办的读书征文、经典诵读、书画征稿、艺术展演、体育竞赛、航模、海模、建模、人工智能竞赛等，屡屡获奖。三山小学童梦合唱团在第五届、第六届河南省中小学艺术节上荣获一等奖；在 2018 年第九届全国魅力校园合唱比赛中荣获一等奖。实验小学同学在"第三届全国青少年中华情中国梦"绘画征稿比赛中，获 3 个特等奖，14 个一等奖，42 个二等奖；在第 27 届中国儿童青少年计算机表演赛中，荣获人工智能挑战赛国家级二等奖。第二实验学校学生，连续两届荣获全市河洛大鼓争霸赛一等奖。高新一中选手在洛阳市第十三届运动会拳击比赛中，荣获 5 金 3 银 9 铜，在河南省第 13 届运动会学生组航海模型竞赛中，获得 2 金 3 银 4 铜的佳绩。2019 年 7 月 16 日，我区负庄小学、董窑小学、高新三中等 7 所学校的百余名师生，将带着他们的 30 多项入选终评作品，在首届新少年国际艺术教育节上集体亮相、进行展演、角逐大奖。辖区中小学就近入学、回流就读学生逐年持续增多，近 5 年学生人数增长了 3 000 多名。人民群众对教育的信任感和满意度不断提高。区内初中中考通过省市示范高中录取线的学生数逐年增长。

毫不夸张地说，新教育，让高新区的师生精神焕发，让高新区的学校书香浓郁，让高新区的教育充满活力。近两年，全国各地教育同人前来我区观摩交流的络绎不绝。2018 年 5 月，河南教育时报授予我区"河南课改先锋"荣誉称号。11 月，教育部关工委社区教育中心、《中国好教师》杂志联合授予我区全国"区域教育特色发展奖"。一个薄弱落后的教育小区，因新教育而发生的巨大变化，为洛阳教育的发展提供了启示和样本。2018 年 4 月 11 日，洛阳市主管教育的副市长陈淑欣同志在调研时发现了我们，后经数次访察，进一步证实了高新奇迹。她号召洛阳市其他县市区向高新区借鉴学习，在全市义务教育学校和幼儿园全面推广新教育实验。目前，新教育实验已经在河洛大地风生水起，如火如荼，全市 18 个县市区、百万师生参与并乐享其中。相信在不远的将来，新教育一定会花开中原，香飘万里。

遇见新教育，就是遇见真善美。选择新教育，就是选择好教育。认定新教育，笃行新教育，是发展素质教育、落实立德树人根本任务的需要，是师生共同朝向美好、走向幸福、实现完整的正确选择。

新教育，我们的幸运和缘分！新教育，我们的幸福和光荣！

学界的评价

一、新教育实验在前进

著名教育家　陶西平

　　我参加过四次新教育的大会，今天是第五次，每一次都能看到新教育实验前进的脚步。今天听了朱永新教授的介绍和郭明晓老师（飓风老师）的讲课，感到新教育在推动中国基础教育改革方面迈的步子越来越大，影响也越来越大。

陶西平先生2015年参加新教育实验"缔造完美教室"叙事会议

　　我主要谈三点感受。

　　一是新教育跳动着时代的脉搏。我们现在所处的时代就是挑战、机遇和追梦三者形成的历史的交汇。一方面，我们面临严峻的挑战，战争危机、经济危机、生态危机、道德危机、心理危机等诸多方面，都威胁着人类的持续发展；但另一方面，新一轮的科技革命和产业变革正在兴起，第三次工业革命和第四次工业革命，对我们中国来说，起点跟发达国家相距都不像第一次工业革命和第二次工业革命那么远，所以给我们带来了发展的机遇。习近平主席特别讲，我们抓住了就是机遇，抓不住就是挑战，所以不能懈怠。而"中国梦"就是到 2021 年，到 2049 年，要实现全面进入小康社会并且最终成为一个强大的社会主义国家。我们正处在这样一个历史交汇的时期，这个时期非常关键的问题就是要解决人的问题，既包括国民的整体素质，又包括拔尖创新人才的培养，而人的问题首先就是教育问题。所以，教育承担着非常重要的历史使命。

目前，各界对教育的看法存在很大的分歧，比如对教育形势、教育改革和教育改革的成果的判断并不一致。我觉得这种分歧实际上反映了在社会转型期和教育转型期活力的张扬，当然，这同时也会给我们带来很多困惑，很多教育工作者都提出我们到底应该怎么办，我们到底应该听谁的。我想这就是我们教育现在所面对的挑战。

最近，世界未来学家奈斯比特先生在北京的一次演讲中提出：教育不是把篮子装满，而是把灯点亮。这是很有道理的，因为教育改革最重要的是方向。但是，教育改革只有方向也不行，教育改革也需要有一个篮子，只不过不要装一些华而不实的东西或毫无意义的东西，要装点有用的东西。因为即使目标明确，要长途跋涉过去，也需要有水有食品。在这里，我想到了最近澳大利亚教育研究委员会首席执行官基弗·马斯特斯在《学校改革真正起作用了吗》中提到的，尽管各国都在为教育改革努力，但问题是，在这些宏观改革实施期间，学生成绩很少或没有提高。例如在澳大利亚，学生成绩在过去 10 年没有变化或呈下降趋势。为什么教育改革没有带来结果的改变？马斯特斯认为，部分原因在于人们没有关注用什么样的机制，来确保以上宏观改革战略改变日常的课堂教学与学校领导实践。人们很少关注有关微观层面改革重要性的国际经验与研究证据。按我们的话说，就是目标很伟大，但是落实很困难，目标没有落实。

所以我想，探索落实目标的道路同样重要，教育改革要有一盏灯指引我们的航向，但同时教育改革必须探索走向这个目标的道路。新教育就是在试图回答时代要求我们教育要回答的问题，不仅是往哪走，而且是怎么走。新教育所进行的实验意义就在于通过实践，不仅仅是行政部门的领导实践，更包括学校教师的教育教学的实践，来回答这个问题。回答者可能是"草根的",可能是民间的,但正是这样的微创新,可能最终会回答一个大的问题,这个大的问题就是我们改革的路怎么走。

二是"完美教室"是对理想教育的追求,是求真、求善、求美的平台。听到"完美教室"的概念,一开始我也想这是什么意思,听了飓风老师介绍她的完美教室的教学实践,我很受启发。我觉得完美教室体现了一种理想的教育追求。而什么是完美教室,可以有各种解读,我认为就是一个求真、求善、求美的平台。这间教室不是一个小的空间,而是搭建的平台。我们现在的教育存在很大的问题,就是教育目标和教育实践的背离,而这种背离往往是由于教育评价造成的,因为我们的教育评价标准和教育目标常常不同。

教育就是培养人,要帮助每一个人学会扣好人生的第一颗纽扣,就是为了每一个人人性的完美。作为完美的人性,我觉得应该做到真、善、美。

因此,好的教育应该是求真、求善、求美的教育,我想教育的最终意义也就在这里。通过飓风老师的介绍,我觉得她实际上不只是在教语文课,更是在帮助孩子,并且跟孩子一道求真、求善、求美。她以阅读教学为主要特色的教学过程,这点给我很多启发。因为最近的美国埃默里大学教授马克·鲍尔莱写了《最愚蠢的一代》的文章,文章说一项调查显示,美国年轻人平均每周要发 2 272 条短信。但他认为,信息的加速度一定会带来内容的肤浅化,很多时候,更多的交流意味着更少的意义。我们现在面对数字鸿沟,面对数字机遇,我们教育信息化迈的步子跟世界发达国家相比是慢的,在其他领域的步子可能比教育要快一点。所以加快信息化步伐,是非常必要的。但同时在推动过程中也必须看到另外一方面,短信交流和快速阅读往往都是碎片化的,信息很快,但是内容往往是比较肤浅的。所以鲍尔莱认为如果这样下去的话,可能会使美国未来青年的一代越来越愚蠢。当然,这引起许多美国青年的反感。而从最早新教育实验提出书香校园建设的时候,他们就关注了阅读的问题,从某种角度看也是预见到可能会在信息时代产生的一些新的倾向。所以在推动信息化的同时,加强学生的阅读,的确是非常必要的。

飓风老师的阅读教学,第一就是"广",所有的学生能够看更多的书,更多的好书,她的学生的阅读量是大的,且又不是个别的学生,是让所有的学生都扩大自己的阅读量,这是很好的。第二就是"共",她不只是学生读,家长也读,老师也读。老师作为一个陪伴者,作为一个参与者和学生共享阅读的快乐,共享阅读的收获,这是很重要的特点。第三就是"深",不仅仅是看书,而是在阅读的过程中,注入了教育人的理念,包括共性的,也包括针对不同学生个性的,所以体现了一个深度。这种广、共、深阅读,就是在阅读过程中求真、求善、求美,在阅读过程中建设完美的教室。

三是教师应该真做教育和做真教育。这是一个挑战,现在的教育改革,包括我们展示出的一件一件的改革成果,这里面真的固然不少,假的也很多。真正对学生有影响,使学生能够体现生命的意义或发生变化的教育实践并不一定很多,但是展示出来让大家看一看,觉得不错,可以欣赏的东西倒是不少。所以现在一方面我们的教改园地五彩缤纷,但是另一方面我们的教改并不理想。所以我们的教育确实应该真做教育和做真教育。新教育实验本身就立足于做这种真做教育和做真教育,因为新教育实验并不追求一定要在多有名的城市、在多有名的学校、在多有名的老师的推动之下进行,而是在更广阔的范围里,大面积地推动教育实践的改善。所以这不是做样子,是真正在做。因此我认为,我们现在应该发扬真正的教育家精神,我觉得教育家的精神有以下三点。

第一应该有定力。因为现在不同的言论太多,评价太多,展示的方式也太多,在这种情况下,如果我们都是随风转,现在随着哪个风刮的都有。我们自己要有定力,定力就是坚定的信念;有和"中国梦"紧密联系的信仰、理想、道路、方向,有扎实推动教育事业改革和发展的信心和决心,不懈怠、不浮躁、不折腾。相信中国的教育一定能走好。

第二要能创造。教育要迎接挑战就必须自觉把握和探索教育规律,教育不应被动地走向未来,而应当主动地创造未来。当前,诸多教育难题需要破解,教育家应当成为教育规律的探索者、教育改革的实践者、教育创新的试水人。郭明晓老师就有很多创造,现在教育要想再提出一个多新的理论,再找出一个多新的甚至别人都没有听说过的做法大概很不容易了,所以我们的创造不一定非得是别人从没听说过的思想或别人没有干过的做法,关键在于我们的创造是解决问题的。什么是教育家?就是在转型期,针对存在的困惑和问题,能够用理论结合实践的角度回答其中一个问题,我觉得这就是一名教育家,所以教育家是需要创造的。在这儿我想起一个问题,就是新教育的"新"到底新在哪,新在什么地方,我想了半天,是不是"除旧布新"的"新",后来我想了想好像不是,不是不要旧的,完全搞一个新的,我觉得应该是我们把旧的精华吸取了，糟粕剔除了，吸收时代的元素，创造新的教育，所以不是"除旧布新"的"新"，而是"推陈出新"的"新"。这样的新教育就是要解决问题，比如说飓风老师非常好的一点，就是她综合运用了许多的教育理论，这种综合运用本身也是一种创造，这种创造我管它叫作微创新，这种微创新同样可以掀起改革的巨浪。现在风行一时的翻转课堂，起初只不过是一位美国化学老师在课堂教育中的创新。

第三点，就是肯担当。担当就是高度的责任感，认真负责。对国家负责，对社会负责，对工作负责，对他人负责，对自己负责；面对矛盾敢于迎难而上，面对失误敢于承担责任。没有担当，是不负责任，是无所作为。新教育就是在担当，飓风老师也是在担当，我想我们大家都应该有这种担当精神。如果我们有定力，能创造，肯担当，我们新教育的实验一定会对整个国家的教育改革，以及"教育梦"的实现发挥更大的作用。谢谢大家！

最后我提一点建议，就是飓风老师的教学还可以引导学生更多地关注现实生活。因为我曾经和英国的专家探讨过，问他对加德纳多元智能理论怎么看。加德纳认为学生的智能结构是不同的，因此我们应该创造适合不同学生的教育，而这位英国专家认为，加德纳只说对了一半，因为学生最后要进入社会，如果只让教育适应学生，但是社会不会去适应每个学生，学生还必须学会适应教育、适应社会。所以，我们应该把适合学生的教育和教会学生适应社会结合起来。因此，我想，学生既要从阅读里面获取力量，还要对社会有更多的了解，这样他们步入社会之后才会更好地适应，进一步改造社会。

（2015 年）

二、新教育实验的播火者

武汉大学原校长、著名教育改革家　刘道玉

朱永新教授是著名的教育家，他是真正的教育科班出身，既精通教育学理论，又有丰富的教育实践经验。他的教育论著颇丰，还不到天命之年，就出版了 10 卷本的《朱永新教育文集》，远远超过了许多学术前辈在这个年龄时的成就。

作为一个毕生热爱教育的工作者，我平常比较留心国内教育改革的动向，也特

教育改革家刘道玉

别关注崭露头角的年轻的教育学研究者。朱永新第一次引起我的注意，大约是 20 世纪 80 年代初，他还在大学学习期间就开始在报刊上发表文章。后来，他一路从苏州大学教育科学研究室主任、教务处处长、苏州市副市长晋升上来，显示了仕途远大的前程。朱永新第二次引起我的注意，更确切地说令我惊讶的是，他于 2002 年在昆山玉峰实验学校启动的新教育实验。新教育实验是朱永新教授的理想，也是包括我在内的许多教育改革者的追求。从 90 年代初，我数次到海南、深圳、珠海、温州等地调查，希望在沿海一带创办新型私立大学，开展新教育实验。可惜，我的各种尝试都以无果而终，我不得不转换角色，从当年有改革舞台的拓荒牛，变成现在为教育改革而啼叫的杜鹃鸟。

永新的新教育实验是大胆的、开放的，是史无前例的，它使我看到了中国基础教育改革的希望之所在。永新既是一位学者，又是一位高官，作为学者，他没有学究气；作为高官，他没有官气。他曾经参加我的一本著作的研讨会，上午和下午分别作了两次发言，他对我提出的《理想大学》八章写作提纲，逐章逐条提出了看法，既有肯定也有补充和修改，体现了一位严肃学者的认真态度。

苏联教育家阿·波利阿耶夫曾说："教育领域是一块伟大的实验场地。"唯有教育实验才能推动教育改革前行，这已是被教育史证明了的一条铁的规律。我国是一个人口众多大国，根据 2014 年的统计数据，在校就读的各类学生约 2.5 亿人，其中高校在校学生 3 559 万人。照理说，我国拥有无与伦比的教育实验资源，应该产生更多杰出的教育家。但可惜的是，我国并没有产生在世界上有影响的著名的教育家，也没有撰写出在世界上有影响的教育经典著作，这与缺乏有远见的教育实验家不无关系。

在中国近代史上，首开教育实验之先河者非陶行知先生莫属，他于 1927 年创办了南京晓庄试验师范学校，致力于大众化教育。可惜，学校被国民党政府查封，他本人遭到通缉，晓庄师范学校被迫停办。这所学校虽然仅存在了 3 年时间，但仍然培养出了 200 多名抗日战争的骨干分子，为中国抗日战争的胜利作出了贡献。自 20 世纪 80 年代开始，中国民间出现了民办教育的热潮，但就高等教育而言，他们并没有提出明确的教育改革实验宗旨与目的，而是亦步亦趋地模仿公立大学的模式，并没有为我国高等教育多样化提供太多经验。

但是，自 21 世纪初，由朱永新先生所倡导的新教育实验，却是一个非常可喜的教育现象，给我国沉闷的教育改革吹入了一股清新之风。在我看来，朱永新先生是中国当代新教育实验的播火者，他要把新教育实验之火种播撒到大江南北，让星星之火燎原神州大地。朱永新先生的新教育实验，目前更多地应用于小学阶段，在实践中逐步明确了新教育实验的目的。他们的核心理念包括："过一种完整幸福的教育生活；给学生一生有用的东西；重视精神状态；倡导成功体验；强调个性的发展；注重特色教育；让师生与人类崇高的精神对话。"目前，全国已经有 3 000 多所学校，350 万名师生参与新教育实验，分享新教育实验给他们带来的无穷乐趣。这场新教育实验，已然形成新浪潮，既是对中国应试教育的冲击，也是对现在的公立小学教育缺失的弥补。新教育实验尚在如火如荼地进行中，其前景尚无法完全估量，但是其缨所向，已经形成破旧立新的改革新风，对我国沉闷的教育改革也一定会带来促进作用。

从有关新教育实验的报道得知，朱永新倡导的新教育实验，是目前中国规模最大、参与人数最多、效果最为显著的一次民间教育科研实验。新教育实验的富有成效的成就之一，就是极大程度上解决了教育职业倦怠、理论实践脱节、应试教育与素质教育矛盾等问题，形成了完美教室、卓越课程、理想课堂等一系列扎扎实实的成果。朱永新因此成了自陶行知以后知行统一的著名的教育家。

（2018 年）

三、有魅力必有追随者

著名教育家　李吉林

首先让我热烈祝贺"新教育"第十次年会的召开，今天会场上肯定是济济一堂，因为朱永新主席举起的"新教育"学派的旗帜吸引了众多的专家、学者和老师，现在已经有 800 多所学校加入"新教育实验",在全国 21 个省区建成 28 个实验区。这样的数字真是令人惊喜!由此也足见"新教育"感召力之大!

我思量着:原因何在?

首先是"新教育"的领路人朱永新先生他的宽厚的学识,他的超人的教育智慧,他的对人的亲和与挚爱,他的非同一般的对教育追求的诗一般的境界。朱永新先生作为身处高位的官员对教育仍怀有如此激情,甚至是痴情,且如此深沉而质朴,实为难能可贵,不能不令人感动。从某种意义上讲,朱永新先生的人格魅力衍生了"新教育"的魅力。

2009 年与 李吉林 在新教育第九届研讨会上

有魅力必有追随者,这是必然的。

因此朱永新先生和他的"新教育"足以吸引教育界许多专家、名师、名校长以及广大的一线教师,诸如我们熟悉的李镇西先生、李庆明先生、许新海先生都已云集到他的旗下。他们三位已师从朱永新先生,这让我羡慕不已,我只能在"窗外"聆听先生的声音,只是从朱永新的论著与诗文中领略他壮丽的"教育诗"。对于"新教育"我知之甚少,今天只能将自己的一点感悟向朱永新先生和各位汇报。

朱永新先生在"新教育"中从教育的终极目标提出的让老师和学生享受"幸福完整的教育",引起我极大的共鸣,唤起我对教育的许多美好憧憬。我深感"完整幸福的教育"是顺应人性的，是对教育本质的一种高度概括，因此它是发人深思的。是的，教育本应该是完整的，也只有"完整"的才有"幸福"可言。但是多少年来，教育常常是片面的，比如我们并不陌生的在现实中仍然存在着的深恶痛绝的"应试教育"。它破坏了教育的完整，因而导致了教育者的无奈和受教育者的痛苦。因此，从这个意义上讲，新教育鲜明地提出的"完整幸福"是切中当代教育时弊的。事实已经暴露得很充分，教育的不完整酿造了受教育者的不幸和悲剧；也是教育的不完整，成为国家一直想推行的素质教育的极大障碍。因此，我禁不住要欢呼、赞美新教育，它是解放学生、解放老师的教育，是真正的"新教育"。

"完整幸福"的教育允许人们在各自不同的起点上、不同层次上去追寻"新教育"诗化的梦，所有人都可以根据自己的实力和理解到达新教育的不同制高点，因此新教育为它的实验者营造了一个宽松的、自由度极大的教育空间。简单地说，新教育对教师来说，是大家都能参与，大家都有希望，大家都可以不同程度地享受教育的快乐与幸福，因为朱永新先生追寻的是属于大众的新教育。

这又使我很自然地联系到新教育的"六大行动"之一的"理想课堂"。"理想课堂"是一个开放的课堂，是一个倡导教师不断地琢磨、不断地探究的课堂，是一个鼓励教师不断去创造的崭新的课堂，因为课堂本来就是"教无定法"。作为新教育的实验者，在"理想课堂"的召唤下，在实验学校、实验区的教师中一定会有人就"理想课堂"进行反思、切磋、碰撞、争辩、实验，于是，教育的创新就发生了。各种风格、各种教法，不拘一格，具有极大的包容性；名师也好，教学新手也行，都有了用武之地。"理想课堂"让五彩纷呈的花朵绽放在实验区、实验学校的校园里。

为了营造"理想课堂"，实验者一定会把与"书香校园""共写随笔""聆听窗外声音""数码社区"的相关"行动"联系起来，互动互补。这就促使教师从教育的整体性、生成性去体悟"完整幸福教育"的思想精髓，从而渐入教育理想的高境界，由此必然唤醒"教师和学生的潜能""与崇高对话"，不断地激发教师与学生不断向上的内驱力，促使教师在培育学生的过程中造就自我，与学生，共享教育的幸福。这种教育的高境界对时下一些教师迫于种种压力，一心为自己怎样成名师、怎样成教育家而忧心忡忡的心理状态，也是一种解脱，可以帮他们调整自我奋斗的航程，起到敦促与导引的作用。

"新教育"的实验与研究，是具有深远的普遍意义的。从实验与研究的进程看，无论理论框架的构建还是实验的成效都已获得累累的硕果，令人欣喜。

作为参与课题的结题者，当然是举手表示"通过"。

向朱永新主席学习、向新教育的实验的专家、同人们学习。

祝新教育的队伍不断壮大，不断地走向新的辉煌。

（2010 年）

四、新教育实验的追求与超越

新东方创始人　俞敏洪

我和朱永新先生已经认识十几年了。十几年前，当他还在苏州当副市长的时候，我们就得以相识。最初我把他当作一般的政府官员。尽管我知道他是从苏州大学教授的岗位调来做副市长的，但从大学出来从政的教授很多，大部分教授最后都变成了很官僚式的公务员，甚至放弃了学术研究和对于教育的热爱，在追逐权力的道路上越走越远。

俞敏洪

随着我和朱永新先生交往的深入，我发现他内心有一种对于教育的热情和火焰，一种把教育变成自己一生使命的崇高精神。而且，他所追求的是教育现状的变革，是寻求一条永恒的教育之道。这种教育之道，不仅仅是给学生传播知识，也不仅仅是让学生理解社会，而是让学生在学习知识的同时，培养自身的人品、人格、情怀和格局，让学生不仅爱上知识，而且爱上高层次的灵魂和精神生活，成为真正热爱生命、追求知识、勇于探索、胸怀广博的时代新人。

一般人研究教育，都是从理论上探索，很少赋予行动。中国教育史上，谈论教育的人多若繁星，但能够把教育理念赋予行动的人，寥若星辰。从孔子、孟子希望说服君王把自己的理论用于实践，到王阳明把自身领悟的心学通过实践发扬到很高境界，再到陶行知、晏阳初进行现代教育实验而为中国教育理论和实践作出了巨大贡献。但自晏阳初之后，中国几十年来，既缺乏真正的教育理论，更无人把理论用于实践以不断修正和提升。可以毫不夸张地说，近 70 年来，朱永新先生是通过不断实践丰富教育理论，又通过教育理论不断指导实践，在两方面都取得了丰硕成果的第一人。

自 2002 年朱永新先生提出新教育理念以来，他已经出版了十几本有关教育的专著，大部分著作还被翻译成多种语言文字，在世界范围内广泛传播。十几年来，在朱永新先生的倡导下，新教育研讨会和六届新教育国际高峰论坛已经召开了十六届。同时，朱永新先生也主持编写了上百本基于新教育理念的教材和读物，并且组织研制了中国第一套系统的阅读书目"中国人基础阅读书目"（分为幼儿、小学生、初中生、高中生、大学生、父母、中小学教师、企业家、公务员 9 大类）。更为重要的是，他和上百所中小学合作，在学校内进行实践，推行他的新教育理念和课程，取得了举世瞩目的成就。这些成就正在逐渐对中国的教育体系和教育改革产生巨大的影响。

毫无疑问，如果站在历史的角度看，朱永新先生必将成为在教育领域有影响的重要人物。他的眼光，已经越过了对于教育的功利追求，远达历史深处中国对于未来真正的人才需求；他的格局，也早已超越对于世俗名利的角逐，而转向对于内心深处最真实价值的探索。诚然，他浑身散发着激情和斗志，但这种激情和斗志，已经远离个人得失，其焦点是大时代中中国教育的走向和对于孩子们的真心热爱，是内心深处对于中国教育现状的深深忧虑和对未来教育变革的拳拳期盼。

对于朱永新先生，有一句古话可以概括："知我者谓我心忧，不知我者谓我何求。"朱永新先生现在在世俗道路上所做的一切，只为一个目的，就是让他的教育理想能够凝聚更多的资源，得以更加有效和快速的实践和发扬光大。

（2019 年）

五、新教育是未来教育的一面旗帜

国家督学、江苏省教育科学研究所所长　成尚荣

2000 年 11 月，朱永新教授的《我的教育理想》出版了。千禧之年，这本专著的出版，成为新教育实验诞生的标志。18 年来，朱永新和他的团队，将问题导向与使命导向结合在一起，以勇气、意志和智慧，以开阔的视野和开放的胸怀，把教育理想扎根在中国大地，扎根在校园，扎根在教师的发展，新教育实验不断开掘、不断完善、不断发展，深入探索立德树人的实现方式，逐步完善了新教育的育人范式。与此同时，朱永新以他的实践哲学与美学方式，影响着学校，影响着中国基础教育改革，彰显着重要的引领作用。

新教育是素质教育的一面旗帜。

（一）理想抱负：为中国未来教育探路，坚定素质教育信念

有不少人说，朱永新是个理想主义者。朱永新并不追究这种评述的意图，是褒是贬，他不在意，因为他是一个心胸十分坦荡、开阔的人，有自己的价值理想和行动准则，更为重要的是，他胸中有一团火，始终燃烧着，这团火就是他的理想。他说："一个国家总要有一些人做梦，总要有一些人高举理想主义的旗帜。教育要有理想，做教育的人要有理想，否则我们的民族、我们的国家就永远没有理想，没有出息。"他又说："政治是有理想的，科学是有人性的，财富是有汗水的，享乐是有道德的。如果我们在未来的孩子身上能够看到这些，我相信我们的国家就是有力量的。"这就是朱永新的理想，是他的理想主义。显然，他的理想折射出"人民有信仰，国家有力量，民族有希望"的核心价值追求。这不是他个人的理想，而是国家强大、民族振兴的理想照亮下的教育理想，将个人的、教育的理想编织进国家的理想框架与愿景中。当下，我们需要朱永新和他的团队的理想，希望出现更多的扎根大地的教育理想主义者。

成尚荣先生在 2019 年新教育国际论坛上

　　朱永新将教育的理想提升为抱负与使命：为未来的中国教育探路。他说得通透而实在："中国这么大，区域发展不平衡，需要一些不同的探索，纯粹让教育行政部门去做，那也是不太现实的。"他正是在进行"不同的探索"。"不同的探索"既表现了他的使命感，又是他的改革、创新观，即探索者可以有不同的身份，可以走不同的路线，也可以形成不同的力量。朱永新以学者的身份，激发、调动、组织学校校长、教师队伍走另外一条线路：民间线路，即自下而上的路线，把自上而下的推动转化为自下而上的自主生长，用民间的力量、大众的力量，为中国教育探路。事实证明，新教育实验让中小学的校长、教师激动起来，兴奋起来，沸腾起来。他们是草根，但绝不是"沉默的大多数"，而是改革的生力军。新教育实验告诉我们，只有当大众被唤醒以后，主动投入、积极参与以后，教育改革才会真正发生，才会深入推进。这也是朱永新他们的理想。

　　对于这样的理想与抱负，朱永新还有另一种表达：为中国而教。为中国而教，大气、豪迈、自信，但不只是此，而首先是个方向问题、目的问题。新教育之新，就新在为中华民族的振兴培养人才，要培养能担当民族复兴大任的时代新人。新教育自觉地把学生个人的终身发展，与社会进步、国家强盛、民族振兴，结合在一起，统一在一起。新教育行走在新时代，有了更深厚的时代内涵、更高远的价值立意、更坚定更鲜明的志向，"择高处立，就平处坐，向宽处行"，正是新教育最美的姿态。这是理想主义的姿态，并非玄，而是实；并非浅，而是深；并非只是技术、途径、方法，而是实实在在的专业。

为未来的中国教育探路，为中国而教，应有个理想的主张和形态，那就是素质教育。朱永新和他的新教育团队信奉的、坚守的正是素质教育。他坚定地认为，基础教育就是素质教育，素质教育揭示了教育的本质和功能，也揭示了教育的基本问题和具体规律。新教育为中国教育探路，探的是素质教育之道，走的是素质教育之路，未来的中国教育应是素质教育的形态。在这一前提下，朱永新和他的团队对素质教育的内涵与实施有着独到的见解和举措。

第一，他认为，素质教育是人的教育，"为了一切的人""为了人的一切"是两条标准。朱永新说，现在有人说素质教育过时了，要提核心素养了，"我觉得，关键并不在于讲素质或者素养，而在于我们究竟要办怎样的教育，培养怎样的人。一个好的教育，首先要解决这个问题"。在他的理念深处，教育的根本任务是育人，是立德树人，这是方向问题；而核心素养是关于人的，是离不开人的，要服从于服务人的发展，也可以认定，核心素养推动素质教育进入新阶段。

第二，他认为，素质教育的着眼点是生命教育。他说，新教育有不同的角度，但有一个角度不能忽略，那就是生命的角度，"要从生命本身的完整性"来认识与把握，"从人自身最终发展的完整性来说，就是'让每个生命成为最好的自己'"。新教育提出了"拓展生命的长、宽、高"的主张，"自然生命"强调"长度"，"社会生命"强调"宽度"，"精神生命"强调"高度"。从学理上看，素质是人的先天禀赋，原本就属生命的范畴，即使是素养，也是植根于生命之中的生命状态的凝练与表现。素质教育的着眼点置于生命教育是有高视角的。

第三，素质教育应有重要的基础，即由阅读开始的精神成长。朱永新认为，素质教育应当有重要的基础，是站在基石上起飞的。他这么说："人最基本的素质是人的精神成长，而一个人的精神教育史就是他的阅读史。所以，素质教育应当从阅读开始，阅读应该成为素质教育的基础工程。"这是一个相当深刻而精彩的观点，显现了朱永新和他团队的思想的敏锐。

第四，素质教育应当有丰富、实在、扎实、有效的载体。朱永新认为，素质教育缺的不是理论，而是扎扎实实的行动。新教育所设计与实施的"十大行动"不仅搭建了素质教育的框架，而且落实了实施的举措。这些都是为了达到新教育所规定的素质教育的标准：给孩子一生有用的东西。

理想、抱负、理念、行动不负有心人，长期的实践锻炼并洗练了新教育，让新教育成为中国素质教育的一面旗帜。

（二）价值大原：过一种幸福完整的教育生活，让素质教育触及生活的主语与主体

新教育始终有自己的价值追求，并逐步形成自己的价值定位，让其鲜明、坚定。新教育把价值定位于生活，定位于生活意义的追索。为此，他们将已割断了的、省去了的生活与形而上的关系修复起来，联结起来，进而将理想、信念植根在国家、民族文化哲学的土壤之中，成为新教育的价值大原①，从价值大原中寻求生活的崇高、神圣与大美。从这一认识出发，新教育的价值大原显得十分"简单"、素朴，那就是"让学生过一种幸福完整的教育生活"。朱永新反复强调，幸福完整的教育生活，"就是新教育的核心价值"，"是教育最重要的使命"，"也是未来教育的根本方向"，"是新教育永远不应该变的追求"，并且进一步强调，"教育不管怎么变，这两条是不会变的——幸福和完整"。

价值大原，会让我们的生活从小知走向大决，从小能走向大成，于小物而求大论。"过一种幸福完整的教育生活"这一价值取向，具有根源性、基石性、方向性、生成性、发展性。这一价值大原，内涵丰富，但不复杂。其一，过幸福完整的教育生活，首先是生活。生活是教育的主语。生活是教育之源，也是教育之目的，教育在生活中展开，教育本身就是一种生活。离开生活这一主语，教育就是无源之水，也失去了价值意义。其二，学生是生活的主体。学习是学生共同的使命，生活远离学生，便是空洞的、玄虚的、与人无关的。其实，离开了人就没有生活，离开了学生，教育也就不存在了，就不是教育了。主语与主体的相互呼唤、相互映照、积极互动，带来真正的生活和教育，这显然是价值大原。其三，幸福是生活的核心。犹如内尔·诺丁斯所说，幸福是教育的核心目的，也是教育的核心价值。缺失幸福的

---

① 司马云杰：《文化价值论：关于文化建构价值意识的学说》，西安，陕西人民出版社，2003。

生活，丢失了教育的本义，教育发生了异化。在这种状况下，学生实质上已成了生活的工具以至奴仆。不言而喻，幸福是教育与生活的价值大原。其四，完整是幸福生活的基础、前提与关键。这也不难理解，不完整的生活肯定是不幸福的，从不完整的生活中走出来的人也肯定是不完整的，而完整的儿童才是幸福的，同样，这样的教学也才是幸福的。新教育将"幸福"置于"完整"之前，这一前提的倒置，恰恰是对前提的强调，以及对目的的凸显。从价值大原的视角来看，"过幸福完整的教育生活"，是一种大知，如前所述，在大知中大决，在大决中大能，在大能中大成，这是大论。

这样的大论不是空谈，而是具有强烈的现实针对性。新教育实验有四个方面的目标，第一个便是"改变中国学生的生存状态"。朱永新检视了学生的生活状态："现在大部分学生感受不到学习的快乐，享受不到成长的幸福。"他举了个例子。有个学生学习很差，常挨教师的批评、父母的打骂，教师找他谈话，他反过来对着教师把桌子一拍，"这学习是谁发明的！"这个例子并非个别，也并非极端。试想，这样的生存状态，能实现立德树人的根本任务吗？能培养担当民族复兴的时代新人吗？无论是莎士比亚作品中的哈姆雷特所说，生存不是问题，生活才是问题；无论是作家刘震云所说，生活不是问题，怎样生活才是问题。新教育认为，其实这些都是问题，怎样活得像个人、像自己，更是问题。而新教育正是要改变这样的生存现状，解决这样的问题。"过幸福完整的教育生活"，真的是个重大的现实价值问题。

价值大原还深入问题的本质。新教育实验旨在"过幸福完整的教育生活"，是在澄清、明晰、端正一个问题：人是一种意义的存在。人既可以创造意义，也可以破坏意义。人的意义存在，体现在生活中。所以，人是意义的创造者，是指教育有价值立意，在价值立意的追求中，创造生活的幸福和完整；而人是意义的破坏者，则是因为教育生活的变形与异化，让人失去了理想，失去了创造力。新教育实验，将"过幸福完整的教育生活"直抵教育的核心与本质。其实，这是教育的回归。朱永新早就非常明确地指出，新教育之新，就是在于回归。但是，新教育实验又告诉我们，在回归的路上，总有新的想象，亦即引起新的创造，改革需要回归，回归中的想象与创造是种改革。"过幸福完整的教育生活"还有更深远的意义。罗素在1926年出过一本书：《教育与美好生活》，论及了雅典人与中国人的生活态度和状态。他说，雅典人和中国人一样，都希望享受人生，"然而，在两种文明之间，也存在极大的差异，泛泛说来，产生差异或归于希腊人精力充沛，而中国人则懒懒散散……中国文明则只能为外力所亡……中国的传统教育已与现代世界极不相称……"① 不能说罗素的比较没有道理，但是有失偏激和公允的，而且其中的误解与荒谬是显而易见的。不过，我们从中领悟到了教育与美好生活，不只是一个教育问题，而且是中国人的生活状态、精神状态面世的问题，与中国人在世界中的形象密切相关，关涉国家文明、民族精神性格问题。新教育寻找到了价值大原。

（三）逻辑基点：提升教师精神生命，让教师成为素质教育的主人和创造者

新教育实验非常重视改革的逻辑起点。关于逻辑起点，朱永新有个比较：教育改革，有的把逻辑起点放在课堂上，让课堂焕发生命的活力，通过课堂来撬动整个教育变革；有的把逻辑起点放在课程上，通过课程的重构，带动教育改革。总之，所有的教育改革都会有一个总的想法和主张，这一总的想法与主张往往就是它的逻辑起点。新教育实验就是要从逻辑起点出发，站在逻辑基点上，向前向上瞭望，向下向内开掘深化，促使改革有新的突破、提拔和跃升，成为真正的素质教育，并促使素质教育进入一个新层面。

新教育实验的逻辑起点和基点在哪里？他们坚定地认为，是教师。为此，朱永新做了非常简洁的解释："所有的教育问题，里面最重要最关键的就是教师。谁站在讲台前，谁就决定教育的品质；谁站在讲台前，谁就决定孩子的命运。教师是所有问题的出发点，教师是课堂的生发点……教师也是课程的出发点，不仅仅是课程的执行者，同时也是课程的研发者。"接着，他从相反的角度进一步论证："没有教师的发展，学生的成长就成为无本之木；没有教师的研发，课程就成为无源之水；没有教师的实验，课堂就成为水中之月。"简洁的解释，正反两个方面的阐释却是十分深刻的。首先，这样的选择与确认，回应了世界教育改革潮流。联合国教科文等四个组织曾联合提出一个口号：复兴始于教师。一个民族是这样，一个国家是这样，教育、学校更是这样。用朱永新的观点来看，教师的讲台决定着教育的未来，也决

---

① ［英］伯特兰·罗素：《教育与美好生活》，杨汉麟译，28～29页，石家庄，河北人民出版社，1993。

定着民族和国家的未来。这样的认识，视野开阔，格局很大。其次，当下教师的生存状态堪为担忧。忙，累，苦，疲于应付，生存空间越来越狭窄，行走方式越来越单一、刻板，精神生命的丰富性、鲜活性、崇高性越来越受到冲击和伤害。以上的描述并不过分，而且这一现实状况越来越普遍。这与应试教育的严重干扰与破坏有着极大的关联。如果不重视、不改变，课堂、课程的改变是没有希望的，学生的发展只能是句空话，用朱永新的话来说，不能"把每一个教师放在心上"，就无所谓"把每一个孩子放在心上"。显然，新教育实验逻辑起点、基点的选择既形而上又形而下，聚焦于素质教育。这样的起点才能走得远，站在这样的基点才能走得深。

　　以把教师成长作为逻辑起点、基点，新教育有不少的新观点、新举措，显现了不少的创意。其一，"教师专业发展"应当是"教师发展"，而教师发展的实质是教师成长，因为教师成长指向生命，尤其指向教师的精神生命。这一理念和主张，不仅是对教师专业发展深度认知与更全面、更准确的把握，而且是对"教师专业发展"的超越。其二，即使是教师的专业发展，也应是一个多层面的专业结构，包括专业阅读、专业写作、专业交往。专业阅读的旨意在于，"站在大师的肩膀上前行"，专业写作的旨意在于"站在自己的肩膀上攀登"，专业交往的旨意在于"站在团队的肩膀上飞翔"。好一个"站"，好一个"肩膀"，好一个"前行""攀登""飞翔"，这些都是生命的状态、生命精神的状态、教师行走的状态。鲜活的状态，必定带来鲜活的素质教育。其三，要提升教师精神生命，开展生命叙事。叙事不仅可以提供一个可以分享的世界，而且让"时间人格化"，让人的身份得以确认，人的意义、教师的精神价值在叙事中得以呈现和彰显，尤为引人关注和深思的是，新教育教师生命叙事的语言。朱永新将生命叙事的语言分为三类：人类的语言、民族的语言、地方的语言。人类的语言，透射的是博爱，对自由的向往与追求；民族的语言，透射的是民族的文化性格、家国情怀，血脉、根、魂与脊梁，用中国的语言叙事，"活出中国文化的根本精神"；地区的语言，那是地域文化、地方独特风格的雕塑。总之，生命叙事是语言的狂欢，是教师精神生命的欢唱。其四，重塑中国教育的人文精神。朱永新把提升教师精神生命、重塑中国教师的人文精神，作为教师发展的意义境界。他常说，一所学校如果没有人文精神，肯定是没有品位的，肯定是没有人文与道德的，相反，学校或教师很有可能成为"暴发户"。人文精神让教师在精神上真正站立起来。如果说教师的全部尊严在思想，那么教师的全部价值在于精神境界的提升。

其五，教师发展需要打造共同体。尽管鲍姆在《共同体》中说，真正的共同体是不存在的，因为规则与自由总是发生碰撞，不能调和。但是，事实已非常清楚地告诉大家：新教育是一个真正的共同体，改变教师行走方式，提升教师精神生命，教育改革从逻辑起点与逻辑基点上起飞了。

18年的实践，新教育实验已收到了特别宝贵、十分幸福的礼物：人，教师，再一次努力地从应试教育的桎梏中挣脱出来，奔向素质教育，勇敢而坚定地站立起来，成为素质教育的主人，成为素质教育的创造者。这既是教育改革的逻辑起点，又是教育改革的逻辑基点，更揭示了教育改革的逻辑。如此，用逻辑推动的新教育实验，必定让教师用自己的力量，成为素质教育旗帜下最富精神生命的生力军。

（四）关键因子的突破：书香校园、完美教室、新父母学校等关键因子的突破，让素质教育落地生根

作为以理想主义和田野行动为主要特征的新教育实验，在高举理想主义的大旗、唤醒教师的生命激情和教育梦想的同时，特别强调田野意识与行动精神。而这样的田野意识、行动精神，是有"田野设计"与行动框架支撑的：营造书香校园、师生共写随笔、聆听窗外声音、构筑理想课堂、研发卓越课程、缔造完美教室、家校合作共育等"十大行动"，以及"晨诵、午读、暮省"的生活方式等，还分别就艺术教育、科学教育、生命教育等做专题研究。

以上的行动框架具有显著特点，那就是以专题的方式作为行动的主题，一个个专题即一个个行动；专题与专题、行动与行动之间相互衔接、相互促进与推动，形成行动链条，有序性带来持续性，让计划逐个落实；每个行动都扎扎实实，一步一个脚印，稳步向前，呈现良好的发展态势。新教育培育着研究品质和行动品格。

值得注意的是，这一行动链中有几个重点，形成了突破点，演绎为生长点，进而成为行动的动力源，推动了新教育的深入发展，彰显了新教育的亮点，成为影响素质教育的几个关键因子。

关键因子之一：营造书香校园。

新教育为推动青少年阅读、教师阅读做了极为有效的工作，在全国产生了重要的影响。新教育是"书香校园"概念的创生者、"营造书香校园"的首创者，是否加"之一"已无从考证。但这并不重要，重要的是新教育的阅读理念、推进机制、营造

方式以及研究、实验的品质，不仅在实验地区和学校得以落实、体现，而且产生了辐射作用，影响了一大批学校。

朱永新有着自己独特的阅读理念。"一个人的精神发育史就是他的阅读史。""一个民族的精神境界取决于这个民族的阅读水平。"这两句话已成为当下中国阅读活动的核心概念和主流话语，不仅让阅读站到了个人精神成长以及民族精神培育的战略高度，而且彰显了中国阅读的价值认知和中国品格，成为世界阅读史上重要的阅读思想，为人类文明的延续、发展提供了一块基石。至于社会，朱永新不仅明确提出"一个书香充盈的城市必然是一个美丽的城市"，将城市的精神、气质和品格与阅读联系起来，而且确定了"人人溢书香""处处有书香""时时闻书香""好书飘书香"四个书香社会的标志，认为为了形成这样的文化品格，书店应该成为一个城市的风景线，图书馆应该成为一个城市的精神客厅。如此的理念和行动，形象、生动，有品位，有境界。新教育的阅读方案影响了城市的气质和文化品位。至于学校，理念同样鲜明："一个没有阅读的学校永远不可能有真正的教育。"朱永新还这么告诉大家，当教师自身拥有阅读兴趣、阅读能力、阅读习惯的时候，教育就不用发愁了，因为我们拥有了一双飞翔的翅膀。的确是这样，阅读本身就是教育，不仅仅是教育的内容、教育的方式，更是教育的根基和境界。从国家到城市到学校，新教育建构了阅读的理念体系，有的成了隐喻和文化符号。这也就改变了一个陈旧的观念和行为偏差：素质教育就是唱唱跳跳；确定并坚定这样的理念：素质教育需要唱唱跳跳，也需要读读写写，而且读读写写是素质教育的核心内容。

新教育推进机制和营造书香校园的方式极有创意，逐步建构了自己的方法论。阅读推进的策略是共读、共写、共同生活，显然，只有当阅读成为一种生活方式的时候，阅读才会成为一种习惯。那个喜欢喝酒应酬的企业家，正是这样改变自己的：在女儿"共读、共写、共同生活"的要求下，读了一个月突然发现，读书比喝酒有意思多了，结果在女儿小学阶段读了 184 本书，结论是：因为和女儿的共读，我们之间有了共同的语言和密码。共同的文字、共同的阅读、共同的情感、共同的价值、共同的愿景，点燃了共同的生活和生命。这种具有哲学、美学深度的阅读推进方式与机制让阅读成了一种享受。

关键因子之二：缔造完美教室。

朱永新对教室有个比喻："教室就是一根扁担，一头挑着课程，一头挑着生命。"

生动而深刻的比喻，不仅道明课程的价值意义，而且阐明教室的地位以及由此产生的使命与责任。无论是课程还是教学，无论是理念还是具体要求，都发生在教室里。扁担，是种工具，也是一个支点。工具与支点都可以撬动，但工具撬动的是教学改革，而支点可以撬动整个地球。在一个偌大的教育改革系统中，新教育实验把缔造完美教室当作关键因子，既是对现实状况的反思与判断，也是理论上的深思与选择。

在"缔造完美教室"的启发与召唤下，新教育实验的教师这么诠释教室：教室是我们的愿景，是我们想要到达的地方，是决定每一个生命故事是平庸还是精彩的舞台，是我们共同穿越的所有课程的综合，它包含了我们论及教育时所能想到的一切，我们就是要守住一间教室，让生命在教室里开花。是的，素质教育应该发生在课外，也应该发生在教室，如果教室里没有真正发生素质教育，那么课外的素质教育也不可能真正发生。教室的完美，其实是教育的完美。

循着扁担的比喻走，新教育力图解决挑扁担的人，即教师与学生的问题。教师与学生都是挑扁担的人，其中最为关键的仍然是教师。对于挑扁担的教师，新教育将核心置于创造性的认可与开发上。于是在教室里，诞生了新教育的独特语言密码："毛虫与蝴蝶""犟龟""相信种子""相信岁月"……当教师的创造性被激发出来的时候，扁担才会被挑起来。学生是不是挑扁担的人，确实是个问题，但新教育正在破解它。破解的关键词是：决定一间教室的，不是教室的好坏，而是谁站在教室里。教师要关注教室里的每一个孩子，守住属于每一个孩子的日子。教师挑起扁担的最终目的，还是让孩子挑起扁担，孩子挑起了扁担，挑起了教室，便挑起了世界和未来。这样的教室是完美的，是通向完美未来的。

关键因子之三：新父母学校。

"教育，从家庭开始"，这是新教育的主张。朱永新认为：所有人的人生远航，都是从家庭港湾开始的，家庭是真正的人诞生的摇篮。可现实状况是，"家庭是最容易出错的地方"，"父母是容易犯错的人"，"阅读是最容易被忽视的事情"。这些真知灼见，具有穿透性和冲击力。如果囿于学校，而不改变家庭，教育最终也不能成功。新教育有足够的勇气，有开阔的视野，有强烈的社会责任感，为此新教育做了整体设计，并全面实施，家长学校、家庭教育、学校合育，都在设计中有了安排，并有了长足的进展和突破。值得关注的是，新教育将这些思考与安排，聚焦于一种教育形态：新父母学校。

新父母学校之新，不仅仅指向学校之新，更是指向父母之新。朱永新不赞成用"家长"概念，而代之以"父母"，首先，让父母站在教育的角度，在概念上实现平等。在这一前提下，新教育的新父母学校有许多创新。比如，责任的明晰。"养不教，父之过"，不能将父母育子、教子的责任全部推给学校，不应存在家庭与学校所谓的"责任转移"，家校合育应在"责任"上不分裂，虽有分割，却应当共同担责。又如，确立共同成长理念。新教育认为，"只有和孩子一起成长，父母才是真正的父母"，才是"新父母"，而不是"同一个屋檐下的陌生人"。一起成长，进一步从理念上营造平等、和谐、民主的家庭氛围，从教育者转向成长者，在共同成长中诞生新父母、新家庭教育、新教育。再如，寻找教育的密码。"童年时代，一天犹如一年……要进入童年这个神秘之宫的门，就必须在某种程度上变成一个孩子。只有在这种情况下，孩子们才不会把您当成一个偶然闯进他们那个童话世界大门的人。"朱永新转引苏霍姆林斯基的话，期望父母成为这个掌握密码钥匙的人。最后，赠送孩子们最幸福的礼物。这礼物就是那些最伟大、最美好的图书，用图书滋养孩子的心灵，也滋养父母的人性与人格。

不只是以上三个关键因子，新教育的一系列关键因子和系列行动，让教育的理想主义扎扎实实地落在大地上，促使素质教育在整体推进中有突破，在突破中整体向前，行程中一直闪耀着素质教育之光。

（五）新教育的理论建构与创新：中国美学精神照耀，回归与变革相统一中的实践哲学

新教育一直面对着一个提问：新教育究竟"新"在哪里？也有人写文章说，新教育并没有什么新东西。朱永新和他的团队很坦然，"新教育实验的确没有什么新东西，因为我们只是整合了前人提过的理念，倡导者前人实践过的行动"。整合与倡导，其实是信奉与践行一个基本观念：最好的教育就是返璞归真的教育。据此，新教育概括了新特征：当一些理念渐被遗忘，复又被提起的时候，它就是新的；当一些理念古被人说、今被人做的时候，它就是新的；当一些理念由模糊走向清晰、由贫乏走向丰富的时候，它就是新的；当一些理念被从旧时的背景转到现在背景下去继承、去发扬、去创新的时候，它就是新的……这些绝不是自我解嘲，而是对理论的再认识、再诠释、再发现。

1. 新教育有种理论自信

任何教育实验的深处一定有着理论的支撑，否则是盲目的。新教育实验历经18年，不断扩大、深入，其生命的旺盛与强大，绝不是行政部门所能为的。实验之初，新教育就有两个愿景，其中之一就是"要成为扎根于本土的新教育学派"。朱永新说："建立学派也不是天方夜谭，学派无非就是建立自己的教育理论体系，有自己的实验基地，有自己的代表任务，有自己的代表作品。"紧接着，他反问：为什么我们不能做到呢？为什么我们只能跟在美国、欧洲后面亦步亦趋呢？这是反问自己，也是在回答别人的诘问。这就是一种理论自信，是一种文化自信，这样的自信定会带来大追求，带来理论自觉和行动自觉。我们不应在理论大山之前矮化自己，而是仰望大山，开始攀登。新教育正是这样，这种精神首先应当给予肯定和夸赞。

2. 新教育有着自己的理论解释

理论高深，并不深奥，它往往是常识的另一种形态。所谓"最好的教育就是返璞归真的教育"，所谓"最好的教育就是以不变应万变的教育"，就是指教育、教育研究，包括教育理论要回到基本问题上去。这些基本问题，朱永新称为"永恒的主题"。理论就是对基本问题的提炼、深化和概括，就是对主题的深度解读与阐发，进而回到"事物的本原——理念"。柏拉图的这一观点揭示了理论的本质以及本原。新教育始终把实验的主题指向人，指向生命，指向本原、本质，其本身就是一种理论。新教育强调对已有理念的"整合"，已不只是坚守的问题，"整合"意味着理论的发展，在回归中变革，在变革中回归。

3. 新教育有着自己的理论框架

这一理论框架的核心是人，为了一切的人，为了人的一切，并由此形成五个基本观点：无限相信学生与教师的潜力；教给学生一生有用的东西；重视精神状态，倡导成功体验；强调个性发展，注重特色教育；让学生与人类的崇高精神对话。核心理念与基本观点编织了新教育的理论框架，这一框架是对以往关于人的理论的概括，也是对当代以人为主体理论的提拔，将两者进行了整合。新教育的"十大行动"就是从理论框架中自然生成的，是理论框架的具体体现。

4. 新教育有着鲜明的理论品格

新教育一直倡导行动、实践，一直倡导回到田野去。回到田野就是要回到教育的现场，回到教育发生的地方去，在那里才会有真正的"人"的存在，才会有课程、有教学、有管理。换个角度看，新教育本身就是一片田野。回到田野意味着，教育实验的一切都要付诸行动，用行动来实践并实现教育理念，用实践来诠释和演绎教育理念。新教育所践行的是行动哲学、实践哲学，新教育的理论框架其实是理论与实践相结合、相融合的框架。正是在行动、实践中，熟知成了真知。新教育以行动、实践为骨干的理论品格值得关注与赞赏。

5. 新教育有着自己的理论话语系统

新教育、新教育人有着自己的话语方式、话语风格，形成新教育的理论话语系统。这一话语系统的核心话语是：过幸福完整的教育生活。围绕核心话语，新教育形成一组组关键词，显现了独有的话语风格。一是彰显话语的生命性。生命花开，生命多彩，生命的长、宽、高，生命成长，生命的丰富等。生命的力量在词语中闪亮，新教育的生命照亮了词语，照亮了教师的幸福和童年的光彩。二是彰显词语的行动性和建构性。营造、构筑、缔造、聆听、晨诵、午读、暮省……以及参与度、亲和度、自由度、整合度、练习度、延展度等充满动感，洋溢着行动的活力，犹如田野上的耕耘、播种、收割、整理，一片生机勃勃的景象。行动、实践，在理念的引领下建构教育。三是词语的召唤性。为中国教育改革探路，为中国而教，造就中国人，在黄土地上见证，书卷气是领导力，上天入地的教育科研……召唤大家，鼓舞大家。我们完全能理解，为什么新教育实验能吸引这么多人，其凝聚力来自话语的召唤性。四是贴近生活的亲和力。新教育的话语让人有温暖的感觉，有倾听、倾吐、倾泻、沸腾的感觉，因为词语的"走心"。比如，良知、孩子、日子，像是在聊生活、聊家庭。此时，朱永新教授不就是一个"邻家大哥"，是良师益友吗？总之，新教育的话语表达，是诗意的、深刻的，在诗意的深处是理论的支撑和理想的张力。

说到这儿，我们不禁会联想到美学，尤其是中国美学。中国美学精神，在王国维《人间词话》三重境界的阐述中闪耀，在季羡林所认定的"品"中显现，在王阳明知行合一的思想、原则中折射。当然，中国美学精神是天人合一的大美，是人类命运大同的壮美。如今，美学又在回归，回归经典，回归日常生活。而这些，我们都会在新教育的实验、研究中有发现、有感悟，也有体验。新教育主张理论回归，与美学的回归不谋而合。我以为，新教育实验闪现了中国美学精神，正因为此，新教育的理论话语是中国美学方式下的自然体现。

朱永新是当代教育家，他将理论、实践与社会活动三者结合起来、统一起来，促使三者相互支撑，相互促进。他是教育理论家，也是教育实践家，还是教育的社会活动家。他从来都没忘教育的初心，自己的理想，从来没忘学校、课堂，那张讲台，从来没忘校长、教师，那些孩子们。他把根扎在黄土地里，教育的情怀永远燃烧起理想的火焰。朱永新永远把自己当作一个普通的教师，与校长、教师甚至与小孩交朋友。大家喜欢这位大学教授，爱戴这位新教育实验的倡导者、设计者，敬爱这位教育家。

（2019 年）

六、新教育实验的世界意义

美国麻州大学教育领导系系主任　严文藩

作为一个长期从事教育研究的学者，我关注朱永新教授发起的中国新教育实验已经有 16 年的时间。我个人认为，新教育实验具有以下几方面的意义。

第一，新教育实验是世界上规模最大、持续实践较长的教育探索。

在世纪之交的 2000 年，朱永新教授出版了《我的教育理想》一书，提出了他对于中国教育改革与发展的期待。这本书点燃了中国数以万计的教师的教育激情，成为一本教育的超级畅销书，也导致他直接创办新教育实验来探索和实践他的教育理想。

2000 年开始，新教育从苏州开始启航，经过近 19 年的发展，到目前为止参加实验的学校已经达到 4 200 余所，县级以上的实验区 147 个，490 多万教师和学生参与实验，是世界教育历史上持续时间较长、规模最大的教育实验之一。

新教育实验覆盖面较大，以小学阶段为主体，但是覆盖了从幼儿教育、小学教育到中等教育、高等教育的整个阶段，以及普通教育、特殊教育和职业教育等各种类型，在大学建立的新教育书院也已经有五年的探索过程。

第二，新教育实验解决了教育领域的一些根本性难题。

朱永新教授的新教育实验最让我推崇的是，它比较好地解决了世界教育与中国教育遇到的一些难题。

严文藩教授在新教育国际高峰论坛上

第一个难题就是教师成长的问题。这是一个世界性的难题。

教育的品质在很大程度上取决于教师的水平与投入。教师的问题解决了，教育的根本问题就解决了。我在美国大学教了30多年教育学、心理学的课程，深知大学教授的许多理论进不了基础教育，一线教师则感到教育理论艰深难懂，这是一个世界范围内的普遍现象。朱永新的新教育实验提出了职业认同加专业发展的教师成长模式，通过组建教师成长共同体，通过教师专业阅读、专业写作、专业交往，帮助教师发现教育职业的魅力，培养教师领导力，让教师享受教育生活，享受与学生一起成长的幸福；同时通过创办"新教育实验网络师范学院"等机构，出版《新教育报》《教育读写生活》等报刊，在教育理论研究与一线教育实践之间架起了一座桥梁，帮助了数以万计的中国教师成长，涌现了一批活跃在中国的卓越教师。

例如，从2005年开始，中国官方最权威的教育媒体之一《中国教育报》每年从1 500多万教师中评选出来的10名"推动阅读10大人物"都有1～3名来自新教育团队。河南等中国的教育大省（河南的人口超过1亿）每年评选的最具成长性教师与教育团队中，也都有新教育实验的教师。2015年6月，中国教育学会的机关刊物《未来教育家》杂志以《新教育：让教师灿若明星》为题集中报道了新教育实验教师成长的理论与实践。中国教育科学研究院前院长朱小蔓评价说："事实证明，这种开放性、公益性的教育实验改革与我国学校发展的实际以及师生所处的生存状态极其

符合，切实促进了学校以及师生的真实生动的发展。"2018 年，美国休斯敦学区的叶仁敏研究员用实证研究的方法调查发现，新教育实验的变量对于教师成长的重要性，已经超过了学历、年龄和工作区域的因子。

第二个难题是困扰中国乃至亚洲受儒家文化影响的国家的"应试教育"难题。

从 20 世纪 80 年代以来，中国就面临着如何从"考试"的怪圈中走出来的问题。教育的目标本应该是多元化的，应该为了学生全面而个性地发展。但是由于升学和求职的压力，教育的目标变得单一化，只为了考试成绩，为了一个好的分数。于是，"应试教育"应运而生，为分数而展开的课外补习、加班加点愈演愈烈。

对此，新教育实验明确提出了"过一种幸福完整的教育生活"的主张，以书香校园、完美教室、理想课堂等一系列行动，真正地让教师和学生摆脱长期困扰他们的应试教育阴影。同时，新教育实验通过家校合作共育、营造数码社区等探索（如在中国 40 多个城市创办了有 3 万多教师与父母参与的"萤火虫工作站"，帮助家庭开展亲子共读、亲子游戏等），以"大教育"对抗"应试教育"，以提高全民教育素养为学生切实减负。朱永新教授在新浪和腾讯的个人微博有 900 万粉丝。2018 年 3 月他在腾讯的一个短视频，点击率就达到 6.7 亿人次，影响着中国的无数教师和父母。

应该说，新教育实验找到了既能提升综合素养，又能提高成绩的路径，柔性地化解了"应试教育"。2017 年美国休斯敦教育局叶仁敏博士主持研究并主编的著作《行动的理论——新教育实验实证研究》一书中，以大量的数据表明：新教育实验学校在学生的阅读兴趣、阅读能力、阅读习惯以及学校的归属感等方面明显优于非新教育学校。同时，大量实验的案例证明，新教育有效提升了许多区域的教育品质，如江苏、山东、湖北、安徽等许多县域教育整体水平大幅提升。在湖北随州欠发达地区的随县新教育实验区，经过 5 年的实验，总体教育质量有了显著提高。全市总共 73 所初中学校，随县有 25 所，在全市综合考评中，随县的 23 所初中进入前 30 名，14 所进入前 20 名，7 所进入前 10 名。

中国中央电视台早在 2005 年就在其重要的新闻观察栏目用 45 分钟的时间，以《心灵的教育》为题深度报道新教育实验。中国非常有影响力的媒体《南风窗》发表评论文章，认为新教育实验是中国的"新希望工程"。他们指出："希望工程"是中国发起的帮助西部和农村孩子建学校，解决有学上的问题。新教育实验则是在解决了有学上的问题之后，有一个心灵的安顿，良好的成长的问题。

第三，新教育实验花小钱办大事，以最少的预算得到最大的效益。

新教育实验一直在用最少的资金投入，撬动社会与政府多方力量支持和参与教育发展。

作为一个民间的教育实验，最初完全是百分之百的志愿者模式，从发起人朱永新教授到所有的研发人员、网站管理人员、实验推广人员，全部是志愿者。至今绝大部分工作，也是以公益项目的方式，以志愿者为主力进行推动。如 2009 年成立的新教育实验网络师范学院，从创办到现在对学员教师全部免费，所有的讲师都是志愿者。

但是，单一的志愿者模式，很难深入开展新教育的大规模研究推广工作。2005年开始，新教育成立专门的研究机构，主要依靠朱永新教授个人和社会捐款维持运转。2010 年开始成立新教育基金会，筹措资金资助贫困地区的新教育工作，只是基金会必须专款专用，无法承担研究人员的费用。

同时，针对中国的行政体系严密等特点，新教育实验注重与教育行政部门的合作，借助当地行政部门"自上而下"的力量，充分发挥新教育实验"自下而上"的"草根"优势。在双方的密切合作中，一方面缓解了新教育专职人员不足的压力，另一方面又为基层教育实践提供了长期跟进的理论指导，化不利为有利，较好地解决了实验推进与发展的问题。

目前新教育实验登记在册的有 4 200 多所实验学校，参与人员 490 万师生，但是专职工作人员不到 30 人。新教育团队以最小的经费和人员投入，发挥最饱满的工作热情，投入到繁重的教育探索研究和普及推广之中。

第四，新教育实验注重教育公平，关注包括女童在内的弱势人群。

新教育实验注重推进教育公平。新教育实验的学校有一半发布在中国的农村地区，有些属于国家级贫困县，新教育实验使当地的教育有了很大改善。

作为新教育实验发起人，朱永新教授在担任全国人大代表和政协委员期间，不断为教育公平问题呼吁，先后提出过"在西部地区和其他贫困地区实行免费义务教育制度"和"关于缩小东西部教育差距"以及关注留守儿童教育、农村女童教育等议题。

为了帮助提升中国农村的教育水平，新教育实验把实验发展的重点放在农村，放在中国的西部贫困地区和少数民族地区。为了推进偏远地区的教育发展，新教育实现每年专门在欠发达地区举办实验区工作会议。迄今新教育实验在新疆建立了奎屯实验区，在西藏、青海、宁夏、甘肃等都有实验学校，长期跟进指导。新教育基金会筹集的经费，主要都用于帮助贫困地区建立"新教育童书馆"等。

针对中国"重男轻女"的传统，新教育实验研制的《新教育晨诵》《新生命教育》等教材，都特别关注男女平等的理念。在教师培训、父母培训中，根据基础教育阶段女性教师居多、家庭教育中母亲居多的特点，新教育实验都会特别注意相关信息的传播。

第五，新教育实验具有很强的可持续发展能力。

新教育实验的发展历程本身，就说明它具有非常强的可持续发展能力。

自 2000 年以来的 18 年中，新教育发展的规模不断扩大，从 2002 年的 1 所学校，发展到 2006 年的 14 个实验区、500 多所实验学校、100 多万教师与学生参与。到 2013 年已经发展到全国 23 个省市自治区的 40 个实验区、1 764 所实验学校、125 400 多教师、186 万多名学生参与。到 2018 年，实验研究覆盖中国大陆的所有省市自治区。按照新教育理念开展教育实践、并未登记在内的新教育实验学校，更是远远超出上述的数量。

新教育实验还产生了一定的国际影响。2008 年，日本学习院大学东方文化研究所出版的《沸腾的中国教育改革》系统介绍了新教育实验；2009 年，韩国政府"Brain Korea"邀请朱永新教授赴全北大学作"过一种幸福完整的教育生活"的主题讲演，随后 10 卷本的《朱永新教育文集》被译成韩文在韩国发行。2014 年，新教育实验入围卡塔尔基金会评选的"世界教育创新奖"（WISE）15 强。截至 2018 年，麦克劳-希尔教育集团出版《中国新教育》等 17 部著作英文版。目前新教育的著作已经被翻译成英、日、韩、法、德、俄、阿拉伯、蒙、哈萨克、尼泊尔、罗马尼亚等 15 余种文字。2017 年，蒙古国教育部派出 30 人的代表团专程到中国培训新教育实验。

新教育实验可持续发展的重要源泉，在于它在理论上不断创新和实践上的不断引领。新教育实验每年召开一次年度研讨会，集中攻克一个新教育的重大难题，如最近五年的新教育大会分别围绕科学教育（STEAM）、家校合作、生命教育、习惯养成、艺术教育展开，引领了中国教育界的学术潮流，每次会议都有两三千人参与，一席难求。新教育实验每年召开一次新教育国际研讨会，邀请世界各国学者交流分享教育改革的经验；每年召开一次"领读者大会"，把全国的优秀阅读推广人和机构聚集在一起交流、分享经验，推进中国的全民阅读。新教育实验发起人作为中国全民阅读形象代言人，领衔研制发布了中国人基础阅读书目和中国中小学生学科阅读书目，是中国最具影响力的阅读推广第一人。新教育实验下属的新阅读研究所，是中国在阅读与语言教育方面最具影响力的专业机构。

为了更好地引领新教育实验持续发展，新教育实验主要以三种方式，齐头并进。

一是推进项目，从有关大学邀请中国的优秀学者主持和参与新教育实验的相关研究项目，研发课程与教材，并且将研究品质与项目的操作性和可复制性，作为对每一个项目的两大要求。

二是组建各类机构。通过成立新教育研究院、新家庭教育研究院、新阅读研究所、新生命教育研究所、新科学教育研究所、新考试与评价研究所等研究机构，保持实验的基本品质和可持续发展。这些研究机构与大学和科学研究机构的区别，就在于他们更多地承担了项目推广的工作，他们最重要的工作就是不断总结来自一线教师的经验，把新教育实验的成果进行推广，指导新教育实验区和实验学校。

三是以自己建立的基金会，为农村学校和贫困地区的学校提供图书、培训等各类实验所需的支持。

（2019 年）

七、书香校园的意义

国际儿童读物联盟（IBBY）主席　张明舟

张明舟

我们知道，阅读，既是每个人的权利，也几乎是每个人实现精神成长和立足社会实现自我价值的必由之路。阅读，特别是公益阅读，是提高学习能力，以最小成本为所有人提供公平教育机会，实现自我成长、自我救赎、自我解放的可靠路径。因此，深入研究阅读与教育关系的理论，以及与这些理论伴生和相互促进的阅读教育实验，如何更广泛地动员和引领公益阅读，努力建设人人参与阅读，人人热爱阅读的书香校园、书香社会、书香国家和书香世界，就必然成为全人类教育发展所必须认真关注和探索的大问题。

放眼当代全球，能够在阅读推广领域拥有如此之高的教育理论水平和理论研究成果的，没有第二位。朱永新先生关于阅读有很多代表作品，如《改变，从阅读开始》《我的阅读观》《书香，也醉人》等，他关于阅读和教育的著作已经被翻译为 15 种语言输出版权。

2017 年 7 月，新教育年会上与美国的专家团队合影

放眼当代全球，能够在教育领域，以阅读为切入口，深度参与并深刻影响教育发展的教育家也绝无仅有。在朱永新教授的带动影响下，已经有 500 万以上的教师和学生从阅读中受益。

朱永新和他的新教育实验，以阅读为核心和抓手，激励、团结广大教育工作者和广大家长，深刻影响了中国这个世界上最大的发展中国家的教育改革发展，极大地推动了中国教育从应试教育向关注个人成长的教育的转变。由于中国自身发展的多样性，新教育实验的成功也为世界各国，特别是广大发展中国家和地区跨越贫富差距，解决教育不公难题，实现跨越式发展和共同发展提供了一个可资借鉴甚至是可以复制的优良模式。

国际儿童读物联盟（Internataional Board on Books for Young People，IBBY），是与联合国儿童基金会和联合国教科文组织有正式咨商关系的国际非营利的非政府组织，成立于 1953 年，总部在瑞士巴塞尔，共有 79 个国家分会，遍布五大洲。其下设的国际安徒生奖是世界最高荣誉的国际儿童文学奖项，有小诺贝尔文学奖美誉，最高监护人为丹麦女王玛格丽特二世。作为第一个获选国际儿童读物联盟（IBBY）主席的中国人，我必须感谢中国改革开放后恢复的高考制度，是这个教育制度给了每一个中国人通过个人努力考上大学，进而实现个人理想的机会。我还要感谢童年时期邂逅的一些课外读物，特别是一本童话故事书——《小种子旅行记》。小时候，我生长在中国东北黑龙江省的一个偏远贫困的小山村，除了临近的几个村庄、遥远的县城和首都北京、山里的野兽森林和村里的禽畜蔬菜，我对外部世界的了解几乎为零。大约 9 岁时，我意外读到一本童话故事书，它让我对世界充满了好奇和想象，也使我对自主学习和学校教育都发生了浓厚的兴趣，我因此也取得了很好的考试成绩。学校教育和后来读到的一些课外读物，永远地改变了我的人生轨迹。

如果说生长在山村的我能够担任一个有着 79 个国家分会的国际组织的主席可以算是个奇迹的话，我相信，中国教育家朱永新先生的新教育理论和实验可以说是一则神话。它给无数的儿童、家长、教师带来了新的希望，已经、正在和必将改变无数普通人的命运，他富有前瞻性的新教育理论和具有很强实践性的实践，将更有效地推动世界各地阅读和教育事业的发展和社会进步，通过阅读和教育改变数以亿计普通人的人生，促进人类社会实现总体公平、和谐而可持续性的发展。

（2019 年）

八、新教育——变革的力量

21 世纪教育发展研究院院长　杨东平

随着《国家中长期教育改革和发展规划纲要（2010—2020 年）》的制定和通过，面向未来的教育改革的目标和任务逐渐清晰。但是，许多人心中仍有一个挥之不去的疑问：真的能改吗？教育变革的力量何在？如何认识改革的动力机制？如何启动一场实质性的教育改革？

当我们的目光越过体制，投向基层和民间时，教育的图景就逐渐鲜活起来。在大致相同的制度环境中，总有这么一些不安分的人、学校和地区不甘平庸、另有所求，在实验，在创新，在追求好的教育和理想的教育；而且，特别重要的是，他们确实已经在某种程度上改变了现实。

杨东平

朱永新教授所倡导和推动的新教育实验，是近年来民间教育改革中最为生动活跃、最为持久深入、最有影响和成效的教育实践。我目睹了它发生、成长的完整过程，因而可以细心体味它的品质和价值。最吸引我的，当是它的平民教育价值，以及行胜于知的探索精神。它是从解决中国教育的实际问题出发的，而不是源自学术化的教学实验、为满足学科建设或课题的需要。它是面向农村、面向基层、面向大多数普通学校的，而不是面向少数重点学校或满足它们锦上添花的需要。它是面向普通教师的，明确地将教师的专业发展、专业成长作为主轴，从而抓住了提升教育质量、改善教育品质的核心。

不仅如此，应当说新教育实验远远超越了提高教育质量这样稍嫌功利主义的目标，而直抵教育的真谛：为了孩子的健康成长和终身幸福，给教师一种充实、美满、有尊严的生活，从而走向了崇高的人道主义。

新教育实验中最深入人心、收效最显著、同时也最简便易行的，是营造书香校园，这是朱老师不遗余力地推广的阅读活动。今天，对阅读的态度已经成为人们相互辨识区分的重要依据，因为它标识着不同的"精神成长"和人格属性。

新教育的创新之处，还在于它在创办之初就高度认识并充分发挥网络的力量。而新教育最新的创造，是构建了基于网络的教师培训系统，俗称"网络教师学院"。

它是一个有明确的教育目标、完整的教学设计、严格的评价和淘汰、历时 3 年的教育过程，其质量并不亚于"教育硕士"。

放眼世界，古往今来，真正意义上的教育家和教育创新，从不是来自政府规划或批准，而是来自薪火相传的教育家的理想，来自实际的社会需求，来自生生不息的草根力量。今天，我们特别需要认识"学在民间"的传统，相信"学在民间"的伟大力量。对"学在民间"的信心，也是对成长中的公民社会的信心。

（2010 年）

九、为新教育实验点赞

北京外国语大学党委书记、教育部教师工作司原司长　　王定华

当前，我国基础教育正站在加大改革力度、改进依法治理、提升内涵品质这一新的历史起点上。在这一时代背景下，"新教育实验缔造完美教室叙事研讨会"的召开，踩准了基础教育的时代节奏，跟上了基础教育的发展变化，是一次很好的会议。10 多年来，新教育实验在朱永新教授的带领下，取得了丰硕成果，产生了良好的社会效益，为我国教育事业作出了应有的贡献，也因此成为推动中国教育事业发展的一支重要民间力量。本次会议，既是推广民间优秀教育改革经验的一次契机，也是中国教育事业发展的一个缩影。它不仅真实反映了新教育实验 14 年来在缔造完美教室中的实践，而且也为教育教学实践中的难题提供了一个可行的解决方案，推动着基础教育不断前行。新教育实验的成功经验为国家制定教育政策，提供了最有益、最宝贵的积累。

（一）关心基层实验者

教师的专业水平，决定了教育教学的质量。本次研讨会上的 9 位讲述教师，结合亲身经历，采用叙事手法，饱含思想感情，讲得生动有趣，有内容，有细节，有深度，有创新，我深受感染，深受启发，深受教育。从 6 位教师叙事的总体效果来看，每一位有每一位的精彩。总体而论，教师们的教育教学，理念新颖，方法独特，内容丰富，效果显著。在平凡而又普通的工作岗位上，教师们自觉探索运用新教育

王定华在新教育"缔造完美教室"叙事会议上发言

的理论，把生命叙事理论与缔造完美教室创造性地有机结合起来，并把发生在缔造完美教室过程中师生共同成长的故事，用叙事的手段予以呈现出来，进一步丰富了教育形态。因为，事实上，讲故事是广义教育的最初形态之一。具体来说，教师们关心学生，理解学生，尊重学生，从每个学生入手，从每个班入手，从薄弱环节入手，把学生作为学习的主体，不断研究学生发展规律，带领学生一起全面发展，注重学生品德养成；同时，还积极通过班主任工作和课程，调动所有学生，引领学生打通走向外部世界的通道，促进他们的全面发展和健康成长，真正发挥了立德树人的作用。

很多教师在农村或边远地区工作，条件比较艰苦。你们代表着我国 1 069.5 万名中小学专任教师的形象。你们学为人师，行为世范，扎根基层，默默奉献，是党和人民、家长值得信赖的一支队伍。希望基层教师进一步完善专业素养，按照"四个有"要求，为国家的教育事业作出更大的贡献。希望各地教育部门为基层教师的教育实验、教书育人、建功立业、专业成长、幸福生活提供切实保障和周到服务。

（二）关注基层实验者

总体上看，各位教师都干得很好、讲得很好，我为你们点赞。概括起来，我认为，你们在缔造完美教室方面的探索，有以下四个共同特征值得关注。

第一，关注了学生生命存在。学生不仅仅是学习知识的认知体，更是有血有肉的生命体。基础教育要关心人，尊重人，理解人，促进学生的健康成长和全面发展。古人说"圣贤施教，各因其材，小以成小，大以成大"。学生特点不一，因材施教的理念在你们的新教育实验中得到充分注意，我非常赞赏。今后你们要更加注意因材施教，关心每位学生成长成人成才，一把钥匙开一把锁。

第二，关注了学生学习兴趣。兴趣是最好的老师。"知之者不如好之者，好之者不如乐之者"。你们不用强迫的方式让学生机械重复、反复训练、加班加点，也不利用节假日双休日组织学生集体补课，而是把"要他学"变成"他要学"，真正调动了学习兴趣。我想，调动了学习兴趣的课堂，才真正可能让师生过上幸福完整的教育生活。

第三，关注了师生共同成长。"学然后知不足，教然后知困，知不足然后能自反也，知困然后能自强也"。在新教育实验里，教师不再是高高在上，而是平等地帮助学生发展。6位教师叙事无一例外地都体现了教学相长，与学生互动，师生共同在学习氛围中得到了提高。

第四，关注了教室内外衔接。表象上看起来是在说完美教室，实际上并不封闭。在新教育的视野里，教室是无限开放的。你们常常是把孩子们带到教室外，与家长、社会互动，或与外面的一些教师、教育工作者互动。这样，有利于学生眼界的扩宽、知识的增加、能力的提升，较好地体现了完美教室的理念。

（三）支持基层实验者

自2000年开始至今，新教育实验团队已遍及我国大部分省市，不仅积累了丰富经验，创造了很多好的方法，而且还凝练出比较深邃的可操作、可复制、可推广、可持续的行动指南，我们找不出理由不去支持新教育实验。真正的英雄来自基层，真正的智慧来自民间。袁贵仁部长深刻地指出，坐在北京西单大木仓胡同教育部的办公楼里，我们的工作人员，想不出比基层同志更高明的主意。教育部的主要工作之一就是要善于发现典型、甄别典型，培育典型，推广典型。

下一步，推广新教育实验成果以及我国其他丰富多彩的教改经验是我们的任务，我想只要符合以下四个标准的经验都应该让大家分享。

第一，富有改革精神。我们的时代是改革的时代，教育的改革要优先于其他一些社会领域的改革，教育的现代化要早于全国现代化的实现。在教育改革方面，不能总是"不行、不行、还不行"，而应该是"可以、可以、也可以"，或者是"探索、探索、再探索"。要让基层的创新实践得到保护，让学校的创新活水充分涌流。

第二，符合法治精神。党的十八届四中全会号召建设法治中国，教育部门也要以法治精神服务基层，以法治精神治理教育。在公权力的运用方面，要做到法有授权必须为，保证教育经费"三个增长"，提供良好的教书育人的环境，推进现代学校制度，促进教师的待遇改善和专业成长。还要做好学校安全保卫工作，特别是要为每所学校配备专职保安。同时，还要做到法无授权不可为，真正落实学校办学自主权，避免过多干预学校依法开展的日常具体管理和教育教学行为。

第三，贯彻教育方针。贯彻党的教育方针，核心是要推进实施素质教育，促进学生德智体美劳全面发展。在德育方面，要把爱国、敬业、诚信、友善，自由、平等、公正、法治，富强、民主、文明、和谐这24个字，校校上墙入屏，生生牢记于心，成为自觉行动；还要把中华优秀传统美德通过恰如其分的方式转化为孩子的内心体验，继而再转化为道德行为，并引导学生养成好习惯。在智育方面，要突出课堂教学，关注完美教室。局长、校长、督学、教研员都应走进教室，回应教师关切，回答学生诉求。教学有法，但无定法，贵在得法。要选用合适的方法引导教育人。要改进教育的手段，科学运用信息化媒体和其他现代教学手段，呈现给学生具有直观性和启发性的教学材料。另外在智育方面还要注意减轻学生负担，不要过分宣传"不让孩子输在起跑线上"的观念。实际上，人的成长犹如长跑，起步的快慢并不决定一生的成功。家庭教育要跟上，所谓的"虎妈""狼爸"的现象不可取。在体育方面，要让学生每天锻炼一小时，健康工作50年，幸福生活一辈子，当前尤其要防止近视和推广校园足球。在美育方面，要让学生具有初步的感受美欣赏美表现美创造美的意识与能力。中学毕业的时候，每个学生要能演奏一两种乐器，而不仅仅是哼唱一些流行歌。在劳动教育方面，要让学生出点力，流点汗，甚至经风雨见世面。2015年，教育部将研究提出加强中小学劳动教育的意见，就是让孩子多参与社会实践，从事社会实践，走出校门，像蒲公英花絮那样飞向天空，扑向大地。我赞成"蒲公英"的比喻，为什么不是牡丹，因为牡丹太艳，为什么不是昙花，因为昙花太短。

第四，提升特色品质。义务教育均衡发展是要办好每一所学校，促进每一个学生的发展，让他们同在蓝天下共同成长进步。另一方面，内涵发展要强调，特色发展要体现，不要把所有的学校办成一个模子。每个学校都应该尽量办出特色，提升品质，唯有这样的实验才具生命力，才更可持续性。

（2015 年）

十、卓越的民间教育推动者

共青团中央中国青少年研究中心首席专家　孙云晓

孙云晓

我与朱永新教授相识约 20 年之久，从他担任苏州市副市长，到出任民进中央副主席，并任全国人大常委会委员、全国政协常委、中国教育学会副会长等职务，因为他特别关注教育，所以我们一直有许多联系。在我看来，以个人的心血和才智推动教育发展与创新，其成就之宏大，其影响之深远，莫过于朱永新。朱永新是一位杰出的教育学者。2011 年，16 卷《朱永新教育作品集》与美国麦格劳-希尔教育集团出版签订了英文版版权转让协议。随后，这套作品不断向世界各国输出版权，被陆续翻译为英、韩、日、法、阿拉伯等各种语言，是中国当代教育家版权输出第一人。2016 年出版的《中国教育改革大系》（朱永新主编，10 卷本，300余万字），被《中国教育报》誉为"研究中国教育改革与发展的扛鼎之作"。朱永新也是一位优秀的参政者。自 1997 年 12 月担任苏州市人民政府副市长，分管教育文化等工作，他先后在苏州市推出了改造相对薄弱学校计划、名师名校长行动计划、农村村小现代化行动计划、教育信息化行动计划等，并且在中国率先普及九年制义

2012—2016 年，《朱永新教育作品》（16 卷）由麦克劳-希尔教育集团出版英文版

务教育。这些行动在相当程度上改变了区域教育的品质，改变了教师的精神面貌。2007 年 12 月，他当选为中国民主促进会中央委员会专职副主席，先后担任全国人大常委会委员和政协常委，为国家教育改革建言谋策，每年提出十余条重要提案与建议案，著有《给中国教育的 100 条建议》。

朱永新更是一位卓越的民间教育推动者。作为中国最大的民间教育改革——新教育实验的发起人，他于 2000 年 11 月出版了《我的教育理想》一书，用远大的教育理念深入探寻未来教育的理想和理想的教育，用精辟的语言勾画了 21 世纪教育理想的灿烂和辉煌，阐述了教育的伟大使命和责任，使人们对未来的教育充满信心，被专家学者及广大教师举荐为教师、校长、教育工作者必读名著。其中提出新教育实验最初的理念与思想，在教育界掀起"理想旋风"。时至今日，全国已经有 3 000

多所学校参与新教育实验。2014 年 11 月，发起的新教育实验在多哈举办的"世界教育创新奖（WISE Awards）"评选中，从全世界 1 000 多个申报项目中脱颖而出，入围 15 强，这是 2014 年中国唯一入围该奖的项目。

朱永新之所以能够成就一番伟业，是因为他具有远见、富创新精神、具改革能力，尤其是模式与制度的创新，使全国范围的民间教育实验也具可持续性。例如，他发起成立新教育研究院，下设新阅读研究所、新父母研究所和新家庭教育研究院，团结广大专家学者，从阅读与家庭教育两个方面，扎扎实实推进新教育实验。同时，他还成立新教育基金会，为新教育事业的发展提供经费保障。2016 年 8 月，我出席在山东诸城市举行的新教育年会和中美教育论坛，全国各地 2 000 多名教师踊跃参会，并且有多位美国著名教授带其团队参与交流，这让我深切感受到新教育的巨大活力，也再次彰显出朱永新教授的神奇魅力。他虽然身居高位却甘做平凡之事，与广大最基层的教师和父母保持密切联系，每天通过微博发送推荐优秀图书的图文和教育思考。在 20 年来的接触中，我深知朱永新教授是一位大爱之人，对教育具有强烈的责任感，如此成为教育创新的领跑者。

（2019 年）

十一、新教育实验的昨天和明天

儿童文学作家　童喜喜

我是一名资深的儿童文学作家，已出版文学专著 40 余部。我也是一名经验比较丰富的教育公益人。

身为作家，我对自由的需求比一般人更为强烈。因此，在遇见新教育之前，我也曾受到不少公益机构的邀请，但我最终还是一直选择单枪匹马地行动。

2009 年夏，我参加了一次新教育实验的会议。我从第一次参会就被深深地吸引和打动。从那时开始，我在新教育担任义工，迄今已经近十年。在此期间，我完全免费地从事各类新教育工作，向新教育陆续捐款近 500 万，亲自率领团队举办新教育公益活动 6 000 多场。

之所以我能够在新教育实验这一中国最大的教育公益组织中留下，是因为在以义工身份践行新教育的过程中，越来越深刻地领悟到新教育的特殊意义和重大差别。

是这样长期深度介入中，我成为一名特殊的新教育观察者、行动者与记录者。

第一，新教育实验的公益本质，已凝聚为广为传播的新教育精神。

毫无疑问，最初新教育打动我之处，是它的公益属性。

以新教育的庞大规模，只需要对每所学校进行少量收费，新教育实验就足以获取一大笔金钱。

但迄今为止，庞大的新教育实验区域和学校，都是以完全免费的方式汇聚。就连实验学校门口所挂的招牌，也是由新教育共同体的核心机构之一——新教育研究院自筹经费，进行制作与发放。

童喜喜

这种彻底的免费模式，无疑有着诸多弊端，尤其是造成了新教育的专业机构发展缓慢。但是，它所彰显的一种"只为教育而来"的纯粹，却在潜移默化中缔造了新教育共同体的价值观，从而在最大程度上吸引着视教育为理想的人们。

在长达 20 年的坚持耕耘中，新教育的公益模式，已经逐渐凝聚为一种精神上的力量，民间、官方互相辐射，乡村、城市交相辉映，并且，超越着行业的壁垒，从教育界向全社会传播。

我见过河北省南和县段村学校的一位教师闫静科。她曾经只是一位普通的孩子妈妈，因为孩子程迅所在班级是一位从事新教育实验的教师，她慢慢地从亲子共读等活动逐渐了解了新教育实验。这位原本在当地正开办婚庆公司、经营超市的女性，放弃了这些收入更高的工作，于 2016 年 9 月走进学校担任了教师，她说："我要来体验过一种幸福完整的教育生活。"

这种精神，也就是朱永新先生提出的"行动的理想主义者"的精神。

这种精神力量的源头，就是朱永新先生。20 年如一日，他无偿为新教育从事一切他所能从事的工作，他捐赠自己所有的讲课费和部分稿费数十万，邀请、聘请各类专家学者开展各类新教育工作。

在共事的过程中，我和无数新教育同人一起，不下十次亲眼见证了他一天仅仅休息三四个小时，以惊人的毅力，完成极为繁重的新教育写作、演讲、会见、研讨等各种工作，且仍然笑容敦厚，毫无怨言。

第二，新教育实验的体系建构，导致其不可估量的发展潜力。

新教育实验，早已超越了一般的、个别的教育理论探索，也已超越了简单的、普遍的教育行动实践。它从理论上，力图构架起立足于中华文明基础之上，融合各国教育之精彩，以教育搭建一座通往广阔世界的文明传承创新之桥；从行动上，始终致力于唤醒个人的自强，协助个体的自律，以个体影响群体，以个体行动倒推制度建设。

如此一来，新教育所建构和推动的，就不仅是理论的研究与行动的落实，而且是一个以全民教育、终身教育为特色的大教育体系的落成。

这是一种看似不可能的追求。令人震撼的是，这样的追求，在诸多实验区、实验校、实验班级成为现实，取得了令人惊讶的成绩。如新教育早期就被视为工作重心而推动的"新父母学校""构建数码社区"等，都在若干年后，在中国教育、乃至世界教育的领域中，成为广泛进行的改革。如新教育年度主报告，以每年一个教育主题的方式，围绕诸多根本问题，以信息时代为背景，从原点开始研究，其理论上的高瞻远瞩、实践上的细致可为，每年都会在理论界与教育一线，同时引起热烈的反响。

在这一恢宏的体系建构上，朱永新先生是当之无愧的引领者。

朱永新先生的教育专著的版权被翻译为十余种文字，其代表作《朱永新教育作品集》16卷本被麦格劳-希尔教育出版集团悉数翻译出版，其教育著作的国际影响力，是当代中国教育家中的第一人。

更让人感佩的是，无论是对"十大行动"的构建，还是对年度教育主题的研究，朱永新先生不仅直接为理论框架奠基，还努力为一线探索总结。他每年亲身奔赴百余所学校，每年通过会议、网络、会见等各种方式，与数以百计的一线教师直接交流，他长期关注着一大批一线教师的网络教育记录……这些鲜活而丰富的一线实践，既成为他的研究对象，又成为他研究成果的第一批实践者。而他作为大学教授，因为这样的研究而深入基础教育阶段，悄然实现了学术上的自我超越。

无论是"底线＋榜样"的教育管理模式，还是"职业认同＋专业发展"的教师成长范式，还是各类易学、好教、高效的课程或项目，毫不夸张地说，新教育所取得的累累硕果，既是不同岗位上的新教育一线工作者的辛勤耕耘，更是朱永新先生以每天凌晨 5：30 起床、全年从无节假日的全情投入，以精神的力量感召众人，以携手的方式引领众人，最终共同所创造出的奇迹。

第三，新教育实验的可复制性，证实了发展广度的无限。

任何教育理论与实践，都是在具体而微的探索中，试图解决普遍存在的问题。可复制性，意味着发展的广度。

新教育的可复制性，是因为行动路径的鲜明。

朱永新先生从新教育启动的最初，就鲜明提出"行动，就有收获"的宗旨。这一行动哲学奠定了新教育的基础，甚至成为新教育的灵魂。20 年来，无数的新教育成功案例，都是从行动开始，以行动提高，也以新的行动作为目标。每一次或大或小的行动，都注定了或多或少的改变与收获。以现实生活中的教育案例，推动更多人积极主动的模仿，这是一种最为简单从而最为方便的复制方法。

新教育的可复制性，是因为研究体系的完备。

只要积极投身新教育，无论群体还是个人，无论从教育中的哪一点进入，都可以通过这一切口，找到自己所想寻觅的路径。从新教育"十大行动"，到新教育"五大课程"，随着新教育研究的进一步深入，新教育的这种可复制性将会更强。

新教育的可复制性，还因为人本精神的核心。

新教育明确提出整体实验是"以教师成长为起点"。这一核心，让新教育的诸多理论从管理、到研究、到践行，所形成的是一个正向激励型的循环。每一个真正从事新教育的人，都可以感受到自己的个性被尊重，都能够在新教育的框架体系内得到最大的尊重和最大的支持。

以新教育诗歌课程举例。每一位新教育教师都可以得到反复锤炼的诗词教材，同时能够得到阅读法的指导。这样双管齐下的方式，让同一首诗有着不同的读法，产生不同的效果。每一个新教育孩子在自己生日时，都能够得到教师为自己改编的、仅仅属于自己的生日诗，而这一举动同时还激发出无数为学生写诗的教师……

这样的复制性，带着强烈的生命本征，以摧枯拉朽的力量，冲击着固有的工业时代下的教育，让新教育的探索，向信息时代的个性化教育迈出了坚实的一步。

第四，新教育实验的特殊性，更能凸显教育的意义和价值。

中国的教育改革，是全人类生存与发展之中不可或缺的重要一环。无论是环境还是经济，人类的发展正在越来越被日新月异的科技捆绑在一起，成为一个事实上的共同体。如何通过教育改革，推动文明的进程，推动社会的发展，推动东西方文化的融合，这是当下中国教育改革承担的特殊使命。

从某种意义来说，新教育实验这一类的教育改革创新，是中国这个古老的国家发展到一定程度的必然结果。只是在这一历史进程之中，新教育实验因其必然和偶然，成了其中的一个重要枢纽。朱永新先生带领的这一群开拓者，承担起了这个使命。

无论朱永新先生还是新教育实验，都处于最好的探索状态之中，且必然为下一步的中国教育发展助力。人类文明的发展、转型社会的改良、中国教育的改革，需要一群又一群、一批又一批这样的人们，行动起来，为了当下的幸福，为了美好的明天，共同努力。

（2020 年）

十二、未来世界教育的发展方向

日本东京大学大学院教育学研究科教授　牧野笃

朱永新先生是一位有着深厚的中国文化底蕴和宽广的国际教育视野的教育家。我们日本的东方书店和科学出版社已经把他的多卷本《中国教育思想史》翻译为日文。

朱永新先生在 20 世纪 90 年代初曾经在我国上智大学做访问学者，对日本教育做了比较深入的研究，回国后与王智新教授等主编了 20 卷的《当代日本教育丛书》。

朱永新先生在 21 世纪初发起的新教育实验也引起了我国学者的关注，在 2004 年到 2005 年，我国学习院大学的学者曾经调查、考察、访问中国的新教育实验学校，对第一所新教育实验学校昆山玉峰实验学校进行了深度调查，撰写并出版了《沸腾的中国教育改革》一书。

2015 年以后，日本的国家电视台专门对新教育实验学校和朱永新先生进行了采访，并且于 2017 年 12 月 29 日播放了题目为《在中国小学发生的事》的纪录片。

自 2000 年开始，朱永新先生在中国进行的教育变革，不仅对中国教育产生了深刻影响，他的许多前瞻性探索，如对于未来学习中心的构想，对于打破传统学校的

牧野笃教授（右）与陈大伟教授参加在常州举办的新教育国际论坛

年级、班级、学校的组织形式的设计，对于互联网＋教育的运用，以及对于大科学、大人文、大艺术等新型课程的研发，对于我们日本的教育改革也极具参考和借鉴价值。

　　我和朱永新先生有着长期的合作，有很多共同关注的领域。我也翻译了日本出版的日文版朱永新教育文集的第三卷《困境与超越——当代中国教育述评》。朱永新先生不仅用他的理想和思想，更用他的行动和创造，在引领中国甚至亚洲，乃至未来世界教育的发展方向。

　　　　　　　　　　　　　　　　　　　　　　　　　　　　（2019 年）

媒体的报道

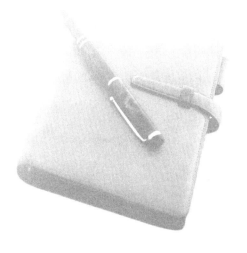

一、《南风窗》：新希望工程——一场对抗教育异化的实验

2004 年 4 月　章敬平

从欧洲到美洲到中国，从陶行知到蔡元培到朱永新，被苏联教育模式和"分数教育"中断了半个多世纪的"新教育实验"，在苏州擦亮了"教育复兴"的点点星火，并以燎原之势，蔓延到中国的大半壁江山。当下，仅凭个案的成功，就宣称新教育实验绝非理想主义者的乌托邦，还为时尚早。但可以断定的是，作为一场对抗"教育异化"的实验，理想主义者试图从源头上救赎中国教育危机的努力，起码可以视作以"人的教育"为旨要的"新希望工程"的剪彩仪式。

2004 年 4 月 8 日，37 岁的中国网民"滇南布衣"，怀着激动的心情，登上了昆明开往苏南的火车。彼时，他业已在发自普洱的汽车上颠簸了两天两夜，再有三天三夜，他就可以达到心中的"教育圣地"。"滇南布衣"是一个虚拟世界的网名，与真实世界的罗民相对应。罗是云南省思茅市普洱县的一名小学校长，一所只有 12 个学生的小学领导人。他要以最底的差旅标准，于 11 日赶到苏州市下辖的张家港市，出席那个冠名"新教育实验"的研讨会。

据称，这样的研讨会他是第二次参加。此前大半年，首届新教育研讨会在同样受辖于苏州市的昆山市开锣。由于 400 多名与会者多为贫困地区的小学校长，一个地方官员曾戏称"昆山会议"乃教育界的"丐帮大会"。

来自主办单位的消息说，这次"张家港会议"依旧染有浓郁的"丐帮大会"的色彩，所不同的是，与会的小学校长中，多了一拨教育界的名师和专家。清华大学附属小学、中关村一小等中国最著名的几所小学的校长，也将和罗民同天到达。

舆论认为，以纯民间方式运作的"新教育实验"，能够引领普天下数百名小学校长的登堂入室，一则在于新教育实验"人的教育"主张，二则与中国教育异化的舆情相关。

年初以来，云南大学广西籍学生屠戮四名同窗的"马加爵事件"曝显于天下，坊间对"问题教育"的诘问，追溯到"人的教育"的缺失。

此间，敏感于 3 亿余未成年人思想道德层面的"新情况新问题"，中共中央和国务院联合下文，敦促有司防止"各种消极因素"侵袭未成年人，以免少数未成年人

"精神空虚，行为失范，甚至走上犯罪歧途"。

3月下旬，新修订的中小学生守则和日常行为规范，正式亮相。这预示着官方的德育行动即将启动。

教育界人士称，倘若新教育实验经得住时间和空间的检验，将有望在另外一重意义上，成为继希望工程之后的"新希望工程"。

（一）"教育复兴"

"滇南布衣"从家中出发的那一天早晨，朱永新，新教育实验的主持人、"教育在线"的"江湖盟主"，打开电脑，发现注册网民第一次超越了 50 000 人。

"教育在线"，名义上是草根 NGO——21 世纪教育发展研究院的门户网站，实质上是新教育实验的一个平台。据称，21 世纪教育发展研究院的诞生，本身就是为新教育实验准备的。

事实上，"新教育实验"并不"新"，其开创者亦并非朱永新。听朱谈论新教育实验的前世今生，其情形颇似欧洲的"文艺复兴"。与其说朱主持的是"新教育实验"，不如说他在主导一场伟大的"教育复兴"。

据朱自己说，旨在推动"人的教育"的新教育实验发轫于 100 余年前的欧洲。彼时彼地，教育界人士，一边宣称要培养具独立精神和健康人格的人，一边相继创办了与这一价值取向相匹配的新式学校。嗣后，新教育实验缔造了自己的国际组织。一个为中国思想界所熟知的名为杜威的美国人，在充分诠释这一实验的同时完成了理论构建。

成长于徽州山村的中国教育家陶行知，将杜氏的新教育理论移植到中国早期的师范教育。接着，成名于北京大学的蔡元培先生在大学教育领域开始了进一步的身体力行。遗憾的是，"二战"和国内战争的炮火，渐渐湮灭了中国版"新教育实验"在中国版图上的践行和创新。令人扼腕的是，新教育实验并没有因为战火的熄灭，而获得新生，苏联教育模式的引进，"考试教育"的繁荣，使得"新教育实验"渐成中国教育史上的一抹记忆，只有少数教育专家才能依稀记起。

2000 年前后，中国学生人格扭曲的非正常现象，不断敲打着沉睡在"GDP 梦想"中的中国人。从浙江的中学生徐力弑母，到中央音乐学院大学生陈果自焚，从北京 14 岁的男孩残忍地杀害同学的妹妹，到江苏的违纪学生砍死校长的四位亲

人——一个个青少年道德危机的个案，让教育专家们一次次忆起爱因斯坦发表在《纽约时报》上的"教育声明"：他必须获得鲜明的辨别力，知道什么是美，什么是道德上的善，否则，他连同他的专业知识，就更像一只受过良好教育的狗，而不像一个和谐发展的人。

痛感人文精神远离教育的惨淡现实，朱永新决意"复兴"新教育实验。博士生导师出身的朱，以《新教育之梦》等雅俗共赏的著作，开始了舆论上的准备。作为唯一获得美国阿姆斯壮大学"2001 年杰出教育家奖"的教育家，他要让理论走出书斋。

就苏州这个狭窄的场域而言，身为主管教育的副市长，朱原本可以调动各种资源，开拓他的"新教育实验"，"但他却选择了借助民间力量做课题的方式"。共青团中央机关报《中国青年报》资深教育记者谢湘感慨。

据悉，"新教育实验"为公益性实验活动，凡实验学校及个人均不交纳实验费用。课题组为申请者开列的条件，不是"硬件"而是"软件"：凡接受本实验项目主持人的教育理念，愿为实现"新教育理想"而行动的学校与个人，都可自愿参加新教育实验。

"新教育实验"的考核方式也很特殊，一所学校有多少教师上网成为一条重要的考核指标。理由是，不能上网，就不能进入"教育在线"这个平台，分享新教育实验的快乐就成了一句空话。滇南布衣的"新教育实验"之旅，就是从一根电话线起步的。尽管他的月工资仅 300 余元，他依然以每月百余元的上网费，奔跑在他的"新教育实验"的苦旅上。

当下，教育在线的注册会员已逾 5 万，总访问量超过 200 万次。"新教育实验"的空间随着时间的更迭，获得极大拓展。

由此，朱永新看到了"复兴"的一丝曙光。

（二）星星之火

会务组预料，"滇南布衣"的这次旅程，应该少走些弯路。毕竟，来他心目中的教育圣地苏州开会，于他，已是第二次了。去年夏天，他出席了在昆山玉峰实验学校筹办的"昆山会议"。"玉峰"是"新教育实验"播下的第一颗种子，截至今春，这第一点星火已显燎原之势，蔓延到中国的 21 个省份。

2002年9月，昆山玉峰实验学校挂上了"新教育实验"的铜牌。"玉峰"是昆山方面以5 000万元资金建立的一所学校，除了本地人，还有台商子女。担心落入"问题教育"的怪圈，2001年诞生的"玉峰"第一个申请加入"新教育实验"。校长周建华丝毫不担心依全员招聘制度从全国范围内挑选的教师，会让他的桃李们折桂于"分数教育"，他担心的是学生受不到一个完整的"人的教育"。

周的担忧并非杞人忧天。中国许多富甲天下的城市，动辄花半个亿、一个亿造就的中小学，未能从根本上摆脱缺乏理想、缺乏人文精神的"问题教育"的困境，这已然说明，"问题教育"的根源不仅仅在于缺钱。

经由几轮磋商，"玉峰"参与了展现新教育实验所有理念的"六大行动"：营造书香校园、师生共写随笔、聆听窗外声音、培养卓越口才、建设数码社区、构筑理想课堂。

本来，学校是可以根据各自的条件进行单项选择的，而玉峰选择了"全部"。因为主事者信奉孕育在"六大行动"中的"新教育实验"的主要观点：无限相信学生与老师的潜力，教给学生一生有用的东西，重视精神状态倡导成功体验，强调个性发展注重特色教育，让师生与人类崇高精神对话。

《南风窗》在调查中发现，"新教育实验"主要从三个层次塑造"全面的人"。

第一个层次，当然是学生。与"玉峰"同处一城的"柏庐小学"，将"诵读中华经典"当作"营造书香校园"的一个手段。每周二中午，学校进行"诵读考级"。每个孩子都可以申报1～6级的考试，且依诵读篇章的多寡难易赢得不同的段位。学校的名字，是依据朱子的名字命名的。《朱子家训》被校方列为"营造书香校园"的必读教材。2004年4月7日中午，四年级的丁晓东熟练地背诵出朱子家训的开头：黎明即起，洒扫庭除。

经由阅读和写作，校方将精神思考的权利，还给了学生。"玉峰"七年级的学生姜文轩，有一本装帧精美的日记集，内中对央视新闻联播的评论，对生活中阴暗面与光明面的感悟，对美伊战争和台湾地区领导人选举的理解，虽不乏稚嫩之处，却透露出独立思考的能力和意趣。

第二个层次，是教师和学生的共同成长。"实验师们"认为，没有理想的教师，就没有理想的学生。受叶圣陶写"下水文"的启发，他们倡导师生共写日记或者随笔，以激发教师内在的潜能。2002年夏天，"教育在线"张贴了《朱永新成功保险公司开业启事》，投保条件："每日三省自身，写千字文一篇。一天所见、所闻、所感、所思，皆可入文。十年后持 3 650 篇千字文来本公司。"理赔办法："如投保方自感十年后未能跻身成功者之列，本公司愿以一赔百，即现投万元者可成百万富翁或富婆。"

江苏盐城市数学教师张向阳是最早的投保者，他说，过去十数月，他在"教育在线"上写出数十万字的教育随笔，并在现实世界赢得诸多奖项。他在"教育在线"上的签名是："用我的生命，擦亮新教育之梦的火花。"

昆山参与实验的一吴姓女老师，渐渐发现一个孩子频频现身于她的随笔。原来，这是一个特殊家庭酿就其特殊性格的特殊孩子。于是，她也进入到孩子的日记世界。他们将各自的善良和改变，融入彼此的生命旅程，一个见证孩子的成长，一个见证老师的良苦用心。

第三个层次，是父母和学生与学校共同成长。2004 年 3 月 28 日，华东师范大学教育系教授胡东芳博士，在苏州娄葑二小作了场专题报告：别国的父母与我们的家长——中外家教教育现象比较。"新父母学校"作为"新教育实验"中的一个子项目，由此掀起垂垂帘幕。"实验师们"强调，没有父母的成长，就没有孩子的成长。校长戴永军说，在新父母学校里，学生父母将在家教观念、家教知识、家教方法诸层面全方位受训。有学生父母表示，他们期待告别家教的随意性、情绪化。

新教育实验总课题组成员储昌楼称，当下，新教育实验正式得到认证的加盟学校已近 200 所，主动参与实验子课题的逾百所。许多个人还开设了新教育实验班。

"教育在线"上，中国各个角落叹息中国人文教育缺失的理想主义者们，自发地贡献自己的"一砖一瓦"。这里没有报酬，有的只是志愿者。61 岁的张万祥，有过26 年的班主任生涯，《德育研究》杂志的编辑，享受政府特殊津贴的退休专家，致力于"人的教育"的老先生，在"教育在线"上公开授徒。知晓滇南布衣的学校因缺少图书而不能参加新教育实验，网民们以罕见的真诚，在极短的时间内，为那个西南边陲的乡村小学募得"书香校园"的一切条件。

有教育界人士称，随着一拨热衷于新教育实验的最优秀教师的加盟，"教育在线"，已然是一所虚拟的师范大学。惊悉"无官方一分钱投资"者感慨，仅靠上海中锐集团 8 000 元赞助，就能办出这样的网上工程，"委实是一种奇迹"。据了解，少数有政府背景的教育网站，每年的预算高达数百万之巨，除了登陆者稀罕外，就没有什么让人稀罕的了。

奇迹是怎么诞生的？部分受访者分析有二："教育在线"搭建了新教育实验的技术平台，新教育实验把民间社会对教育的忧虑和热情激发起来。

观察人士称，中国教育积弊重重，不是大家视而不见，而是大家找不到出力气的方式，缺乏一个组织或者一个灵魂人物的引领。理想主义者朱永新的振臂一呼，适逢其时。他们的实验，是一场对抗"异化教育"的实验，是从源头上发起的针对中国教育危机的救赎。

（三）可爱的是否可信

"当'滇南布衣'和朱永新走到一起的时候，新教育实验的理想主义色彩，展现得淋漓尽致。"一位资深传媒人士说："他们用他们的行为艺术，勾勒出这样一幅图画：一群拥有教育理想的人，聚合在一个理想的平台上，跟着一个有理想的教育家，在播种理想的路上，蹒跚前行。"

正是如此浓郁的理想主义色彩，致使新教育实验走出娘胎伊始，就在教育界乃至关心教育的人士中，划出两个阵营："疑是派"和"坚定派"。

少数"疑是派"相信新教育实验是可爱而不可信的。它最多只能是中国教育界的乌托邦。苏州娄葑二小门前有一块石碑，上有朱永新亲笔写就的三个字：理想园。有"疑是派"人物感叹，新教育实验只能是朱永新及其及门弟子的理想园。

2004 年 4 月，一名农村初中的教师在"新教育实验"上的一则留言，被视为"疑是派"的代表性言论：我对新教育实验向往已久，可是，要在我们这样一所农村初中实施是行不通的。我们这里，仍然是踏踏实实搞应试教育，学生的分是教师的命，学生的分是校长的魂。教学质量是与资金挂钩的。所以，我只能说："新教育实验，想说爱你不容易。"

翻阅跟帖，会看到"坚定派"的回击：不能改变身边的一切，但可以塑造自己。行动起来，其实想说爱你也容易。

另有"坚定派"理性地辨析，应试教育未必就能有好分数，从诸多层面提升师生素质的新教育实验，在大多数情况下和教学实践不是一种对立关系，关键在于我们能否寻找到一个结合点、一种途径，这需要实践智慧。

《南风窗》观察到，"疑是派"的怀疑之处，在于新教育实验的"红旗"能否插遍全中国，尽管新教育实验的点点星火已蔓延到中国三分之二的省份。"疑是派"担心最后的成功是否会仅局限于经济发达地区和经济条件相对较好的学校。

《南风窗》调查了苏州工业园区境内三个梯次的三所学校，结果表明，这样的担忧绝非臆断。调查发现，新教育实验效果的好坏，一定程度上取决于物质条件、师资力量，以及学生素质的高低。

新城花园小学，是一所处处透露出新加坡气息的学校。校长吴云霞对《南风窗》说，新教育实验推动了学校的进步，学校的进步也佐证了新教育实验的可行性和成功性。

娄葑二小和胜蒲金光小学，虽地处苏州工业园区境内，无论是硬件设施，还是软件师资，都远逊于新城花园小学。譬如，后者的教师是以25比1的比例挑选出来的，相应地，他们在新教育实验过程中表现出的"成果"也远胜于前者。

然而，差别也存在于娄葑二小和金光小学之间。"娄葑"位于城乡接合部，"金光"则地处新农村。叶圣陶的名篇《多收了三五斗》就取材于半个多世纪前的"金光"所在乡镇。他们的学生，绝大多数是农民或者半农半商者的子弟，虽然教育家叶圣陶曾在附近教过小学，但孩子们读书的习惯，比起"娄葑"，还是要差些。

"金光"的教员略感叹息地说，他们为建数码社区，向镇政府递交了建两间计算机房的报告，镇政府暂批了一个。虽此，比起中国诸多小学来，这个拥有轿车的小学，肯定能够跻身于"先富阶层"。据悉，敦厚爱笑的朱永新在"教育在线"上流过一次泪。一位苏北的贫困小学的校长曾在"教育在线"给他留言说，他们一直在攒钱，他们想给每位老师发一本《新教育之梦》，但攒了好长时间也未能凑足，他问：能否先赊欠三分之一，先圆了每位老师的梦？

以中国很多小学贫穷的现实为论据，"疑是派"推断，可爱的实验，或可在更大范围内遭遇"不可信"。他们宣称，一项实验的完全价值，非但在于个案的成功与否，还在于成功的个案有无大规模推广的可能。

"坚定派"认为如此论断，纯属无稽之谈。"成长"和"超越"是新教育实验的本质追求，"滇南布衣们"的自发参与，从一个侧面证实新教育实验追求的，不是可望而不可即的嫦娥的月。

由于是民间运作，政府没有一分钱投入。"疑是派"还怀疑缺乏造血功能的实验，能否走到尽头？储昌楼说，他们的项目不仅不收取参与者任何费用，还给每所申请的学校免费送一块价值近百元的铜牌。他们的想法是，牌子是我们送的，你不好好做，我们就摘走。迄今，新教育实验的经费来源，基本上来自朱永新个人的讲课费和稿费。"疑是派"问：仅凭朱个人的义务投入，新教育实验又能支撑到几时？

在美国，公益性项目不仅有稳定的资金支撑，支援者还可以获得一定的报酬，可是，推动新教育实验的骨干力量，除了"教育在线"的一个网管每月领取200元的电话费补贴，所有的人，都在理想的驱动下尽并非义务的义务。凡此，无不让"疑是派"中有MBA或者MPA教育背景的人感到前途莫测。的确，没有理想的教育走不远，然而，仅有理想是远远不够的。

至于"钱的问题"，"坚定派"中有人断言，"这是一个不是问题的问题。"理由是："教育在线"作为中国教育界的龙头网站，孕育着巨大的商业潜能。真正的难题在于，身在官场的朱永新，不能沾染任何"铜臭"，否则日后说不清楚。

宣称新教育实验可爱不可信的声音，部分来自教育理论界。"教育在线"上，人们偶然会看到这样的留言：当越来越多的人参加实验的时候，实验本身的学术规范、理论构建与操作手段，就显得很重要了。可是，即便是我，反反复复看了相关书籍资料，还是不太明白这个实验在上面三个方面有什么独特之处。

学者出身的朱，当然不会轻慢理论问题，但他坚持先行动起来，在行动中研究。他在接受《南风窗》专访时，援引了管理大师德鲁克跟经济学家熊彼特说过的一句话，大意是：学术研究如不能改善现实生活，又有什么意义？

乐呵呵的朱，对于"疑是派"的言论并不反感，但他表示，他很坚定。每说到这里，他总是以乐观的形体语言，闪现出"办法总比困难多"的表情。

有坊间人士评论道：无论结果如何，一群理想主义者的新教育实验，在行动力困乏的当下，最起码，对坐而论道的中国知识分子群体，是一面镜子式的昭示。

二、《未来教育家》：让教师的光芒灿若明星

2015年6月　中国教育学会常务副会长　刘堂江

对于新教育教师成长的实效与神奇，你不能不心悦诚服。

一位普普通通、平平凡凡的教师加入了新教育，他（她）就会变得信心满满，

激情满满；智慧多多，幸福多多；乐此不疲，乐而忘返……

奥妙何在？

新教育实验发起人、当代著名教育家朱永新教授说："新教育最大的成就，是点燃了许多普普通通老师的理想与激情，让他们知道教育原来可以如此美丽，教师原来可以如此生活。"

新教育给予教师的，是"一个开阔无垠的精神视野"，是一个可以纵横驰骋的自由空间。这是教师成长的一种高端引领。究其"合理内核"，新教育给教师点燃的，是以教育家情怀育人的圣火。这圣火，折射出八道夺目的光芒。

（一）师本之光

新教育的师本价值观尤为鲜明突出。

他们认为："站在教室讲台上的那个人，决定着教育的基本品质。"因为所有与教书育人相关的活动，都有一个共同的指向，那就是教师。"教师是教育过程中最重要、最关键、最基础的力量。"没有教师的发展，学生的成长就成为无本之木；没有教师的研发，课程就成为无源之水；没有教师的实践，理想课堂就成为水中之月。所以，新教育实验把促进教师成长作为逻辑起点。

这种对教师职业价值的深刻到位的认识，使教师的职业尊严感和神圣使命感油然而生。

（二）理想之光

"过一种幸福完整的教育生活。"这是新教育的核心理念，也是新教育美丽的"乌托邦"。

新教育人认为："教育生活应该是幸福的。教育既然是努力地去促进每一个人过一种幸福完整的生活，它本身就应该是幸福的。"新教育强调过一种幸福完整的教育生活，这不仅仅有对教育终极意义的思考与追求，同时还有对当下某些教育问题的担忧与不满。当然，"幸福"不是片面强调感官的享受，而要加上"完整"。人应该是完整的，人格健全的，包括每个人个性的完整。

新教育人理想的彼岸是："一群又一群长大的孩子，从他们身上能清晰地看到：政治是有理想的，财富是有汗水的，科学是有人性的，享乐是有道德的。"

这样的"乌托邦"，怎么能不让人心向往之？

（三）生命之光

"教育·生命"是新教育的一种境界，更是其教师成长的理念支撑。

"新教育的职业认同，是指生命个体对于职业价值的发现和体认，进而产生的心理归属感，也是帮助教师去践行教育思想的理念支撑，是教师走向卓越的重要途径。"新教育的职业认同以生命叙事理论为基础，主张每位教师的生命都是一个故事，他既是故事的主人翁，又是故事的作者。能否把自己的生命写成一部伟大的传奇，取决于其本人是否真心用心地书写自己的生命故事。

"生命，在课程中走向丰盈。"这是新教育种子教师们最真切的体悟。

（四）崇高之光

谁选择了教师职业，谁就选择了崇高。

新教育实验正是把崇高论作为伦理学基础，振臂一呼："与人类的崇高精神对话。"

"教育是一项崇高的事业，其崇高建立于对每一棵稚嫩生命的呵护和关爱，对每一位生命尊严和质量的扶植，对每一颗纯真心灵的理解和尊重……新教育的理想让人崇高，让人有一种宗教般的情怀。"新教育人这发自心灵深处的圣洁的道白表明，新教育的实质就是教育的本真。

（五）阅读之光

"专业阅读，站在大师的肩膀上前行。"

阅读是新教育人最关心的问题，他们认为："没有教师的阅读，就没有教师真正意义上的发展。"与渐行渐远的教育家对谈，是教师成长的前提，也是教师教育思想形成与发展的基础。具体读什么？"这需要教师在教育教学生活中，学习心理学的经典思想、教育哲学的基本观点、人类最好的教育经验及他所教学科的知识精华及成功案例。"

新教育认为，阅读能够让教师更加善于思考，让教育更加美丽。

（六）行动之光

行动，是新教育实验的弥足珍贵之处。

"中国教育有许多弊端，但仅仅是怒目金刚式的斥责和鞭挞，虽然痛快但无济于事。对于中国教育而言，最需要的是行动与建设，只有行动与建设，才是真正深刻而富有颠覆性的批判与重构。"

行动论，是新教育实验的重要哲学基础之一。"只要行动，就有收获"，"只有坚持，才有奇迹"。行动论体现在教师专业发展方面，就是专业写作，主要方式是倡导教师撰写教育日记、教育叙事、教学案例、师生随笔等。"写作就是一种思考，一种加工。教师仅仅站在大师肩膀上还不够，还要学会教育反思，站在自己肩膀上攀升。"正如种子教师所言："真我，在行动中逐渐强大。"

（七）共同之光

新教育的教师成长，有一个最显著的特点：不是教师独处"象牙之塔"里闭门修炼，而是教师与学生一起在日常的教育生活中共同成长。

师生共同"晨诵，开启生命的黎明"；师生共同"暮省，做最好的自己"；师生"珍惜相遇，许下共同愿景"；师生"共读共写，点亮彼此生命"……

不仅仅是教师与学生共同成长，甚至是教师与学生、家长一起参与教育生活，共同成长。

共同成长，符合教师成长的基本规律，这是最科学、最有效的教师成长途径。

（八）团队之光

一个人可能走得更快，但一群人，才能走得更远。

新教育主张："在专业阅读、专业写作的基础上，借助专业发展共同体提升教师的专业化水平。"这是一个极具宽广胸襟、极富于智慧的促进教师成长的举措，因为共同体营造了一个成长的绿色生态环境，教师可以"站在团队的肩膀上飞翔"。

八道光芒，犹如八道重彩，绘就了一个主色调；犹如八首金曲，汇成了一个主旋律。那就是——教育家的理想、教育家的情怀、教育家的境界、教育家的智慧。

八道光芒，实质上，就是新教育教师成长的八大特质。高端、前沿，紧接地气，别具一格。在国家"卓越校长领航工程""乡村教师支持计划""万人计划教学名师"相继出台的背景下，《未来教育家》重磅推出新教育教师专业成长专题报道，具有特殊的重要意义。

祝福新时代的教育家从新教育的沃土中雨后春笋般地涌现出来！

三、《中国青年报》：实现"新教育理想"之梦

2003 年 8 月　谢湘、龚瑜

7 月的江南，骄阳似火，副热带高压在这里的上空盘旋，久久不散。

然而，位于江苏省最东边富裕而宁静的小城——昆山市，却出现了比持续高温更为旺盛的人气。

7 月 21 日至 23 日在昆山玉峰实验学校召开的"'新教育实验'2003 年首届研讨会"，原先是按 200 人的规模准备的，可是到会议正式开幕这天，一下子居然来了400 多位代表，以至于昆山市教育局负责会务工作的储昌楼一连几天拎着那只"现场办公"的公文包奔前跑后，手忙脚乱。

那么，"新教育实验"究竟是怎样的一个实验，它凭借什么吸引了众多的"志愿者"呢？

（一）仅有教育理想是不够的

"新教育实验"是追逐教育理想的一个实验。它的主持者，是全国政协常委、苏州市副市长、苏州大学博导朱永新教授。

富于理想和激情的朱永新并没有就此止步。在众多朋友的鼓励下，尽管工作很忙，他很快开始了"把理想系列进行到底"的工作。在对较早撰写的《我心中的理想学校》《我心中的理想教师》《我心中的理想校长》《我心中的理想学生》《我心中的理想父母》5 个理想系列进行修订的基础上，朱永新又进一步撰写了《理想的德育》《理想的智育》《理想的体育》《理想的美育》《理想的劳动技术教育》等文章。

2002年7月，这些体现朱永新"新教育观"的文章被人民教育出版社结集为《新教育之梦》。

朱永新曾说，教育这个职业在本质上就是一份理想的事业。从整个中国的教育现状来看，我们的很多教师都缺少一点诗人的气质，缺少一点理想的追求，缺少一点青春的活力，缺少一点创造的冲动，而这一切都与理想有关。一个没有理想的人不可能走得多远。一所没有理想的学校也不可能走得多远。一种没有理想的教育，更加不可能走得多远。

但是，仅有教育理想是不够的。在《新教育之梦》一书的序言中，朱永新讲述了一个令人震撼的真实故事。

英国一个名叫布罗迪的退休教师，在布满尘埃的阁楼上整理旧物时，发现了一叠发黄了的旧练习册。它们是皮特金幼儿园B（2）班31位孩子的习作，作文的题目是《未来我是——》。31个孩子有31个梦想，有想当总统的，有想当驯狗师的，有想当领航员的，有想当王妃的……

布罗迪突发奇想：把这些本子重新发到同学们手中，让他们看看现在的"我"是否实现了50年前的梦想。他在报纸上刊登了一则启事，不久，一封封带着问候、带着对自己童年梦想的好奇的回信送到了布罗迪的手中，他们中有功成名就的学者、企业家、官员，更多的是平平凡凡的普通人。

一年过去了，布罗迪手中只剩下盲童戴维的作文本。他写在作文本上的梦想是当一名内阁大臣，他认为，在英国历史上还没有盲人进入内阁的先例，他要创造历史。正当布罗迪猜测着各种可能，满怀遗憾地准备把作文本送进一家私人博物馆时，他意外收到英国教育大臣的来信，信中的内容让他大吃一惊的同时也感动万分。

信中说，"那个叫戴维的就是我，感谢您还为我保存着儿时的梦想。不过，我已不需要那个本子了，因为从那时起，我的梦想就一直存在我的脑子里，没有一天放弃过。50年过去了，可以说，我已实现了当初的梦想。今天，我还想通过这封信告诉其他的30位同学，只要不让年轻时美丽的梦想随岁月飘逝，成功总有一天会出现在你的面前。"

戴维的行动使朱永新获得启迪：谁在保持梦想，谁就能梦想成真；谁能不懈地追寻理想，谁就能不断地实现理想。

理想是个火炬，可以凝聚起那些有共同理想的人们。"让我们一起来！"2002

年，朱永新和李镇西、袁卫星、焦晓俊、卢志文等一批年轻人开始了将理想付诸实践的行动。

（二）"新教育实验"新在哪里

新教育与旧教育的分歧，几乎所有想创新的教育家都讨论过。

进入 21 世纪，中国的教育如何发展，如何建构具有时代特征的"新教育"，成为众多有识之士深切关注的重大论题。有学者提出新世纪新教育的三大特点为：和平发展教育、终身素质教育、科学人文教育；有学者提出新教育必须真正树立培养"走向世界的中国人"的意识和理想；有学者提出"新教育"必须体现工业化教育向信息化教育转变的特征，即技术平台的变化、教育目的的变化、教育内容的拓展、教育方式的丰富、教育时空的开放、教学关系的重建、评价标准的改变等。

朱永新的"新教育之梦"，则是针对目前中国教育的现实和困惑而提出的。

中国的教育缺什么？有人说，缺钱；有人说，缺人才；有人说，缺公平；也有人说，缺优秀的教育理念……但在朱永新的思考中，中国教育还缺服务意识、缺人文关怀、缺个性特色、缺理想追求。因此，他所主持的"新教育实验"课题，便提出了这样一些关键信息：

新教育理论的实践及推广研究是行动研究。

本课题以马克思关于人的发展的学说、苏霍姆林斯基"个性全面和谐发展"的理论、罗杰斯的人本主义教育理论、陶行知的创新教育和民主教育理论为理论支撑，以《新教育之梦》一书中集中体现的新教育理论为理论指导，在具体策划与实施中着力于"校园""社区"的建设，以"成长""超越"为本质追求，在"全方位教育""全程教育"中实现"全人教育"。

核心理念：为了一切的人，为了人的一切；

目标追求：追寻理想，超越自我；

主要观点：无限相信学生与老师的潜力，教给学生一生有用的东西，重视精神状态倡导成功体验，强调个性发展注重特色教育，让师生与人类崇高精神对话。

六大行动：营造书香校园、师生共写日记（随笔）、聆听窗外声音、培养卓越口才、建设数码社区、构筑理想课堂。

但这一切还不足以体现"新教育实验"之"新"，实践性、开放性、创造性才是其最重要的特征。

身为主管教育的副市长，朱永新手中有着充足的、可以自由调配的资源，但他却选择了借助民间力量做课题的方式。和以往必须达到这样或那样硬条件方可加入某个"教育科研"课题的做法明显不同，本课题组提出，凡接受本实验项目主持人的教育理念，愿为实现"新教育理想"而行动的学校与个人都可自愿参加新教育实验。实验学校要积极参加各个项目的实验工作，最少承担两项实验项目；个人必须积极参加其中的一项实验。课题组还规定，"新教育实验"为公益性实验活动，凡实验学校及个人均不交纳实验费用。但实验学校及个人要接受实验规划领导小组的指导，积极参与相应的研讨和交流活动，所有费用自付。考核的方式也很特别，一所学校有多少教师上网成为一条重要的考核指标。"新教育实验"发源于苏州，却吸引了山东、广东、浙江、福建、黑龙江、吉林、上海等省市十几所学校自发地主动加入，志愿者更是不计其数。在本次研讨会上，有 8 所中小学成为首批"新教育实验"挂牌学校。

利用现代网络技术，拓展"新教育实验"的空间。2002 年 6 月 18 日，在一群热心教育的"网友"的启发和鼓动下，一个由朱永新领衔的"教育在线"正式诞生了。连朱永新自己也没有想到，"教育在线"成了推广"新教育理想"、进行"新教育实验"的最好载体，这里不受地域的限制，没有等级的森严，大家怀着共同的理想，在"教育在线"的"新教育实验"论坛上平等交流，真情互动，探讨教育改革，分享教学经验。据不完全统计，在该网站正式注册的会员已经超过了 1.5 万人，总访问量接近了 100 万次。

倡导读书，倡导建立一个书香社会，一直是朱永新的不懈追求。他曾经发问，《安徒生童话》有多少小学生读过？读了会更加明白什么是真情，什么是善良；《巴黎圣母院》有多少中学生看过？看过可以学会区别美与丑，把握善与恶；孔夫子的书有多少大学生读过？不读便不知道中国文化的根；我们的教师呢？有多少人认认真真地去读过孔子，读过苏霍姆林斯基，读过陶行知？没有这样的文化滋润，怎么可能把人文的精神传递下去？在反思中国教育的过程中，朱永新更看中基础建设工作，他计划组织专家学者编辑专供老师和不同年龄段的学生阅读的基本读物——"新教育文库"400 本，还打算从今年开始，在 5 年时间内每年出版"新教育实验"教师手记（系列）、学生日记（系列）、学校报告（系列）一本，举办"新教育实验"

学校成果展示会、"中外经典诵背活动竞赛"活动各一次。只要行动，就有收获，"新教育实验"唤起的是人们的激情与沉思，激起的是人们超越、优化现实教育的动力与活力。

昆山玉峰实验学校把强化学生的日记教学作为学校参与"新教育实验"的重要项目。为此，学校制定了具体方案，要求每个学生要做到每天写一篇日记，内容包括学习生活、读书感想、摘抄名言警句等。其具体措施为：学校每天用30分钟的时间，安排学生日记的书写、批阅和指导工作；少先队负责做好学生日记的推荐工作，有计划地将学生日记推荐给黑板报、宣传橱窗、校报、红领巾广播站，并将精选的"学生日记"推荐到有关报刊、汇编成书。

在这次"'新教育实验'2003年首届研讨会"上，玉峰实验学校以公开课的形式完成了学生们当场采访、当堂写作、当面点评的教学过程。"新教育实验"还促成了教师在专业道路上的成长、升华。

小宝老师于今年4月24日写下了这样一篇教育随笔——《别伤孩子的心》。

那是一节体育课上，另外两个班的学生正在进行一场激烈的足球对抗赛。他班上的几位男生在看球赛的时候，去攀爬球门的门框，没想到崭新的门框一下子就被这六七个"大力士"给吊弯了。面对闯下的祸，谁也不肯承认错误。气得只想发火的小宝老师将这些同学请进了自己办公室，不客气地给每人发了一张纸，让写一份"说明书"。

没想到，有一位男生却没有承认自己做错了事，他强调自己根本没有吊门框，原因有两个：一是自己个子矮，吊不着；二是他才到门框跟前一两分钟，就被叫进了体育老师的办公室。他在"说明书"中反问道："陈老师，如果我是您的老师，您是我的学生，我硬说您去吊了门框，而您真的没去吊，您心里会怎么样？"

小宝老师在随笔中写道："看到这份'说明书'，说实话，我顿时傻掉了，我没有任何理由不相信他的话！我也在心底问自己，你有没有伤孩子的心？我为我的盲目而后悔，而自责。于是，我放走了其他6位认错的学生，唯独把他留下来，和他进行了推心置腹的谈话。谈话的时间不长，却很真！很美！平凡的小事又为我的班主任生涯积累了一笔不小的财富！面对犯错误的学生，在教育孩子认识并改正错误的时候，千万别伤孩子的心！因为体罚孩子是错误的，心罚孩子是可怕的，那将是一个永远的惩罚！"

通过教育随笔来反思教育行为，是一线教师每个人都可以自主进行的教育科研，是一种鲜活的、生动愉快的教育科研。江苏邳州八义集中心小学教师发现，自从写了教育随笔后，自己对孩子的表情都不一样了！让人感到教育科研不再那么不可捉摸，不再是为了上级的检查而突击整理资料，不再是装模作样地搞对照班与实验班。比起那些遥远的理论，这些体会显得多么中肯，多么实在，让人感到心里多么踏实啊！我愿意在做中思考，在做中提升，在做中成长。

更多的教师没有想到，他们发在"教育在线"上的一篇篇教育随笔，被许多专业媒体拿去变成了印刷品。"新教育实验"的理想境界是：成为学生享受成长快乐的理想乐园，教师实现专业发展的理想舞台，学校提升教育品质的理想平台，学生、教师、学校共同发展的理想空间。

四、《校长》：留心这只"蝴蝶"的翅膀

2012 年 2 月　蒲公英教育智库　李斌

将新教育实验比喻为这个时代的"一只蝴蝶"，是源于一个著名的拓扑学原理：一只蝴蝶在纽约轻轻扇动一下翅膀，结果遥远的东京爆发了一场飓风。

这个原理在中国经济界流行的 30 年里，正是中国经济民间力量生长的 30 年，事实证明，那些早期具有榜样意义的"企业蝴蝶"所呈现的状态，影响甚至决定了民营企业今天的历史空间及政策维度。

所以站在中国教育前所未有的变革机遇和成长节点上，同样可以说，新教育实验的成败，将在很大意义上影响甚至决定中国教育、乃至中国社会未来的格局——也许历史终会证明，这个说法并不夸张。

那么新教育实验这只"蝴蝶"当下的状态是什么呢？这正是本期专辑所要呈现的内容。在所有稿件编辑结束，即将付印之际，我忍不住回忆起在各种场合和新教育那些激情四溢的同人诸公交流的场景，一些感触也由心生发：

——新教育是痛苦而悲壮的。它仿佛要用新的教育理想唤醒一个新的教育时代，然而十多年了，这个时代依然"在远方"；在这样的进程中，一次次的失败几乎是必然，很多人受不了这种"煎熬"，于是沉默了，离开了，或者即将沉默，即将离开。

　　——新教育是急迫而美丽的。人生有涯，而新教育无涯，当人们发现自己用尽毕生的力气也走不了多远时，就难免有只争朝夕的急迫；与此同时，它又实在是当今中国很难再次破土而出的一朵"奇葩"，短短12年，奇迹般地聚集了一大帮"贴钱贴人受委屈，无路之处踏新路"的教育义工，堪称一道美丽的风景。

　　——新教育是宝贵而幸福的。因为这个季节已经几乎没有人这样做事了，他们在以自己的行动唤醒一代教育人的麻木；因为总有一些种子，撒在了合适的土壤，在岁月里生根发芽，在痛苦的蜕变中收获了"幸福完整的教育人生"……

　　同时我们看到，新教育实验依然面临不少前行中的悖论：公益化与组织化，国际化与本土化，民间化与政府化，精神化与专业团队化，人、学校、老师的多样化与新教育化……安静的教育，却不得不喧嚣；心灵的教育，却不得不考虑肉体的本能……

　　所以，面对一系列挑战的新教育实验不可避免地面临选择，他们可能的走向，代表了古往今来教育人的三条道路：一是从自己出发，用尽我个人的力气，实现我个人的声誉和价值——这条路，教育走不远；二是从"环境"出发，争取更多的钱，获取更大的权力搞教育——这条路，教育短暂辉煌却毛病百出，走得快却走不正；三是从"道"出发，竭力追求在天地的大规律中有所作为，却又保持"尽吾志而不能至者，可以无悔矣"的平常心，教育就回到了"孔子"，走得既远且快而正。

　　让我们一起期待，新教育这只"蝴蝶"的翅膀，最新一次扇动的方向……

五、《中华读书报》：行动的和理想主义的

——一个家长眼中的朱永新和他的《中国新教育》

2012 年 3 月　鲁迅文学院常务副院长　李东华

（一）无名而本真的教育

　　第一次听说朱永新先生和他所倡导的"新教育实验"的时候，我脑海里一下子涌出"陶行知""晏阳初"这些教育家的名字，这些有识之士以坚定的梦想穿透他们所在时代的贫穷、动荡、功利、浮躁，闪耀着恒久的光芒。

　　作为一个孩子的家长，我在看朱永新先生的《中国新教育》（以下简称《新教

育》）时，常常觉得"于我心有戚戚焉"。在中国，没有谁会比一个中小学学生的家长更能体味当下教育的酸甜苦辣。你不情愿应试教育绑架自己孩子童年的快乐，却又恐惧不按规矩来他真的会"输在起跑线上"，并进而在高考的独木桥上失足落水。这种心有不甘却又不得不随波逐流的无奈和纠结，相信很多家长都会有同感吧。

前些日子，某大学教授对他的学生们宣称："如果你到 40 岁还没有赚到 4 000 万，就不要来见我。"在他看来，高学历者的贫穷就意味着耻辱和失败。他的话也不失为教育提供了一剂药方——相信也代表着当前很多国人的心声——教育的终极目的就是培养一个又一个千万富翁。如果教育＝赚钱，事情倒变得简单起来，我们还有什么需要困惑和焦虑的呢？恰恰因为教育的目的不是这么简单和功利，才使得芸芸众生在被世俗的规则压得抬不起腰的时候，内心却依然萌动着一种梦想——教育在带来财富之外，一定还可以带领我们飞升到更高的人生境界吧？

我想，面对当前的教育，我们有着上面两种典型的"病症"，一种如我这种普通家长，对应试教育发过的牢骚得有一火车皮。另一种则如那位大学教授，用金钱置换了人生全部的意义，教育就变成了实现这样一种异化了的价值观的工具。

我之所以能够和《新教育》产生深深的共鸣，是因为作为一个欠缺行动力的人在这本书里看到了一种果敢、坚韧的行动的力量。也是因为面对着日益盛行的势利的、市侩的教育风气，我在这本书里看到了一种久违的理想主义情怀。

一本好书不在于它语言的艰深，而在于它能够用深入浅出的语言，以四两拨千斤的轻松姿态，那么轻轻地一拨，你心头的灯芯就"忽"地被点亮了，你恍然大悟，原来换一个角度去看一件事情，原本走入死胡同的难题就有可能迎刃而解啊。这就是我读《新教育》的时候所得到的启示——难道在现行的体制下，我们就找不到一点空间来完善我们的教育，并在这种逐步的完善中慢慢摸索出另一条道路？"新"是否意味着就一定是把"旧"打倒在地，并踏上一只脚，从此一劳永逸？还是说"新"教育也可以在一项一项具体的哪怕是微小的改良中，一点一点占据了"旧"教育的老巢？再说得明白一点，假如我们的目标是"新"教育，然而它居然也能够在客观上带来"旧"教育想要的成果，一个在"新"教育理念下幸福成长的小孩子，到时候照样能够考上不错的大学，完成父母和社会一种主流价值对他的期待——甚至在这方面的结局比单单强调"旧"教育还要好？那是不是"新教育"就会获得一种自发的社会推动力，获得家长和学校更大的认可和尝试的热情？

朱永新先生在书中是这样说的："（新教育实验）每个具体的项目，都是针对现行教育中的某一缺失而采取的临时性补救措施。但如果新教育可以持久地深入下去，那么最终我们将拥有一种'无名而本真的教育'，那一切项目，将回归整体的教育中而不复单独存在——尽管那些新加盟新教育的，可能还需把这些项目作为通道，逐渐地深入新教育。"这是我最为赞赏"新教育"的一点，那就是它并非是一个只能在实验室里或者专家们的教育论著里存活的"理论"，它描绘的蓝图不是遥不可及的乌托邦，而是完全可以在现行的教育体制中普及的。《新教育》里很多的理念，即便在现有的教育体制和框架下，依然是可以开花结果的，这也是这本书让人感到贴心亲切的地方。

（二）过一种幸福完整的教育生活

新教育究竟是什么？与我们现行教育相比，它究竟新在哪里？我想，它最大的特点就是去功利化。朱永新先生善于抓住事情的根本，只有从一个正确的源头出发，我们才能最终走到一条正确的道路上来。朱先生是个理想主义者，他主张的是一种"幸福完整的教育生活"。他把培养一个完整的人作为教育的立足点。我想这是一个最根本的问题，立足点错了，本末倒置了，那么下再大的力气培养出的人都可能会背离我们教育的初衷。在功利主义的教育理念里，我们教育出的并不是一个完整的人，而是一个掌握了很多技艺的为完成某种功利目的而存活的机器，不是吗？我们逼迫孩子弹钢琴、学画画，并非要让他们去感受艺术的美，并因为这种美而体验到人生的美好，我们的目的是让他们成为钢琴家、美术家，以便未来能成名成家，赚到大钱曝得大名。

我们可以反思一下，我们的孩子厌学，成绩不好，难道仅仅是"高考"造成的吗？如果我们一直在暗示孩子，学习的目的就是为考个好分数，学习自然将变成沉重的负担，但如果我们内心把学习当成孩子们探寻未知知识的快乐之旅，也许孩子们会带着高高兴兴的心情去学习，焉知这种学习就一定考不了好分数呢？

我小的时候就是个几乎次次考第一名的所谓好学生，但是，说实话，我一点也没有培养起学习的热情，对数学的恐惧和厌恶让我在上大学中文系之后，再也没有动过和数学有关的任何书籍。可是当我女儿上了小学，我不得不辅导她数学的时候，当我重新面对这些学过的知识的时候，当我的内心不再把学习和分数联系在一起的时候，我发现了数学之美。我突然发现我是热爱数学的，但为什么在我最需要明白这一点的时候却没有办法体会到数学的魅力呢？同样的，我女儿也开始厌恶数学，因为数学老师每星期都考一次单元考试，每次考试后，分数低的同学都会被老师当着很多同学的面训斥，这真是一个恶性循环。在这样的教学思路下，我们的下一代也在重新品尝着我们当年的苦涩。为什么老师不能把数学的魅力传导给孩子们呢——纵然最后的目的依然是想让他们取得一个高分，只需改变一下自己的教学模式和教学思维，而无关一种大的教育体制的改变，就可能带来意想不到的收获。"过一种幸福完整的教育生活"，这是一个富有理想主义色彩的教育理念，《新教育》一书的价值正是让我们信服地看到，经过局部的改良，通过对一些细节的微调，就可以治愈一些看似积重难返的痼疾，就能够达到看似遥不可及的高远目标。

（三）理想，需要落实在一个个细小的地方

实现一种理想，远比提出一种理想要复杂和艰辛得多。我们如何才能过上"幸福完整的教育生活"？在《新教育》里，朱永新先生通过自己的思考和归纳，提出了很多具体有效的措施。可以说，先生所赞扬的一切，都是科学的也是比较容易操作和实现的。

比如新教育提出的"每月一事"，很具体地规定"1月，让我们学会吃饭""2月，让我们不闯红灯"……一直到12月，每个月都强化和坚持去做一件事情，从而培养一个孩子一生的好习惯。我们不要轻视这些细小的地方——我们传统的教育就是太注重一些大而空的说教却不注意从小处入手。在这里我又要啰嗦我最近刚刚遇到的一件事情。这些天接送女儿上学，每天早晨都能碰到一个妈妈，当女儿进了学校的时候，她还在校门外大喊："快点走啊，慢了就吃不上早饭了，注意安全啊！"她的声音每天都在寂静的校园里这么尖锐地响起。试想，这样的言传身教，又如何能够培养女儿不在公共场合大声喧哗这样一种良好的个人修养呢？习惯和道德是一体两面的事情，培养良好的习惯，也就是为提升一个人的道德修养在打底子，这一点光靠品德课上空对空地讲是没有用的，是要在实践中一件事一件事去做的。

此外，新教育还有自己的"六大行动"：营造书香校园、师生共写随笔、聆听窗外声音、培养卓越口才、构筑理想课堂、建设数码社区，通过这些行动来充实和饱满我们的教育内容，来具体地改变我们的教育方式。

朱先生的新教育理念里还有重要的一条就是对人的尊重，这种尊重是涉及在教育场中的每一个人，包括教师、学生和家长。以往，我们总是把教师放在一个"牺牲者"和"奉献者"的位置上，我们把他们比喻成"蜡烛"，比喻成"人梯"，似乎他们的职责就是单方面的付出，然而在新教育的理念里，教师也应该在教学中得到成长，获得实现自我价值的成就感。让每一个人都成为行为的主体，发挥自己的主动性，让学生在接受教育的过程中，不是"受罪"，而是"享受"，让教师在教学中不单单是"奉献"，也有"收获"，让家长不再认为教育只是学校和教师的事情，而是积极地参与到孩子的成长中来，并且能够运用科学的教育方法。

在新教育提出的所有举措中，我觉得朱先生最重视的就是阅读。他认为"一个人的精神发育史就是他的阅读史。一个民族的精神境界取决于这个民族的阅读水平，一个没有阅读的学校永远不可能有真正的教育，一个书香充盈的城市才会是一个美丽的城市。"新教育实验把阅读作为基础工程，让阅读成为师生的一种生活方式。可以是在浩如烟海的书籍中，我们又该读哪些书呢？朱先生一直梦想着制定书目，为小学生、中学生、大学生、公务员，为社会各个阶层的人们量身定制一份书目。如今，他的梦想已经部分地实现，为小学生定制的书目已经在 2011 年 4 月 23 日世界读书日这一天发布了。

（四）未来，是一个我们要创造的地方

事实上，我只见过朱永新先生三四次，都是在研制"中国小学生基础阅读书目"的会议上，面对每年多达 4 万多册的新版图书和古往今来卷帙浩繁的图书，要给全国的小学生推荐一份 30 本基础书目和 70 本推荐书目的节目，真有老虎吃天，无从下口的茫然感。很多时候，专家们会因为争议太多，步伐无法向前迈进，这个时候，大家就会听到朱先生说："先做起来，先做起来。"他会制定一个详尽的时间表，无论有多难，事情总是在往前推进。这一点让我觉得朱先生这个人不喜欢坐而论道，他希望事情要去做，做的过程是一个解决难题的过程，难题总是在实践中被逐一化解，而不可能在空谈中得到解决。

10 年前，"新教育"还是朱先生心头的一个梦而已，10 年后，这个梦想已经遍地开花，参与新教育实验的学校已经达到了 700 多所。一份事业，从无到有，如同滚雪球般，越滚越大，可你最初总得有一个球，不管这个球有多小。梦想在心里形

成一个稚嫩的小芽，然后开花结果，直至葱郁成林，这是一个多么艰辛的不可思议的过程，但是朱先生以其果敢的行动力实现了这一切。

据王林博士说，研制书目的启动资金都是从朱先生的稿费中出的。"理想主义"和"行动"是在短短的相处中朱先生给我感受最深的两点。是的，一项大的工程——何况是民间工程——的推广，不可能只依靠一个正确的纲领，推动它的还有来自领导者的个人魅力。

"新教育"是一个开放的实验，这就是因为它具有实践的品格，新教育人总是在实践中去检验理论的成败，在实践中不断完善自己的体系和理论，它的品性是谦卑的，如同大海，愿意容纳在行动中发现的任何有价值的贡献。我想，正是这种可操作性、行动的和开放的品格，能够保证新教育是一种可持续发展的教育实验，并且因为新教育充满理想主义色彩的终极理念，保证了它是在朝着一个令人向往的方向发展。我们可以不懂什么是"应试教育"，什么是"素质教育"，我们可以不懂很多艰深的理论，但是，如果我们从《新教育》中明了，我们究竟需要什么样的教育——我们通过什么样的手段能够收获我们想要的教育成果，那么，我们人人都可以去努力，去创造。

朱先生在书中引用澳大利亚未来研究委员会主席埃利雅德博士的话说："未来不是一个我们要去的地方，而是一个我们要创造的地方。通向它的道路不是人找到的，而是人走出来的。走出这条路的过程既改变着走出路的人，又改变着目的地本身。"《新教育》让我们看到，新教育是和我们每一个人息息相关的，阅读《新教育》不是终点，而是起点，是参与新教育的起点。

六、《新华社内参选编》：专家认为"新教育实验"利于弘扬传统文化

2014 年 10 月　新华社国内评论部副主任　鹿永建

新华社讯　以唤醒教师改变校园、民间方式推动教改、有效推动国民阅读为核心特征的"新教育实验"，历经 14 年走入全国所有省份，柔性改善了 2 224 所学校、49 个实验区的教育品质。

（一）"新教育实验"改变教师理念　助推全民阅读

河南省孟州市育新小学教师党玲芬班上的脑瘫孩子李鹏飞严重自卑。党玲芬带他共读《特别的女生萨哈拉》找到生命成长的镜像，在共读笔记上写下"虽然我腿有残疾，但我是有思想的，我可以阅读，可以写作，自食其力，给家人减轻负担……"就这样，李鹏飞慢慢地变得自信、开朗起来。

党玲芬说："我在33岁、工作第14个年头时，知道了中国民主促进会中央委员会副主席、第十二届全国政协副秘书长、中国教育学会副会长朱永新发起的'新教育实验'，开始正式规划自己的专业人生。"党玲芬介绍，多年来，她坚持每天专业阅读不少于2 000字、写博客不少于1 000字，评注教材精读课文，每月上一节阅读推荐课。6年过去，党玲芬每年专业阅读近百万字，同时撰写教学反思、教育随笔、教育案例，不仅仅改变了自己，也帮助学生们摘掉应试教育的枷锁，插上生命成长的翅膀。

"共读、共写、共同生活"是"新教育实验"的核心观点之一。像党玲芬这样的坚持阅读、写作、实践的"新教育老师"在全国有近20万，他们通过"教育在线"网站学习、研究、并相互交流，实践新教育理念，成为新教育的追随者和实践者。

"教育在线"网站由朱永新在2002年6月自费创办，目前注册教师超过40万人。从2005年开始，《中国教育报》评选的全国推动阅读十大年度人物，几乎都有"新教育老师"入围上榜。

朱永新认为，一个民族的精神境界取决于这个民族的阅读水平。阅读课程是"新教育实验"的核心课程之一，"营造书香校园"居"新教育实验"的"十大行动"之首。无论是"毛虫与蝴蝶"的儿童阶梯阅读，还是"晨诵、午读、暮省"的新教育儿童生活方式，都帮助施行"新教育实验"的学校培养了众多爱好阅读的学生。

（二）幸福教育公益推行　民间实验塑造教育新貌

北京师范大学教授、中央教育科学研究所原所长朱小蔓说，"新教育实验"可以说是目前中国颇具规模、能量和号召力的教育实验。记者采访了解到，这项教育实验的草根性和公益色彩明显，得到家长支持和地方教育部门认可。

"'新教育实验'是迄今为止我们所看到的最具实践性、操作性、具有强大生命力的素质教育的践行方式，也是我们一直在寻找而没能找到的一种卓有成效的推进素质教育的途径。"河南焦作市教育局原局长张丙辰说，经过研究论证，2007年焦作市将"新教育实验"作为素质教育的重要突破口和有效载体。焦作教育局局长虽已两番更替，但依然是新教育实验区。

目前，"新教育实验"已走入全国所有省份，共有2 224所"新教育实验"学校和49个新教育实验区，学生规模达200万名，成为提升教育质量、更新教师理念、实现教育大发展的重要途径。

2007年，"新教育实验"开始用成熟的非营利专业组织的方式运作。新教育理事会、新教育研究中心、新教育研究院、江苏昌明教育基金会、新阅读研究所、新父母研究所等相继成立运营，专业化程度越来越高。同时新教育共同体对各项课程的研发、推广与实践，也使教育理想落到教育实践的实处，学校、教师和学生得到更多滋养，获得更多幸福感。

2011年起，作家童喜喜成为"新教育实验"的"专职义工"，捐赠稿费组建团队，带领全国300多位志愿者在40个城市，面向学生、教师、家长做了1 000余场各类阅读推广公益活动。新教育的公益性与教育本质的公益性契合，使得这项教育实验的影响越来越大，获得众多家长的支持。

（三）回归国民教育本真　柔性推动教育改革

中国人民大学教育学院教授程方平说，"新教育实验"不仅仅是先进理念与实践的结合、与师生实际的结合，更是教育理想从书斋走向现实的成功产物。中国教育学会原副会长、江苏情境教育研究所所长李吉林说，"新教育实验"在某种程度上是解放学生、解放教师的教育。

着力教师成长这个"人"的内核，"新教育实验"找到了教育发展的柔性之道。"'新教育实验'一开始就把教师的专业发展作为实验的出发点。"朱永新认为，教育内涵的发展核心是教师，必须让教师在工作中找到意义，在专业发展中获得职业幸福感。"否则，下一步以考试招生制度改革为龙头的教育改革就难以取得成功。"

"新教育实验"逐渐摸索出一条"专业阅读＋专业写作＋专业发展共同体"的教师专业发展的三专模式。新教育网络师范学院教务长魏智渊告诉记者："除了和学生共读经典、童书，老师们也会在一起共读教育学、哲学等经典著作。有教研组的共读、学校的共读和自愿的共读。在巨人的肩膀上，我们可以看得更远；以书为垫脚石，我们可以攀得更高。"

华严集团董事局主席徐锋表示，中国目前的教育方式弱化了孩子们与中国优秀传统文化的关联，远远不能适应促进社会文化发展和民族复兴的需要。"新教育实验"通过行动，正在让中国数千年的传统文化得以"回归"和"修复"。

七、《中国教育报》：一场教育实验生发的故事与思考

2016 年 11 月　俞水

前不久，山东诸城，新教育实验第十六届年会举办。来自全国各地的教育者们，走进了这里的一所所学校。

他们发现，除了成绩，这里的教师更在意学生的习惯养成，而且，"感觉这里的孩子总是在笑"，这里的教师解释说，我们是新教育实验学校，我们在追求一种完整幸福的教育生活。

新教育，这是一个什么样的实验？为什么会有这样的追求？

"流水线"上无精打采的孩子，陀螺般转动的教师，这是幸福的教育吗？

一些学校对分数单一化追求，忽视了做人的教育，这样的教育完整吗？

基于这样的疑惑与思考，2000 年，一个教育改革实验，开始在一些敢于探索的学校进行。"那是一种对学生和老师生命状态的关注，过一种幸福而完整的教育生活，成为新教育的原点和使命。"中国教育学会副会长、新教育实验发起人朱永新说，这就是新教育！

对于探索者来说，虽然实验生发于理想，但"行动"一直是这场实验的灵魂。至今，新教育已经探索了 16 年，逐渐找到了"十大行动"着力点：营造书香校园、师生共写随笔、聆听窗外声音、培养卓越口才、构筑理想课堂、建设数码社区、推进每月一事、缔造完美教室、研发卓越课程、家校合作共育。

一场行动着的教育实验，正影响着一个个教师与学生的生命。

（一）教师的成长方式在改变

在阅读中、写作中、共同体的碰撞中，新教育的教师们感受着幸福的教育生活。如果教师不快乐，学生能快乐吗？

走近新教育，记者感受最深的就是，教师的专业成长是新教育实验的逻辑起点——站在讲台中央的人，决定了教育的质量。

"现在很多学校所有工作的重心是学生，实际上，学校管理的最核心，应该是用教师的专业成长带动学校的发展，影响学生的成长。"朱永新说，"促进教师的成长，让教师体会到职业尊严，是新教育实验最重要的环节。"

四川教师郭明晓，便因为一头撞进了新教育的世界，在即将退休的年纪，开启了颠覆式的教育生活。2008 年的一天，郭明晓在一次报告会上，听到新教育的榜样教师讲起儿童阶梯阅读、讲起参与开发的儿童诗歌晨诵课程，她觉得自己就像个"傻子"，不配当教师。

阅读是新教育最为重要的活动基础，当郭明晓鼓起勇气走进新教育的世界时，她发现自己仿若获得了职业的新生。

2009 年，是郭明晓的阅读生活死而复生的一年。"那一年，我读了无数的儿歌、童话、心理学著作，这让我的课堂不断变化，孩子们越来越认可。"

"让我收获最大的，就是对经典的反复咀嚼。"郭明晓说，"这让我不断思考哪一种教学方式最适合自己和学生。慢慢地，我发现自己思考问题的方式、与学生对话的方式都在潜移默化地发生变化。"她取网名为"大西洋来的飓风"，并心怀飓风一般扫除陈旧教育的理想，学生亲切地称她为"飓风老师"。2014 年，她出版了自己的第一本著作《我是大西洋来的飓风》。

这样的例子，朱永新能举出太多。因为新教育的教师们，幸福地拥有了"新教育教师专业阅读地图"：新教育用书目的形式，在充分考虑个体成长特殊性和序列性的基础上，构建了教师知识结构模型，不同水平、不同学科的教师分别知道该读什么、怎么读，以及如何用专业阅读服务实践。其中，强调对根本书籍的阅读，是强调恢复教师从根本问题出发思考当下问题的能力。

这，只是教师成长的第一步。

经过多年探索，新教育实验摸索出"专业阅读＋专业写作＋专业交往"的教师专业发展"三专"模式。

写作，成为继阅读之后，教师成长的另一种方式。"一个人的专业写作史，就是他的教育史。"朱永新说。"这种写作没有功利色彩，只是记录教育生活的原生态，进行反思。"

2002年，朱永新在网上写了一篇文章——《朱永新成功保险公司启事》。文章写道："老师想成功吗？来我这里投保，保约只有一条，便是每天上网写自己的教育故事，10年后，如果你不成功，就拿着3 600篇文章找我赔偿，以一赔十。"

没想到，很多老师真的应约"投保"了！

郭明晓自2008年投入新教育以来，给一二年级学生上课期间，每个学期写作一二十万字。通过写作，她有意识地反思自己存在的问题并努力改进。她曾经教过的学生开玩笑地跟她说："郭老师以前怎么没给我开过这样的课？"郭明晓笑言："老师也是需要成长的嘛！"

就连校长也"投了保"，江苏省昆山市千灯中心小学原校长储昌楼，曾经的昆山市高中语文教研员，把昆山语文带到了苏州领先的地位，居然坚决地"改弦更张"，一心办一所"原汁原味的新教育实验学校"。2014年，来到千灯中心小学100天后，他便完成了"储老师每日一谈"约15万字，记载了他的所思、所感、所行，并带动了全校教师，一起在师生共读共写中谱写幸福完整的教育生活。这些文字也收录在他的新书《教育点亮心灯》中。

在有的学校，同事间讳莫如深，一些渴望成长的年轻教师孤独地摸索。而新教育实验在努力打破这种隔膜，形成对话的传统，在专业阅读、专业写作的基础上，借助专业发展共同体提升教师的专业化水平。

近年来，以新教育网络师范学院为基础的新教育专业发展共同体逐渐建立，共同体成员进行共同阅读、相互评议批注教育作品、相互听课议课、研究讨论问题等，成效显著。今年9月2日晚上，来自全国各地的900多位老师参加了新教育网师的开学典礼。

科研，是教师成长的另一载体。在这场教育实验里，教师们的成长也因为科研范式的改变而精彩。

"这绝不是一种上不着天下不着地的科研，而是鲜活教育生命的科研。"朱永新说。这种做科研有两个关键点：关注教室里发生的事、关注教师和学生的生存状态。

河南省焦作市解放区王褚乡中心小学教师齐家全就是在这种行动科研中收获了成长。齐家全的"发家"始于记录，用文字记录自己平凡的教育生活，用文字反思自己身处的教育情境。天道酬勤，近两年他先后荣获第六届河南最具成长力教师、河南省教育厅学术技术带头人、全国新教育实验优秀个人、新教育实验2016年度榜样教师。

就这样，新教育的教师们在阅读中、写作中、共同体的碰撞中、教研中，感受着幸福的教育生活。

（二）课堂的构筑方式在改变

学生想要的未必是学富五车的教师，而是拥有平等、民主、和谐、愉悦氛围的课堂。

曾经有一所学校做了一项调查：一位曾获全国"十佳师德标兵"的教师，课堂教学满意率竟不到50％！尽管学生们肯定他的"师德与责任心"（93.4％）、"言行为人师表"（76.7％）……但是，"体现学生主体"的满意率仅为16.7％，而"教学气氛活跃"和"表达简明生动"的满意率只有10％！

学生为什么不满意这位"十佳师德标兵"的教学？数据说明，课堂教学需要师生之间的沟通与互动。教师纵然有满腔热情，学富五车，但不一定能真正地走进学生的心灵。

新教育"十大行动"之一——"构筑理想课堂"，正是指向了创设拥有平等、民主、和谐、愉悦气氛的理想课堂。

参与度、亲和度、自由度、整合度、练习度、延展度，这是理想课堂关注的维度。"新教育还追求这样的课堂境界：落实有效的教学框架、发掘知识内在魅力、实现知识社会生活与师生生命的深刻共鸣。"河南省修武县第二实验中学校长薛志芳说，"这让我们既找到方向，又可操作。"

如果把教室比作河道的话，课程则是水流。

十多年来，新教育人研发了一系列课程，作为"十大行动"之一，"研发卓越课程"是指在执行国家课程和地方课程、校本课程的基础上，鼓励教师对教材进行二次开发和新的整合创造，通过课程的创新使教室成为汇聚美好事物的中心。

新教育实验有一个项目叫"听读绘说"。郭明晓说，这个项目主要在一二年级进行，是对低年级学生文字表达的一种替代，"听读绘说"通过孩子的聆听、绘画和讲述，来表达自己的感受。在这个模式的指导下，一线教师研发出许多课程。新教育也为更多的孩子提供了"儿童阅读阶梯""儿童写作阶梯"，对接儿童的发展规律。

这只是卓越课程的冰山一角。卓越课程的体系设计是以生命课程为基础，以道德课程（善）、艺术课程（美）、智识课程（真）作为主干，并以特色课程（个性）作为必要补充。

如果说生命课程主要是解决个体的健康与幸福问题，那么，道德课程则是解决作为一个社会人的权利、责任与义务问题。

在小学阶段，艺术教育更加具有独特的不可替代的作用。当记者走进昆山市千灯中心小学时，立刻感受到曲、乐、绘、笔、作、球的气息弥散校园，学校开设了昆曲、民乐等校本课程。全校建有艺体馆和各类专用教室13个。每天下午3点到4点半，精心搭建布置的舞台上，都有师生们自发组织的表演，"整个教学都受到艺术的激发和带动"。

特色课程，则是在特色上下大功夫。比如，一些学校探索了秧歌特色、书法特色等。

"不过，用特色课程来追求与众不同，在严格意义上是幼稚的。因为真正的与众不同是在常规性的事务上，拥有更为风格化的处理方式。"朱永新说。

这种常规性事务的与众不同，很大程度表现在智识课程上。它类似于通常所说的文理课程，主要包括语文、数学、外语、科学（或物理、化学、生物）、历史与社会（或历史、地理）等，这是新教育卓越课程的主干部分。之所以用"智识"的概念，是因为课程的根本目的指向形成统领知识的智慧和运用知识的能力。

"我们必须明确一个关系，智识课程是基于新课程标准，依据自己的理念和理解进行的具体落实。在智育上，我们是新课程的执行者，在地方政府选择具体课程内容的基础上，再进行深度开发，使之更完美地达到国家标准。"新教育研究院常务副院长陈东强说。

"当然，虽然新教育在课程上的探索有一定模式，但它仍然鼓励每个课堂都显示出不同教师、不同学生的个体特征。"郭明晓深有感触地说。

（三）学生的生存状态在改变

教育，要给学生一生有用的东西。好习惯的养成，会让学生受益终身。

教师的丰盈、课堂的改善，最终都作用在每一个学生的成长上。

在昆山市千灯中心小学，每天早上8点到8点15分，是学生与黎明共舞的晨诵时间，在霞光和诗意里，学生领略着母语之美。每天下午1点到1点20分，是学生的午读时间，在与教师的共读中，享受着彼此间传递的快乐和幸福。当一天的学习结束后，学生们会进行暮省，写下自己学习生活的点滴，发布在自己班级主页，与小伙伴们一起反思一天的学习生活。

在很多新教育学校，学生一天的生活都是这样，从晨诵开始，以暮省结束。最近，经过16年时间打磨的《新教育晨诵》正式出版，面市一周就发行了35万册，受到广泛的欢迎。

当你走进更多的新教育学校，你还会发现，一进校门，一些与阅读相关的警句扑面而来："一个人的精神发育史，就是他的阅读史""今天，你阅读了吗""阅读，让师生精神起来"……学校里的一草一木也都被配上了诗歌，处处散发出人文气息。

在这里，每个师生都拥有自己的藏书架，班级里的图书柜，是学校最神圣的地方。和阅读有关的活动也丰富着学生们的生活，学校的读书俱乐部、读书会很是热闹，有的学校还开设了阅读课。

这些学校里的学生，往往还要和教师共写随笔、经常参加学校组织的让人开阔视野的报告会，在课前大舞台上，可以用三五分钟自信地演讲……

就这样，新教育营造书香校园、师生共写随笔、聆听窗外声音、培养卓越口才等行动，逐渐体现在与学生日日相伴的教育点滴中。

新教育同样重视孩子的阅读。可以说，创造浓郁的阅读气氛、整合丰富的阅读资源、开展多彩的读书活动，让阅读成为师生日常的生活方式，是每一所新教育学校的起点，这便是营造书香校园。

师生共写随笔，是通过教育日记、教育故事和教育案例分析等形式，记录、反思师生的教育和学习生活，促进教师的专业发展和学生的自主成长，师生们也因此获得了心灵的交互与碰撞。

聆听窗外的声音、培养卓越口才，则是通过开展学校报告会、参加社区活动等方式，充分利用外部教育资源，引导学生关注社会，通过讲故事、演讲、辩论等形式，让孩子养成良好的沟通能力和表达能力。

多年来，储昌楼一直在想，教育最应该教给孩子什么？新教育实验探索的"每月一事"，让他的思考找到了更有支撑的着力点。

教育，要给学生一生有用的东西。好习惯的养成，会让学生受益终身。从2006年开始，新教育开始探索"每月一事"。1月，学生们从吃饭开始，学会节俭；2月，学生们从走路开始，学会规则；3月，学生们从种树开始，认识公益……就这样，踏青（自然）、扫地（劳动）、唱歌（艺术）、玩球（健身）、问候（交往）、阅读（求知）、家书（感恩）、演说（口才）、日记（自省），不同以小见大的主题，贯穿着学生的成长，浸润着学生的心灵。

"我们学校有一门天天成长课，每月一个主题，每周一个小话题，就是为了培养学生的习惯、思维能力等。每个新教育实验学校的尝试并非完全按照统一模式，而是有着在核心理念指导下自由探究的空间，这样，每个学校都可以各美其美。"储昌楼说。

各美其美的探索中，昆山市千灯中心小学作为一所农村学校，就走出了自己的特色。2014年世界教育创新峰会上，由欧洲新闻台制作的主题教育纪录片《Learning World》向100多个国家和地区1500多名教育专家展示。其中，昆山市千灯中心小学作为中国的展示学校获得好评，峰会闭幕后，纪录片又在126个国家和地区进行专题播放。

（四）学校的发展模式在改变

缔造完美教室、家校合作共育、建设数码社区……相互交融的行动，改变了学校的生态。

学校发展有很多模式、很多路径。新教育实验怎么去改变学校的发展模式？

实践中，这种改变是这样发生的：许多校长发现，还有比分数和考试更重要、更值得追求、更有意思的东西，如书香校园的建设。很多校长在思考，如何去塑造自己的文化？于是，一种以过完整而幸福的教育生活为灵魂的文化建设展开了。

"新教育的理念和行动，可以改变学校的品味。"储昌楼说，"学校的重要使命是实现文化渗透、文化传承，播撒审美种子，修复文化基因。"不久前，储昌楼完成了该校的《"好学校"文化建设纲要（2015—2020年）》。

其实，新教育的每一个行动，都是相互交融的，共同促进了学校发展模式的改变。

在新教育实验学校、江苏省海门实验学校附属小学高波老师的班上，有一个"完美教室"。他的班级有一个富有寓意的名称——"君子兰班"。"希望班上的孩子都成为爱读书的绅士淑女。"高波说。他的班上，还有君子兰博客、君子兰书吧、君子兰银行、君子兰慈善……这正是新教育缔造完美教室行动的缩影。

更多推行新教育的教室里，还有着班级精神、班徽、班诗、班风、班级歌曲、班级名片、班训、班规、班级活动计划、班级公约……就这样，班级的价值体系、班级的文化构建灵巧地实现了。在这样的教室里，班级文化的营造，读书活动的开展，良好习惯的养成，全人课程的确立，生命故事的叙述，促进形成了师生的共同成长目的，这便是缔造完美教室行动，它在改变着教师，改变着学生，改变着教室，改变着学校。

不仅如此，家校合作共育行动，也打掉了学校的围墙，改变着学校的生态。"十大行动"之一的建设数码社区，则进行了学校内外网络资源的整合，通过建立教师学习型网络社区，让师生利用网络进行学习和交流，改变了学校的样貌。

就这样，一个一个孩子，一名一名教师，一所一所学校，用一个个故事践行着新教育的目标。16年来，新教育实验从生发于学术的纸质梦想，到个体的行动探索，进而有了3 000所实验学校，实验影响遍及全国。

一群教育人的理想，生根，发芽，与中国3 000所学校的教育现实紧紧缠绕着，逐渐茁壮……

八、《人民教育》：教育随笔——改变教师的行走方式

2004年7月　梁伟国、李帆

编者按：如果说上篇是从教育科研的角度来阐述教育随笔的意义，那么本篇则是从教师的专业成长角度来阐述教育随笔在教师成长过程中的作用。它不仅能提供给师生一种平等的交流对话空间，而且能极大激发教师内在的发展潜力。事实上，

教育随笔，既是教师专业成长的自我反思录，同时，也是自我成长的点滴回忆录。通过这种独特的形式，可以让教师获得满足、体验成长的快乐。

青色的薄雾，悄无声息地浸透了小镇的夜。

人呼出的气息，附在窗户上，朦胧了视线。

"新课程发展，又将寻求新的突破，这就是学校文化的重建。"

"作为个体的学校文化的重建，是否就真能有效实现整体教育文化的变革？作为个体的学校文化，怎样才能超越时代的局限，在这负有历史责任的课程发展中，体现出教育者真正的价值来？"

"这就需要一种教育的大智慧，需要一种勇气与责任，需要更多充满理想、行走在教育理想路上的人们。"

在电脑上敲完这一段字，张向阳揉了揉布满红丝的眼，伸了伸腰。这时，桌上的电子钟显示，现在已经是 2 月 25 日 23 点 14 分。

明天还要上课，张向阳走出书房。卧室内，妻子早已沉沉入梦。

（一）"做一个有心人"

张向阳，一位普通的小学数学教师，目前在江苏省苏州胜浦镇金光小学任教。他还有另一个特殊的身份："教育在线"网站小学教育论坛的版主。这个虚拟身份的任务之一，是在论坛上发表教育随笔，组织网友们线上讨论。

"可以说，写教育随笔是我教师生涯中的一个'拐点'。"十多年前，刚毕业的张向阳，被分配到盐城一所小学工作。开始，学数学的张向阳并没有被安排去教数学，而是去教语文。刚摸了点门道，领导看他人高马大，又让他改教体育。直到学校有了体育专业毕业的青年教师，张向阳才终于教起了数学。此时，他已经 30 岁。

工作的最初十年，对张向阳来说，"就像是随手画出的一个个圆圈，画了一个便过去一下，很难说得上有些美好的记忆"，是"湿润而又平静的"。

一个偶然的机会，张向阳知道了"教育在线"网站。这是一个由苏州市副市长、苏州大学教授朱永新创办的教育网站。"这个网站于 2002 年 6 月成立，其目的是给普通教师搭建交流与成长的平台。"朱永新说，这个网站也是他所倡导的"新教育实验"的重要载体；而写教育随笔，则是实验的重要组成部分。

2002 年暑假，在"教育在线"上，张向阳第一次接触到了教育随笔。

在嘈杂的网吧中，许多人在聊天、玩游戏，而张向阳却静静地看着朋友们的随笔，成了网吧中的异类。张向阳告诉记者，他曾听到网吧的老板娘悄声对老板说："这个人不打游戏、不聊天，不知在干什么，盯着点。"为了看着他，老板娘特地端了张椅子，坐在他身边"监视"。

看着朋友们在网上的精彩文章，张向阳产生了"说点什么"的想法。2002 年 7 月 20 日，他写出了第一篇随笔——《在理想的家园中实践我们的教育理想：放弃霸权》。"这篇文章写得很笨拙。但万事开头难，做了总比不做好。"不久，通过网络，朱永新教授送给张向阳六个字："读书，上网，写作。"

张向阳开始了自己的新生活。网上，他与朋友开辟了《走进新课程专栏》；生活中，他开始阅读教育名著和名师们的文章。"那个暑假，是我一生中最快乐的日子。"如今，已经买了电脑的张向阳，回忆起那个嘈杂的网吧、那个警惕的老板娘，脸上展现出开心的笑容。

教育随笔对张向阳个人的提升是显而易见的。在此之前，这位小学教师从未发表过作品；在此之后，他已经在"教育在线"上发表了 30 多万字的教育随笔。到 2003 年，张向阳的教育随笔已在十余家省级以上的教育报刊上发表，共 50 多篇近 7 万余字。

2003 年，《人民教育》编辑部组织了《走进新课程》征文活动。张向阳，这位农村小学的数学教师，一人就发表了两篇关于新课程研究的文章，分获一、二等奖。同一年，张向阳被作为人才引进了胜浦金光小学。

像张向阳一样，张家港市沙洲小学教师陈惠芳，也通过写教育随笔而"搭上了成长的快车道"。作为一名教科室主任，陈惠芳坦率地告诉记者，刚开始写随笔时，仅仅是为了完成任务，每月像记流水账一样交上两篇文章。但是，这位"有心"的教科室主任渐渐发现，写好教育随笔并不是一件容易的事。

"要想写好教育随笔，就需要在平时深入了解学生，理解学生，善待学生，对每一个学生给予关注。比方说：在一个星期中，哪些学生写字进步了，有了良好的学习习惯，哪些学生的心理素质提高了，能在课堂上大胆表现自己……这就需要我多一双慧眼，不断进行角色转换。"陈惠芳说，"教育随笔的独到之处，就在于帮助教师成为一位'有心人'——课堂的有心人、事业的有心人。"

随着几十篇教育随笔频频见诸报纸杂志——《人民教育》《中国教师报》《班主

任》《德育报》……陈惠芳还先后获得了"苏州市优秀教育工作者""张家港市十佳师德标兵"等荣誉称号。

"教育在线"网站创办后，陈惠芳把自己近年来写的随笔编辑成专集《生命里的那一份份感动》，放到了网站上。在她的带动下，沙洲小学一大批教师也走进了"教育在线"，开始了教育随笔的写作。

"写教育随笔，离不开大量的阅读和对教育教学的敏感。事实上，我对教育随笔的最大感受是，不仅仅能丰富自己的理论知识，还能把平时学到的理论运用到实际工作中。"陈惠芳说，沙洲小学的教师们如今已编写了 5 本教育随笔，"没有对教育随笔的热情，我们是无法坚持这么久的。"

（二）"孩子，我看着你长大"

随着"新教育实验"的展开，教育随笔在更大范围得到实践。一些教师开始结合实际，对教育随笔进行了创新。

"我的教育随笔包括三个方面：教育教学随笔、学生档案记录和心灵对话书信。"吴樱花，昆山玉峰实验学校的语文教师，写教育随笔是从学校加入新教育实验后开始的。

刚开始写教育随笔，吴樱花和其他教师一样，只写两个方面的内容：班级管理和语文教学。但一段时间后，吴樱花发现，一个孩子频频出现在自己的随笔中。"后来，我了解到，这孩子有一个特殊的家庭，这造成了他特殊的个性和特殊的行为。我决定调整自己的教育随笔，增加一个内容——记录这个孩子的成长。"

吴樱花告诉记者，自己最初的打算是：通过写随笔记录学生的成长，一方面督促自己以研究的态度来对待这个学生的转化工作，一方面系统地收集自己与这位学生之间所发生的事情，以总结对特殊学生教育与转化的历程、做法与经验。

（文字说明：在日常教育教学工作中，吴樱花老师做了一个"有心人"。）

"我记下第一手资料，不管将来成功与否，这都是一份珍贵的研究资料，也能为以后的教育教学提供可参考的依据。"吴樱花笑着说，"其实呀，我也是被逼出来的，是没有办法的办法。"

从 2002 年 10 月开始，吴樱花用特殊的方法对这位特殊的学生进行了关注。在 3 万多字的记录中，吴樱花还原了一名普通教师在工作中的喜、怒、哀、乐，还原

了一名琐碎而真实的学生成长历程：

"SD，聪明却个性极强，素以调皮捣蛋出名，而且成绩比较好，曾在五年级就公开宣布喜欢某女生，是一个最让老师头疼的学生。"

——2002 年 10 月 29 日

"今天刚上完早读课，宿管部的姚阿姨打电话过来，说 SD 屡教不改……每次批评他时，他的态度蛮好的，可是接下来他就又犯了。"

——2002 年 12 月 11 日

"我对她（SD 妈妈）讲 SD 这学期进步很大，是老师的得力助手……11 日晚上和 12 日早上，他非常卖力地劳动，拖地、排位置、搬椅子，一直冲在前面。公开课上，他发言异常踊跃，见解也很精辟。

今天，课间他一直没有走动，默默地做作业。晚自习前一段时间，他跑到我身边对我说：'吴老师，我作业都完成了，我帮您批试卷吧！'我告诉他答案的把握尺度，他很灵气的，很快就领会了。于是他乖乖地站在我身边，一直帮我批完试卷。我望着他想：是否是我在他妈妈面前夸奖了他，使他更加想做一个好孩子、好学生？

今天，我在他的日记里写下批语：老师欣赏你，就像欣赏一部作品！"

——2003 年 3 月 13 日

偶然的情况下，这位学生从同学那儿知道了吴樱花为他所做的事。他的感动是吴樱花没有预料到的。"看，这是他知道这件事后，写的一篇日记。"吴樱花拿出一个笔记本：

"……我的心情久久不能平静。回到宿舍，我算了一下，（一篇文章）80 多个 KB 大约相当 5 000 个字吧，当时我真的不敢相信——作为一名老师，您竟然如此关心我！！我实在不知该对您说点什么，但是一切爱尽在不言中……努力读书！"

在接近一年的记录后，吴樱花把所有文字整理成册，起名《孩子，我看着你长大》，并把它作为礼物送给了这位学生。"从那以后将近一个学期，他就像变了一个人，成绩基本稳定在前三名，更多的是班级第一名。"吴樱花说，"这件事我还在继续做，他的表现也有反复，但基本上是稳定的。我计划把这份档案整整记录三年，结果会怎样，说实话，我自己也不知道，或许只有时间才能说明一切，但愿功夫不负有心人。"

"其实，只要有行动，就会有收获。"苏州新城花园小学的马彩芳，虽然仅有三年的教龄，但写教育随笔的习惯让她迅速成长起来，被同事们戏称为一匹"黑马"。她说，写教育随笔后，最让她高兴的是，"孩子们亲近我了，家长们信任我了，班级管理和教学能力也有了质的飞跃"。师生关系的和谐，给学生带来了快乐；而学生的快乐，又给马彩芳带来了乐趣和幸福。从这个意义上说，"教师看着学生的成长，而教育随笔则关注着教师的成长"。

（三）"校长，您教得比上次好"

苏州的胜浦镇，是一座仍保留着水乡习俗的小镇。镇上的金光小学，成立仅5年。在学校的校园网上，我们看到一位教师写的教育随笔——《有一种思绪叫怀旧》：

> 或许，我还未从学生调研测试惨败的阴影中走出；又或许，是学校领导对我们语文教学工作的悲观失望深深感染了我。这学期工作时已明显少了些往日的激情。以前的我曾一度神采飞扬，对未来充满无限憧憬。可如今我已变得战战兢兢，不敢再有什么奢望与斗志。
>
> 但我又清楚地知道这种"破罐子破摔"的想法是绝对要不得的。因为我无法面对40多双诚挚的眼睛，我也无法承受自己良心的责备。但我失落的自信我又该如何找回呢？每每思及此，心里总会涌起一股难以名状的悲哀。

校长庄林生告诉记者，金光小学的文科教学不是很好。在不久前的一次测试中，语文测试的成绩不很理想。于是，庄林生在校园网上发了一篇教育随笔，说"学校的语文教学没有与时俱进"，这位教师的随笔就是针对他的这篇文章而写的。

"老师能将这样的帖子发在校园网，本身就是对学校和校长的一种信任。这说明，她在期待着一种理解，更期盼着一种关爱。"庄林生看到后，在网上又写了一篇随笔，真诚地告诉自己的教师：

"作为学校主要负责人，我从来就没有悲观过，当然失望是肯定有一些的。"但是，"做任何事情先要有信心，然后要有思考、要有扎实的行动，最后要有恒心。我的个性就是这样的，我就不信了，人家行，为什么我们不行？用三至五年的时间，我就是要使我们的语文教学上一个台阶。"

这篇仅千字的随笔，既表明了校长的态度，又给教师以信心。"但我最看重的，还是通过这种教育随笔，在校园里营造出一种全新的氛围。"庄林生说，"参加'新教育实验'后，教师和校长同写教育随笔，而且通过随笔进行交流。过去一些不能当着校长说的话，教师们现在可以用随笔的形式表达出来。应该说，在某种程度上，教育随笔帮助金光小学开始形成一种民主、平等的学校文化。"

一些大胆的学生也开始对校长的教育随笔进行点评，或者在网上发表自己的看法。在校园网上，我们看到一位学生在听了庄林生的课后，写道："校长，您教得比上次好。"

庄林生坦陈，通过教育随笔实现信息与情感的全沟通，实现校园管理文化的创新，确实是一个"意外的收获"。"随笔拉近了校长与教师、学生之间的距离，教师、学生都可以参与到学校的管理中来，对学校的事务发表自己的见解，学校的精神面貌也有了很大的改善。"

庄林生告诉记者，一个学期结束后，学校会将教师们的随笔集中起来，印制成《金光小学随笔集》，记录下教师、学生和学校的成长，"这将成为我们学校一笔的宝贵财富，而学校的文化底蕴也将在这个过程中逐渐积淀。"

（四）"读书是准备，实践是探索，写作是反思"

教育随笔帮助教师与学校成长的"个案"，开始促使一些学校将教育随笔制度化。

"我们学校采取'主题性教育随笔'的方法，即围绕一个主题，连续撰写相关教育随笔。"吴江同里第二中心小学校长钮云华介绍，主题性教育随笔分为"个体式"和"群体型"两大类："个体式"是个人围绕同一主题连续撰写教育随笔；而"群体型"，则是大家围绕一个主题写随笔；学校规定，教师每月要写两篇教育随笔。

钮云华拿出厚厚一叠的打印纸，上面是最新一期的校刊，20多位教师围绕"家访"这个主题同写教育随笔：《心灵需要沟通》《原来你是那么出色》《令人担忧的家庭教育》……"像这种主题性教育随笔，集中了不同的故事与思考，很容易激起教师的探究性阅读。"钮云华认为，这会给教师带来思想和行为的双重冲击，推动教师的专业发展。

该校的管建刚老师，就是通过写"个人式"主题性教育随笔成长起来的典型。

从 2002 年 9 月开始，管建刚在"教育在线"上开设了主题性教育随笔《这一年，我当班主任》。一年的时间，围绕这一主题，他撰写了十来万字的班主任工作随笔，这些随笔后来陆续散见于《江苏教育》《黑龙江教育》《中国教师报》等报刊。

"在撰写《这一年，我当班主任》的日子中，有一段时间，我都处于思考的焦虑和重复实践的痛苦之中——因为如果没有继续、持续且深入的思考与实践，势必就无法继续这个主题性随笔，于是逼迫自己要有新思考和新实践。"管建刚说，正是这"新"字，才让自己得到迅速的发展。

"写作教育随笔，也是一个剖析自我、完善自我的过程。"苏州工业园区新城花园小学校长吴云霞认为，教育改革的深入，决定了今天的教师必须是"反思型"的教师，这种反思不仅仅是业务上的，更重要的是对自身修养的反思。

那么，如何培养教师的反思习惯呢？新城花园小学制定了"自我发展设计＋教育随笔"的教师发展自我行动计划。

"自我发展设计"是理性的。在一张设计表上，教师们按照"现状、问题""自我剖析"以及"改进措施"三个部分，对自己进行客观判断。然后每月进行一次定期对照，让教师记录下自己成长的足迹。

"教育随笔"是感性的，是教育教学的实践叙说。通过随笔，教师们记录生活，记录工作，记录学习，记录人生的精彩。

"在撰写教育随笔的过程，教师们进行着自我反思，体验着改变自己、改变课堂、改变学生的快乐。"吴云霞说，很多教师从自我审视开始，通过梳理自己的教育教学行为，进行教育随笔的写作。在写作过程中，教师们倾听到了自己内心深处的声音，他们开始试图站在不同的角度追问、挖掘自我，努力摆脱"已成的我"。而教育也在这种理性和感性的反思中，从"随意"走向"有意"。

"事实上，教育随笔的作用不能单独来看。要想写好随笔，首先要有文化底蕴，要多读书；写随笔，是利用自己的理论知识对教育实践进行反思；反思后，教师就要在实践中进行检验与新的探索。"在吴云霞看来，教师的自我发展三者缺一不可：读书是准备，实践是探索，写作是反思。

（五）留一只眼睛给自己

采访中，吴江梅堰实验小学的教师孙惠芳给我们讲了这样一个故事：

宫本武藏是日本历史上一流的剑客，柳生又寿郎拜他为师。学剑前，柳生就如何成为一流剑客请教老师："以我的资质，练多久才能成为一流剑客呢？"武藏说："至少 10 年。"

"我不能等那么久！"柳生急了："我愿意下任何苦功去达成目的，甚至当你的仆人跟随你。那需要多久的时间？""那，也许需要 20 年。"武藏说。

柳生更着急了："如果我不惜任何辛苦，夜以继日地练剑，需要多少时间？"

"如果这样，你这辈子再没希望成为一流的剑客了。"

柳生心生疑惑："为什么我越努力，成为一流剑客的时间反而越长呢？"

"你的眼睛全都盯着'一流剑客'，哪里还有眼睛看你自己呢？"武藏平和地说："要想成为一流剑客，就必须留一只眼睛给自己。一个剑客如果只注视剑道，不知道反观自我，不断反省自我，那他就永远成为不了一流剑客。"

（文字说明：教育随笔的意义，已经超越了简单的文字记录，而是包括了反思教育行为、融洽师生关系、营造学校民主氛围……）

"学剑如此，教学也是如此。"孙惠芳说，如果一位教师只顾埋头拉车，默默耕耘，从不抬头看路，也不反思回顾，那么，充其量他只能成为一个地道的教书匠，而永远无法实现真正的超越和自我发展。

对教师来说，"写教育随笔"无疑能让教师"留一只眼睛给自己"：

上完一堂课后，静静地坐在办公桌前，从容地整理自己的教学思路，清理自己的教学行为，总结自己的教学得失，捕捉课堂教学时的某个细节，及时记下课堂中的精彩的小插曲或倏忽而至的灵感。

工作之余，平静从容地悠游于书籍之中，写下自己的读书感悟。在读书中反思，在书香中成长，让教育名著擦亮自己的双眼，炽热自己的教育情感，改变自己的教育理念。

面对纷纭的教育现象，即使别人习以为常，也要问问自己：为什么会这样？我和别人有什么不一样的看法？我的观点是否轻易地被别人所左右了？在这问题或现象的背后还隐藏着什么？顺着思，反着思，整体思，局部思，从多个角度或换个角度看问题。

……

记录下这些，教师们才不会淹没在日复一日的教育常规中，才不会被表象所迷惑。

"其实，有时看到别人活得轻松潇洒，我也打过退堂鼓。偶尔看一下书、写些文章、做些思考并不难，难的是要长期坚持。"写了近 30 万字教育文章的孙惠芳说，她已经和自己的学生订下"同盟"：师生共同读书、师生一起写日记。每次动摇的时候，一想到学生期待的眼神，想到老师该处处率先示范为人师表，她始终没敢松懈偷懒。

"每天睡觉前，我总不忘问问自己——今天你想了些什么？今天你读了些什么？今天你写了些什么？"孙惠芳说，"如果没写，总觉得心里空落落的，好像缺了什么似的。"对孙惠芳而言，教育随笔已从最初的任务，变成了她生活中快乐的源泉。

"教育随笔能够激发教师的职业热情，让教师享受到教育的幸福。"朱永新说，现在，已经有遍及 21 个省、直辖市、自治区的几十所学校的教师加入了写作教育随笔的队伍。朱永新希望，写作教育随笔能够激发教师的潜力，让教师不再是被动地发展。"我们要改变教师的行走方式。"他说。

九、《人民政协报》：阅读，我们一起攀高的天梯

——全国政协委员、民进中央副主席朱永新访谈

2018 年 3 月　吕巍

提起阅读，不能不提的人便是朱永新。他的一句"一个人的精神发育史就是他的阅读史，一个民族的精神境界取决于这个民族的阅读水平。"戳中了这个时代的问题，也激活了这个时代的人们的思考与共识。

他是一个不折不扣的读书人，无论是工作繁忙，还是出差在外，每天早晨5：30开始的阅读写作，每段旅途中必须携带阅读的各种书籍，每天在微博上推荐一本值得一读的好书，都是雷打不动的。

他是"全民阅读形象代言人"，在担任全国政协委员和全国人大代表的 16 年期间，先后提出了建立国家阅读节、把全民阅读作为国家战略、加快全民阅读立法工作等一系列提案与建议，为推进全民阅读鼓与呼。

他是新教育的积极探索者，把"营造书香校园"作为"十大行动"之首，用书香校园建设推进书香社会的建设。他还组织力量研制了"中国人基础阅读书目"，专

2009 年 4 月 21 日参加总署国家机关读书会（左为张海迪，右为邬书林）

门成立了新阅读研究所，发起领读者联盟，召开全国领读者大会。

他是全民阅读的"呼"者，更是"行"者。

3 月 3 日早晨 5 点半，天还未大亮，朱永新却已洗漱完毕，端着一杯热茶坐到了"滴石斋"的书桌前。"滴石斋"是十几年前朱永新为自己的书房取的名字，勉励自己注重日常的点滴积累之意。翻开《杜威教育文集》第三卷，书香与茶香四溢。

费尔巴哈曾经说过：人是他自己食物的产物。无疑，这不仅仅是就身体而言的，人的精神更是如此，而精神的营养主要就是通过阅读实现的，我们的精神高度与阅读的高度密切相关。朱永新清晰地知道阅读对于一个人成长的价值，更懂得推动全民真正喜爱阅读，对于一个国家发展的意义。

"一个国家的强大得益于每一个人的强大，一个民族的兴盛得益于每一个人的成长。人才的竞争，是 21 世纪发展的保障。阅读，则是提升全民素质、进行人才培养必不可少的路径。"在今年提交的《关于建立国家阅读节，深化全民阅读的提案》中，朱永新这样写道。

第十六次在全国两会上为全民阅读呼号，朱永新怀着激情、循着理想行走在阅读推广的道路上。朱永新相信，时光从不辜负任何真诚的努力。

于个体，
阅读是一种弥补差距的向上之力。

- 每个人的生命都是一粒神奇的种子，而阅读能够唤醒这总潜藏着的美好与神奇。
- 人类精神的阶梯就是随着生生不息的阅读而不断延伸的。

记者： 看您的微博，上面的内容总是和阅读相关。无论是每天推荐的一本值得一读的书，还是以"与大师对话"形式出现的读书笔记，都能看出您每天的阅读量巨大。您的读书习惯是怎样的？是从什么时候开始对阅读有了激情？

朱永新： 每天清晨，是城市最安静的时候，也是我阅读和写作的固定时间，在 5 点到 8 点左右的这段时间里，我会安静下来，慢下来，慢读，细品，静思。文字是慢的历史，优美深邃的文字能够让我们的灵魂安静。无论是创造和欣赏，都需要慢的功夫。

如果没有工作方面的安排或者少量的应酬，每天晚上 8 点到 11 点左右也是我的阅读时间。我总觉得，以书为伴，是一种享受。书籍有一种神奇的力量，它建立起一个属于你的世界，在这个世界，你就是国王。离群索居不觉得孤独无助，闲暇生活也不觉得无聊发慌，幽静的日子永阳灿烂，嘈杂的环境照样安宁。

要说是什么时候开始对阅读有了激情，我想是在我小的时候就已经与书结缘。小时候，我们全家住在招待所里，因为我母亲在招待所工作。那时，很多住店的客人会带着书，我就请求他们借给我看，但是这些客人大多都是第二天就要走了，所以我拿到书以后，往往是一个晚上就把书看完，第二天再把书还给人家。在那样一个年代，能够找到几本书去读，也是一个很大的惊喜，或者说很大的享受。从那时起，我就对读书产生了浓厚的兴趣，也养成了阅读的习惯，这个习惯一直延续到今天。

记者： 您刚才几次谈到了"慢"，但实际上，现在是崇尚快节奏的时代，很多人没有大块的时间来读书写作，手机阅读可以随时随地，您觉得阅读朝着数字化的方向发展会不会是一个趋势？

朱永新： 我觉得数字化的阅读是一个不可逆转的趋势。但是，传统的纸质媒体的阅读也不能轻易放弃。为什么？倒不是简单地为了守住这样一个传统。数字化的阅读，对于快速地获取信息是有价值的。但要真正地研究一个问题，深度思考问题，可能还是要回到传统阅读上去。少儿阅读，也要尽可能多偏向纸质媒体，尤其是班级共读、亲子共读、师生共读，用传统的阅读方式很有必要。

记者： 您曾经说过，一个人的精神发育史就是他的阅读史，把阅读提到了一个很高的高度来评价，可不可以阐述一下您对阅读与个体发展的关系的理解。

朱永新： 阅读是一种生命本体的互相映照。没有阅读就难有个体心灵的成长，难有个体精神的完整发育。每一个人的生命都是一粒神奇的种子，而阅读能够唤醒其中潜藏着的美好与神奇。

人类伟大的智慧和思想往往深藏在那些伟大的经典书籍之中。阅读对于生命唤醒的独特价值在于：生命独自面对另外一种精神与情感的情境时，书籍架设起了人类灵魂交流的场域，使阅读和人精神的汇通变得可能，从而充盈了个体生命更多的意义，让人不断实践高尚的人生价值。这种读者与作者之间、读者与读者之间的互相映照反复出现，也就意味着自我教育的不断实施。

人类的历史有很多的精神丰碑，要达到或者超越那些精神高峰，阅读和思考是唯一的途径。人类精神的阶梯就是随着生生不息的阅读而不断延伸的。阅读不一定能延长生命的长度，但一定可以拓展生命的宽度、厚度和高度。

2009 年 12 月，与俞敏洪等获得腾讯教育风云人物奖

于民族，

阅读开启了我们共同的精神密码。

• 一个民族的精神力量，不是取决于这个民族的人口数量，而是取决于他的阅读能力。

• 一个不读书的民族是创造力贫乏的民族，一个创造力贫乏的民族是没有希望的民族。

记者：在很多人看来，阅读是个体行为，您为什么要十几年来一直坚持推广全民阅读？

朱永新：阅读本身作为一件很私人化的事情，充满了仁者见仁、智者见智的不确定性。但将阅读看作仅仅是个体的行为，这样的认识是片面的。每个人的阅读生活造就了每个人的精神高度，而每个人精神高度又直接影响到整个民族的精神高度，整个国家的精神高度，从而影响到我们的竞争力。一个民族的精神力量，不是取决于这个民族的人口数量，而是取决于他的阅读能力。一个不读书的民族是创造力贫乏的民族，一个创造力贫乏的民族是没有希望的民族。

所以我们看世界上那些最伟大的国家，都是把阅读作为一个基础工程，都是把阅读作为一个民族最重要的事情来推进的。很多国家的领导人，如总统、总理、总统夫人等，都是作为这个国家最重要的阅读推广人的形象来出现的。这是一个决定了我们的灵魂能够走多远，决定了我们的精神能有多高远的一个重要的事情。

记者：除了推广全民阅读，近些年您也一直关注共同阅读，共同阅读的意义在哪里？

朱永新：一个国家、一个民族，需要自己的共同价值、共同愿景、共同语言密码。如果我们的社会缺乏共同的语言，又怎么可能有共同的理想、共同的道德标准和共同的价值观呢？那么作为一个民族共同的精神密码，共同的语言从哪里来？从我们的历史中来，从我们对于世界文明包括中国经典的共同阅读中来。共同的阅读，是能够形成我们这个民族共同语言和共同精神密码的关键，是形成我们这个民族核心价值体系的重要途径。

心理学有许多关于"共作效应"的著名实验，证明大家一起做同样的事情，当事人的作业绩效会有所提高。如心理学家特里普利特让 40 个儿童尽量快速地摇动转轴绕线，一组是两两结伴绕线，一组是个人单独绕线，结果发现前者的效率明显好于后者。在教育中，共同阅读的社会促进也是非常明显的。不爱读书的人，书本对他们有冰冷的疏离感，共读让这些人找到了阅读的温度，渐渐喜欢上阅读，从而养成阅读习惯，甚至成为他们的重要生活方式，从而达到事半功倍的效果。

记者：我们强调阅读的重要性，让人们重视阅读、开始阅读并共同阅读，但读什么呢？不同的人群阅读的数目也应该是有所区别的吧？

朱永新：没错，对于社会上大部分的人来说，阅读书目就像地图对于旅行者一样重要。基本书目推荐是重建民族共同核心价值和文化认同、提高全民阅读水平的一项基础性文化工作，也是一项非常重要的利国利民、功在未来的战略性基础工程。这些年来，我们一直在做推荐书目的研制工作。

早在 20 世纪末，我在苏州大学就组织教授和全国知名学者进行了中小学生和教师阅读书目的研究和推广，曾陆续出版过《新世纪教育文库》，成为许多中小学开展阅读的重要参考书目。2006 年起，我和我的团队研制了"毛虫与蝴蝶——新教育儿童阶梯阅读"的童书书包，受到老师、父母、孩子们的普遍欢迎。2011 年 4 月开始，我们陆续发布了"中国小学生基础阅读书目""中国幼儿基础阅读书目""中国中学生基础阅读书目""中国企业家基础阅读书目""中国中小学教师基础阅读书目""中国父母基础阅读书目"等书目，大学生和公务员基础阅读书目也即将推出。在研制书目过程中，我们非常强调阅读中蕴含的民族文化根本精神和人类的基本价值。

始终如一，

为全民阅读鼓与呼。

• 这些年来，我一直认真努力地践行"全民阅读形象代言人"的职责，从未懈怠。

• 这些年来，国家正在以前所未有的力度推动阅读，让我们振奋。

记者：我们知道，您无论是担任全国政协常委还是担任全国人大常委会委员，从未放弃过对阅读的呼吁，也从未放弃对阅读的研究、实践与推广。能否简单回顾下您一路走来为全民阅读做过的那些事？

朱永新：从 1993 年，我开始担任苏州大学教务长开始，我就采用推荐书目等方式，在全校推动阅读。当时还推出了一个本科四年读 20 本世界名著且考试合格者才毕业的制度。

从 1995 年开始，我就组织苏州大学的教授和全国的知名学者进行中小学生和教师阅读书目的研究与推广工作，邀请于光远、李政道、张中行、钱仲联等国内著名院士、学者近四十人担任顾问。

2002 年，新教育实验在苏州昆山玉峰实验学校正式起航。这个实验一开始就推出了"六大行动"，位于"六大行动"之首的是：营造书香校园。我对我的新教育同人说，即使新教育其他事情什么都没有做，能够真正地把阅读做好，能够通过学校的阅读来撬动中国全社会的阅读，它的贡献也就非常了不起了。

2003年，我当选为全国政协委员。在这一年的"两会"上，我正式提出了建立国家阅读节的提案，同时提出了新教育关于阅读的几个主要主张——一个人的精神发育史就是他的阅读史，一个民族的精神境界取决于这个民族的阅读水平，一个没有阅读的学校永远也不可能有真正的教育，一个书香充盈的城市才能成为真正的精神家园。

2011年11月，新教育亲子共读中心在北京成立，后更名为新父母研究所。以推广亲子共读为主要任务的新父母研究所先后在全国30多个城市建立了"萤火虫工作站"，直接汇聚着近3万名父母。以"点亮自己，照亮他人"为宗旨的萤火虫精神，帮助数万父母、孩子点亮了阅读的心灯。

2012年，中央电视台举行全国十大读书少年评选。海选产生的30个候选人中，新教育的孩子有17名，最后获奖的"十大少年"中，新教育的孩子有6名。阅读，让这些孩子的生命变得美好，孩子，将让我们的世界变得美好！来自新疆的初中生赛普丁说："朱老师说一个人的精神发育史就是他的阅读史，我要说，我的阅读史就是改变我自己的家族和民族的历史！"

2016年9月28日，新阅读研究所在国家图书馆举行了首届"领读者大会"，成立了由全国阅读推广机构和推广人组成的"领读者联盟"，用民间的方式进一步推进全民阅读。

2017年3月，我担任主编的"新阅读译丛"首批图书《造就美国人》等正式出版，这套文库计划陆续引进国外阅读方面的理论研究与实践探索的优秀著作，为国内全民阅读提供借鉴。

从2003年两会开始，一直到今年，我连续十六年在全国人大和全国政协呼吁建立"国家阅读节"，把全民阅读作为国家战略，建立国家阅读基金，成立国家阅读推广委员会，加强社区图书馆建设，把农家书屋建在村小，给实体书店免税，国家领导人带头做阅读的模范，打击盗版、繁荣网络文学、规范中小学图书馆图书采购招标……几十个关于阅读的提案建议，记录着我这些年为阅读的鼓与呼。

记者：这十六年，全民阅读在推进过程中，有了哪些发展和改变？

朱永新：十六年过去了，虽然国家阅读节的提案没有成为现实，但我并不孤单，就拿全国政协委员来说，十二届的邬书林、聂震宁、赵丽宏等委员，以及更早的王安忆、张抗抗等委员，一直与我一起呼吁全民阅读，推动建立国家阅读节。我与新教育同人、与诸多阅读推广的行动者们一起欣慰地看到，阅读的理念已经被更多的人接受，全民阅读的氛围越来越浓厚，阅读率连续下降的趋势也得到遏制。据不完全统计，全国已有 400 多个城市设立了城市读书节，如苏州、深圳等地的读书节已经发展成为城市的重要文化活动。许多城市和学校也像我们所提议的那样，把每年的 9 月 28 日孔子诞辰日作为自己的阅读节、阅读日。《全民阅读促进条例》的出台和《中华人民共和国公共图书馆法》的颁布也表明，一系列重大举措正在推动着全民阅读向纵深发展。

而在新教育学校，书香校园已经是一道美丽的风景。比如湖北随县于 2011 年成为新教育实验区，以书香校园建设为抓手一直推进，教育质量逐步在随州市崭露头角并步入前列：中考文化课总分优秀率和平均分，全市排名前 10 位的学校，随县占据 8 所；排名前 20 位的学校，随县占据 16 所，全县 23 所初中全部进入排名前 30 位。比如安徽霍邱新教育实验区，通过新教育实验，通过书香校园建设，外出读书的孩子纷纷回到了家乡。类似这样的新教育实验区域、学校、个人的阅读故事和取得的成绩，还有很多很多。

这些年来，我一直认真努力地践行"全民阅读形象代言人"的职责，从未懈怠。这些年来，国家正在以前所未有的力度推动阅读，让我们振奋。

法律护航，
中国应该拥有自己的阅读节。
- 拥有了属于自己国家的阅读节，对国人心理上最直接的影响就是国家开始重视全民阅读。
- 要用立法去规范政府在全民阅读中的作用、地位和责任。

记者：您在今年的"两会"提案中，又重提了建立国家阅读节，把全民阅读提升为国家战略的建议，您觉得设立阅读节对我们普通的民众来说有什么好处？

朱永新：阅读是一个民族涵养精神元气的根本所在，而拥有了属于自己国家的阅读节，对国人心理上最直接的影响就是国家开始重视全民阅读。这是一种唤醒的力量，唤醒麻木的灵魂；也是一种催生的力量，催生蛰伏的智慧；更是一种支撑的力量，支撑不倒的信仰。

节日的本质就是对应平常的日子，把日常生活中重要的部分提升为一种仪式。国家阅读节是一种最简便有效地扩大对阅读的宣传，加强影响力、提高重要性的最好做法。就像"两会"是中国人的政治春节一样，国家阅读节也应该成为中国人的精神春节，让增强文化自信和阅读推广工作相辅相成。

记者：我们了解到您除了推进设立阅读节之外，其实也在继续推进阅读立法。为什么我们要用法治的力量保障阅读，这是从哪方面考虑？

朱永新：十八届四中全会提出"依法治国"这样一个方略。我觉得做任何事情，都要有法可依，阅读也不例外。世界上许多国家都将推动全民阅读视为提升国家综合实力的核心手段之一，从国家战略高度出发，以政府立法形式推进全民阅读，如美国的《卓越阅读法》，日本的《关于推进儿童读书活动的法律》，韩国的《读书文化振兴法》等。关于多少人必须拥有一座图书馆，很多国家也是立法来规定的。但在中国，在北京，我们知道像首图也好，北图也好，一到周末，挤得非常厉害，很多社区没有图书馆。我们要建设大量的文化中心，大量的图书中心、阅读中心，或者说社区图书馆。这个东西靠什么，靠呼吁是没有用的，必须立法。政府需要提供良好的阅读条件，给全民阅读提供一个支撑。立法很大意义上是规范政府在全民阅读中的作用、地位和责任。

法律是"硬文化"，文化是"软法律"。为阅读立法为"硬"，为阅读设节为"软"。"软""硬"兼施，互相助力，才能够从多角度、多侧面，强化公众对阅读的认可，在全社会营造更好的阅读氛围。

阅读的意义在于，它在超越世俗生活的层面上，搭建起精神生活的世界。在大地上生活的人类，若只是为生存奔波，而不能时时仰望精神的星空，灵魂就会被尘埃遮蔽。

希望有那么一天，我们在飞机上，在火车站，在许多公共场合，也能够看到我们的国人静静地拿着一本书在阅读，看到阅读成为中国的一道普通而美丽的风景线。

十、《中国教师报》：改变教师，才能改变教育

——新教育实验的探梦之旅

2015 年 6 月　翟晋玉

从一个人的念想开始，到实验区遍布全国各地，参与师生逾 200 万。15 年来，新教育实验在中国大地上掀起的波澜，令人瞩目。通过提升教师专业素养，新教育改变了许多教师的职业生涯和生命状态，进而改变了当地的教育生态。

（一）新教育的"飓风"

"曾经以为，教室就是一首独奏曲，我是演奏者，孩子们恭敬地聆听，被我指导着演奏。而我现在认为，教室是一首交响乐，我和孩子们彼此独奏，也为对方伴奏，孩子们因此学会演奏，而我也得到了新的成长。"在不久前举行的新教育缔造完美教室论坛上，57 岁的小学教师郭明晓说。

郭明晓是四川省宜宾市的一位小学教师，被新教育同人称为"飓风大姐"。本打算退休后安享晚年的她没想到，自己的人生因新教育而兴起一场"飓风"，来了一个不可思议的 180 度"大转弯"。

7 年前，步入"知天命"之年的郭明晓似乎已经达到了她职业生涯的顶峰。作为一名小学教师，她得到了许多令人艳羡的职称和荣誉：中高级职称、省政府教学成果奖……

"有学生的崇拜，有领导的信任，我完全可以凭借这些花环，轻松度过最后 5 年的教学时光。"郭明晓说。彼时，她在学校担任教导主任，兼一个班的教学工作，每周只有几节课。她每天上午教学，下午处理教务，傍晚游泳，悠闲自在。

在当时的郭明晓看来，自己过的简直是神仙般的日子，人生已接近完美，夫复何求。

而当时她并没有意识到，自己这种悠闲自在的生活，其实是另一种职业倦怠。

这种平静悠闲的日子被一个偶然事件彻底改变。2008 年 11 月，郭明晓到成都参加新教育举办的儿童阅读培训。特级教师常丽华展示的古诗课程"在农历的天空下"，几乎给了她"毁灭性打击"。

当全场听众一起朗诵诗歌时，郭明晓却因从未听闻这些诗歌而茫然无措。就在那一刻，她深深地意识到了自己学识的贫乏。

这次难忘的经历让郭明晓"由震撼而猛然觉醒"。从此，她"纵身一跃，跳进了新教育"，开始了一次异彩纷呈的全新旅程。

多年来，郭明晓尝试开展新教育理想课堂实验，实施了晨诵课程、生命叙事剧课程、传统节日课程等。她带领孩子们晨诵儿歌、儿童诗、古诗等近千首，阅读绘本近 200 本，排演大型生命叙事剧 6 部 14 台，和孩子们一起徜徉、流连于泰戈尔、狄金森、纪伯伦等名家的精神世界……

郭明晓说，在过去几十年的职业生涯中，她对教育没有找到真正的感觉。参与新教育实验后，她才懂得什么是教育。

新教育的另一员干将，河南省焦作市教研室主任张硕果的经历与郭明晓有些相似。本已"功成名就"的他们，加入新教育短短几年后，发生了脱胎换骨的变化。"这种变化是静悄悄的，却震撼人心。"张硕果说。

像郭明晓和张硕果这样的教师，在新教育团队中还有许多。对于许多中小学教师来说，新教育就像一场飓风，扫除了他们陈旧的教育观念，改变了他们的职业生涯，乃至整个生命状态。

新教育实验发起人、中国教育学会副会长朱永新将这些参与新教育实验的一线教师称为"教育的觉醒者"："因为觉醒，而理性地燃烧着激情，孜孜以求地探索，是这些教师共同的特点。"

"他们不一定是中国最优秀的教师，甚至不一定是新教育实验学校中最优秀的教师，有些教师可能还有着明显的缺点。但是，他们是真实的，他们在路上。"朱永新说。

（二）唤醒教师，从阅读开始

曾经做过小学教师的美国儿童心理学家哈伊姆·吉诺特曾经说过这样一段话："我得出了一个令人惶恐的结论：教学的成功与失败，我是决定性的因素。我个人采用的方式和每天的情绪是造成学习气氛和情境的主因。身为教师，我具有极大的力量，能够让孩子们活得愉快或悲惨……"

根据自己的从教经验，吉诺特认为，在教育教学中，教师是最关键的因素，对学生的学习和生活有着决定性影响。

　　朱永新对此高度认同，"教师是一个冒险的、甚至危险的职业，因为伟人和罪人都有可能在他的手上形成。"

　　在朱永新看来，教育成败得失的关键在于教师的专业素养。也正因此，新教育把教师的成长和专业发展作为教育改革的逻辑起点。"只有改变教师，才能改变学生。教师成长了，学生自然就会成长。"

　　"理想总是美好的，但是如何让理想落地生根，变为现实，关键在人。尤其是在教育技术和装备不断改善的今天，站在讲台上的那个人，才是关键中的关键。"张硕果认为，长期以来，教师的重要性常常被低估。"一些教室开始沦为知识的交换地，沦为考试机器的训练场。因此，新教育实验以教师的专业发展为起点，围绕着师生的生命成长展开。"

　　教师专业发展的一个重要基础是阅读。"一个人的阅读史就是他的精神发育史。"朱永新经常对教师如此强调阅读的重要性。

　　因此，新教育主张教师要多读书，特别是要多读经典，与过去的教育家对话。他们认为，这是教师成长的基本条件，是教师教育思想形成和发展的基础。

　　"成长从阅读开始。我知道要改变自己，要不断成长，唯有阅读。"郭明晓说，她的成长是从阅读开始的。

　　2009 年是最值得郭明晓骄傲的一年。那一年，她读了大量的儿歌和童话，以及童话理论与心理学著作，中断多年的阅读生活续接起来。"我希望用飓风一般的威力，扫除自己生命中所有陈旧的东西，让自己不断学习，追求幸福完整的教育生活。"

　　对于新教育，郭明晓充满了感激。通过阅读，新教育不仅改变了她的职业状态，更唤醒了她的生命激情。

　　张硕果对此亦深有共鸣，"教育其实就是一种唤醒，如果一个人的生命没有被唤醒，这件事情是很难做下去的。"

　　对于"唤醒"这个词的含义，许多参加新教育的教师都有自己的体验和理解。

　　"教育是相互的唤醒。通过教师的教，唤醒孩子心灵中的希望之火。通过孩子们的成长，唤醒教师心中的教育之火。通过孩子们之间相互的期望，他们彼此共同成长。"参加论坛的长江学者、北京师范大学教育学部部长石中英说，"教育唤醒的不只是学生，我们所有人的生命，我们这个社会的生命，都在教育的世界里被唤醒了。"

　　在朱永新看来，新教育的这种唤醒是一次新的复活。"我们的创新并非为了标新立异而创造，新教育人一直说，当某个旧的、好的理念被人忘却时，我们将它唤醒，甚至让它在我们生命中活出来，这种复苏与传承，已经是生命的一次更新。"

（三）完美教室：指向幸福

最近几年，新教育开始致力于"缔造完美教室"。

在张硕果看来，教室是教师最重要的舞台，它检验着教师的专业素养和教育智慧。

"我觉得一间完美教室，应该能够最大限度地实现孩子生命成长的可能性。"张硕果说，"我们新教育经常把一个孩子比作一粒种子，你说他是一朵花、一棵草、一棵树，都没有关系，最重要的是他能够成为最美的花，能够成为最绿的草，能够成为最伟岸的树。"

"谁站在教室里，谁就决定着新教育的品质，甚至决定了孩子的命运。"对于什么是完美教室，朱永新曾经做过这样的描述："生活于同一间教室里的人，应该是一群有着共同的梦想，遵守能够实现那个共同梦想的卓越标准的同志者。他们应该为彼此祝福，彼此作出承诺，共同创造一个完美的教室，共同书写一段生命的传奇。"

在特级教师、成都武侯实验中学校长李镇西看来，新教育倡导完美教室，其意义远不只是"追求优秀"。"优秀班级更多的是外在的评价，比如流动红旗得了多少，奖状有多少，期末年终奖有多少。而完美教室是内在的追求，它比一般的优秀班集体多了一份自觉的文化追求，一份诗意的营造，一种浪漫的生活。这是普通意义的优秀班级所不具备的。"

"完美教室指向的是幸福，指向的是生命。"李镇西说，"完美教室最根本的是带给学生和教师精彩的、富有诗意的生活……新教育能使我们的人生获得幸福，让我们更美丽。"

朱永新用三个短语表达完美教室的三个特征。

第一个短语是"汇聚美好事物"。"应该是把最美好的东西带到学校。学校应该成为汇聚伟大事物的中心，教室应该把人类最美好的东西放在教室里，让学生与它相遇。"

第二个是"呵护每个生命"。"完美教室应该是生命的绽放，所有的孩子、所有的生命都不能被忽略。教室里不应该有被遗忘的角落，教室里每个生命都应该得到特别的关注和重视。"

第三个是"擦亮每个日子"。"每一天你都用心把它擦亮，每一天我们都让孩子们过得很充实。如果每一天我们都能够问心无愧，如果让每一天都成为孩子生命中难忘的一天，我相信这就是完美教室。"

"完美教室在路上，我们要不断地前行，所以在缔造完美教室的过程中，我们也让自己的人生更完美，也让我们自己的生活更美好。"朱永新说，"一位教师一旦懂得了教育，懂得了孩子，懂得了教室，我相信他的能量就像飓风一样。"

（四）新教育，"新"在哪里

"我们的教育应该真做教育和做真的教育，新教育实验本身就立足于做这种真的教育和真做教育。"参加论坛的国家教育咨询委员会委员、国家总督学顾问陶西平说，新教育实验推动了中国教育的行动研究。

10年前，陶西平就曾把新教育实验比作"鲶鱼效应"，预言它会在中国教育的这片水中掀起波澜。

如今，新教育的确已经产生了这样的效应。2000年，新教育从一个人的念想开始启航，到今年已经走过15年的历程。从江南古城苏州发轫，一步步成长壮大，走向了大江南北，长城内外。今天，新教育已遍布全国大多数省份，有49个实验区、2 200多所学校、200多万师生参加了新教育实验。

任苏州市副市长期间，朱永新并没有以行政力量推行新教育。他明白，作为一种新生的教育改革，不能以外力强加推行，而必须依靠其自身的魅力来吸引人自觉加入。

如今，随着新教育的影响日益扩大，越来越多的地方教育行政部门开始认同新教育的理念，并主动推广新教育。行政力量的参与在新教育的快速推广和普及上起了很大的作用。如今，朱永新认为，自下而上和自上而下结合才是推广新教育最有效的方式。

去年11月，在多哈举办的"世界教育创新奖"评选中，新教育实验从全世界1 000多个申报项目中脱颖而出，入围15强，这是中国唯一入围该奖的项目。

"这些都是额外的奖赏。我们对自己的期望，是像农夫一样守着教育的田野，无论在怎样的天气里，都勤奋地劳作。"朱永新说。

"新教育的'新'到底新在什么地方？不是不要旧的，完全搞一个新的。我觉得应该是把旧的精华吸取了，糟粕剔除了，吸收时代的元素，创造新的教育。所以不是除旧布新的新，而是推陈出新的新。"陶西平说，"这样的新教育就是要解决问题，能够有一些创造。"

"真正的英雄来自基层。"教育部基础教育一司司长王定华认为，新教育已经积累了丰富经验，创造了许多好的做法，而且还凝练出可操作、可复制、可推广、可持续的行动指南。

"新教育是一个不断生成的过程。它不是一个框架，一个理念。我们在行走的过程中不断创造，不断汇聚，不断生成。"朱永新说。

在一份报告里，朱永新对新教育的未来作了如此描画："新教育的彼岸是什么模样呢？应该是一群又一群长大的孩子，在他们身上我们清晰地看到，政治是有理想的，财富是有汗水的，科学是有人性的，享乐是有道德的。"

（五）手记·回到教育的原点

伟大的哲学家康德曾经指出，教育是人类最难的事业。这种艰难首先在于，教育面对的是世间最复杂的事物——作为万物之灵的人。而且，教育不仅仅是观察和研究这个最复杂的对象，更重要的是要改变这个对象。不是随意的改变，而是让他们向着强健、智慧、自由的方向，向着真、善、美的方向改变。

中国教育的问题盘根错节、困难重重。在许多人看来，个人的力量微乎其微，自己再怎么努力也无法改变中国教育的现状。

朱永新深知这种困难，但他还是义无反顾地在做，日复一日，从不停息，这一做就是15年。在他身上，人们感到一种孩子般的纯真和执着，或许还有一种似乎不合时宜的精神气质，类似"堂吉诃德般的勇气"和"西西弗斯式的坚毅"。

这种勇气和坚毅来自他内心的使命感。"教育的使命在于塑造美好的人性，进而建设美好的社会。"朱永新认为，当下的中国教育是单向度的、畸形的、片面的、唯分数的，其中最大的问题是缺乏做人的教育，缺乏德性的教育。而要改变这种状况，关键在教师。

新教育提出通过改变教师来改变教育，是向教育常识的回归。"新教育之新，实际上是让教育返璞归真，回到教育的原点。"朱永新说。

"我们并不奢望自己能够拥有教育的真理，我们甚至认为，我们即使已经探索到的局部真理，也并非真理本身。"朱永新说，"真理的探寻必然是一个不断创造的过程。所以我们坚信，新教育人的每一次探索，都是为中国教育探路，从而助力于中国教育，大步迈向理想的明天！"

当然，要达到"理想的明天"，实现中国教育的梦想，并非易事，需要长期的努力。

新教育人喜欢说，相信种子，相信岁月。

这是一种期待，更是一种信心。人无信不立。信为立身之本，信不仅仅是诚信，更重要的是信心，对真理、正义、美善的信心，对教育所能带给人的成长的信心。

有这种信心，加上坚持不懈的奋斗，中国教育的梦想终究会变成现实。

十一、《人民日报》：用文学浸润孩子心灵

2018 年 11 月　丁雅诵

"我已经坐在了春天里。可是我必须在这春天里去看几个人，在他们的身边坐坐……"在前不久举办的"2018 领读者大会暨国际儿童读物联盟中国分会阅读年会"上，深圳实验学校小学教师周其星与学生们一起朗读，探寻儿童文学的美妙。

"文章中，最打动你的是哪句话？""走近故事的主人公，你想对他说什么？"在周其星引导下，大家跟随着作者的笔触，渐渐将思绪投入到作者对亲人的追忆中。"这不仅是一堂语文课，更是一堂文学课。"周其星说，"语文阅读不能将作品只作为阅读的材料，分散地去学习生字生词、语法修辞等，更应当增添诗意的表达，让学生去想象、去感受、去理解。"

在儿童读物中，文学可以说是最主要的一个方面。"文学就是人学，儿童文学就是儿童精神生命的母体。"民进中央副主席、新教育实验发起人朱永新认为，在教育过程中，如果把阅读抓好了，教育也就抓好了一大部分。如果一个孩子通过家庭教育、学校教育，真正爱上了读书、学会了读书，那么也就掌握了自我教育的工具。

文学潜移默化的影响，对于身心正值发育期的儿童来说，意义非凡。"好的儿童文学作品，比如《小王子》《牧羊少年奇幻之旅》《夏洛的网》等，都是以儿童视角为切入点，揭示出人性中光明、温暖、值得坚守的一面。这样的文学作品，会成为一个孩子生命中的底色。"朱永新说，"孩子长大成人后，当他们在现实生活中遇到挫折，甚

至痛苦绝望的时候，这些童年的记忆能鼓舞他们站起来，激励他们不断向前。"

"世界各地的儿童文学，由于创作者所处的地域、环境、年代、写作经验和人生经验各不相同，作品也就有了各自独特的气质和特色，并共同构成了五彩斑斓的世界儿童文学全景。"国际儿童读物联盟主席张明舟表示，如果孩子们从小就能相互了解彼此的历史与文化，理解人类共同的情感与价值，那么他们长大后就能成为维护世界和平的力量。

市场监测数据显示，2017年，我国童书零售市场品种超过25万种，其中儿童文学类图书占30%左右，约7.5万种，粗略估计，近年来，每年出版的儿童文学新书也在5 000种以上。"但繁荣背后有隐忧，新书多、好书少是读者比较普遍的抱怨。"中国出版协会少年儿童读物工作委员会主任李学谦说，"有些书看起来是新书，但实际上是类型化写作，跟风出版、重复出版，没有多少创新；还有一些书为了满足孩子娱乐、猎奇心理，用玄幻、离奇、惊悚、搞笑的故事来取悦孩子，没有多少营养。"

"真正的儿童文学应当有认知、教育、审美等方面的功能，构建起孩子的心灵世界。"李学谦表示，"儿童文学应该更接地气，像《稻草人》《小兵张嘎》《宝葫芦的秘密》《草房子》之类的作品之所以经久不衰，正因植根于特定年代儿童的现实生活，塑造了特定环境中的儿童典型形象。儿童文学应该更有童心，要摒弃'成人本位''教育者本位'的视角，防止儿童文学'娱乐化''轻飘化'。"儿童文学是儿童阅读的第一块基石。打牢儿童阅读的基础，需要更多更好的儿童文学作品，也需要更多的领读者，引领孩子走进广袤富饶的文学世界。"一个原本有趣的阅读过程，如果变成一个为了做题、为了写作而进行的过程，就会立刻变得无趣。长此以往，孩子更会变得排斥阅读。因此，在教育教学中，让孩子去感知、去欢笑，才是最重要的。"新阅读研究所所长梅子涵说。

如何让文学作品走进课堂、走进孩子心中？江苏省特级教师丁筱青理解："首先，文学的课堂要以儿童为主体，让学生成为真正的体验者，教师的作用是辅助指导。其次，要通过多种方式引导孩子亲近文学，比如，要根据孩子的接受状态来设计问题，不要过度追问，试图把他们引导到成人想要的答案。可以适当帮助学生概括、归纳、推理，但不要贴标签、用概念，不要肢解文本。"

用文学浸润孩子心灵，构建起一个充满人文气息的阅读世界，期待每个儿童文学创作者、领读者、关注者的共同努力。

十二、《中华儿女》：朱永新——当代教育家的知行合一

2019 年 12 月　王海珍

朱永新是一个自带"光源"的人，这份光源不是来自他的头衔，更不是来自他的标签。

是的，他是官员，是全国政协常委、民进中央副主席。他还是"新教育实验"发起人，是著名教育家、博士生导师、中国教育学会第八届理事会学术委员会顾问等。但是当他出现在人群中，给人的第一感觉是，他就是完整的自我啊，一个丰盛的幸福的人，智慧，温润，宽厚，自在。即便没有如上头衔和标签，他也有光，也能照亮他人。

翻开朱永新的简历，我们可以看到，自 1978 年上大学起，他的人生就与教育结下不解之缘。此后，不论为官为学，教育始终都是他人生中的重要组成部分，乃至人生基石。他日复一日地在教育这块田野深耕不辍，以"精卫衔微木，将以填沧海"的精神不断改变当下的教育生态系统。这条路并不容易，但他从未放弃。他性情中的坦荡、平和、温暖构建了他强大的人格魅力。官场经年洗礼，书生本色未变，新教育的拓荒之路遭遇碰壁也未磨损他的锐气。他本人成为一个天然磁场，吸引了越来越多的追随者和他一起努力，他们一起擎起新教育这杆大旗，以星星之火燎原之势，在中华大地上掀起了一场教育改革的春风，温润而持久。

他和他的同事们还在继续努力。

（一）新教育实验是一场马拉松

2019 年 7 月 14 日，新教育实验第十九届研讨会在江苏姜堰地区举行，朱永新结束了中央党校为期两个月的学习，仍然是利用周末，马不停蹄地奔赴研讨会现场。今年研讨会的主题是人文教育，梁晓声、万毅平、孙云晓等大咖也前来助阵，他们参加了会议并做了精彩发言。更多的参会者是来自新教育实验学校的老师们。在这次研讨上，又一批学校加盟了新教育。截至目前，已经有 11 个地级市，152 个县市区，5 216 所学校加盟新教育。此时，距离朱永新出版专著《我的教育理想》并

提出新教育实验理念 19 年，距离新教育首家实验基地在江苏昆山玉峰实验学校挂牌 17 年。

不到二十年时间，新教育实验从一所学校加入，到五千多所学校同行，数量呈几何级上涨，新教育理念惠及的孩子更是爆发式裂变增长。朱永新以他的人格魅力、情怀和理念感召着一批又一批教育理想主义者与他一起，稳扎稳打，在一城一池间建立着理想教育的乌托邦——过一种幸福完整的教育生活。如今，新教育实验已经成为民间教育场最大的 NGO 组织，慰藉着越来越多的心灵。

新教育实验提倡让教育回归它的本来面目。新教育认为，教育的根本目的，是培养出既有着民族情怀，又有着全球视野，既有着本真的生命体验，又拥有全面的科学知识，具有创造能力的未来公民。为了实现这一目的，新教育实验启动了课程体系的构建。

2018 年，新教育实验区工作会议在江苏如东举行

朱永新赋予"新教育实验"的核心理念："过一种幸福完整的教育生活"。新教育实验力图实现"四个改变"：改变学生的生存状态，改变教师的行走方式，改变学校的发展模式，改变教育科研的范式。实现这四个改变的途径是新教育实验倡导的具体行动，由最初的"六大行动"迭代到现在的"十大行动"。是的，新教育实验的血液一直是鲜活的，它始终保持着前瞻的眼光以及与时代发展趋势的共振，唯有此，

才有源源不绝的生命力。

　　而朱永新，就是新教育实验的灵魂。如果新教育实验是一艘在大海中航行的船，那么朱永新就是船长。他需要提前规划航程，也需要时刻助力前行。

　　2002 年，时任苏州市副市长的朱永新建立了首个新教育实验学校——朱永新不甘心仅仅做一个教育理念的倡导者，他更想做一个行动者。彼时，他心目中的理想教育理念提出来之后，有很多人说，好是好，但是太难落地了，"难吗？是很难，但是并不是不能实现，我做一个试试。"朱永新说。凭借一腔热血，首个新教育实验学校由此诞生。之后，一生二、二生三、三生万物，生生不息，新教育实验的星星之火徐徐蔓延。

　　"当时在成立第一个新教育实验学校时，并没有想到能发展得这么快。"朱永新说，新教育实验之所以发展迅猛，在朱永新看来，"是人才，新教育实验理念吸引了很多优秀的老师加入，他们是实实在在的践行者。"教育是一个灵魂唤醒另一个灵魂，一名老师就这样悄悄地影响着一个班级的教育，慢慢地一个地方的教育场域发生着变化。改变就这样一点一点地发生着。一个人的力量是微小的，但是只要这个力量专注而持久，它也能够推动事物向前。相似的灵魂彼此吸引，一簇一簇的理想火花汇聚在一起，渐次形成了山呼海啸般的影响力。罗伯特·佛罗斯特在《未选择的路》中说，"一片树林里分出两条路／而我选择了人迹更少的一条。"人迹更少的路行走不易，幸运的是，有同路人，他们彼此照亮，彼此帮扶。

　　选择在很多时候是缓慢形成的，即使发生了很多事情，但是仿佛什么也没有发生过，然而，在一起经历了之后，一切又变得和以前不一样了。朱永新是新教育实验老师们的"知音"，微博、邮件，乃至短信，老师们可以和他直接交流。"你看，这是一位校长发给我的，他在为新教育实验在孩子们中间所带来的改变而感动。"朱永新打开手机短信，一个字一个字认真地读着，他在为老师们的感动而喜悦着。"还有一条，（她是）一位年轻的乡村女老师。现在马上要去国外支教。在推进新教育实验的过程中，老师们也成为受益者，他们也在其中成长着，这是多好的事。"朱永新由衷地说道。

（二）将目光投向未来

　　新教育实验也曾经遇到过困难，毕竟，新生事物摸索着成长本就不易，但是还好，有学校折戟沙场，有更多的学校雨后春笋般生长起来了。回首新教育实验发展，"一二线发展缓慢，地级市发展迅速，而农村地区是最盼望新教育实验的地方。"朱永新说，"优秀是卓越的敌人，一线城市有雄厚的师资力量，反而不容易接受新生事物。"但他也强调："未来，我们也不会放弃在一线城市发展新教育实验的机会。"推行这么多年新教育实验，他已经有足够的信心，"新教育实验已经走过了最艰难的时期，现在是发展势头正猛的时候。"现在的新教育，正如一个十九岁的学子，昂昂然在清晨的阳光中缓步慢跑，新教育实验这场马拉松，路还很长，但是，步伐很稳。

"我期待新教育实验做成百年老店。"而他自己也坦言正在培养新教育实验的新的领军人，"我希望，以后的新教育实验慢慢能走入后朱永新时代，到那时，我可能会去一所乡村的新实验学校当一名普通老师，新教育实验想要继续往前走，就要慢慢淡化朱永新标签。"但是，目前，他还是那个扛旗的人。

不久前，有一个科技公司邀请朱永新等一行教育专家去他们公司参观，公司高管兴致勃勃地向他们展示了公司最新研发的一款产品：可监控教室内孩子专注力的设备。朱永新看了之后，表达了他的疑惑，教室功能在慢慢弱化，在未来，可能都没有教室了，这个产品有市场吗？

在朱永新看来，现在的学校未来将会被学习中心所取代。他把这一理念写成了一本书《未来学校：重新定义学校》。"我们今天觉得天经地义的学校生活，因为互联网，因为信息技术的发展，会在润物无声的改变中，发生翻天覆地的变化。在不远的未来，今天的学校会被未来的学习中心取代。"朱永新说，"这几年新教育实验一直在研究未来的课程体系，我们主张要教给学生一生有用的东西。"

这也不是朱永新第一次将目光投向未来，实际上，他一直在向前看，包括"新教育实验"。即便是在首个实验基地挂牌之时，他虽然并未想到以后发展能够如此迅猛，但他却看到了教育的病症所在，并试图开出改良方案。他带领着新实验教育一步一步地行走，新教育实验研究院下属机构渐次成立：新教育研究中心、新阅读研究所、新家庭教育研究院、新艺术教育研究院、新科学教育研究所、新评价与考试研究所、新生命教育研究所、新教育网络师范学院、新教育教师成长学院、新职业教育研究所、新教育发展中心、新教育研学中心……每个机构分担新教育实验的不同课题，而"种子计划""萤火虫"等公益项目也在全国遍地开花，形成了良好的社会效应。

朱永新如同运筹帷幄的将军，在新教育实验的沙场上排兵布阵，为未来新教育实验的良性循环搭建好框架。这些所有的一切，都是依赖民间力量的支持，没向国家要一分钱。而他本人，已经为新教育实验的发展捐出了一百多万元的稿费。"还好，现在新教育实验自己已经有了造血功能。"说到这里，朱永新笑了，眉眼之间快乐得像个孩子。

朱永新曾经这样写道："中国教育有弊端，但怒目金刚式的斥责和鞭挞，虽痛快却无济于事。对于中国教育而言，最需要的是行动与建设，只有行动与建设，才是真正深刻而富有颠覆性的批判与重构。"

是的，他就是那个行动者，可能也有过难挨的至暗时刻，可能也沮丧过伤心过，但是第二天随着太阳升起的，依旧是那颗生机盎然的不曾气馁的未曾被磨损的心——又晶莹又清澈。

（三）用脚步丈量提案的政协常委

朱永新 2008 年当选为全国人大代表，2013 年当选政协委员并在当年就任政协常委一直任职至今。自从当选"两会"代表以来，朱永新就一直是全国两会的"明星人物"，一是因为他在教育界的影响力，二是因为他每年引人瞩目的提案。

朱永新的提案关注重点还是在教育方面，他尤其关注青少年阅读氛围的营造。"一个人的阅读史就是他的心灵史。"这句朱氏名言已经脍炙人口。2019 年的"两会"，他分别就农村中小学生阅读与图书馆建设和高效图书馆建设写了提案，为此他跑了很多学校，进行实地调研。多年来，他的很多提案都是他一步一步用脚丈量出来的。他不愿埋首书斋只看数字报表，他更愿意自己去感受，去看见。

"我可能是最幸运的官员吧，不论是在苏州当副市长还是北上民进中央任职，我主抓的领域都有教育，这让我对中国的教育观察和思考更为全面。"他自称自己是行动的理想主义者，经年的实地调研让他明白有哪些事情是可以直接落地，有哪些事情可以迂回才能抵达目的地。因此，他避免了纯粹的理论学者空谈的误区。他有理论基底，更有行动的魄力，他坚信，唯有行动才能抵达理想之境。抱怨，纸上谈兵，从来不是他的风格。他用行动为后来者拓荒出一条无人走过的路，又用人格魅力聚集了很多有理想主义情怀的行动者。他身后的人又给予他以支持，于是，整个新教育实验队伍就这样加速前行着。

除了关注教育和阅读，他的目光也投向扶贫等其他领域，"其实，很多领域中都能找到教育因子起的作用。"朱永新善于从教育家的眼光看待社会问题，比如扶贫。授人以鱼不如授人以渔，授人以渔就是一个教育过程。如果贫困的孩子想要改变命运，最好的方式还是通过教育。朱永新习惯于抽丝剥茧般看问题，愿意追根溯源。

朱永新特别愿意强调公平，包括教育公平，他的人生哲学中有着朴素的"众生平等"观念。尽管身居高位，但他却永远平视每一个人，不卑不亢，坦坦荡荡。在考入大学之前，他曾有一段时间的工作经历，也算让他尝尽人间百态。他先从打零工，后到了供销社当了棉检员，此时的他总是对穿着破旧的农民心怀体恤，在自己的能力范围之内给他们高一点的价格。后来，不论是在苏州为官，还是北上任职，这份悲悯之心依然，从未因职位增高而改变。

朱永新的宽厚与大气也多有人提及。在苏州任职时，有作家曾经当众对他出言不逊，之后有事请他帮忙，他不计前嫌尽力办了，事后，这位作家对他评价说，有学问，度量大，给人办事真帮忙。这位作家就是唐晓玲。多年后，唐晓玲在她的书里写了这一段故事，拿给朱永新看，朱永新早忘了这些事。

这些看似细枝末节的小事，也正是朱永新之所以成为朱永新的原因，正如一枚叶片的脉络也是光合作用的显现过程，每个人的当下都是由无数个过去组成。很多人在往前走的时候把自己走丢了，但是朱永新并没有，他大踏步往前走，每一步都走得如此坚实有力，烙下的印记也愈来愈深。

朱永新认为，最好的教育是帮助每个人成为最好的自己，把每个人的个性、特长、潜在优势充分发挥出来。每个人做好自己，发挥自己所长，教育应该是扬长教育，而不是让每个人都按照一个模式去塑造。是的，西红柿就应该是西红柿，而不应该长成蟠桃，当然更不能期望让小草成为参天大树，每一套生态系统都有自己的规则。他相信，未来的基因技术、心理学和脑科学会为人的自我定向提供更多可能性。那时候，人们就不会一窝蜂地全部去考证，用一个成功标准去衡量人生。多样性选择也能够减轻当下泛滥的教育焦虑症。

（四）丰厚人生写成巨著

朱永新很推崇苏联著名教育家苏霍姆林斯基的理念。他对苏霍姆林斯基研究很深，苏霍姆林斯基自17岁始，就一直在教育一线当老师，他的教育理念都源自于实践。朱永新曾经在苏霍姆林斯基的国际研讨会上分享过苏霍姆林斯基的生平，并特意提到了他的作息时间：每天早晨五点至八点从事写作，白天去课堂上课、听课、当班主任，晚上整理笔记，思考一天工作中遇到的问题。丰富的实践和持续的思考给了他很深的触动。

朱永新本人也是早起两个小时的受益者。童年时期，他就在父亲的教导下，晨起锻炼身体，诵读诗书，"每天多出两个小时，集腋成裘，多出的时间就有了很大的价值。"这也是他多年来身兼很多要职却笔耕不辍且著作等身的主要原因，当别人还在酣睡时，他已经奋笔疾书很久了，时间对每个人都是公平的，但是时间会特别优待会珍惜的人。

不管走到哪里，朱永新的身边永远都有书。即便是在中央党校的短期培训，他的书架上也满满当当地摆放着书，有教育经典文库，有名家巨著，也有灵动可爱的儿童绘本。不论多忙，他每天都有至少一小时的阅读时间。他每天撰写大量文章，在博客上和读者分享，有输出就要有输入，他一面保持着高质量的输出，一面源源不断地吸收新的养分。

近年来，他的阅读书目上有一个重读经典计划，他把早年读过的著名教育家的书又翻出来读，随着年龄和阅历的增长，一遍和一遍理解不同，他说他读完了中国教育家陶行知和叶圣陶的教育文论，最近几年又在重读杜威的书，一次读书之旅也是一次与伟大心灵的交谈之旅。他一次次徜徉在这些教育大家的书香中，汲取着养分。与此同时，他也分别与来自美国、英国等国家的当代教育家对谈，谈东西方教育理念的不同，谈全球化视野下的教育共通之处。他的视野也因此纵横捭阖，向内向深走，也往广向远走。

他曾经说，苏霍姆林斯基是一部巨著。如今，在他的追随者眼中，朱永新也成了一部巨著，并且还会继续丰厚下去。

附　录

一、朱永新和新教育实验获得的主要荣誉与奖励

2020年，朱永新获"IBBY-iRead爱阅人物奖"［国际儿童读物联盟（IBBY）］。

2019年，朱永新获"全国阅读推广特别贡献人物奖"（中共中央宣传部所属《中国出版传媒商报》）。

2019年，新教育实验项目获"中国教育创新最高奖'SERVE'奖"（北京师范大学中国教育创新学院和第五届中国教育创新成果公益博览会）。

2018年，新教育实验项目获"国家基础教育教学成果奖一等奖"（中华人民共和国教育部）。

2017年，朱永新获"中国当代教育名家"称号（中国教育学会、中国高等教育学会、中国职业技术教育学会、中国教育电视台、中国教育报刊社、人民教育出版社）。

2017年，由朱永新主编的"中国教育改革大系（10卷本）"获中国新闻出版领域国家最高奖"中国出版政府奖"（国家新闻出版广电总局）。

2017年，新教育实验项目获"江苏省基础教育优秀教学成果特等奖"（江苏省人民政府）。

2017年，新教育实验项目获"中国教育改革先锋人物奖"（新浪教育盛典）。

2016年，朱永新的著作《致教师》获"大众喜爱的50本图书"（国家新闻出版广电总局）。

2015年，新教育实验项目获"第四届全国教育创新典型案例奖"（中国教育报刊社）。

2014年，新教育实验项目在"世界教育创新峰会教育项目奖（WISE Awards）"中入围15强（卡塔尔基金会）。

2012年，朱永新获"全民阅读形象代言人"（国家新闻出版总署）。

2011年，新教育实验项目获"年度致敬人物"（腾讯网）。

2011年，新教育实验项目获"新浪教育风尚奖"（新浪网）。

2009年，新教育实验项目获"回响中国年度致敬"之"教育风云人物"（腾讯网）。

2008 年，《朱永新教育文集》获中国最优秀的教育学术理论图书第一名（《中国教育报》"好书教师评活动"）。

2008 年，新教育实验项目获"改革开放 30 年'中国教育风云人物'"（中国教育电视台、中国教育新闻网）。

2007 年，新教育实验项目获"中国十大财智人物"（北京文化发展研究院、《财富时报》社、中国推选网等）。

2006 年，新教育实验项目获"感动中国"候选人（第 33 号），（中国中央电视台）。

2006 年，新教育实验项目获"中国十大教育英才"（全国政协教科卫体委员会、全国工商联、对外友协、中华英才半月刊社和联合国教科文组织中国办事处等）。

2006 年，《朱永新教育文集》获中国大学出版社优秀畅销书一等奖（中国大学出版社联盟）。

2004 年，新教育实验项目获"为了公共利益"年度人物（《南风窗》颁发）。

2001 年，朱永新获"杰出教育家奖（2001 Distinguished Educationist Award）"［美国阿姆斯壮大学（Armstrong University）］。

1998 年，《中国教育家展望 21 世纪》获山西省精神文明建设"五个一工程"奖（中共山西省委宣传部）。

1997 年，《中华教育思想研究》获第二届全国青年优秀社会科学成果提名奖（中国社会科学院、共青团中央）。

1993 年，由朱永新编撰的《中国大百科全书》获重要贡献奖（国家新闻出版总署）。

1991 年，由朱永新参与编写的《中国心理学史》获国家图书奖提名奖（国家新闻出版总署）。

二、朱永新关于新教育实验的主要论著

（一）国外出版著作

1. 朱永新：《中国新教育在行动》（*China's New Education Experiment in Action*），纽约：英文版，美国麦克劳-希尔教育集团，2019。

2. 朱永新：《朱永新教育小语》，布加勒斯特：罗马尼亚语版，罗马尼亚科伦出版社，2019。

3. 朱永新：《朱永新教育小语》，杜伊斯堡：德语版，德国阿威罗伊出版社，2019。

4. 朱永新：《朱永新教育小语》，耶路撒冷：希伯来语版，Lavi P. 出版社，2019。

5. 朱永新：《中国新教育》，贝鲁特：法文版，黎巴嫩数字未来出版社，2018。

6. 朱永新：《朱永新教育小语》，加德满都：尼泊尔语版，尼泊尔现代出版社，2018。

7. 朱永新：《真教育是什么——中国教育大家朱永新说的教育箴言》，首尔：韩文版，韩国耕智出版社，2018。

8. 朱永新：《中国新教育》，乌兰巴托：蒙古文版，蒙古国立师范大学出版社，2018。

9. 朱永新：《朱永新教育小语》，首尔：中、英、韩对照版，韩国耕智出版社，2017。

10. 朱永新：《中国新教育》，努尔苏丹：哈萨克版，哈萨克欧亚国立大学出版社，2017。

11. 朱永新：《写在新教育边上》（*Analects of the New Education of China*），纽约：英文版，美国麦克劳-希尔教育集团，2016。

12. 朱永新：《新教育讲演录》（*Lectures on the New Education*），纽约：英文版，美国麦克劳-希尔教育集团，2016。

13. 朱永新：《走在新教育的路上》（*On the Way to the New Education*），纽约：英文版，美国麦克劳-希尔教育集团，2016。

14. 朱永新：《新教育对话录》（*Dialogues on the New Education*），纽约：英文版，美国麦克劳-希尔教育集团，2016。

15. 朱永新：《中国新教育实验》（*New Education Experiment in China*），纽约：英文版，美国麦克劳-希尔教育集团，2015。

16. 朱永新：《我的阅读观》（*My View on Reading*），纽约：英文版，美国麦克劳-希尔教育集团，2015。

17．朱永新：《我的教育理想》（*My View on Education*），纽约：英文版，美国麦克劳-希尔教育集团，2015。

18．朱永新：《新教育讲演录》，首尔：韩文版，韩国耕智出版社，2014。

19．朱永新：《中国新教育》，科威特城：阿拉伯文版，阿拉伯思想基金会出版社，2013。

20．朱永新：《我的教育理想》，东京：日文版，日本东方书店，2012。

21．朱永新：《新教育之梦——我的教育理想》，首尔：韩文版，韩国语文社，2009。

（二）国内出版著作

1．朱永新：《新家庭教育论纲》，长沙，湖南教育出版社，2020。

2．朱永新：《行走的教育学——朱永新教育文选》，北京，人民教育出版社，2020。

3．朱永新：《当代中国教育改革与创新书系》（包括《当代中国教育改革与发展》《变革的力量——海门县域新教育实验》等 10 部），北京，中国人民大学出版社，2018—2020。

4．朱永新：《新家庭教育论纲》，长沙，湖南教育出版社，2020。

5．朱永新：《未来学校：重新定义教育》，北京，中信出版社，2019。

6．朱永新：《新教育实验：中国教育改革的民间样本》，北京，中国人民大学出版社，2019。

7．朱永新：《造就中国人——阅读与国民教育》，深圳，海天出版社，2019。

8．朱永新：《新科学教育论纲》，北京，化学工业出版社，2019。

9．朱永新：《扎根中国大地办教育——中国教育 70 年 70 人文选》，太原，山西教育出版社，2019。

10．朱永新：《朱永新教育演讲录：创新教育才能创造未来》，北京，人民教育出版社，2018。

11．朱永新：《新教育实验：为中国教育探路》，北京，中国人民大学出版社，2017。

12．朱永新：《朱永新说教育》，青岛，青岛出版社，2017。

13．朱永新：《教育改变中国》，北京，中国文史出版社，2017。

14. 朱永新：《梦想因阅读而生：朱永新阅读感悟》，北京，商务印书馆，2017。

15. 朱永新：《让孩子创造自己：朱永新教育感悟》，北京，商务印书馆，2017。

16. 朱永新：《人生没有最高峰：朱永新人生感悟》，北京，商务印书馆，2017。

17. 朱永新：《致教师》，武汉，长江文艺出版社，2015。

18. 朱永新：《新教育年度主报告》，武汉，湖北教育出版社，2014。

19. 朱永新：《中国人阅读书目》（包括幼儿、小学生、初中生、高中生、大学生、教师、父母、企业家、公务员九个书目），北京，中国人民大学出版社、桂林，广西师范大学出版社、太原，山西教育出版社，2014。

20. 朱永新：《朱永新教育小语》，福州，福建教育出版社，2013。

21. 朱永新：《书香，也醉人》，深圳，海天出版社，2013。

22. 朱永新：《过一种幸福完整的教育生活：朱永新教育讲演录（第2版）》，上海，华东师范大学出版社，2013。

23. 朱永新：《我的教育理想》，北京，中国人民大学出版社，2012。

24. 朱永新：《我的阅读观》，北京，中国人民大学出版社，2012。

25. 朱永新：《中国新教育》，北京，中国人民大学出版社，2012。

26. 朱永新：《新教育讲演录》，北京，中国人民大学出版社，2012。

27. 朱永新：《新教育对话录》，北京，中国人民大学出版社，2012。

28. 朱永新：《走在新教育路上》，北京，中国人民大学出版社，2012。

29. 朱永新：《写在新教育边上》，北京，中国人民大学出版社，2012。

30. 朱永新：《新教育》，桂林，漓江出版社，2009。

31. 朱永新：《回到教育的原点：朱永新最新教育随笔选》，合肥，安徽教育出版社，2009。

32. 朱永新：《新教育之思》，济南，山东友谊出版社，2007。

33. 朱永新：《改变从阅读开始——重塑心的文化》，天津，天津教育出版社，2007。

34. 朱永新：《写在新教育的边上》，上海，华东师范大学出版社，2006。

35. 朱永新：《走在教育的路上》，福州，福建教育出版社，2005。

36. 朱永新：《新教育之梦：我的教育理想》，北京，人民教育出版社，2004。

37. 朱永新：《我的教育理想》，南京，南京师范大学出版社，2000。

38. 朱永新、冯建军、袁卫星：《新生命教育（防疫版）》，太原，山西教育出版社，2020。

39. 朱永新、徐雁：《全民阅读推广丛书》（含分级阅读、分众阅读、分类阅读、分时阅读、分地阅读、分校阅读六册），深圳，海天出版社出版，2019。

40. 朱永新、孙云晓：《这样爱你刚刚好（20 册）》，长沙，湖南教育出版社出版，2017。

41. 朱永新、冯建军、袁卫星：《新生命教育读本（22 册）》，太原，山西教育出版社，2017 年 2 月。

42. 朱永新、许新海、童喜喜：《新教育晨诵（26 册）》，合肥，安徽少年儿童出版社，2016。

43. 朱永新、袁振国：《中国教师：专业素质的修炼》，南京，南京师范大学出版社，2003。

（三）期刊与报纸文章

1. 朱永新：《全民阅读造就中国人》，载《在线学习》，2019（10）。

2. 朱永新：《教育科学研究应该"上天入地"》，载《教育研究》，2019（11）。

3. 朱永新：《"教师阅读学"的独特价值》，载《教师月刊》，2019（10）。

4. 朱永新：《从学问的教育学到行动的教育学——我的教育学术探索和感悟》，载《中国教育科学》，2019（5）。

5. 朱永新：《教师为立教之本兴教之源》，载《人民教育》，2019（17）。

6. 朱永新：《人文之火温暖幸福家园》，载《教育研究与评论》，2019（4）。

7. 朱永新：《新教育实验关于新科学教育的思考》，载《中国教育科学》，2019（4）。

8. 朱永新：《办好农家书屋，推广全民阅读》，载《人民政协报》，2019-7-25。

9. 朱永新：《城市，因热爱读书而受人尊重》，载《深圳特区报》，2019-4-14。

10. 朱永新：《全民阅读奠基未来》，载《光明日报》，2019-4-16。

11. 朱永新：《书香强国路迢迢》，载《教师月刊》，2019（3）。

12. 朱永新：《建好高校图书馆，共享文化积淀》，载《人民日报（海外版）》，2019-3-3。

13. 朱永新、王伟群：《新科学教育：从思想到行动》，载《教育研究》，2019（1）。

14. 朱永新：《重视农村孩子的"精神正餐"》，载《人民日报》，2019-2-26。

15. 朱永新：《学分银行与未来教育评价（下）》，载《河南教育》，2019-2-1。

16. 朱永新：《相信书籍和阅读的力量》，载《河南教育》，2018（12）。

17. 朱永新：《新时代，呼唤"六有"新人才》，载《人民教育》，2018（15）（16）。

18. 朱永新：《重视学前教育阶段的教师培养问题》，载《在线学习》，2018（6）。

19. 朱永新：《坚持扎根中国大地办教育》，载《中国教育报》，2019-6-13。

20. 朱永新：《互联网时代的未来学习中心》，载《中国教育报》2019-9-6。

21. 朱永新：《书籍是比枪炮更有威力的武器》，载《教师月刊》，2018（10）。

22. 朱永新：《人工智能会改变人类阅读吗?》，载《教师月刊》，2018（2）。

23. 朱永新：《阅读成就美好生活》，载《人民日报》，2018-4-26。

24. 朱永新：《迎接人机共教的新时代》，载《中国教育学刊》，2018（2）。

25. 朱永新：《切实提高教师待遇，增强教师职业吸引力》，载《中国教育学刊》，2018（4）。

26. 朱永新：《人工智能与未来教育》，载《华东师范大学学报（教育科学版）》，2017（4）。

27. 朱永新：《新时代知识分子精神》，载《求是》，2017（7）。

28. 朱永新：《家校合作激活教育磁场——新教育实验家校合作共育的理论与实践》，载《教育研究》，2017（11）。

29. 朱永新：《习惯养成是核心素养形成的行动路径》，载《课程·教材·教法》，2017（1）。

30. 朱永新：《父母要和孩子一起成长》，载《人民教育》，2017（1）。

31. 朱永新：《做一个专业的"领读者"》，载《中国教师》，2017（4）。

32. 朱永新：《让科学阅读为教学提供源头活水》，载《教师月刊》，2017（5）。

33. 朱永新：《让校园充满书香》，载《教师月刊》，2017（8）。

34. 朱永新：《为什么纸质阅读很重要》，载《教师月刊》，2017（9）。

35. 朱永新：《复活知识是优秀教师的标志》，载《教师月刊》，2017（10）。

36. 朱永新：《阅读有多高，国家有多强》，载《教师月刊》，2017（5）。

37. 朱永新：《儿童阅读决定民族未来》，载《中国教育报》，2017-10-9。

38. 朱永新：《关于研发卓越课程的思考》，载《课程，教材，教法》，2016（8）。

39. 朱永新：《学力就是创造力》，载《人民日报》，2016-1-6。

40. 朱永新：《互联网如何才能真正改变教育》，载《中国政协》，2016（16）。

41. 朱永新：《站在教育结构性变革的门口》，载《人民教育》，2016（20）。

42. 朱永新：《关于未来学校的思考》，载《中小学校长》，2016（3）。

43. 朱永新：《新教育实验教师成长理论概述》，载《未来教育家》，2015（6）。

44. 朱永新：《有书香才有故乡》，载《人民日报》，2015-4-22。

45. 朱永新：《书卷气也是领导力》，载《人民日报》，2015-6-9。

46. 朱永新：《把生命读成传奇大书》，载《人民日报》，2015-7-7。

47. 朱永新：《思想不应私享》，载《人民日报》，2015-7-27。

48. 朱永新：《缔造完美教室——谈完美教室的课程》，载《光明日报》，2015-3-31。

49. 朱永新、杨再勇：《新教育的人学使命：培养完整的人》，载《国家教育行政学院学报》，2014（12）。

50. 朱永新：《教育是最强有力的武器》，载《人民日报》，2014-12-5。

51. 朱永新：《"成人之美"：新艺术教育的思考和探索》，载《中小学管理》，2014（9）。

52. 朱永新：《管理好时间就是延长生命》，载《教师月刊》，2014（10）。

53. 朱永新：《如何让学生爱上阅读》，载《教师月刊》，2014（6）。

54. 朱永新：《你是你自己教室的国王》，载《教师月刊》，2014（3）。

55. 朱永新：《好教师是怎样炼成的》，载《教师月刊》，2014（2）。

56. 朱永新：《让阅读成为国家的节日》，载《人民日报》，2014-4-22。

57. 朱永新：《推广阅读，新教育在努力》，载《中小学管理》，2014（7）。

58. 朱永新：《全民阅读，刻不容缓》，载《人民日报》，2013-10-23。

59. 朱永新：《应尽快明确教师行为的底线》，载《中国教育报》，2013-9-7。

60. 朱永新：《中小学图书馆选书究竟谁说了算?》，载《中国教育报》，2013-6-10。

61. 朱永新：《我们是否需要关于阅读的法律》，载《中国青年报》，2013-8-13。

62. 朱永新：《守护好儿童精神世界的"食堂"》，载《中国青年报》，2013-6-19。

63. 朱永新：《领导干部读书三问》，载《学习时报》，2013-5-13。

64. 朱永新：《让好读书者读到好书》，载《光明日报》，2013-4-24。

65. 朱永新：《好教育，强国梦》，载《人民日报》，2013-2-21。

66. 朱永新：《改变从阅读开始》，载《新华文摘》，2012（7）。

67. 朱永新：《学校文化的危机与救赎》，载《中国教育学刊》，2012（6）。

68. 朱永新：《新教育的新征程（上）》，载《天津教育》，2012（11）。

69. 朱永新：《教育的真谛乃是文化的自我创生》，载《教育研究》，2012（3）。

70. 朱永新：《教师是教育之本》，载《中国教育报》，2011-11-17。

71. 朱永新：《为什么要研制小学生基础阅读书目》，载《中华读书报》，2011-4-27。

72. 朱永新：《阅读的力量》，载《中国艺术报》，2011-4-22。

73. 朱永新：《时代呼唤建立国家基础阅读书目》，载《中国社会科学报》，2011-4-21。

74. 朱永新：《论新教育实验的教师专业发展》，载《大连教育学院学报》，2010（2）。

75. 朱永新：《书写教师的生命传奇》，载《教育研究》，2010（4）。

76. 朱永新：《像孔子一样做教师》，载《教育科学研究》，2009（12）。

77. 朱永新：《新中国60年教育历程及反思》，载《中国教育学刊》，2009（11）。

78. 朱永新：《专业发展共同体：打造教师成长的生态环境》，载《教育科学研究》，2009（9）。

79. 朱永新：《专业写作，做反思中成长》，载《教育科学研究》，2009（7）。

80. 朱永新：《应该把全民阅读作为国家战略》，载《光明日报》，2008-5-27。

81. 朱永新：《真正的教育从儿童的阅读开始》，载《人民日报》，2008-6-2。

82. 朱永新：《教育科研应该关注鲜活的生命》，载《教育研究》，2009（5）。

83. 朱永新：《新教育实验与教师专业发展》，载《教育科学研究》，2009（5）。

84. 朱永新：《过一种幸福完整的教育生活——新教育实验的理论与实践》，载《光明日报》，2008-9-24。

85. 朱永新：《我们需要从教育原点再出发》，载《新华文摘》，2008（9）。

86. 朱永新：《西部农村教师队伍建设亟待加强》，载《教育研究》，2008（5）。

87. 朱永新：《全民阅读与新农村文化建设》，载《人民日报》，2008-5-11。

88. 朱永新：《推进阅读，撬动中国教育改造》，载《中国出版》，2008（5）。

89. 朱永新：《灾后教育需要做什么？》，载《中国文化报》，2008-5-27。

90. 朱永新：《今天，我们如何做老师？》，载《中国远程教育》，2008（6）。

91. 朱永新：《一个人的精神发育史就是阅读史》，载《光明日报》，2006-11-16。

92. 朱永新：《过一种幸福完整的教育生活》，载《河南教育》，2006（11）。

93. 朱永新：《推进全民读书活动，建设书香校园》，载《河南教育》，2006（9）。

94. 朱永新：《造就一批杰出的教育家》，载《北京教育》，2006（6）。

95. 朱永新：《新教育实验：点燃教师心中沉睡已久的梦想》，载《河南教育》，2006（6）。

96. 朱永新：《农民教育和农村教师队伍建设》，载《教育研究》，2006（5）。

97. 朱永新：《将阅读进行到底》，载《北京教育》，2006（4）。

98. 朱永新：《新教育实验的基本理论与实践探索》，载《课程教材教法》，2005（9）。

99. 朱永新：《新教育实验：意义、谱系与展望》，载《教育研究》，2005（6）。

100. 朱永新：《2005，教师关注什么？》，载《人民教育》，2005（3）（4）。

101. 朱永新：《新教育实验的理论与实践》，载《中国教师》2004（3）（4）。

102. 朱永新：《新教育的五大观点与六大行动》，载《新教育》周刊2004年第2期。

三、朱永新关于新教育实验的主要讲演

2020年2月2日，《未来学习中心构想》，沪江网CCtalk公益课堂，北京（中国）。

2019年11月25日，《教育家成长之道——新教育实验教师成长的理论与实践》，云南省"万名校长培训计划"，昆明（中国）。

2019年11月8日，《教育家成长之道——新教育的教师成长理论与实践探索》，北京市通州区教委，北京（中国）。

2019年8月15日，《提高校长领导力》，常州市武进区教育局，常州（中国）。

2019年5月4日，《教师如何在阅读和写作中成长》，苏州市吴中区石湖实验小学，苏州（中国）。

2019年10月6—7日，《在阅读和写作中成长》，国家教育行政学院首届中小学阅读名师高级研修班，北京（中国）。

2019年9月20日，《改变，从阅读开始》，同济大学高等讲堂，上海（中国）。

2019年10月20日，《大学是读书的天堂》，南方科技大学，深圳（中国）。

2018年10月16日，《领导与阅读》，全国政协第121期干部培训班，北戴河（中国）。

2018 年 8 月 21 日，《新教育实验：中国民间教育改革的一个样本》，南京师范大学，南京（中国）。

2018 年 8 月 17 日，《领导与阅读》，鄂尔多斯东胜区委宣传部，鄂尔多斯（中国）。

2018 年 6 月 24 日，《阅读与美好生活》，唐山市名师引领中小学教师阅读行动培训班，唐山（中国）。

2018 年 4 月 29 日，《过一种幸福完整的教育生活》，重庆清华中学，重庆（中国）。

2018 年 4 月 22 日，《阅读与美好生活》，中国版权协会，北京（中国）。

2018 年 3 月 25 日，《过一种幸福完整的教育生活》，北方家庭教育论坛暨辽宁省教育学会新教育分会成立大会，沈阳（中国）。

2018 年 3 月 26 日，《阅读的力量》，中国人民大学区域阅读教育局长研修班，北京（中国）。

2018 年 1 月 13 日，《新时代，新教育，新使命》，第 22 次长安街读书会，北京（中国）。

2017 年 9 月 8 日，《与新教育一起成长》，新教育实验网络师范学院开学典礼，北京（中国）。

2017 年 7 月 22 日，《未来学习中心构想》，第五届"行知式校长高级研修班"暨"第 17 届陶研骨干培训班"，温州（中国）。

2017 年 5 月 6 日，《在阅读和写作中幸福成长》，福建宁德职业技术学院，宁德（中国）。

2017 年 4 月 21 日，《与孩子一起成长》，长沙明德中学，长沙（中国）。

2017 年 4 月 18 日，《叶圣陶的习惯教育思想与新教育"每月一事"》，叶圣陶教育思想研修班，苏州（中国）。

2017 年 2 月 23 日，《过一种幸福完整的教育生活——新教育实验的理论与实践》，北京邮电大学江苏淮安市 140 余名中小学优秀校长培训班，北京（中国）。

2017 年 1 月 14 日，《过一种幸福完整的教育生活——新教育实验的理论与实践》，北京京西国际学校，北京（中国）。

2017 年 1 月 5 日，《书写教师的生命传奇——新教育实验教师成长理论与实践》，北京通州区中小学校长和骨干教师培训班，北京（中国）。

2016 年 10 月 22 日，《新教育书院的理想》，苏州科技大学敬文书院（新教育书院）成立大会，苏州（中国）。

2016 年 12 月 18 日，《过一种幸福完整的教育生活——新教育实验的理论与实践》，华中师范大学，武汉（中国）。

2016 年 11 月 2 日，《过一种幸福完整的教育生活——新教育实验的理论与实践》，北京市昌平区教委，北京（中国）。

2016 年 9 月 14 日，《新教育教师成长的理论与实践》，北京 15 中学，北京（中国）。

2016 年 8 月 2 日，《过一种幸福完整的教育生活——新教育实验的理论与实践》，中央社会主义学院，北京（中国）。

2016 年 7 月 5 日，《家庭教育为什么很重要》，北京史家小学，北京（中国）。

2016 年 6 月 28 日，《家庭教育为什么很重要》，河北邢台教育局，邢台（中国）。

2016 年 6 月 12 日，《新教育实验的教师成长理论与实践》。新疆师范大学，乌鲁木齐（中国）。

2016 年 5 月 20 日，《家庭教育为什么很重要》，青岛市教育局，青岛（中国）。

2016 年 5 月 5 日，《过一种幸福完整的教育生活——新教育实验的理论与实践》，四川巴中市民主促进会，巴中（中国）。

2016 年 4 月 28 日，《过一种幸福完整的教育生活——新教育实验的理论与实践》，贵州黔西南州安龙县教育局，安龙县（中国）。

2016 年 1 月 12 日，《过一种幸福完整的教育生活——新教育实验的理论与实践》，攀枝花大学，攀枝花（中国）。

2015 年 12 月 8 日，《新教育实验与提高教育质量》，洛阳高新区教育文体局，洛阳（中国）。

2015 年 11 月 21 日，《新教育实验的教师成长理论与实践》，长沙青竹湖湘一外国语学校，长沙（中国）。

2015 年 11 月 20 日，《新教育实验与中国教育基础改革》，湖南师范大学，长沙（中国）。

2015 年 9 月 26 日，《职业认同与专业发展——新教育教师成长论》，安徽省教育厅，金寨（中国）。

2015 年 9 月 5 日，《职业认同与专业发展——新教育教师成长论》，北京新英才学校，北京（中国）。

2015 年 7 月 19 日，《过一种幸福完整的教育生活——新教育实验的理论与实践》，徐州新沂教育局，新沂（中国）。

2015 年 4 月 30 日，《职业认同与专业发展——新教育教师成长论》，南昌市教育局，南昌（中国）。

2015 年 4 月 11 日，《新教育书院的理论与实践》，西安外事学院，西安（中国）。

2015 年 4 月 8 日，《过一种幸福完整的教育生活——新教育实验的理论与实践》，北京师范大学，北京（中国）。

2015 年 3 月 15 日，《新教育实验的教师成长理论与实践》，北京立新学校，北京（中国）。

2015 年 1 月 28 日，《职业认同与专业发展——新教育教师成长论》，北京市大兴区教委，北京（中国）。

2014 年 11 月 27 日，《未来教育的挑战与新教育人的应对》，新浪教育盛典，北京（中国）。

2014 年 11 月 21 日，《职业认同与专业发展——新教育教师成长论》，南京师范大学，南京（中国）。

2014 年 11 月 19 日，《与经典同行》，中国人民大学附属中学，北京（中国）。

2014 年 11 月 14 日，《过一种幸福完整的教育生活——新教育实验的理论与实践》，重庆市教委，重庆（中国）。

2014 年 10 月 31 日，《过一种幸福完整的教育生活——新教育实验的理论与实践》，徐州贾汪区政府，徐州（中国）。

2014 年 10 月 30 日，《过一种幸福完整的教育生活——新教育实验的理论与实践》，江苏师范大学，徐州（中国）。

2014 年 8 月 30 日，《过一种幸福完整的教育生活——新教育实验的理论与实践》，湖南省益阳市教育局，益阳（中国）。

2014 年 8 月 24 日，《如何做一名好教师》，河南洛宁县教育局，洛宁（中国）。

2014 年 8 月 18 日，《新教育实验的教师成长理论与实践》，北京理工大学，北京（中国）。

2014 年 8 月 16 日，《过一种幸福完整的教育生活——新教育实验的理论与实践》，江苏南通通州区教育局，南通（中国）。

2014 年 7 月 16 日，《过一种幸福完整的教育生活——新教育实验的理论与实践》，华南师大，广州（中国）。

2014 年 2 月 17 日，《过一种幸福完整的教育生活——新教育实验的理论与实践》，孝感教育大讲堂，孝感（中国）。

2013 年 12 月 17 日，《过一种幸福完整的教育生活——新教育实验的理论与实践》，山东省滨州市教育局，滨州（中国）。

2013 年 9 月 30 日，《过一种幸福完整的教育生活——新教育实验的理论与实践》，北京大学教育学院，北京（中国）。

2013 年 9 月 25 日，《过一种幸福完整的教育生活——新教育实验的理论与实践》，河南师范大学，新乡（中国）。

2013 年 9 月 10 日，《过一种幸福完整的教育生活——新教育实验的理论与实践》，陕西省西安中学，西安（中国）。

2013 年 8 月 23 日，《过一种幸福完整的教育生活——新教育实验的理论与实践》，常州武进区教育局，常州（中国）。

2013 年 8 月 18 日，《过一种幸福完整的教育生活——新教育实验的理论与实践》，海门市新教育实验工作推进会，海门（中国）。

2013 年 7 月 28 日，《过一种幸福完整的教育生活——新教育实验的理论与实践》，河北丰宁县教育局，丰宁（中国）。

2013 年 6 月 21 日，《过一种幸福完整的教育生活——新教育实验的理论与实践》，河南洛宁县教育局，洛宁（中国）。

2013 年 5 月 26 日，《过一种幸福完整的教育生活——新教育实验的理论与实践》，四川阆中市教育局，阆中（中国）。

2013 年 4 月 19 日，《新教育实验的教师成长理论与实践》，河南省郑州市教育局，郑州（中国）。

2013 年 3 月 24 日，《过一种幸福完整的教育生活——新教育实验的理论与实践》，江西南昌市高新区教育局，南昌（中国）。

2013 年 3 月 19 日，《缔造完美教室》，北京八中，北京（中国）。

2013 年 2 月 24 日，《过一种幸福完整的教育生活——新教育实验的理论与实践》，北京朝阳区呼家楼中心小学，北京（中国）。

2012 年 11 月 17 日，《缔造完美教室——新教育实验的探索》，河北衡水中学，衡水（中国）。

2012 年 10 月 13 日，《教育实验与书香校园建设》，中国人民大学附属中学，北京（中国）。

2012 年 5 月 6 日，《书写教师的生命传奇》，上海师范大学，上海（中国）。

2012 年 4 月 10 日，《过一种幸福完整的教育生活——新教育实验的理论与实践》，北京丰台二中，北京（中国）。

2012 年 3 月 31 日，《书写教师的生命传奇》，中国人民大学，北京（中国）。

2012 年 2 月 13 日，《过一种幸福完整的教育生活——新教育实验的理论与实践》，成都石室中学，成都（中国）。

2012 年 2 月 4 日，《过一种幸福完整的教育生活——新教育实验的理论与实践》，北京龙泉寺系列讲座，北京（中国）。

2012 年 12 月 30 日，《过一种幸福完整的教育生活——新教育实验的理论与实践》，北京师范大学，北京（中国）。

2011 年 12 月 22 日，《过一种幸福完整的教育生活——新教育实验的理论与实践》，河北石家庄桥西区政府，石家庄（中国）。

2011 年 12 月 21 日，《新教育学校文化建设》，清华大学附属小学，北京（中国）。

2011 年 11 月 26 日，《日子与孩子——新教育完美教室构建》，海门新教育开放周，海门（中国）。

2011 年 11 月 20 日，《新教育学校文化建设》，广西南宁教育局，南宁（中国）。

2011 年 11 月 19 日，《文化，为学校立魂》，柳州高级中学，柳州（中国）。

2011 年 11 月 14 日，《新教育实验与素质教育》，国家教育行政学院，北京（中国）。

2011 年 11 月 12 日，《新教育实验与素质教育》，西北师范大学，兰州（中国）。

2011 年 10 月 15 日，《过一种幸福完整的教育生活——新教育实验的理论与实践》，陕西省西安市高新区教育局，西安（中国）。

2011 年 9 月 25 日，《过一种幸福完整的教育生活——新教育实验的理论与实践》，山东东营市教育局，东营（中国）。

2011 年 8 月 7 日，《过一种幸福完整的教育生活——新教育实验的理论与实践》，河南平顶山市鲁山县教育局，鲁山（中国）。

2011 年 7 月 14 日，《过一种幸福完整的教育生活——新教育实验的理论与实践》，北京顺义区教委，北京（中国）。

2011 年 6 月 20 日，《新教育实验教师成长的理论与实践》，北京理工大学附属中学，北京（中国）。

2011 年 4 月 17 日，《过一种幸福完整的教育生活——新教育实验的理论与实践》，泰州职业技术学院，泰州（中国）。

2011 年 4 月 16 日，《过一种幸福完整的教育生活——新教育实验的理论与实践》，中国人民大学，北京（中国）。

2011 年 4 月 10 日，《阅读的力量》，中国人民大学，北京（中国）。

2011 年 1 月 4 日，《过一种幸福完整的教育生活——新教育实验的理论与实践》，苏州大学教育学院，苏州（中国）。

2010 年 11 月 13 日，《阅读为什么很重要?》，河南省郑州市管城区教育局，郑州（中国）。

2010 年 10 月 17 日，《过一种幸福完整的教育生活——新教育实验的理论与实践》，新疆乌鲁木齐教育局，乌鲁木齐（中国）。

2010 年 10 月 16 日，《新教育实验与教师专业发展》，新疆奎屯市教育局，奎屯（中国）。

2010 年 10 月 10 日，《过一种幸福完整的教育生活——新教育实验的理论与实践》，广东省中山市教育局，中山（中国）。

2010 年 10 月 9 日，《阅读为什么很重要?》，东莞市石排镇政府，东莞（中国）。

2010 年 9 月 25 日，《过一种幸福完整的教育生活——新教育实验的理论与实践》，内蒙古包头师范学院，包头（中国）。

2010 年 9 月 10 日，《新教育实验教师成长的理论与实践》，北京十一学校，北京（中国）。

2010 年 9 月 5 日，《过一种幸福完整的教育生活——新教育实验的理论与实践》，上海市金山区教育局，上海（中国）。

2010 年 8 月 30 日，《关于农村教师问题的困境与出路》，北京师范大学，北京（中国）。

2010 年 8 月 8 日，《过一种幸福完整的教育生活——中国新教育实验》（A Happy and Complete Educational Life —— China's New Educational Initiative），美国麻州大学波士顿校区，波士顿（美国）。

2010 年 7 月 30 日，《中国教育体制的问题与改革思路》（Problems and Reform Ideas of China's Education System），哈佛大学燕京图书馆，波士顿（美国）。

2010 年 7 月 5 日，《新教育实验教师成长的理论与实践》，北京第二实验小学，北京（中国）。

2010 年 6 月 19 日，《新教育实验教师成长的理论与实践》，北京 101 中学，北京（中国）。

2010 年 6 月 6 日，《过一种幸福完整的教育生活——新教育实验的理论与实践》，山东省日照市教育局，日照（中国）。

2010 年 6 月 5 日，《过一种幸福完整的教育生活——新教育实验的理论与实践》，山东省济南市教育局，济南（中国）。

2010 年 5 月 22 日，《新教育实验与教师专业发展》，大连教育学院，大连（中国）。

2010 年 5 月 22 日，《新教育实验的理论与实践》，大连枫叶教育集团，大连（中国）。

2010 年 5 月 18 日，《过一种幸福完整的教育生活——新教育实验的理论与实践》，苏州大学，苏州（中国）。

2010 年 5 月 17 日，《新教育实验与教师专业发展》，上海师范大学，上海（中国）。

2010 年 5 月 15 日，《新教育实验教师成长的理论与实践》，杭州师范大学，杭州（中国）。

2010 年 4 月 25 日，《新教育每月一事》，教育部培训中心校长培训班，北京（中国）。

2010 年 4 月 10 日，《新教育实验教师成长的理论与实践》，河南焦作市教育局，焦作（中国）。

2009 年 7 月 30 日，《新教育实验与书香校园建设》，首都师范大学，北京（中国）。

2009 年 7 月 27 日，《新教育实验和阅读推广》，黑龙江鸡西市政府，鸡西（中国）。

2009 年 7 月 16 日，《新教育实验和阅读推广》，辽宁省盘锦市教育局，盘锦（中国）。

2009 年 7 月 13 日，《新教育实验和阅读推广》，江苏省通州市教育局，南通

（中国）。

2009 年 7 月 3 日，《过一种幸福完整的教育生活——新教育实验的理论与实践》，宁夏银川二中，银川（中国）。

2009 年 7 月 1 日，《过一种幸福完整的教育生活——新教育实验的理论与实践》，中国民主促进会宁夏回族自治区委员会，吴忠（中国）。

2009 年 6 月 12 日，《新教育实验与阅读推广》，河北石家庄桥西区政府，石家庄（中国）。

2009 年 6 月 10 日，《过一种幸福完整的教育生活——新教育实验的理论与实践》，常州市武进区教育局，常州（中国）。

2009 年 5 月 24 日，《过一种幸福完整的教育生活——新教育实验的理论与实践》，江西省南昌市高新区教育局，南昌（中国）。

2009 年 5 月 9 日，《过一种幸福完整的教育生活——新教育实验的理论与实践》，山东省淄博市临淄区教育局，淄博（中国）。

2009 年 4 月 30 日，《新教育实验和阅读推广》，广西壮族自治区桂林市教育局，桂林（中国）。

2009 年 4 月 29 日，《过一种幸福完整的教育生活——新教育实验的理论与实践》，广西河池市都安县教育局，河池（中国）。

2009 年 3 月 16 日，《过一种幸福完整的教育生活——新教育实验的理论与实践》，韩国全北大学，全州（韩国）。

2009 年 2 月 15 日，《新教育实验的理论与实践》，湖北黄岩市教育局，黄岩（中国）。

2008 年 12 月 9 日，《过一种幸福完整的教育生活——新教育实验的理论与实践》，北京教育学院，北京（中国）。

2008 年 11 月 14 日，《过一种幸福完整的教育生活》，中央教育科学研究所校长发展论坛，北京（中国）。

2008 年 10 月 17 日，《新教育实验与教师成长》，首都师范大学教师教育论坛，北京（中国）。

2008 年 9 月 18 日，《过一种幸福完整的教育生活——新教育实验的理论与实践》，北京 101 中学，北京（中国）。

2008 年 9 月 5 日，《教师的四种境界》，苏州工业园区职业技术学院，苏州（中国）。

2008 年 7 月 30 日，《过一种幸福完整的教育生活——新教育实验的理论与实践》，浙江省教育厅，杭州（中国）。

2008 年 7 月 27 日，《过一种幸福完整的教育生活——新教育实验的理论与实践》，内蒙古鄂尔多斯东胜区教育局，鄂尔多斯（中国）。

2008 年 4 月 17 日，《新教育实验的行动与未来》，贵州凤冈县教育局，凤岗（中国）。

2007 年 7 月 22 日，《与孩子一起成长》，江苏省妇联，南京（中国）。

2007 年 6 月 8 日，《过一种幸福完整的教育生活——新教育实验的理论与实践》，辽宁省沈阳市教育局，沈阳（中国）。

2007 年 5 月 12 日，《新教育实验与教师成长》，江浙沪五所小学语文协作会议，苏州（中国）。

2006 年 12 月 7 日，《新教育实验与教师成长》，北京六一中学，北京（中国）。

2006 年 11 月 27 日，《过一种幸福完整的教育生活——新教育实验的理论与实践》，苏州实验小学，苏州（中国）。

2006 年 11 月 26 日，《过一种幸福完整的教育生活——新教育实验的理论与实践》，山东省胶南市教育局，青岛（中国）。

2006 年 11 月 25 日，《给灵魂洗个澡——新教育实验的诗教理论与实践》，山东省威海市教育局，威海（中国）。

2006 年 11 月 24 日，《过一种幸福完整的教育生活——新教育实验的理论与实践》，上海教育科学研究院，上海（中国）。

2006 年 11 月 7 日，《过一种幸福完整的教育生活——新教育实验的理论与实践》，深圳明珠学校，深圳（中国）。

2006 年 10 月 21 日，《过一种幸福完整的教育生活——新教育实验的理论与实践》，四川成都巴蜀小学，成都（中国）。

2006 年 8 月 30 日，《新教育实验与教师成长问题》，苏州国际外语学校，苏州（中国）。

2006 年 8 月 20 日，《过一种幸福完整的教育生活——新教育实验的理论与实践》，浙江省平湖市教育局，嘉兴（中国）。

2006 年 8 月 16 日，《与孩子一起成长》，江苏省妇联，南京（中国）。

2006 年 7 月 10 日，《新教育实验与教师成长问题》，北京第三期"班主任专业化研修班，北京（中国）。

2006 年 4 月 22 日，《让阅读成为生活方式》，浙江省温岭市教育局，台州（中国）。

2006 年 4 月 22 日，《过一种幸福完整的教育生活——新教育实验的理论与实践》，浙江省温岭市教育局，台州（中国）。

2006 年 4 月 7 日，《过一种幸福完整的教育生活——新教育实验的理论与实践》，镇江实验小学，镇江（中国）。

2006 年 3 月 10 日，《过一种幸福完整的教育生活——新教育实验的理论与实践》，北京四中，北京（中国）。

2005 年 12 月 11 日，《新教育实验——教师与学生成长的途径》，北京顺义区教委，北京（中国）。

2005 年 11 月 22 日，《过一种幸福完整的教育生活——"新教育实验"的理论与实践》，苏州旅游学校，苏州（中国）。

2005 年 11 月 19 日，《新教育实验与学习型学校》，广东中山大学，广州（中国）。

2005 年 11 月 12 日，《家庭教育的八大理念》，靖江外国语学校，靖江（中国）。

2005 年 11 月 11 日，《新教育实验与素质教育》，常州实验小学，常州（中国）。

2005 年 10 月 26 日，《过一种幸福完整的教育生活——"新教育实验"的理论与实践》，北京市教育委员会，北京（中国）。

2005 年 8 月 28 日，《过一种幸福完整的教育生活——"新教育实验"的理论与实践》，沙洲中学，张家港（中国）。

2005 年 8 月 28 日，《新教育实验与教师成长》，张家港外国语学校，张家港（中国）。

2005 年 8 月 27 日，《新教育实验——教师与学生成长的途径》，上海桃李园学校，上海（中国）。

2005 年 7 月 18 日，《新教育实验——成就与问题》，苏州工业园区三中，苏州（中国）。

2005 年 6 月 14 日，《过一种幸福完整的教育生活——"新教育实验"的理论与实践》，上海市崇明县教育局，上海（中国）。

2005 年 5 月 24 日，《走进新教育实验》，厦门市湖里区教育局，厦门（中国）。

2005 年 5 月 15 日，《新教育实验的德育探索》，《河南教育》杂志社，郑州（中国）。

2005 年 5 月 2 日，《新教育实验与理想的教师》，包头第一中学，包头（中国）。

2005 年 4 月 30 日，《家庭教育的八大理念》，连云港东海中学，连云港（中国）。

2005 年 4 月 17 日，《过一种幸福完整的教育生活——"新教育实验"的理论与实践》，山东省潍坊市教育局，潍坊（中国）。

2005 年 4 月 16 日，《营造书香校园的理论与实践》，镇江索普小学，镇江（中国）。

2005 年 4 月 9 日，《新教育实验的数码社区建设问题》，姜堰里华中心小学，姜堰（中国）。

2005 年 4 月 2 日，《新教育实验与教师成长》，蚌埠学院，蚌埠（中国）。

2005 年 3 月 20 日，《过一种幸福完整的教育生活——"新教育实验"的理论与实践》，浙江省海盐市教育局，嘉兴（中国）。

2005 年 2 月 23 日，《过一种幸福完整的教育生活——"新教育实验"的理论与实践》，苏州吴中区宝带小学，苏州（中国）。

2005 年 2 月 19 日，《过一种幸福完整的教育生活——"新教育实验"的理论与实践》，上海远东学校，上海（中国）。

2005 年 1 月 20 日，《新教育实验——教师与学生成长的途径》，江苏省宿迁市泗阳县教育局，宿迁（中国）。

2004 年 12 月 22 日，《与孩子一起成长》，江都国际学校，扬州（中国）。

2004 年 12 月 21 日，《过一种幸福完整的教育生活——"新教育实验"的理论与实践》，无锡光华学校，无锡（中国）。

2004 年 12 月 19 日，《新教育实验与教师成长》，海南省海口市教育局，海口（中国）。

2004 年 12 月 17 日，《过一种幸福完整的教育生活——"新教育实验"的理论与实践》，江苏省南通市开发区教育局，南通（中国）。

2004 年 12 月 6 日，《过一种幸福完整的教育生活——"新教育实验"的理论与实践》，江苏省盐城市大丰区南阳中学，盐城（中国）。

2004 年 11 月 27 日，《过一种幸福完整的教育生活——"新教育实验"的理论与实践》，浙江省义乌市教育局，义乌（中国）。

2004 年 11 月 24 日，《新教育实验的理论与实践》，苏州田家炳中学，苏州（中国）。

2004 年 11 月 21 日，《新教育实验的理念与推广》，江苏省启东汇龙中学，南通（中国）。

2004 年 11 月 14 日，《新教育实验与学校发展》，江苏省连云港市灌云县教育局，连云港（中国）。

2004 年 11 月 7 日，《新教育实验与新父母学校》，江苏省妇联，南京（中国）。

2004 年 11 月 2 日，《新教育实验的理念及推广》，江苏省淮安中学，淮安（中国）。

2004 年 11 月 1 日，《新教育实验的理想与行动》，江苏淮安市淮安师范学院，淮安（中国）。

2004 年 10 月 24 日，《过一种幸福完整的教育生活——"新教育实验"的理论与实践》，安徽省安庆市教育局，安庆（中国）。

2004 年 9 月 20 日，《新教育实验与学校发展》，黑龙江省哈尔滨市教育局，哈尔滨（中国）。

2004 年 8 月 29 日，《过一种幸福完整的教育生活——"新教育实验"的理论与实践》，中山大学，广州（中国）。

2004 年 8 月 25 日，《过一种幸福完整的教育生活——"新教育实验"的理论与实践》，江苏省淮州中学，淮安（中国）。

2004 年 8 月 23 日，《过一种幸福完整的教育生活——"新教育实验"的理论与实践》，四川成都市教育局，成都（中国）。

2004 年 8 月 21 日，《新教育实验与教师成长》，山东省淄博市临淄区教育局，淄博（中国）。

2004 年 8 月 13 日，《新教育实验与教师成长》，上海尚德学校，上海（中国）。

2004 年 8 月 4 日，《新教育实验与教师成长》，陕西延安中学，延安（中国）。

2004 年 7 月 25 日，《过一种幸福完整的教育生活——"新教育实验"的理论与实践》，山东寿光世纪小学，寿光（中国）。

2004 年 7 月 15 日，《过一种幸福完整的教育生活——"新教育实验"的理论与实践》，苏州外国语学校，苏州（中国）。

2004 年 7 月 2 日，《过一种幸福完整的教育生活——"新教育实验"的理论与实践》，苏州吴中区西山中学、石公中学，苏州（中国）。

2004 年 6 月 24 日，《过一种幸福完整的教育生活——"新教育实验"的理论与实践》，华东师范大学教育系，上海（中国）。

2004 年 5 月 30 日，《理想的教师》，吉林省吉林市第一实验小学，吉林（中国）。

2004 年 5 月 23 日，《过一种幸福完整的教育生活——"新教育实验"的理论与实践》，苏州新城花园小学，苏州（中国）。

2004 年 5 月 16 日，《过一种幸福完整的教育生活——"新教育实验"的理论与实践》，浙江湖州市职业技术学院，湖州（中国）。

2004 年 5 月 13 日，《新教育实验与教师成长》，广西壮族自治区桂林市教育局，桂林（中国）。

2004 年 4 月 25 日，《过一种幸福完整的教育生活——"新教育实验"的理论与实践》，苏州新区教育局，苏州（中国）。

2004 年 4 月 22 日，《过一种幸福完整的教育生活——"新教育实验"的理论与实践》，常熟市实验小学，常熟（中国）。

2004 年 4 月 17 日，《新教育实验的理论与实践》，陕西省西安市高新区教育局，西安（中国）。

2004 年 4 月 14 日，《过一种幸福完整的教育生活——"新教育实验"的理论与实践》，常熟市元和小学，常熟（中国）。

2004 年 4 月 8 日，《陶行知先生与新教育》，苏州新区狮山中心小学。苏州（中国）。

2004 年 3 月 20 日，《过一种幸福完整的教育生活——"新教育实验"的理论与实践》，重庆市教委，重庆（中国）。

2004 年 2 月 18 日，《过一种幸福完整的教育生活——"新教育实验"的理论与实践》，苏州大学教育学院，苏州（中国）。

2003 年 12 月 27 日，《新教育实验的理想与行动》，江苏省南京市金陵中学，南京（中国）。

2003 年 12 月 18 日，《新教育实验与教师成长》，清华大学附属小学，北京（中国）。

2003 年 12 月 14 日，《新教育实验与教师成长》，江苏省扬州市教育局，扬州（中国）。

2003 年 12 月 7 日，《新教育实验与新课程改革》，青岛嘉峪关小学，青岛（中国）。

2003 年 12 月 4 日，《新教育实验的理想与行动》，苏州市景范中学，苏州（中国）。

2003 年 11 月 30 日，《新教育、新理念》，四川省成都市教育局，成都（中国）。

2003年11月24日，《新教育实验与教师专业成长》，浙江省绍兴市教育局，绍兴（中国）。

2003年11月19日，《新教育实验的实践与推广》，东南大学，南京（中国）。

2003年11月2日，《新教育实验的理想与实践》，《河南教育》杂志社，郑州（中国）。

2003年11月1日，《新教育的理论与行动》，江苏如东县教育局，南通（中国）。

2003年10月19日，《理想的德育》，北京小学，北京（中国）。

2003年9月21日，《新教育与中国教育热点问题》，天津市教委，天津（中国）。

2003年8月10日，《新教育的理论与行动》，镇江市京口区教育局，镇江（中国）。

2003年7月30日，《新教育的理论与行动》，新教育教育在线网站贵州支教，遵义（中国）。

2003年7月29日，《新教育的理论与行动》，新教育教育在线网站云南支教，昆明（中国）。

2003年12月28日，《新教育实验的理论与实践》，盐城第一实验小学，盐城（中国）。

2003年6月27日，《新教育的新创造》，吴江市教育局，苏州（中国）。

2003年4月23日，《新教育实验的理想与行动》，昆山市周庄镇政府，苏州（中国）。

2003年4月19日，《新教育实验的理想》，江都市教育局，扬州（中国）。

2003年4月2日，《新教育实验与新课程改革》，江苏省教育厅，海门（中国）。

2002年5月8日，《理想的校长》，浙江省第二期骨干校长高级研修班，杭州（中国）。

2002年1月26日，《理想的校长》，清华大学职业校长培训中心，北京（中国）。

2001年3月25日，《理想的教师》，河南大学，开封（中国）。

四、新教育团队关于新教育实验的主要著作

1. 常丽华：《教室，在书信中飞翔：常丽华 & 小蚂蚁班：中澳两地书》，北京，教育科学出版社，2012。

2. 常丽华：《24 节气诵读古诗词：新教育实验晨诵项目"农历的天空下"课程实践》，桂林，漓江出版社，2014。

3. 陈惠芳：《触摸教育的风景》，长春，长春出版社，2005。

4. 陈铁梅：《百幅名画欣赏》，太原，山西教育出版社，2018。

5. 陈晓华：《怀揣着希望上路》，北京，教育科学出版社，2006。

6. 陈晓华：《守望高三的日子》，福州，福建教育出版社，2005。

7. 储昌楼：《办一所新教育的好学校》，太原，山西教育出版社，2019。

8. 储昌楼：《教育点亮人生》，武汉，湖北教育出版社，2016。

9. 丁莉莉：《紫色的教育天空》，北京，北京教育出版社，2010。

10. 丁林兴：《读书论："营造书香校园"的理论与实践》，苏州，苏州大学出版社，2011。

11. 傅东缨：《极目新教育》，北京，人民文学出版社，2018。

12. 干国祥：《理想课堂的三重境界：新教育实验构筑理想课堂项目用书》，北京，文化艺术出版社，2011。

13. 顾舟群：《改变，从习惯开始：顾舟群 & 致一二年级学生家长的每周一信》，北京，教育科学出版社，2012 年。

14. 郭丽萍：《长翅膀的课程》，北京，电子工业出版社，2018。

15. 郭丽萍：《一间小教室，十个大行动》，太原，山西教育出版社，2017。

16. 郭明晓：《各就各位准备飞——郭明晓 & 致三四年级学生家长每周一信》，海口，南海出版社，2014。

17. 郭明晓：《我是大西洋来的飓风——一个新教育教师的生命叙事》，武汉，湖北教育出版社，2014。

18. 郭明晓：《教室里的新教育戏剧》，福建，福建教育出版社，2018。

19. 海门新教育研究中心：《一间可以长大的教室：新教育"完美教室"叙事》，南京，南京大学出版社，2012。

20. 郝晓东：《给青年教师的四十封信》，武汉，湖北教育出版社，2016。

21. 侯长缨：《勇气，在课程中绽放：侯长缨 & 毛中班的〈人鸦〉童话剧之旅》，海口，南海出版社，2014。

22. 焦晓骏、张菊荣：《发生在教育在线的故事》，福州，福建教育出版社，2005。

23. 教育部主办：《发现共读中的文化凝聚力》，载《人民教育》，2017 年第10 期。

24. 苏静：《不一样的诗词课》，北京，中华书局，2013。

25. 苏静：《新教育的古诗课》，太原，山西教育出版社，2017。

26. 蓝玫：《家校之间有个娃——低年级的娃儿这样教》，武汉，湖北教育出版社，2014。

27. 蓝玫：《家校之间有个娃——中年级的孩子这样教》，太原，山西教育出版社，2017。

28. 李西西：《36 节电影课养成好习惯：新教育实验"每月一事"电影课项目用书》，太原，山西教育出版社，2016。

29. 李亚敏、刘娟：《缔造完美教室：小学班本课程的开发与实践》，北京，中国轻工业出版社，2014。

30. 李镇西：《让梦想开花：我和"新教育实验"》，太原，山西教育出版社，2017。

31. 刘静：《走在新教育的路上——莱芜市新教育实验成果汇编》，济南，山东友谊出版社，2013。

32. 卢志文：《今天我们怎样做教育——卢志文杏坛絮语》，北京，文化艺术出版社，2011。

33. 马玲：《孩子的早期阅读课》，北京，文化艺术出版社，2011。

34. 石家庄市桥西区教育局：《桥西新教育十年：全 2 册》，石家庄，河北教育出版社，2015。

35. 童喜喜：《当教师相信幸福》，福州，福建教育出版社，2019。

36. 童喜喜：《那些新教育的花儿》，福州，福建教育出版社，2011 年。

37. 童喜喜：《让生命放声歌唱——新教育实验晨诵项目用书》，合肥，安徽少年儿童出版社，2018。

38. 童喜喜：《十八年新生》，武汉，湖北教育出版社，2017。

39. 童喜喜：《童喜喜说写手账（10 册）》，北京，电子工业出版社，2017。

40. 童喜喜：《喜阅读出好孩子——中国孩子的阅读问题》，武汉，湖北教育出版社，2014。

41.　童喜喜：《新父母孕育新世界》，长沙，湖南教育出版社，2017。

42.　童喜喜：《新教育的一年级·3月》，南昌，二十一世纪出版社，2015。

43.　童喜喜：《新教育的一年级·10月》，南昌，二十一世纪出版社，2014。

44.　童喜喜：《新教育的一年级·9月》，南昌，二十一世纪出版社，2014。

45.　童喜喜：《新教育的一年级·8月》，南昌，二十一世纪出版社，2014。

46.　童喜喜：《新教育的一年级·7月》，南昌，二十一世纪出版社，2015。

47.　童喜喜：《新教育的一年级·6月》，南昌，二十一世纪出版社，2015。

48.　童喜喜：《新教育的一年级·5月》，南昌，二十一世纪出版社，2015。

49.　童喜喜：《新教育的一年级·4月》，南昌，二十一世纪出版社，2015。

50.　童喜喜：《新教育的一年级·11月》，南昌，二十一世纪出版社，2014。

51.　童喜喜：《新教育的一年级·12月》，南昌，二十一世纪出版社，2014。

52.　童喜喜：《新教育的一年级·2月》，南昌，二十一世纪出版社，2015。

53.　童喜喜：《新教育的一年级·1月》，南昌，二十一世纪出版社，2014。

54.　童喜喜：《这一群有种的教师》，武汉，湖北教育出版社，2014。

55.　童喜喜：《智慧行动创造教育幸福——新教育实验十大行动理论与技巧》，太原，山西教育出版社，2018。

56.　王桂香：《初三语文的阅读奇迹——河南麦子王桂香的新教育课堂》，太原，山西教育出版社，2017。

57.　魏智渊：《教师阅读地图》，北京，文化艺术出版社，2011。

58.　吴建英：《母语教育：从美出发》，太原，山西教育出版社，2019。

59.　吴建英：《整本书共读：为童年播下美妙的种子》，福州，福建教育出版社，2019。

60.　吴樱花：《孩子，我看着你长大：批注·反思版》，武汉，湖北教育出版社，2014。

61.　吴勇：《漫话新教育》，南京，南京大学出版社，2015。

62.　"新教育理论的实践及推广研究"总课题组：《与理想同行——新教育实验指导手册》，福州，福建教育出版社，2005。

63.　新教育研究院：《好课程是这样炼成的——新教育实验"研发卓越课程"操作手册》，武汉，湖北教育出版社，2016。

64．新教育研究院：《相信种子，相信岁月新教育管理操作手册》，武汉，湖北教育出版社，2019。

65．新教育研究院：《新教育实验年鉴》，天津，天津教育出版社/北京，文化艺术出版社等，2006—2014。

66．新教育研究院：《养成一生有用的好习惯：新教育实验"每月一事"操作手册》，武汉，湖北教育出版社，2016。

67．许新海：《变革的力量：海门县域教育生态的蜕变》，北京，中国人民大学出版社，2018 年。

68．许新海：《教育生活的救赎》，太原，山西教育出版社，2010。

69．许新海：《教育行者的坚持》，太原，山西教育出版社，2017。

70．许新海：《守望新教育》，武汉，湖北教育出版社，2015。

71．许新海：《做新教育的行者（第 2 版）》，福州：福建教育出版社，2014。

72．薛志芳：《新教育让美好发生：一个初中校长的新教育实验手记》，福州，福建教育出版社，2019。

73．叶仁敏：《行动的力量——新教育实验实证研究》，北京，北京大学出版社，2017。

74．于洁：《草尖上的露珠》，西安，陕西人民教育出版社，2011。

75．俞玉萍：《完美教室：中国百合班的故事》，南京，南京大学出版社，2012。

76．张荣伟：《从哪里来　到哪里去："新教育实验"本体论》，福州，福建教育出版社，2017。

77．张荣伟：《我们需要怎样的教育：中国基础教育改革概论》，北京，教育科学出版社，2012。

78．张荣伟：《新中国教育实验改革》，天津，天津教育出版社，2010。

79．张硕果：《中学学校仪式设计 16 例》，北京，中国轻工业出版社，2014。

80．中国教育学会主办：《新教育：让教师的光芒灿若明星》，载《未来教育家》，2015 年第 6 期。

81．朱雪晴：《走，我们去找好教育》，武汉，湖北教育出版社，2016。

82．朱永新、孙云晓：《新家庭智慧爱：2017 家庭教育国际论坛文集》，太原，山西教育出版社，2018。

83. 朱永新、王林：《中国小学生基础阅读书目·导赏手册》，北京，中国人民大学出版社，2014。

84. 朱永新、王林：《中国幼儿基础阅读书目·导赏手册》，北京，中国人民大学出版社，2014。

后 记

大约两年前，中国教育报刊社的张新洲副社长和我约稿，希望我能够为他参与组编的"教育家成长丛书"撰写一本《朱永新与新教育实验》。

新洲告诉我，这套丛书是教育部的重点项目，由教育部教师工作司组编，自 2006 年开始启动，迄今已经出版了数十部优秀教师的著作，时任教育部部长陈至立亲自为这套书撰写了前言。作为中国有影响的基础教育改革实验，新教育实验应该收入这套丛书。

因为这套书是以个人名字命名的，但我一直认为新教育实验不是我个人的成果，而是全体新教育人的共同创造，是新教育共同体成员的共同智慧，所以，一直犹豫，没有动笔。

今年年初，与一位朋友聊起这件事情。朋友说："虽然新教育是新教育人的共同创造，但你毕竟是新教育实验的发起人。通过这本书，把你发起新教育的初心以及在推动新教育实验发展过程中遇到的问题，与教育界的同人分享，也是特别有意义的一件事情。"

于是，利用今年暑假休息的时间，集中整理了这部书稿。它一方面记录和反思了新教育实验缘起、发展的过程，梳理了新教育实验的理论与实践，另一方面也把新教育的参与者、专家和媒体眼中的新教育客观地呈现出来。

全书分五个部分。第一部分"成长的历程"讲述了我的个人成长经历，第二部分"理论与实践"记录了新教育实验的发展历程，第三部分"参与的感悟"选取了新教育同人讲述他们与新教育的故事，第四部分"学界的评论"摘录了相关领域专家学者对于新教育实验的评价，第五部分"媒体的报道"选择了国内部分媒体关于新教育的报道文章。

在撰写过程中，我得到了新教育研究院、新教育基金会、新阅读研究所等机构和同人的大力支持，也得到了书中涉及的朋友们的鼎力相助。

之所以撰写这本书，有一个很重要的原因，那就是 2020 年是新教育实验 20 年。20 年，一个人可以从呱呱坠地到风华正茂，一项事业则会经受更多历练，得到更多帮助，得到更多成长。新教育的确有许多故事要说，有许多经验教训要总结。我们把 20 年作为一个新的里程碑，从这里继续前行。

感谢新洲社长的诚挚邀约，感谢出版社领导和编辑的辛勤劳动，感谢新教育同人 20 年的携手同行。

限于约稿时间紧和篇幅限制等原因，大量的资料和文献无法在这本书中呈现，更多新教育同人的探索无法在这本书中尽显，更多专家学者的支持和帮助都无法以这本书记录，我只能感恩于心，以更扎实的行动，与大家同心同行。

朱永新

2019 年 8 月 7 日初稿于北京滴石斋

2019 年 8 月 20 日二稿于北京滴石斋

2020 年 6 月 16 日定稿于北京滴石斋